KB242356

신비한 동양철학 · 36

解夢正本

清岩 朴在鉉 著

삼한

꿈해몽에 대한 책은 많이 나와 있지만
막상 내가 꾼 꿈을 어디다 대입시켜야 할지
모를 경우가 많았을 것이다.
그러나 이 책은 찾기 쉽고 명료하며
최대한으로 많은 예를 들었으니
꿈을 해몽하는데 어려움이 없을 것이다.

머리말

　사람들은 모두 자신의 미래를 알고 싶어 하는데 미래를 아는 방법은 두 가지가 있다. 하나는 신의 학문이라고 하는 음양오행의 역학이고, 다른 하나는 누구나 꾸는 꿈이다. 그러나 역학은 전문가들도 어려워하는 심오한 학문이기 때문에 일반인들이 접근하기 어렵다. 일반인들이 쉽게 활용할 수 있는 것은 꿈이다.

　물론 꿈은 해석하는 학자에 따라 차이는 있지만 적중률은 매우 높다. 적중률이 높을 수밖에 없는 것은, 사람은 누구를 막론하고 우주 속에 존재하는 정보를 꿈으로 예지할 수 있기 때문이다. 꿈의 정신분석학자인 프로이드의 학설을 무시한다고 해도, 꿈은 자신의 미래와 관계있다는 것은 쉽게 알 수 있다.

　한마디로 꿈은 인간의 미래를 예지하고 있다. 꿈이나 음양오행의 사주팔자를 믿지 않고 자만심에 빠져 실패 한 뒤, 한탄하며 눈물흘리는 사람들을 많이 상담하면서 안타까움을 금하지 못했다. 그 사람들이 한결같이 하는 말은 "진작 꿈이나 사주팔자를 믿었더라면!" 그러나 후회할 때는 이미 늦었고, 이제와서 후회해도 소용없는 것을.

꿈의 예지력을 믿으면 나쁜 꿈은 피해 갈 수 있고, 믿지 않고 무시하면 꿈으로 알게 된 정보를 이용할 수 없게 되는 것이다. 필자가 이 책의 원고를 정리하는 중에, 가까이 지내는 사람에게서 꿈의 예지가 현실로 나타난 것을 예로 들면서 꿈의 중요성을 다시 한 번 강조하고자 한다.

정사장이라는 사람은 꿈 속에서 혼자 대형버스를 몰고 어디론가 갔다고 한다. 예전에도 대형버스를 타고 가다가 친형을 내려주는 꿈을 꾸었는데, 얼마 지나지 않아 그 형이 죽었다고 하면서 자기도 죽는 것이 아니냐고 상담해왔다. 그래서 걱정하지 말고 무조건 조심하라고 일렀는데, 3일 후에 텔레비전 뉴스시간에 모 여관에서 변사체로 발견되었다는 소식을 들었다. 그것도 복상사로… 건강한 사람이었는데. 이 사람은 꿈의 예지력을 믿지 않고 스스로 죽음의 길을 택한 것이다. 젊다면 젊다고도 말할 수 있는 57세의 나이에…

庚辰年 辛巳月 蔚山에서
淸岩 박 재 현.

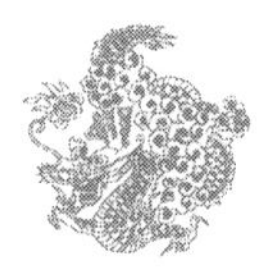

5장. 조류에 관한 꿈 255

6장. 어패류에 관한 꿈 279

7장. 곤충에 관한 꿈 291

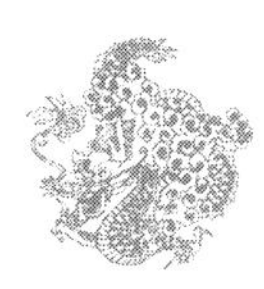

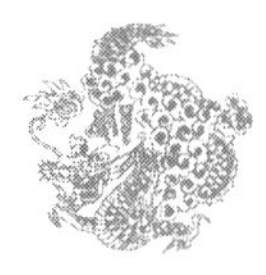

27장. 복권에 당첨된 꿈 740

28장. 태몽에 관한 꿈 758

1장. 사람에 관한 꿈

조상

 조상에 대한 꿈은 가족이나 자신의 문제나 당면한 문제의 해결방법을 나타낸다.

‖ **조부모를 본 꿈은**
힘들었던 일이 예상 외로 잘 풀려나간다.

‖ **조상을 본 꿈은**
반가운 소식을 듣는다.

‖ **제사를 지내기 전에 그 조상을 본 꿈은**
집안의 웃어른이 제사에 참석한다.

‖ **제사를 지낸 후 그 조상을 본 꿈은**
집안에 좋은 일이 생긴다.

‖ **가문을 일으킨 조상을 본 꿈은**

가운이 크게 일어나거나 귀인의 도움을 받는다.

‖ **가문을 망하게 한 조상을 본 꿈은**

가운이 기울고 해를 끼칠 사람이 찾아올 징조다.

‖ **새로운 일을 시작하는데 조상을 본 꿈은**

추진하는 일이 번창하거나 협조자를 만난다.

‖ **죽은 조상이 또 죽은 꿈은**

과거에 있었던 일로 인하여 많은 재물이 들어온다.

‖ **이미 죽은 조상인데 또 죽었다고 통곡한 꿈은**

길몽으로 좋은 일이 생긴다.

‖ **죽은 조상의 장례식을 또 치른 꿈은**

집안이 서서히 풀려가기 시작한다.

‖ **조상의 위폐 앞에서 운 꿈은**

좋은 일이 생긴다.

‖ **조상의 산소를 찾아간 꿈은**

가까운 사람에게 부탁을 하면 좋은 일이 생긴다.

‖ **조상의 산소를 성묘한 꿈은**

가까운 사람에게 부탁할 일이 생긴다.

‖ **조상의 산소를 찾지 못한 꿈은**

시험이나 취직 등이 성사되지 않는다.

‖ **조상의 무덤이 즐비하게 있었던 꿈은**

많은 사람들에게 도움을 받는다.

‖ **조상의 산소에 집을 지은 꿈은**

고향으로 돌아가거나 고가옥으로 이사한다.

‖ 조상의 산소에서 잠을 잔 꿈은

좋은 집으로 이사를 한다.

‖ 조상의 산소에 풀이 무성했던 꿈은

사업이 크게 번창한다.

‖ 조상 산소의 풀을 베어도 베어도 끝이 없었던 꿈은

사업이 크게 확장되고 재물이 많이 들어온다.

‖ 조상의 산소나 조상이 있는 곳에 무지개가 뜬 꿈은

집안에 좋은 일이 생긴다.

‖ 조상의 산소에 비가 많이 온 꿈은

사업이 크게 번창한다.

‖ 조상이 무덤 속에서 나온 꿈은

어려운 문제가 해결된다는 암시다.

‖ 조상의 무덤 속을 들여다 본 꿈은

벌초나 성묘를 한다.

‖ 조상의 모습이 희미하게 보인 꿈은

일이 성사될듯 하다가 성사되지 않는다.

‖ 조상인 것도 같고 아닌 것도 같았던 꿈은

판단에 착오를 일으킬 수 있으니 소심하도록.

‖ 낯선 사람이 조상이라고 우긴 꿈은

엉뚱한 일로 구설수에 휘말릴 징조다.

‖ 조상이 유명인사가 된 꿈은

높은 사람의 방문을 받는다.

‖ 조상이 고위관직에 오른 꿈은

집안에 경사가 생긴다.

‖ **조상이 판사가 된 꿈은**

소송이 유리하게 진행된다.

‖ **조상이 재판을 받은 꿈은**

소송문제가 생긴다.

‖ **조상이 사형을 당한 꿈은**

강제집행을 당한다.

‖ **조상이 죄수복을 입고 있었던 꿈은**

소송에서 지게 된다.

‖ **조상이 많이 모여 있었던 꿈은**

집안에 좋은 생기게 된다.

‖ **조상이 많이 모여 있는데 시끄러웠던 꿈은**

모임이나 단체에서 따돌림을 받는다.

‖ **조상이 많이 모였다가 돌아간 꿈은**

막혔던 일이 쉽게 해결된다.

‖ **조상에게 큰 절을 한 꿈은**

유산을 상속받는다.

‖ **조상에게 큰 절을 하고 칭찬받은 꿈은**

큰 재물이 들어오거나 승진한다.

‖ **조상이 절을 받지 않은 꿈은**

재물에 이익이 없다는 암시다.

‖ **조상이 아기를 업고 걸어간 꿈은**

집안의 어른이나 사업이 어려움에 처할 징조다.

‖ **조상이 어린아이와 놀고 있었던 꿈은**

친척간에 화목해진다.

‖ 조상이 자신에게 일을 시킨 꿈은

구직자는 취직하고 수험생은 합격한다.

‖ 조상이 공부하라고 꾸중한 꿈은

입시생은 시험에서 떨어질 징조다.

‖ 조상이 공부를 잘한다고 칭찬한 꿈은

시험에 합격한다.

‖ 조상이 무슨 말인가를 해준 꿈은

자신의 주장을 굽히지 않고 관철시킨다는 암시다.

‖ 죽은 조상이 자신을 보고 웃은 꿈은

구설수에 휘말리거나 웃어른에게 질책을 받는다.

‖ 조상이 슬피 운 꿈은

집안에 우환이 생기거나 가까운 사람과 헤어질 징조다.

‖ 조상이 사용하던 밥그릇을 얻은 꿈은

유산을 상속받는다.

‖ 조상이 천당으로 들어간 꿈은

길몽으로 행운이 찾아온다.

‖ 지옥에서 조상을 본 꿈은

집안에 우환이 생길 징조나.

‖ 조상이 지옥에서 나온 꿈은

어려웠던 일이 쉽게 풀려나간다.

‖ 조상이 말을 타고 달린 꿈은

사업이나 집안이 크게 번창한다.

‖ 조상이 말을 타고 달리다 떨어진 꿈은

순조롭던 일이 갑자기 막힌다.

‖ 조상이 말을 끌고 집으로 들어온 꿈은

가족이 늘어나거나 집안에 좋은 일이 생긴다.

‖ 조상이 소를 몰고 집으로 들어온 꿈은

큰 재물이 들어오는 등 집안이 번창한다.

‖ 조상이 소를 몰아서 밭을 간 꿈은

새로운 사업을 시작하거나 사업에 변동이 생긴다.

‖ 조상이 자손을 쓰다듬어준 꿈은

집안에 우환이 생기거나 자식이 질병에 걸릴 징조다.

‖ 조상이 자신의 머리를 쓰다듬어 준 꿈은

축하받을 일이 생긴다.

‖ 조상이 노래를 부른 꿈은

집안에 좋은 일이 생기거나 축하받을 일이 생긴다.

‖ 조상이 갑자기 아름다운 아가씨로 변한 꿈은

미혼남자는 결혼하고 여자는 이성문제로 다툰다.

‖ 조상이 화장을 하고 있었던 꿈은

집을 수리한다.

‖ 조상이 들에서 곡식을 걷어들인 꿈은

경제적으로 풍족해진다는 암시다.

‖ 조상이 물에 빠진 꿈은

하는 일이 어려움에 처할 징조다.

‖ 물에 빠진 조상을 구한 꿈은

가문을 크게 일으킨다는 암시다.

‖ 도둑인 줄 알고 잡았는데 조상인 꿈은

어려운 문제가 해결된다.

‖ 조상이 배를 타고 건너온 꿈은

귀한 손님이 찾아온다.

‖ 조상이 배를 타고 가다가 갑자기 하늘로 올라간 꿈은

사업이 갑자기 번창한다.

‖ 조상이 구름을 타고 내려왔는데 사라진 꿈은

귀인의 도움을 받기 어렵다는 암시다.

‖ 조상이 갑자기 구름 속으로 사라진 꿈은

재난이 닥칠 징조다.

‖ 돌아가신 조상이 자신을 데리고 강을 건너간 꿈은

죽음을 암시하는 꿈으로 불의의 사고로 크게 다치거나
죽을 징조다.

‖ 조상이 강을 건너간 꿈은

동업자나 협조자가 떠나갈 징조다.

‖ 조상이 강을 건너가다 다시 돌아온 꿈은

동업이나 협조관계가 원만하게 이루어진다.

‖ 조상이 강을 건너가다 빠진 꿈은

욕심을 부리다 사기에 휘말릴 징조다.

‖ 조상이 용을 타고 내려온 꿈은

친척 중에서 고위관직에 오르는 사람이 있다.

‖ 조상이 용을 타고 내려왔는데 어린아이로 변한 꿈은

출중한 후손이 태어난다.

‖ 조상이 들에서 일하다 갑자기 용이 되어 하늘로 올라간 꿈은

한꺼번에 재물과 명예를 얻는다.

‖ 조상이 불쌍하게 보인 꿈은

진퇴유곡에 빠질 징조다.

‖ 조상이 말없이 바라본 꿈은

일이 풀릴듯 풀릴듯 하면서 풀리지 않는다.

‖ 조상이 자신을 불쌍하게 바라본 꿈은

모든 것을 잃기 쉬우니 주의하도록.

‖ 조상이 돌아누워 있었던 꿈은

어떤 문제를 스스로 해결해야 한다는 암시다.

‖ 조상이 돌아누운 꿈은

동업자나 협조자가 외면한다는 암시다.

‖ 조상이 자는듯이 누워 있었던 꿈은

다른 사람의 도움을 받기 어렵다.

‖ 조상이 누워 있다 벌떡 일어난 꿈은

뜻밖의 횡재가 따른다.

‖ 조상이 누워 있는데 그 위에 앉아 있었던 꿈은

누군가에게 도움을 청하고 싶어하는 심정을 나타내는
꿈이다.

‖ 조상이 부엌으로 들어간 꿈은

의식주가 풍부해진다.

‖ 조상이 부엌에서 나온 꿈은

생활이 어려워질 징조다.

‖ 조상이 부엌에서 밥을 지은 꿈은

의식주가 풍부해진다.

‖ **조상이 창고로 들어간 꿈은**

재물이 들어온다.

‖ **조상이 창고에서 나온 꿈은**

재물손실이 따를 징조다.

‖ **조상이 창고에서 곡식을 나른 꿈은**

다른 사람을 위하려 돈을 쓰게 된다.

‖ **조상이 칼을 만진 꿈은**

위험한 일이 생길 징조다.

‖ **조상이 총이나 칼에 맞은 꿈은**

법정문제가 생기기 쉬우니 조심하도록.

‖ **조상이 총이나 칼에 맞아 죽은 꿈은**

소송에서 진다는 암시다.

‖ **조상이 총이나 칼에 맞고도 죽지 않은 꿈은**

소송에서 이긴다는 암시다.

‖ **조상이 데려가려는데 따라가지 않은 꿈은**

어떤 문제가 해결된다.

‖ **조상이 자심의 배우자를 데리고 간 꿈은**

배우자가 중병에 걸리거나 생명이 위험할 징조다.

‖ **조상이 배우자를 데리고 가는데 말린 꿈은**

환자는 질병이 빨리 낫는다.

‖ **조상이 개를 데리고 있었던 꿈은**

손재수가 따를 징조다.

‖ **조상이 운전하는 차를 탄 꿈은**

여행을 한다.

‖ **조상이 벌거벗고 수영한 꿈은**

사업상의 비밀이 탄로나기 쉬우니 조심하도록.

‖ **조상의 목에 뱀이 감겨 있었던 꿈은**

사기에 빠질 징조다.

‖ **조상이 큰 뱀에게 잡아먹힌 꿈은**

누군가의 유혹에 빠질 징조다.

‖ **조상이 보이다가 바로 다른 동물이 보인 꿈은**

믿을 만한 직원이나 동업자를 만난다.

부모

부모에 대한 꿈은 가족이나 자신의 문제나 문제의 해결방법을 나타낸다.

‖ **어머니의 젖을 빤 꿈은**

유산을 상속받는다.

‖ **어머니의 젖을 먹은 꿈은**

재산을 상속받거나 정신적·물질적으로 편안해진다.

‖ **어머니의 젖을 빨아먹은 꿈은**

재물이 들어온다.

‖ **어머니의 젖을 먹으려는데 젖이 나오지 않은 꿈은**

열심히 노력해도 일이 잘 되지 않는다는 암시다.

‖ 어머니와 소풍간 꿈은

여행을 한다.

‖ 부모와 여행한 꿈은

먼 곳으로 떠난다.

‖ 어머니를 부르는데 말이 나오지 않은 꿈은

답답하고 억울한 일을 당한다.

‖ 어머니를 불러도 대답이 없었던 꿈은

부탁한 일이 이루어지지 않는다.

‖ 부모를 본 꿈은

반가운 소식을 듣는다.

‖ 멀리 떨어져 있는 부모를 본 꿈은

부모에게서 소식이 온다.

‖ 아버지가 돌아가셨다는 전보를 받은 꿈은

좋은 소식이 있거나 소원하는 것이 이루어진다.

‖ 돌아가신 부모를 본 꿈은

불의의 사고나 횡액을 당할 징조다.

‖ 돌아가신 어머니를 본 꿈은

생전에 어머니와 사이가 좋았으면 좋은 일이 생기고,
사이가 좋지 않았으면 나쁜 일이 생긴다.

‖ 돌아가신 아버지를 본 꿈은

사업을 확장하거나 승진한다.

‖ 돌아가신 부모가 자식을 걱정한 꿈은

집안에 우환이 생길 징조다.

‖ 부모가 무지개를 타고 올라간 꿈은

승진하거나 집안에 좋은 일이 생긴다.

‖ 부모가 구름을 타고 내려온 꿈은

귀인을 만난다.

‖ 부모가 구름을 타고 내려오다가 용으로 변한 꿈은

귀인의 도움으로 크게 발전한다.

‖ 부모가 구름을 타고 내려왔다가 다시 무지개를 타고 올라간
꿈은

귀한 자손이 태어나거나 집안에 좋은 일이 생긴다.

‖ 부모가 구름 속으로 사라진 꿈은

귀인이 떠나간다는 암시다.

‖ 부모가 산으로 올라간 꿈은

어려운 일에 처하게 될 징조다.

‖ 부모가 어디론가 떠나간 꿈은

부모가 질병에 시달릴 징조다.

‖ 부모에게 꾸지람을 들은 꿈은

하는 일이 중단되거나 집안에 불길한 일이 생긴다.

‖ 부모와 싸운 꿈은

곧 집안에 불행한 일이 생긴다는 암시다. 특히 고부간
의 갈등을 조심하도록.

‖ 부모와 싸우다 웃은 꿈은

집안에 좋은 일이 생긴다.

‖ 부모에게 칭찬받은 꿈은

상사에게 신임을 받거나 승진한다.

‖ 부모에게 큰 절을 하고 칭찬받은 꿈은

큰 재물이 들어오거나 승진한다.

‖ 부모가 병석에 누워계셨던 꿈은

어려운 일에 직면한다.

‖ 병석에 계신 부모를 치료해드린 꿈은

막혔던 일이 풀린다.

‖ 부모가 병원에서 퇴원한 꿈은

부탁한 일이 성사된다.

‖ 부모의 임종을 지켜본 꿈은

뜻밖의 유산을 받는 등 재물이 들어온다.

‖ 부모가 돌아가신 꿈은

불길한 징조로 집안에 우환이 생기고, 부모나 형제 중
에 객지로 떠나는 사람이 있다.

‖ 돌아가신 부모가 살아난 꿈은

객지로 나간 가족이 돌아온다.

‖ 부모가 돌아가셔서 대성통곡한 꿈은

소원하는 일이 이루어진다.

‖ 부모가 돌아가셨는데 눈물이 나오지 않은 꿈은

초지일관으로 목적을 이룬다는 암시다.

‖ 돌아가신 부모가 어느 곳으로 가라고 했거나 누구를 만나라고
한 꿈은

부모가 가르쳐 준 장소로 가거나 그 사람을 만나면 뜻
밖의 좋은 일이 생긴다.

‖ **고향집에서 부모를 만난 꿈은**

고향을 찾아간다는 암시다.

‖ **지옥에서 부모를 만난 꿈은**

어려운 난관에서 벗어난다는 암시다.

‖ **부모가 물건을 산 꿈은**

재물이 들어온다.

‖ **부모가 집을 판 꿈은**

사업이 어려워질 징조다.

‖ **돌아가신 부모가 팔 물건의 값을 예시한 꿈은**

그 가격으로 판다는 암시다.

‖ **돌아가신 부모가 돈이나 보물을 준 꿈은**

조상의 도움으로 가정과 사업이 날로 번창한다.

‖ **부모가 돈을 태워버린 꿈은**

욕심을 부리다 손해를 본다.

‖ **돌아가신 부모가 데려가려는데 따라가지 않은 꿈은**

어떤 문제가 해결된다.

‖ **돌아가신 부모가 자신을 데리고 강을 건너간 꿈은**

죽음을 암시하는 꿈으로 불의의 사고로 운명을 달리 하거나 크게 다친다.

‖ **부모의 산소를 찾아간 꿈은**

가까운 사람에게 부탁을 하면 좋은 일이 생긴다.

‖ **부모의 산소를 찾지 못한 꿈은**

시험이나 취직 등이 성사되지 않는다.

‖ **부모가 개를 때린 꿈은**

도둑을 맞을 징조다.

‖ **부모가 개를 잡아먹은 꿈은**

사기에 걸리기 쉬우니 조심하도록.

‖ **부모가 개와 싸운 꿈은**

재물로 인한 시비가 생긴다.

‖ **시부모와 시비를 벌인 꿈은**

시집 식구들에게 미움을 받는다.

‖ **미래의 시부모와 싸운 꿈은**

첫 대면에서 인정을 받아 사랑을 받는다.

형제 · 자매

　형제나 자매에 대한 꿈은 직장동료, 직원, 업무 등을 나타낸다.

‖ **형제 자매를 본 꿈은**

반가운 소식을 듣는다.

‖ **멀리 떨어져 있는 형제 자매를 본 꿈은**

꿈 속에 보인 형제 자매에게서 소식이 온다.

‖ **멀리 떨어져 있는 형제 자매가 찾아온 꿈은**

꿈에 보인 형제에게 좋지 않은 일이 생긴다.

‖ 형제 자매가 모인 꿈은

형제 자매와 재산문제로 다툴 징조다.

‖ 형제 자매가 모여 있다가 갑자기 혼자가 된 꿈은

동업관계가 끝나거나 믿었던 직원이 나갈 징조다.

‖ 형제 자매가 모여 잔치를 벌인 꿈은

집안이 화목해지고 즐거운 일이 생긴다.

‖ 형제 자매가 다정했던 꿈은

재산이나 상속문제로 다툴 징조다.

‖ 형제 자매와 장난한 꿈은

방심하면 경쟁자보다 뒤떨어진다는 암시다.

‖ 형제 자매와 술을 마신 꿈은

집안에 좋은 일이 생긴다.

‖ 형제 자매와 노래를 부르며 논 꿈은

집안에 좋은 일이 생긴다.

‖ 형제 자매와 놀고 있는데 다른 사람이 방해한 꿈은

동업자나 협조자를 만난다.

‖ 형제 자매와 여행을 떠난 꿈은

주위 사람이나 친척의 도움으로 사업이 번창한다.

‖ 형제 자매와 여행에서 돌아온 꿈은

원하는 것이 이루어진다.

‖ 형제 자매가 이사한 꿈은

꿈에 나타난 사람에게 직업의 변화가 생긴다.

‖ 형제 자매와 무지개를 본 꿈은

집안에 좋은 일이 생긴다.

‖ **형제 자매와 무지개 위를 걸은 꿈은**

하는 일이 순조롭게 진행된다.

‖ **형제 자매와 용을 탄 꿈은**

집안이 크게 번창한다.

‖ **형제 자매가 승진한 꿈은**

꿈에 보인 사람에게 불길한 일이 생긴다.

‖ **형제 자매가 퇴직한 꿈은**

꿈에 보인 사람에게 좋은 일이 생긴다.

‖ **형제 자매와 걸은 꿈은**

가족간에 화목해진다.

‖ **형제 자매가 각자의 길로 걸어간 꿈은**

반가운 사람에게서 소식이 온다.

‖ **형제 자매와 함께 일을 한 꿈은**

재산문제로 다툴 징조다.

‖ **형제 자매가 불의의 사고를 당한 꿈은**

꿈에 보인 사람에게 사고가 생겼거나 생긴다는 암시다.

‖ **형제 자매가 사고를 당했는데 다치지 않은 꿈은**

사업자금이 융통되거나 막혔던 일이 순조롭게 풀린다

‖ **형제 자매가 중병에 걸리거나 죽은 꿈은**

꿈에 보인 사람에게 반가운 소식이 있거나 오래 떨어져
있던 형제 자매가 찾아온다.

‖ **형제 자매가 병원에서 퇴원한 꿈은**

꿈에 나타난 사람의 사업이나 일이 번창한다.

‖ 형제 자매가 부자가 된 꿈은

꿈에 나타난 사람의 사업이 크게 번창한다.

‖ 형제 자매가 거지가 된 꿈은

그 사람을 도와주게 된다.

‖ 형제 자매와 싸운 꿈은

형제나 동료와 의견차이로 다투게 된다.

‖ 형제 자매가 치고박고 싸운 꿈은

형제 자매가 더욱더 아끼게 된다.

‖ 형제 자매가 싸우다 크게 웃은 꿈은

회사나 집안에 좋은 일이 생긴다.

‖ 형제 자매간에 싸우는데 부모가 말린 꿈은

형제간의 우애가 두터워진다.

‖ 형제 자매간에 다투는데도 부모가 말리지 않은 꿈은

상속문제로 말썽이 생길 징조다.

‖ 남동생을 본 꿈은

가족간에 다툼이 벌어질 징조다.

‖ 여동생을 본 꿈은

남자는 이성문제로 고통받고 여자는 좋은 일이 생긴다

부부

부부에 대한 꿈은 이성문제를 나타낸다.

‖ **부부가 함께 잠을 잔 꿈은**

가정에 불화가 생길 징조다.

‖ **부부가 함께 잠을 자다가 혼자가 된 꿈은**

가족 중에 누군가가 객지로 떠난다.

‖ **부부가 함께 자다가 아기의 울음소리를 들은 꿈은**

반가운 소식을 듣는다.

‖ **부부가 함께 잠을 자는데 사람들이 떠든 꿈은**

좋은 일이 생긴다.

‖ **부부가 함께 잠을 자는데 누군가가 깨운 꿈은**

결혼식에 초대받거나 좋은 소식을 듣는다.

‖ **부부간에 섹스한 꿈은**

부부간에 갈등이 생기거나 이성문제로 다툴 징조다.

‖ **부부간에 섹스를 하다가 그만둔 꿈은**

사업에 변화가 생길 징조다.

‖ **부부가 함께 샤워나 목욕을 한 꿈은**

부부간에 불화가 생길 징조다.

‖ **부부가 함께 목욕하다가 핏물을 본 꿈은**

뜻밖의 재물이 들어온다.

‖ **부부가 함께 목욕하다가 어린아이로 변한 꿈은**

잊고 있던 일로 재물이 들어온다.

‖ **부부가 함께 술을 마신 꿈은**

부부간에 불화가 생겨 이별할 징조다.

‖ **부부가 함께 수영하다 한 사람이 빠져 죽은 꿈은**

그 사람에게 행운이 찾아온다는 암시다.

‖ **부부가 함께 풍선을 탄 꿈은**

기분좋은 파티에 초대받는다.

‖ **부부가 함께 비행기를 탄 꿈은**

사업을 확장하거나 승진한다.

‖ **부부가 함께 불고기를 먹은 꿈은**

재물이 많이 들어온다.

‖ **부부가 함께 쇼핑한 꿈은**

선물을 받거나 선물을 한다.

‖ **부부가 손을 잡고 걸어간 꿈은**

사소한 일로 다툼이 생길 징조다.

‖ **부부가 한 명이 앞에 가면서 따라오라고 손짓한 꿈은**

부부사이가 더욱더 다정해진다.

‖ **부부가 함께 빗속을 달려간 꿈은**

부부가 여행을 한다.

‖ **부부가 서로 다른 길로 간 꿈은**

부부간에 의견다툼이 생길 징조다.

‖ **부부가 함께 야유회나 운동회에 간 꿈은**

멋진 파티에 초대받는다.

‖ **부부가 싸우다 웃다 한 꿈은**

나쁜 가운데서도 좋은 일이 생긴다.

‖ 부부가 한 사람은 웃는데 한 사람은 운 꿈은

이성문제로 다툴 징조다.

‖ 부부가 함께 죽었다가 살아난 꿈은

어려운 문제를 해결한다.

‖ 배우자가 죽은 꿈은

가정에 풍파가 생기거나 부부간에 애정문제가 생긴다.

‖ 배우자에게 화풀이를 한 꿈은

상대방에게 갖고 있는 불만이 모두 해소된다.

‖ 이혼한 배우자를 본 꿈은

마음이 불안하다는 암시이며 이성으로 인하여 구설수
에 오른다.

‖ 남편의 뺨에 키스한 꿈은

부부간에 애정이 더욱더 깊어진다는 뜻이다.

‖ 남편의 손을 꼭 쥐었던 꿈은

가정이 화목해진다.

‖ 남편의 손을 잡았는데 남편이 뿌리친 꿈은

부부간에 사소한 일로 다툴 징조다.

‖ 남편이 노래를 부른 꿈은

집안에 경사가 생긴다.

‖ 남편이 술을 먹은 꿈은

남편의 사업이 어려워질 징조다.

‖ 남편이 술에 취해 슬프게 운 꿈은

가정에 우환이 생길 징조다.

‖ 남편이 운 꿈은

남편이 누군가의 도움을 기다리고 있다는 뜻이다.

‖ 남편이 여행을 떠난 꿈은

남편이 먼 곳으로 출장을 간다.

‖ 남편이 차를 타고간 꿈은

남편이 먼 곳으로 출장을 간다.

‖ 남편이 높은 곳에 서 있었던 꿈은

남편의 지위나 명예가 높아진다.

‖ 남편이 높은 곳으로 열심히 올라간 꿈은

남편의 사업이 날로 번창한다.

‖ 남편이 샤워한 꿈은

남편이 아내의 사랑을 그리워하고 있다는 뜻이다.

‖ 남편이 면도한 꿈은

남편이 먼 곳으로 출장을 떠난다.

‖ 남편이 화장실에 간 꿈은

남편을 돕는다.

‖ 남편이 화장실에서 나온 꿈은

어려운 문제가 모두 해결된다.

‖ 남편의 얼굴이 검게 보인 꿈은

배신을 당하거나 속썩을 일이 생긴다.

‖ 남편의 얼굴이 희미하게 보인 꿈은

부부간에 애정이 식어가고 있다는 뜻이다.

‖ 남편의 얼굴이 다른 사람으로 바뀐 꿈은

남편에 대한 사랑이 식어가고 있다는 뜻이다.

‖ 남편이 바람을 피운 꿈은

남편에 대한 사랑이 식었다는 뜻이다.

‖ 남편이 다른 여자와 간 꿈은

질투할 일이 생긴다.

‖ 남편이 다른 여자와 결혼한 꿈은

남편이 질병에 걸리거나 죽을 징조다.

‖ 남편이 검은옷을 입은 여자와 결혼한 꿈은

남편이 질병에 걸릴 징조다.

‖ 남편이 죽은 꿈은

뜻밖의 횡재가 따른다.

‖ 남편이 죽어서 상복을 입은 꿈은

어떤 일이 성사되어 부귀를 얻는다.

‖ 남편이 뱀한테 물린 꿈은

남편이 사기를 당할 징조다.

‖ 남편이 큰 구렁이를 잡은 꿈은

막혔던 일이 풀리기 시작한다.

‖ 남편이 큰 구렁이에게 잡아먹힌 꿈은

사기를 당할 징조다.

‖ 남편이 말을 탄 꿈은

남편이 외도한다는 암시다.

‖ 남편이 말을 타고 달린 꿈은

남편의 사업이 날로 번창한다.

‖ 남편이 절벽에서 떨어진 꿈은

남편이 크게 성공한다.

‖ 남편을 불러도 대답이 없었던 꿈은

남편과 사소한 문제로 다투게 된다.

‖ 남편에게 맞은 꿈은

남편과 애정이 두터워진다.

‖ 남편을 구박한 꿈은

부부사이에 갈등이 생길 징조다.

‖ 남편을 물어뜯은 꿈은

남편의 사업이 어려워질 징조다.

‖ 남편이 병원에 입원한 꿈은

남편이 질병에 걸릴 징조다.

‖ 남편이 화를 낸 꿈은

가정에 불화가 생길 징조다.

‖ 남편이 아기를 업은 꿈은

가정이 화목해진다.

‖ 남편이 물에 빠진 꿈은

하는 일이 어려움에 처할 징조다.

‖ 물에 빠진 남편을 구한 꿈은

남편을 도와 집안을 일으킨다.

‖ 전 남편과 함께 있었던 꿈은

현재의 남편이나 애인과 사소한 문제로 싸우고 오래가
면 헤어질 수도 있다.

‖ 전 남편과 데이트를 한 꿈은

이성문제로 불화가 생길 징조다.

‖ 전 남편에게 맞은 꿈은

구설수에 휘말릴 징조다.

‖ 아내가 구름을 타고간 꿈은

좋은 일이 생긴다.

‖ 아내가 샤워한 꿈은

이성과 다투게 된다.

‖ 아내가 신나게 웃은 꿈은

뜻밖의 좋은 일이 생긴다.

‖ 아내가 물을 마신 꿈은

경제적으로 어려워질 징조다.

‖ 아내가 수영한 꿈은

이성문제로 시끄러워질 징조다.

‖ 아내를 업고간 꿈은

가정이 화목해진다.

‖ 아내를 꼭 안아준 꿈은

아내로 인하여 가정에 행운이 찾아온다.

‖ 아내가 안아준 꿈은

좋은 일이 생긴다.

‖ 아내와 나란히 앉아 대화를 나눈 꿈은

아내의 내조로 크게 출세한다.

‖ 아내와 길을 걸은 꿈은

가정이 화목해진다.

‖ 아내가 아기를 끌어안은 꿈은

가정불화, 재물손실, 구설수 등이 따른다.

‖ **아내와 자식이 서럽게 운 꿈은**

사업실패, 부도, 보증 등으로 재산이 몰락할 징조다.

‖ **아내와 애인과 셋이서 잠을 잔 꿈은**

매우 불길한 꿈으로 만사가 어려워진다.

‖ **아내가 다른 남자와 간 꿈은**

아내의 내조로 사업이 번창하고, 직장인은 승진과 명예
가 따른다.

‖ **아내가 다른 남자와 결혼한 꿈은**

아내가 질병에 걸리거나 죽을 징조다.

‖ **아내가 여관에서 나온 꿈은**

부부간에 사랑이 식어가고 있다는 뜻이다.

‖ **아내가 바가지를 긁은 꿈은**

시끄러운 일이 생길 징조다.

‖ **아내를 때린 꿈은**

하는 일이 막힐 징조다.

‖ **아내가 차를 타고 떠난 꿈은**

가정에 불화가 생길 징조다.

자식

자식에 대한 꿈은 자식의 문제를 나타낸다.

‖ 아기를 낳으려고 배가 아팠던 꿈은

일이 완성단계에서 진통을 겪게 된다는 암시다.

‖ 아기가 태어난 꿈은

아기가 태어나거나 귀한 손님이 찾아온다.

‖ 아기가 태어나 용이 된 꿈은

집안에 좋은 일이 생긴다.

‖ 아기가 죽은 꿈은

아픈 아기는 질병이 오래가고 집안에 우환이 생긴다.

‖ 자식을 본 꿈은

반가운 소식을 듣는다.

‖ 멀리 떨어져 있는 자식을 본 꿈은

꿈 속에 보인 자식에게서 소식이 온다.

‖ 자식이 죽은 꿈은

기쁜 일이 있거나 기쁜 소식을 듣는다.

‖ 자식이 교통사고로 죽은 꿈은

교통사고가 일어날 징조다.

‖ 죽은 자식을 본 꿈은

한 가지 일에 몰두한다는 암시다.

‖ 억울하게 죽은 자식을 본 꿈은

정신적인 고통에 시달릴 징조다.

‖ **죽은 자식이 살아온 꿈은**

어려운 문제가 해결된다.

‖ **자식에게 매를 맞은 꿈은**

자식과 의견대립이 벌어진다.

‖ **자식에게 용돈을 받은 꿈은**

객지에 나간 자식에게 반가운 소식을 듣는다.

‖ **자식에게 용돈을 준 꿈은**

자식을 위해 돈을 쓰게 된다.

‖ **자식이 용을 타고 다닌 꿈은**

자식이 시험에 합격하거나 승진한다.

‖ **자식과 식사한 꿈은**

객지에 나간 자식이 돌아온다.

‖ **다 큰 자식이 어릴 때의 모습으로 보인 꿈은**

자식이 질병에 시달리거나 자식 때문에 근심이 생긴다.

‖ **자식이 자신을 부른 꿈은**

자식을 돕는다.

‖ **자식에게 목마를 태워준 꿈은**

자식을 위한 일을 한다.

‖ **어린자식을 꼭 안아준 꿈은**

집안에 우환이 생겨 파탄에 이른다는 암시다.

‖ **자식이 수영한 꿈은**

노력하면 이룰 수 있다는 암시다.

‖ 호수에서 목욕하던 딸이 갑자기 잉어가 되어 폭포 위로 뛰어
오른 꿈은
예술인은 국전에 당선된다는 암시다.
‖ **자식의 등에 업힌 꿈은**
집안에 좋은 일이 생긴다.
‖ **자식이 뱀한테 물리거나 잡아먹힌 꿈은**
자식이 질병에 걸릴 징조다.

친척

친척에 대한 꿈은 동업자, 동료, 직원 등을 나타낸다.

‖ **이모를 본 꿈은**
가정에 좋은 일이 생긴다.
‖ **이모가 죽은 꿈은**
이모를 만난다.
‖ **죽은 이모를 본 꿈은**
어머니가 질병에 걸리기 쉬우니 조심하도록.
‖ **사촌을 본 꿈은**
힘들고 섭섭했던 일이 풀린다.
‖ **사촌이 웃은 꿈은**
좋은 일이 생긴다.

∥ 사촌이 운 꿈은
가까운 사람에게 나쁜 일이 생길 징조다.

∥ 사촌이 죽은 꿈은
동료나 직원이 떠난다.

∥ 가까운 친척들이 모인 꿈은
친척간에 재산이나 상속문제로 다툴 징조다.

∥ 가까운 친척들이 즐겁게 논 꿈은
집안에 좋은 일이 생긴다.

∥ 친척의 집을 방문한 꿈은
협조자에게 도움을 요청한다.

∥ 친척의 집에 놀러간 꿈은
진행 중인 사업을 바꾸거나 직장을 옮기게 된다.

∥ 친척의 집에서 신나게 논 꿈은
직장의 일로 회식을 한다.

∥ 친척의 집에 놀러갔다 돌아온 꿈은
과거에 있었던 일로 웃게 된다.

∥ 친척의 집을 방문했는데 친척이 반갑게 맞아준 꿈은
단체나 관청에 부탁한 일이 이루어진다.

∥ 친척의 집을 방문했는데 아무도 없었던 꿈은
부탁한 일이 성사되지 않는다.

∥ 친척의 집에 놀러갔다 뱀을 본 꿈은
나쁜 유혹에 빠질 징조다.

∥ 친척의 집에서 잠을 잔 꿈은
먼 곳으로 출장을 간다.

‖ 친척의 집이 사라진 꿈은

동료나 직원이 갑자기 전출을 간다.

‖ 친척의 집이 불에 타고 있었던 꿈은

친척 중에서 누군가가 횡재를 한다.

‖ 친척의 집이 홍수에 떠내려간 꿈은

그 친척이 부자가 된다는 암시다.

‖ 물에 빠진 친척을 구해준 꿈은

좋은 일이 생긴다.

‖ 친척과 섹스한 꿈은

집안에 우환이 생길 징조다.

‖ 친척과 쇼핑한 꿈은

누군가에게 선물을 한다.

‖ 친척의 결혼식에 참석한 꿈은

결혼식이나 파티에 참석한다.

‖ 친척의 임종을 지켜본 꿈은

뜻밖의 유산을 받는 등 재물이 들어온다.

‖ 죽은 친척이 수의를 입은 꿈은

만사가 순조롭게 풀린다.

‖ 친척이 죽었다가 다시 살아난 꿈은

어렵고 막혔던 일이 풀린다.

친구

 친구에 대한 꿈은 친구, 동료, 직원, 상사, 부하 등을 나타낸다.

‖ **옛 친구를 본 꿈은**

머지않아 과거에 알던 사람에게 도움을 받는다.

‖ **친구가 찾아온 꿈은**

주위의 도움으로 하는 일이 잘 풀린다.

‖ **친구가 초라한 모습으로 찾아온 꿈은**

어려운 친구를 돕는다.

‖ **친구가 품위있는 모습으로 찾아온 꿈은**

파티나 결혼식에 초대받는다.

‖ **반가운 친구에게서 소식이 온 꿈은**

좋은 일이 생기고 사업이 번창한다.

‖ **친구의 집을 방문한 꿈은**

부탁할 곳을 찾아간다.

‖ **친구들과 커피숍에 간 꿈은**

단체 미팅을 하거나 이성친구를 만난다.

‖ **친구와 식당에 간 꿈은**

결혼식에 참석한다.

‖ **친구는 음식을 먹는데 자신은 먹지 않은 꿈은**

승진하는 등의 기쁜 일이 생긴다.

‖ **친구와 술을 마신 꿈은**

좋은 일이 생기나 구설수가 따를 수 있다.

‖ **친구와 함께 일한 꿈은**

친구의 도움으로 어려운 문제를 해결한다.

‖ **친구에게 축하받은 꿈은**

좋은 일이 생긴다.

‖ **친구를 축하해준 꿈은**

축하받을 일이 생긴다.

‖ **친구에게 결혼소식을 알린 꿈은**

사업을 시작하거나 확장한다.

‖ **친구의 결혼소식을 들은 꿈은**

좋은 일이 생긴다.

‖ **친구의 결혼식에 참석한 꿈은**

친구에게 좋은 일이 생긴다.

‖ **친구와 속삭인 꿈은**

친구나 형제와 다툰다.

‖ **친구가 충고해준 꿈은**

계획한 일이나 추진하는 일을 다시 점검한다.

‖ **친구에게 충고한 꿈은**

친구에게 쌓였던 좋지 않은 감정들이 해소된다.

‖ **친구에게 충고하다 말다툼한 꿈은**

친구나 동료와 의견충돌이 생기나 곧 화해하고 더욱더
가까워진다.

‖ 친구와 다툰 꿈은

동업자나 가까운 사람과 다툴 징조다.

‖ 옛 친구와 다툰 꿈은

오래 사귄 이웃이나 동료와 의논한다.

‖ 친한 친구와 싸운 꿈은

동업자가 떨어져 나가거나 관재구설에 휘말릴 징조다.

‖ 친구와 싸우다 피를 흘린 꿈은

길몽으로 운수대통할 꿈이다.

‖ 친구와 싸우다 친구가 죽은 꿈은

다른 사람에 의해 강력한 경쟁자가 제거된다.

‖ 친구를 죽인 꿈은

동료들보다 유리한 입장이 된다는 암시다.

‖ 친구가 죽은 꿈은

하는 일이 꽉 막힐 징조다.

‖ 친구가 죽었는데 다시 살아난 꿈은

막혔던 일이 풀려나간다.

‖ 친구가 죽어서 슬프게 운 꿈은

그 친구가 크게 성공한다.

‖ 친구나 동료에게 얻어맞은 꿈은

꿈에 나타난 사람과 더욱더 가까워진다.

‖ 친구에게 배신당한 꿈은

친구에게 따돌림을 받을 징조다.

‖ 친구와 비오는 거리를 걸은 꿈은

동업자를 만난다.

‖ **친구와 무지개를 본 꿈은**

친구나 동료의 도움으로 어려운 문제를 해결한다.

‖ **친구와 용을 타고 올라간 꿈은**

사업이 크게 번창하고 승진도 따른다.

‖ **친구와 용을 타고 가다가 혼자 떨어진 꿈은**

승진할 기회가 온다는 암시다.

‖ **어린시절 친구와 논 꿈은**

그 친구를 만난다.

‖ **친구와 어깨동무를 한 꿈은**

협조자나 동업자가 나타난다.

‖ **친구들과 사진을 찍은 꿈은**

동업자나 협조자를 만난다.

‖ **친구와 도박을 한 꿈은**

친구와 동료를 돕는다.

‖ **친구와 길가는 사람을 희롱한 꿈은**

남의 일로 구설수에 휘말리게 된다는 암시다.

‖ **친구집 개에게 물린 꿈은**

믿었던 사람에게 배신당할 징조다.

‖ **친구집에 불이 나 모두 타버린 꿈은**

친구에게 반가운 소식을 듣는다.

‖ **물에 빠진 친구를 구해준 꿈은**

친구에게 도움을 요청한다.

‖ **물에 빠진 친구를 구하려다 자신이 빠져 죽은 꿈은**

다른 사람을 도와주다가 봉변을 당한다.

‖ **친구와 함께 물에 빠진 꿈은**

협조자가 떠나거나 동업관계가 깨진다.

‖ **친구가 큰 부자가 된 꿈은**

친구에게 뜻밖의 도움을 받는다.

‖ **친구가 거지가 된 꿈은**

그 친구를 도와주게 된다.

‖ **새 친구를 사귄 꿈은**

잃어버린 물건을 찾거나 빌려준 돈을 받는다.

‖ **친구의 애인과 결혼 꿈은**

매우 불길한 꿈으로 그 친구와 다툰다.

애인

 애인에 대한 꿈은 이성문제를 나타내는데 꿈 속의 상황이 현실에서도 그대로 나타나는 경우가 많다.

‖ **애인의 얼굴이 검게 보인 꿈은**

배신을 당하거나 속썩을 일이 생긴다.

‖ **애인이 귀신처럼 보인 꿈은**

애인과 불화가 생길 징조다.

‖ **애인에게 전화를 건 꿈은**

애인이 생기거나 청혼한다는 암시다.

‖ 애인과 전화통화를 한 꿈은

애인과 결혼하거나 기쁜 일이 생긴다.

‖ 애인과 전화통화를 하는데 끊어진 꿈은

애인이나 자신이 해야 할 일이 생긴다.

‖ 애인과 속삭인 꿈은

크게 다툴 징조다.

‖ 애인과 데이트한 꿈은

진행 중인 사업이 부진하거나 재물이 나갈 징조다.

‖ 애인과 낯선 곳에서 데이트한 꿈은

혼담이 성사되거나 좋은 일이 생긴다.

‖ 애인과 데이트를 하다가 깡패를 만난 꿈은

둘 사이에 방해자가 나타나거나 혼담에 문제가 생긴다.

‖ 애인을 구름 위에서 만난 꿈은

주위의 반대를 무릅쓰고 결혼한다는 암시다.

‖ 애인과 무지개를 본 꿈은

결혼하여 단란한 가정을 꾸린다는 암시다.

‖ 애인이 갑자기 호랑이로 변한 꿈은

애인이 떠날 징조다.

‖ 애인과 장난한 꿈은

애인과 다툴 징조다.

‖ 애인과 소꿉장난한 꿈은

동거를 하거나 결혼한다.

‖ 애인과 물놀이를 한 꿈은

여행을 한다.

‖ 애인이 다른 사람과 물놀이를 한 꿈은

애인이 자신 몰래 여행을 떠난다.

‖ 애인과 쇼핑한 꿈은

애인을 위해 돈을 쓰게 된다.

‖ 애인에게 예쁜 인형을 선물한 꿈은

청혼하거나 받는다.

‖ 애인에게 새 옷을 선물한 꿈은

새로운 이성을 사귄다.

‖ 애인이 선물을 사달라고 조른 꿈은

애인에게 부탁을 받는다.

‖ 애인이 화장품을 사준 꿈은

애인에게 선물을 하거나 애정표현을 한다.

‖ 애인에게 화장품을 선물받은 꿈은

청혼을 받는다.

‖ 애인과 차를 마신 꿈은

이성으로 인하여 다투거나 재난이 닥칠 징조다.

‖ 애인과 커피를 마신 꿈은

즐거운 일이 생긴다.

‖ 애인과 술을 마신 꿈은

애인과 헤어질 징조다.

‖ 애인과 술을 마시는데 갑자기 소나기가 내린 꿈은

애인과 더욱더 가까워진다.

‖ 애인과 단둘이서 식사한 꿈은

결혼을 하려고 하나 주위의 여건이 따라주지 않는다.

‖ 애인과 양식집에서 식사한 꿈은

청혼하거나 결혼한다.

‖ 애인과 뷔페식당에서 식사한 꿈은

집안에 좋은 일이 생기거나 결혼한다.

‖ 애인과 아이스크림을 사먹은 꿈은

애인과 헤어질 징조다.

‖ 애인의 아이스크림을 뺏어 먹은 꿈은

도둑키스를 한다.

‖ 애인과 마주보며 웃은 꿈은

취직이나 승진한다.

‖ 애인이 얼굴에 입맞춤을 해준 꿈은

이성문제로 애인과 헤어질 징조다.

‖ 애인과 즐겁게 키스한 꿈은

기쁜 소식을 듣게 되고 좋은 일이 많이 생긴다.

‖ 애인과 열렬하게 키스한 꿈은

애인에게 청혼을 받는다.

‖ 애인과 잠을 잔 꿈은

매사가 순조롭게 진행된다.

‖ 옛 애인과 잠을 잔 꿈은

애인이 자꾸 멀어져 가고 있다는 암시다.

‖ 애인과 섹스한 꿈은

큰 돈을 쓰게 된다.

‖ 애인의 몸을 애무한 꿈은

애인과 이성문제로 다툴 징조다.

‖ 애인에게 사랑한다는 말을 들은 꿈은

매우 좋은 꿈으로 승진, 합격, 취직 등이 성사된다.

‖ 애인에게 사랑한다고 말한 꿈은

누군가를 짝사랑을 하고 있다는 뜻이다.

‖ 애인에게 사랑을 고백했는데 갑자기 사라진 꿈은

데이트를 하다가 다투게 된다.

‖ 애인이 다른 사람과 있는데도 질투하지 않은 꿈은

사랑이 더욱더 견고해진다.

‖ 애인과 사진을 찍은 꿈은

반가운 소식을 듣거나 결혼한다.

‖ 애인의 사진을 찍어준 꿈은

이성문제로 갈등이 생길 징조다.

‖ 애인이 다른 사람과 사진을 찍은 꿈은

애인에게 경사가 생긴다.

‖ 애인에게 시를 읽어준 꿈은

교제 중인 사람에게 사랑을 고백한다.

‖ 애인과 영화를 보러간 꿈은

애인과 이성문제로 다툴 징조다.

‖ 애인과 비디오방에서 슬픈 장면을 본 꿈은

나쁜 소식을 듣는다.

‖ 애인과 록콘서트를 관람한 꿈은

애인과 크게 다툴 징조다.

‖ 애인과 노래방에 간 꿈은

곧 결혼한다는 암시다.

‖ 애인과 여관에 들어간 꿈은

애인과 여행을 한다.

‖ 애인과 놀이공원에 간 꿈은

애인과 여행을 한다.

‖ 애인과 동물원에 간 꿈은

결혼약속을 한다는 암시다.

‖ 애인과 오락실에서 논 꿈은

즐거운 일이 생긴다.

‖ 애인과 두더지 때리기를 한 꿈은

애인과 다툴 징조다.

‖ 애인과 둘이서 탑돌이를 한 꿈은

사랑이 더욱더 깊어져 결혼한다.

‖ 애인과 여행한 꿈은

혼담이 있거나 결혼한다.

‖ 애인과 친구 결혼식에 간 꿈은

함께 간 애인과 곧 결혼한다.

‖ 애인과 번화한 길을 걸은 꿈은

애인과의 사랑이 점점더 깊어진다.

‖ 애인과 번화한 길을 계속 걸은 꿈은

데이트를 하게 되고 오래도록 교제한다.

‖ 애인과 어깨동무를 하고 뛴 꿈은

서로 책임전가에 급급하고 정신적인 고통을 겪는다.

‖ 애인과 함께 날아다닌 꿈은

하는 일이 순조롭고 미혼자는 결혼한다.

‖ 애인과 공중을 산책한 꿈은

혼담이 성사되거나 새로운 이성을 사귄다.

‖ 애인이 혼자 날아다니다 떨어진 꿈은

좋은 일이 생길 것 같다가 허사가 된다.

‖ 애인이 학을 타고 날아간 꿈은

애인이 취직하거나 승진한다는 암시다.

‖ 애인이 나무 위로 올라간 꿈은

애인이 취직하거나 승진한다는 암시다.

‖ 애인이 약속시간이 지나도 오지 않은 꿈은

애인에게서 연락이 온다.

‖ 애인을 불렀는데 대답이 없었던 꿈은

애인이 떠나가고 있다는 암시다.

‖ 애인이 말없이 바라보고 있었던 꿈은

애인이 떠날 징조다.

‖ 애인과 싸운 꿈은

애인과 더욱더 가까워진다.

‖ 애인이 헤어지자고 한 꿈은

서로가 멀어져 가고 있다는 암시다.

‖ 애인에게 배신당한 꿈은

애인에게 따돌림을 받을 수 있으니 조심하도록.

‖ 애인과 헤어진 꿈은

애인과의 사랑이 점점더 깊어진다.

‖ 애인을 빼앗긴 꿈은

서로 사랑하지만 헤어진다는 암시다.

‖ 애인을 때린 꿈은

애인과 더욱더 가까워진다.

‖ 애인을 무자비하게 때린 꿈은

새로운 사업이나 일을 추진한다.

‖ 애인이 혼자 운 꿈은

자신이나 애인이 떠날 준비를 하고 있다는 암시다.

‖ 애인이 혼자서 신나게 논 꿈은

애인에게 기쁜 소식을 듣는다.

‖ 애인이 절벽에서 떨어진 꿈은

불의의 사고가 생기거나 재물이 나갈 징조다.

‖ 애인이 절벽에서 떨어지다가 훨훨 날아간 꿈은

어려웠던 일이 풀린다.

‖ 애인이 절벽에서 떨어지는데 받은 꿈은

청혼을 하는데 승락받는다.

‖ 애인이 강물로 뛰어내린 꿈은

애인이 승진하거나 취직한다는 암시다.

‖ 물에 빠진 애인을 구한 꿈은

청혼을 받는다.

‖ 애인을 지하철역에서 우연히 만난 꿈은

애인에게 만나자는 연락이 온다.

‖ 애인이 지하철을 타고 떠난 꿈은

혼자서 여행을 떠난다.

‖ 애인과 함께 탄 지하철이 물 속으로 들어간 꿈은

결혼이 성사되지 않는다는 암시다.

‖ 애인이 지하철에 치여 죽은 꿈은
애인이 취직하거나 승진한다는 암시다.

‖ 애인과 버스를 탔는데 애인이 보이지 않은 꿈은
목적을 이루지 못해 실망에 빠진다는 암시다.

‖ 애인이 죽은 꿈은
애인이나 애인의 가족이 부상을 당하거나 질병에 걸릴
징조다.

‖ 애인이 죽어서 슬프게 운 꿈은
사랑이 점점더 깊어진다.

‖ 애인이 죽어서 슬프게 우는데 옆에서 애인이 웃은 꿈은
애인이 변심한다는 암시다.

‖ 애인이 죽었다는 소식을 들은 꿈은
그 사람과 곧 결혼한다.

‖ 애인이 죽었다는 전보를 받은 꿈은
애인과 더욱더 가까워진다.

‖ 애인이 죽었다가 살아난 꿈은
애인에게 좋은 일이 생긴다.

‖ 애인이 죽었는데 관 속에서 웃은 꿈은
애인이 다른 사람을 만나고 있다는 암시다.

‖ 애인이 하얀소복을 입은 꿈은
애인이나 애인의 가족 중에서 누군가가 죽는다.

‖ 애인이 임신한 꿈은
애인에게 절교선언을 듣는다.

∥ 애인이 아이를 낳은 꿈은

새로운 사업을 시작하거나 취직한다.

∥ 애인의 손을 잡았는데 애인의 손이 차가웠던 꿈은

애인이 마음의 문을 열지 않았다는 뜻이다.

∥ 애인의 손을 잡았는데 자신의 손이 차가웠던 꿈은

애인과 헤어질 징조다.

∥ 애인이 창문에서 오라고 손짓한 꿈은

청혼을 받는다.

∥ 애인의 방 창문이 커튼으로 가려진 꿈은

서로의 마음을 알 수 없다는 것을 나타내는 꿈이다.

∥ 애인이 창문을 열고 내다본 꿈은

애인에게 사랑을 많이 받는다.

∥ 애인이 계속해서 자신을 부른 꿈은

좋은 소식을 듣는다.

∥ 애인을 붙잡고 운 꿈은

애인에게서 나쁜 소식을 듣는다.

∥ 전쟁터로 나가는 애인을 붙잡고 슬프게 운 꿈은

애인과 헤어시고 싶어하는 마음을 나타내는 꿈이다.

∥ 애인의 가슴에 얼굴을 묻고 운 꿈은

사랑이 더욱더 깊어져 결혼한다.

∥ 헤어진 애인이 찾아온 꿈은

새로운 애인이 생겨 결혼한다.

∥ 헤어진 애인과 섹스한 꿈은

중단된 일이나 오래 전에 세운 계획을 실천한다.

‖ 옛 애인과 다정하게 손을 잡고 걸은 꿈은

새로운 이성을 사귄다.

‖ 옛 애인과 다툰 꿈은

옛 애인에게서 소식이 온다.

‖ 옛 애인이 죽은 꿈은

지나간 일로 뜻밖의 이익이 생긴다.

‖ 옛 애인을 죽인 꿈은

과거에서 벗어나게 된다는 암시다.

‖ 옛 애인을 죽였는데 다시 살아난 꿈은

과거의 잘못으로 인하여 고통을 받는다.

‖ 옛 애인이 슬프게 운 꿈은

옛날을 그리워하고 있다는 뜻이다.

‖ 옛 애인을 안아본 꿈은

이성문제로 다투게 된다.

‖ 옛 애인이 귀신처럼 보인 꿈은

만사가 어려워질 징조다.

‖ 옛 애인이 아이를 안고 있었던 꿈은

뜻밖의 재물이 들어온다.

‖ 물에 빠진 옛 애인을 구한 꿈은

잊고 있었던 일로 즐거워진다.

‖ 옛 애인과 드라이브를 한 꿈은

먼 곳으로 여행을 한다.

‖ 옛 애인과 키스한 꿈은

이성문제로 시비가 생긴다.

‖ 옛 애인에게 물린 꿈은
시끄러운 일에 휘말릴 징조다.

아기 · 어린아이

 아기와 어린아이에 대한 꿈은 직업, 성기, 근심, 태몽
등을 나타낸다.

‖ 아기낳는 것을 본 꿈은
남자는 좋은 일과 재물이 생기고 미혼여성은 다른 여자
때문에 애인과 다툰다.

‖ 낯선 여자가 아기를 낳은 꿈은
아기가 옷을 벗었으면 좋은 일이 생기고, 옷을 입었으
면 나쁜 일이 생긴다.

‖ 이웃집에 아기가 태어난 꿈은
이웃간에 좋은 일이 생긴다.

‖ 우는 아기를 달랜 꿈은
근심 걱정으로 초조하고 불안할 징조다.

‖ 아기에게 물린 꿈은
믿었던 사람에게 배신당할 징조다.

‖ 아기의 알몸을 쓰다듬은 꿈은
이성으로 인한 다툼이 생긴다.

‖ 벌거벗은 아기를 쓰다듬은 꿈은

불쾌하고 재수없는 일이 생길 징조다.

‖ 아기를 업고 가거나 차를 타고간 꿈은

능력이 미치지 못하는 일을 맡는다.

‖ 아기를 안거나 업고 다닌 꿈은

하는 일에 어려움이 따르고 미혼자는 구설수에 오른다.

‖ 누군가가 아기를 안고 가버린 꿈은

근심 걱정이 사라진다.

‖ 갓난아기를 안은 꿈은

자신의 능력으로 감당할 수 없는 일을 맡는다.

‖ 아기를 안고 하늘로 올라간 꿈은

사업이 망하거나 질병에 시달릴 징조다.

‖ 아기가 무지개를 타고 있었던 꿈은

사업이 번창하거나 승진한다.

‖ 아기가 별을 타고 가슴에 안긴 꿈은

태몽으로 예쁜 딸이 태어난다.

‖ 아기가 치마 속으로 들어온 꿈은

태몽으로 귀한 자손이 태어난다.

‖ 아기에게 우유를 먹인 꿈은

새로운 일에 투자한다.

‖ 아기가 젖을 먹은 꿈은

자금문제로 고전하나 귀인의 도움으로 해결된다.

‖ 아기가 젖을 먹지 않고 칭얼댄 꿈은

만사가 어려움에 처하여 풀리지 않는다.

‖ 아기가 아장아장 걸은 꿈은

부모나 다른 사람 밑에서 벗어나 독립한다.

‖ 아기가 크게 웃은 꿈은

사업이 크게 번창한다.

‖ 아기가 귀엽게 웃은 꿈은

하는 일마다 순조롭게 성공한다.

‖ 아기를 때린 꿈은

생활에 변화가 생긴다.

‖ 아기가 운 꿈은

어려움에 처해 도움을 청하나 도와주는 사람이 없다.

‖ 아기가 물에 빠져 죽은 꿈은

하는 일이 어려움에 처할 징조다.

‖ 아기의 시체가 관에 담긴 꿈은

목적을 이룬다.

‖ 아기가 체해서 토한 꿈은

어려운 문제가 풀리기 시작한다.

‖ 아기가 어른처럼 행동한 꿈은

살난척하거나 망신낭할 징소다.

‖ 어린아이에게 젖을 먹인 꿈은

새로운 사업에 투자하여 이익을 얻는다.

‖ 어린아이의 이가 새로 난 것을 본 꿈은

소원하는 것이 이루어진다.

‖ 우는 어린아이를 달랜 꿈은

어떤 일을 수습하지 못하여 고통을 겪게 된다.

‖ 어린아이의 뺨에 입맞춤한 꿈은

좋은 일이 생기고 미혼자는 혼담이 있다.

‖ 어린아이와 섹스한 꿈은

자신보다 못한 사람과 거래를 한다.

‖ 어린아이가 자신의 성기를 만진 꿈은

목적을 이룬다.

‖ 어린아이에게 목마를 태워준 꿈은

새로운 일을 시작하고 원하는 것을 이룬다.

‖ 목마를 타던 아기가 떨어진 꿈은

걱정하던 일이 현실로 다가온다.

‖ 어린아이가 그네를 탄 꿈은

사업이 순조롭게 진행된다.

‖ 아이가 껑충껑충 뛴 꿈은

사업을 크게 확장한다.

‖ 어린아이들과 뛰어논 꿈은

사업이 크게 번창한다.

‖ 어린아이들이 놀거나 모여 있었던 꿈은

슬픈 일이 생길 징조다.

‖ 어린아이에게 편지를 받은 꿈은

사랑의 고백을 듣는다.

‖ 어린아이가 젖을 먹은 꿈은

새로운 일에 투자하여 큰 이익을 본다.

‖ 어린아이가 대변을 본 꿈은

뜻밖의 횡재가 따른다.

‖ **어린아이의 대변을 만진 꿈은**

불쾌한 일이 생기거나 재물이 들어온다.

‖ **어린아이가 죽은 꿈은**

정신적인 고통에서 벗어나는 등 좋은 일이 생긴다.

‖ **어린아이가 개한데 물려 죽은 꿈은**

근심 걱정이 모두 사라진다.

‖ **어린아기가 자동차에 치여 죽은 꿈은**

축하받을 일이 생긴다.

‖ **어린아이가 높은 곳에서 떨어져 죽은 꿈은**

근심 걱정이 모두 사라진다.

‖ **어린아이가 피를 흘린 꿈은**

좋은 일이 생긴다.

‖ **어린아이를 죽인 꿈은**

경쟁자를 이긴다.

‖ **어린아이를 죽이고 양심의 가책을 느끼지 못한 꿈은**

근심이나 고통에서 벗어나고 고시 준비생은 합격한다.

‖ **여자아이가 뒤를 졸졸 따라온 꿈은**

수위 사람들과 말다툼이 벌어진다.

‖ **여자아이를 꼭 껴안은 꿈은**

누구에겐가 의지하고 싶어하는 심정을 나타낸다.

‖ **여자아이와 손을 잡고 걸은 꿈은**

이성문제로 말썽이 생길 징조다.

‖ **여자아이를 업고간 꿈은**

새로운 이성을 사귄다.

‖ 여자아이를 울린 꿈은

시비와 다툼이 생길 징조다.

‖ 유아방에서 아이들과 함께 논 꿈은

멀리 있는 친구가 찾아오거나 소식이 온다.

‖ 어른이나 청년이 어린아이로 보인 꿈은

현재의 상황이 과거보다 못하다는 것을 의미한다.

‖ 자신이 어린아이가 된 꿈은

고향에서 반가운 소식이 온다.

‖ 아기를 업은 여자가 뒤따라 온 꿈은

누군가가 시비를 걸려고 한다는 뜻이다.

임금 · 왕비 · 성인 · 위인 · 궁녀

역사 속의 인물에 대한 꿈은 군주, 통치자, 성직자, 백성, 은인, 부모, 절대적인 힘을 가진 사람 등을 상징하고, 성인은 좋은 일과 나쁜 일을 동시에 나타낸다.

‖ 임금이 된 꿈은

단체의 장이 되거나 권력을 잡는다.

‖ 황제가 거지가 된 꿈은

퇴직이나 좌천 등을 당할 징조다.

‖ 임금과 술을 마신 꿈은

최고의 사교모임에 초대받는다.

‖ 임금과 함께 식사한 꿈은

최고의 사교모임에 초대받는다.

‖ 임금이 식사하는 것을 본 꿈은

누군가에게 부탁을 한다.

‖ 임금이 맛있게 식사를 끝낸 꿈은

부탁한 일이 성사된다.

‖ 임금과 함께 논 꿈은

신분이 매우 고귀해진다는 암시다.

‖ 임금에게 대들거나 말다툼한 꿈은

절대적인 권위에 도전하다 실패한다.

‖ 임금이 어선회의를 하고 있는 꿈은

어떤 단체나 모임에 참석한다.

‖ 임금이 호령한 꿈은

세무조사나 감사를 받는다.

‖ 임금에게 큰 절을 한 꿈은

축하받을 일이 생긴다.

‖ 임금이 사형을 언도한 꿈은

위기에 처할 징조다.

‖ 임금 앞에서 벌벌 떨었던 꿈은

좋지 않은 일로 관공서에 드나들 징조다.

‖ 임금이 내린 사약을 먹고 죽은 꿈은

최고의 명예와 권력을 얻는다.

‖ 임금에게 두들겨 맞은 꿈은

좌천되거나 파산할 징조다.

∥ 임금이 신하를 두들겨 팬 꿈은

부하직원이나 종업원을 야단친다.

∥ 벌거벗은 임금을 본 꿈은

하는 일을 공개한다.

∥ 궁전 안을 산책하는 임금을 본 꿈은

지위가 높은 사람이 찾아온다.

∥ 임금이 말을 타고간 꿈은

만사가 순조롭게 진행된다.

∥ 임금이 말을 타고 달린 꿈은

사업이 크게 번창한다.

∥ 임금이 말에서 떨어진 꿈은

재난이 따를 징조다.

∥ 임금이 대변을 본 꿈은

금일봉이나 격려금을 받는다.

∥ 임금의 대변 냄새를 맡아본 꿈은

계획만 세우고 실천하지 않은 일이 있다는 뜻이다.

∥ 임금이 소변을 본 꿈은

술자리에 초대받는다.

∥ 임금의 소변이 옷에 묻은 꿈은

술에 취해 실수하다 봉변당할 징조다.

∥ 임금이 자신의 머리 위에 소변을 본 꿈은

재물의 이익은 있으나 명예는 떨어진다.

∥ 임금이 노래를 부른 꿈은

하는 일이 날로 번창한다.

‖ 임금이 신나게 춤을 춘 꿈은

축하받을 일이 생긴다.

‖ 임금이 대문 안으로 들어온 꿈은

귀인이 찾아온다.

‖ 임금이 목욕을 하고 있었던 꿈은

새로운 사업을 구상한다.

‖ 임금이 바보처럼 보인 꿈은

누군가를 무시하다가 봉변을 당한다.

‖ 임금이 다친 꿈은

계획대로 일이 이루어지지 않는다.

‖ 임금이 폐위된 꿈은

퇴직이나 파산이 따르기 쉽다.

‖ 여왕이나 왕비에게 구혼한 꿈은

청혼을 한다.

‖ 여왕이나 왕비가 목욕하는 것을 본 꿈은

이성과 시비가 생길 징조다.

‖ 여왕이나 왕비가 말을 탄 꿈은

고귀한 신분의 사람과 데이트를 한다.

‖ 여왕이나 왕비가 식사를 하는 것을 본 꿈은

멋진 파티에 초대받는다.

‖ 여왕이나 왕비가 아기를 낳은 꿈은

귀인에게 선물을 받는다.

‖ 여왕이나 왕비와 악수한 꿈은

귀인을 소개받는다.

‖ 여왕이나 왕비가 자신을 껴안은 꿈은

남자는 새로운 이성을 만난다.

‖ 여왕이나 왕비와 섹스한 꿈은

길몽으로 부귀영화를 누리며 미혼자는 절세미인과 결
혼한다.

‖ 여왕이나 왕비와 키스한 꿈은

사랑이 점점 무르익어 가고 있다는 뜻이다.

‖ 공자나 맹자같은 위인을 본 꿈은

길몽으로 귀인을 만나 성공의 지름길을 달린다.

‖ 역사 속의 위대한 인물을 본 꿈은

신분이나 명예가 높아진다.

‖ 성인의 손가락에 난 피를 먹은 꿈은

참된 지식을 얻게 된다는 암시다.

‖ 위인들과 술을 마신 꿈은

상류층 파티에 초대받는다.

‖ 하늘에서 위인이 내려온 꿈은

귀인의 도움을 받아 크게 출세한다.

‖ 위인에게 선물을 받은 꿈은

표창장이나 감사장을 받는다.

‖ 위인이 용을 타고 하늘로 올라간 꿈은

협조자의 도움으로 사업이 크게 번창한다.

‖ 위인이 대변보는 것을 본 꿈은

큰 재물이 들어온다.

‖ 궁녀와 논 꿈은

행복하다는 것을 나타내는 꿈이며 미혼자는 결혼한다.

‖ 궁녀의 옷을 벗긴 꿈은

비밀이나 정보가 누출될 징조다.

‖ 궁녀와 섹스한 꿈은

성병에 걸릴 징조다.

‖ 궁녀의 엉덩이를 본 꿈은

이성과 다툴 징조다.

‖ 궁녀의 엉덩이에 깔린 꿈은

이성으로 인하여 망신을 당한다.

‖ 궁녀가 운 꿈은

사랑하는 사람과 헤어진다.

‖ 궁녀가 죽은 꿈은

남자는 사랑하는 여자와 헤어질 징조다.

대통령 · 정치인 · 장관 · 장군 등 지위가 높은 사람

지위와 신분이 높은 사람에 대한 꿈은 권위, 명예, 영광 등을 나타낸다.

‖ 통치자를 암살한 꿈은

최고의 명예와 권위를 얻는다.

∥ **지위가 높은 사람을 본 꿈은**

길몽으로 승진 등이 따른다.

∥ **지위가 높은 사람이 안아준 꿈은**

귀인의 도움으로 명예와 지위를 얻게 되고, 복권이나 상품권 등에 당첨될 확률이 높다.

∥ **지위가 높은 사람과 악수한 꿈은**

권력을 가진 사람의 추천으로 높은 지위에 오르고, 복권이나 상품권 등에 당첨될 확률이 높다.

∥ **지위가 높은 사람에게 칭찬받은 꿈은**

표창장을 받거나 승진한다.

∥ **지위가 높은 사람에게 음식을 대접받은 꿈은**

귀인의 도움으로 명예와 지위가 올라간다.

∥ **지위가 높은 사람에게 음식을 대접한 꿈은**

관공서에 부탁할 일이 생긴다.

∥ **저명인사와 한 이불을 덮고 잔 꿈은**

태몽이면 가문을 일으킬 훌륭한 후손이 태어난다.

∥ **유명인사의 명함을 받은 꿈은**

귀인의 도움으로 명예와 지위가 올라가고, 복권이나 상품권 등에 당첨될 확률이 높다.

∥ **유명인사의 사진을 받거나 사인을 모은 꿈은**

생활이 안정되고 재물이 들어온다는 암시다.

∥ **유명인사의 파티에 초대받거나 참석한 꿈은**

승진이나 명예 등이 따르고, 귀인의 도움을 받아 많은 일을 한다.

‖ 대통령께 인사한 꿈은

권력을 가진 사람에게 부탁을 한다.

‖ 대통령과 악수한 꿈은

윗사람의 도움으로 명예와 권위를 얻는다.

‖ 대통령과 대화를 나눈 꿈은

하는 일이 국가시책과 맞아 떨어져 큰 이익을 본다.

‖ 대통령께 칭찬받은 꿈은

상관에게 신임을 얻게 되고 승진도 따른다.

‖ 대통령께 표창장을 받은 꿈은

정부에서 주는 공인된 자격증을 받는다.

‖ 대통령의 명함을 받은 꿈은

최고의 명예와 권력을 얻는다는 암시다.

‖ 대통령께 음식을 대접한 꿈은

지위가 높은 사람에게 부탁을 한다.

‖ 대통령과 함께 걸은 꿈은

지위가 높은 사람과 일할 기회가 온다는 암시다.

‖ 대통령의 방으로 따라간 꿈은

소원하는 일이 모두 이루어진다.

‖ 대통령이 자신의 집을 방문한 꿈은

정부나 어떤 단체에서 중요한 직책을 맡는다.

‖ 대통령과 함께 비행기를 탄 꿈은

최고의 길몽으로 막강한 권력을 잡는다.

‖ 대통령의 연설을 들은 꿈은

단체나 모임에 참석한다.

‖ **텔레비전에서 대통령을 본 꿈은**

귀인의 방문을 받는다는 암시다.

‖ **대통령이나 고위관리가 죽은 꿈은**

최고의 명예와 부귀를 얻는다.

‖ **장관이 된 꿈은**

만사가 뜻대로 이루어진다.

‖ **장관을 본 꿈은**

곧 승진하게 된다는 암시다.

‖ **장관·국회의원 등의 지위가 새긴 명패나 임명장을 받은 꿈은**

고위직에 오르거나 승진하고, 자신의 능력을 최대한 발휘하여 세력을 잡는다.

‖ **국회의원에 당선된 꿈은**

단체의 장이 되거나 단체에 가입한다.

‖ **국회의원 당선통지서를 받은 꿈은**

단체나 회사에서 임원이 된다.

‖ **정치인의 연설을 들은 꿈은**

제3자에게 신상에 대한 이야기와 조언을 듣는다.

‖ **정치인이 자신의 집을 방문한 꿈은**

뜻밖의 일로 명예와 재물을 얻는다.

‖ **정치인에게 음식을 대접한 꿈은**

취직이나 사업문제를 부탁하여 성사된다.

‖ **장군이 된 꿈은**

많은 사람을 거느리는 자리에 오른다.

‖ **장군과 싸운 꿈은**

단체나 권위에 도전한다는 암시다.

‖ **장군과 놀거나 식사한 꿈은**

명예와 지위가 올라간다.

‖ **장군의 자동차를 운전한 꿈은**

단체나 기관에 취직한다.

‖ **장군이 탄 말에 치인 꿈은**

좌천이나 실직당할 징조다.

‖ **부하가 되어 장군에게 꾸중들은 꿈은**

기관의 제재나 상사의 질책을 받는다.

연예인

 연예인에 대한 꿈은 친구, 동료, 명예, 인기 등을 나타
낸다.

‖ **연예인이 된 꿈은**

외롭고 고독해지며 나쁜 소문에 시달린다.

‖ **연예인과 친구가 된 꿈은**

사교단체에 늘어간다.

‖ **연예인과 데이트한 꿈은**

애인과 서로 마음이 다른 곳에 있어 헤어진다.

∥ 연예인과 조용한 장소에서 차를 마신 꿈은

귀인을 만나거나 고급 사교모임에 초대받는다.

∥ 유명한 연예인과 섹스한 꿈은

최고의 명예를 얻거나 상을 받는다.

∥ 연예인과 악수한 꿈은

도움을 기다리나 불미스러운 일이 생긴다.

∥ 연예인에게 사인을 해달라고 조른 꿈은

능력 밖의 일을 맡아 고생할 징조다.

∥ 연예인에게 초대받은 꿈은

명사들의 모임에 참석하거나 팬클럽에 가입한다.

∥ 연예인에게 꽃다발을 받은 꿈은

축하받을 일이 생긴다.

∥ 연예인에게 꽃다발을 준 꿈은

능력을 발휘할 기회가 생기고 벼락출세를 한다.

∥ 연예인과 함께 있는 친구를 질투한 꿈은

친구와 사소한 문제로 다툴 징조다.

∥ 연예인과 나란히 서 있었던 꿈은

능력이 있는 사람을 만나 도움을 받는다.

∥ 좋아하는 연예인이 텔레비전에 나온 꿈은

귀인을 만난다.

∥ 연예인을 만나 너무 좋아서 기절한 꿈은

멋진 애인을 사귄다.

∥ 연예인 팬클럽에 가입한 꿈은

연예인의 공연을 관람한다.

‖ **연예인과 사진을 찍은 꿈은**

좋은 일이 생긴다.

‖ **연예인과 싸운 꿈은**

친구나 애인과 다툴 징조다.

‖ **연예인에게 얻어맞은 꿈은**

상사의 도움으로 출세길이 열린다.

‖ **연예인이 자살한 꿈은**

명예나 인기가 올라간다.

‖ **연예인을 죽인 꿈은**

인기가 절정에 오르게 된다.

‖ **인기배우의 옷을 받은 꿈은**

귀인의 도움으로 어려운 문제를 해결한다.

‖ **탤런트가 된 꿈은**

과시할 일이 생기고 인기인은 명예가 높아진다.

‖ **인기탤런트와 데이트한 꿈은**

명예나 인기를 얻을 수 있는 자리에 오른다.

‖ **가수가 되어 무대에 섰던 꿈은**

나쁜 소문에 시달리며 아무리 변명해도 통하지 않는다.

‖ **인기가수와 데이트한 꿈은**

명예나 인기를 얻거나 음악과 관계된 직장을 얻고, 명예를 떨칠 수 있는 일을 맡는다.

‖ **좋아하는 가수의 콘서트에 간 꿈은**

원하는 사람을 사귄다.

‖ 가수와 함께 노래를 부른 꿈은

축하받을 일이 생긴다.

‖ 가수가 노래하는 것을 본 꿈은

좋은 일이 생긴다.

‖ 가수가 노래하는데 정전된 꿈은

능력을 발휘할 기회가 오지만 모르고 지나간다.

‖ 코메디언을 본 꿈은

상대방의 말솜씨에 넘어가 손해를 본다.

‖ 코메디언을 보고 눈물을 흘린 꿈은

슬픈 소식을 듣는다.

‖ 코메디언이 죽은 꿈은

슬픈 소식을 듣는다.

‖ 모델이 된 꿈은

쇼핑을 한다.

‖ 모델과 함께 걸은 꿈은

쇼핑을 한다.

군인 · 경찰

 군인과 경찰에 대한 꿈은 군인, 경찰, 법규, 시책, 선전문, 책자 등을 나타낸다.

‖ **징집영장을 받은 꿈은**

실제로 그런 일이 생기거나 관직에 오른다.

‖ **군부대를 방문한 꿈은**

어떤 단체를 방문한다.

‖ **군대에 입대한 꿈은**

새로운 일을 시작한다.

‖ **군인이 된 꿈은**

최선을 다하고 있다는 것을 나타내는 꿈이다.

‖ **장교나 하사관이 된 꿈은**

학생은 수석을 하거나 학생회장이 되고, 일반인은 사업이 크게 확장되거나 단체의 장이 된다.

‖ **늠름하고 씩씩한 군인을 본 꿈은**

하는 일이 뜻대로 이루어진다.

‖ **완전무장한 꿈은**

계획이 잘 추진되거나 단체나 모임에서 실권을 잡는다.

‖ **완전무장하고 달린 꿈은**

최선을 다하고 있다는 것을 나타내는 꿈이다.

‖ **훈련을 받은 꿈은**

연수원이나 극기훈련 등에 참가한다.

‖ **사격을 한 꿈은**

새로운 계획을 세운다.

‖ **군모를 잃어버린 꿈은**

좌천이나 면직을 당할 징조다.

‖ **군인들과 함께 행군한 꿈은**

단체에 가입하거나 그 단체의 도움으로 어려운 문제를
해결한다.

‖ **행군하는 군인을 본 꿈은**

많은 사람들에게 도움을 받게 되고 좋은 일이 생긴다.

‖ **군악대의 행진을 본 꿈은**

단체나 기관의 업무를 맡고 명예와 지위도 얻는다.

‖ **군인과 싸운 꿈은**

정부의 시책에 따르지 못한다.

‖ **군인에게 얻어맞은 꿈은**

법의 제재를 받는다.

‖ **벌거벗은 군인을 본 꿈은**

유익한 정보를 얻는다.

‖ **술을 먹는 군인을 본 꿈은**

법을 위반한다.

‖ **샤워하는 군인을 본 꿈은**

여자는 데이트를 한다.

‖ **경찰관이 된 꿈은**

남의 일에 너무 많이 간섭하고 있다는 경고다.

‖ **경찰관을 본 꿈은**

걱정하는 일이 해결된다.

‖ **마음씨 좋은 경찰관을 만난 꿈은**

애인에게 반가운 소식을 듣는다.

‖ **정복을 입고 훈장을 단 경찰관을 본 꿈은**

자신의 능력을 인정받는다.

‖ **경찰관이 되어 취조한 꿈은**

동업자나 직원을 문책한다.

‖ **경찰관에게 취조당한 꿈은**

하는 일이나 업무로 인해서 책임추궁을 받는다.

‖ **경찰관에게 불심검문을 받은 꿈은**

뜻밖의 일이 생겨 당황한다는 암시다.

‖ **경찰관에게 단속받은 꿈은**

걱정하는 일이 해결된다.

‖ **사복형사가 집 안을 수색한 꿈은**

인터뷰나 브리핑을 한다.

‖ **경찰관을 죽인 꿈은**

어려운 문제가 풀린다.

‖ **경찰관과 싸운 꿈은**

부탁한 일이 성사되기 어렵다는 뜻이다.

‖ **경찰관과 싸운 꿈은**

뜻하지 않은 일로 만사가 중도에서 좌절된다.

‖ **경찰관이 구속영장이나 호출장을 가져온 꿈은**

질병을 암시하는 꿈이나 작가나 사업가는 관청의 초대

를 받는다.

‖ 경찰서에서 소환장이 온 꿈은

합격통지서를 받는다.

‖ 경찰관에게 쫓긴 꿈은

하는 일이 중도에서 좌절되거나 불의의 재난을 당한다.

‖ 사람을 죽여서 경찰관에게 쫓긴 꿈은

어떤 일을 앞두고 마음이 불안하다는 것을 암시한다.

‖ 경찰의 수배를 받아 도망다닌 꿈은

자신이 중심이 되어 어떤 일을 추진하지만 결과에 만족
하지 못한다.

‖ 검문소를 통과한 꿈은

감사를 받거나 관공서를 드나들게 된다.

‖ 경찰관에게 잡힌 꿈은

걱정하는 일이 더욱더 심해진다.

‖ 죄를 짓고 경찰관에게 체포된 꿈은

만사가 부진하고 나쁜 소문에 휘말릴 징조다.

‖ 수갑을 차고 경찰관에게 끌려간 꿈은

단체나 기관으로부터 제재를 받는다. 그러나 예술인에
게는 길몽으로 높은 평가를 받는다.

‖ 경찰관에게 연행되다 도망간 꿈은

어려운 문제가 쉽게 풀린다.

‖ 경찰관이 집을 포위한 꿈은

청탁한 일이 이루어진다.

‖ 경찰관이 문 밖에서 부른 꿈은

축하받을 일이 생긴다.

‖ 행진하는 경찰관을 본 꿈은

계획한 일이 순조롭게 진행된다.

‖ 경찰관이 강도를 체포한 꿈은

귀인의 도움으로 근심 걱정이 사라진다.

‖ 경찰관과 도박을 한 꿈은

뜻밖의 일로 재물이 들어온다.

‖ 경찰차가 집으로 온 꿈은

관공서를 출입한다.

‖ 경찰차가 지나간 꿈은

법에 저촉되는 일을 한다.

‖ 경찰차에 치여 죽은 꿈은

경쟁자가 스스로 떨어져 나간다.

‖ 경찰차가 요란하게 사이렌 소리를 내며 지나간 꿈은

데모나 노조파업 등에 동참한다.

‖ 경찰과 도둑이 함께 술을 마시는 것을 본 꿈은

단체나 귀인의 도움을 받아 크게 발전한다.

‖ 경찰과 도둑이 함께 도둑질하는 것을 본 꿈은

세무감사를 받거나 밀린 공과금이 나온다.

‖ 경찰서에서 전화가 온 꿈은

관공서를 출입한다.

도둑 · 강도 · 깡패 · 피한

 도둑, 강도, 깡패, 괴한 등에 대한 꿈은 현실에서 실제로 나타나기도 하며 경쟁업체, 경쟁자, 행정기관, 사법기관 등을 나타낸다.

‖ **도둑을 맞은 꿈은**

생각하지도 않은 일로 재물을 잃는다.

‖ **도둑맞은 물건을 찾은 꿈은**

잃어버린 재물이나 명예를 다시 찾는다.

‖ **집에 도둑이 들어온 꿈은**

가까운 사람에게 배신당할 징조다.

‖ **도둑이 집 안에서 잠을 잔 꿈은**

협조자가 나타난다.

‖ **도둑이 이불 속으로 숨은 꿈은**

독단적인 연구나 사업을 한다.

‖ **도둑을 무서워했던 꿈은**

어렵고 힘든 일에 부딪힐 징조다.

‖ **다른 사람이 도둑질하는 것을 본 꿈은**

도난이나 소매치기 등을 조심하도록.

‖ **도둑질을 도와준 꿈은**

다른 사람을 도와주다가 구설수에 휘말린다.

‖ **도둑에게 음식을 준 꿈은**

뜻밖의 일로 재물이 나간다.

‖ **도둑과 함께 도망간 꿈은**

뜻밖의 일로 구설수에 휘말릴 징조다.

‖ **도둑이 벽을 뚫어놓은 꿈은**

사업이 크게 소문나 번창한다.

‖ **도둑이 벽이나 담을 뚫고 들어온 꿈은**

자신에게 도움을 줄 사람이 스스로 찾아온다.

‖ **도둑을 잡았다가 놓친 꿈은**

기회를 잡았다가 놓친다는 암시다.

‖ **도둑이 높은 곳에서 떨어져 죽은 꿈은**

경쟁자나 방해자가 멀리 떠나간다.

‖ **도둑에게 설교한 꿈은**

어떤 단체나 경쟁자에게 설명할 일이 생긴다.

‖ **도둑에게 설교를 들은 꿈은**

가고 싶지 않은 설교장에 간다.

‖ **도둑과 술을 마신 꿈은**

경쟁자나 좋지 않은 사람과 화해한다.

‖ **도둑이나 간첩을 포박한 꿈은**

경쟁자나 방해자를 물리치고 목적을 향해 나간다.

‖ **은행강도를 본 꿈은**

구설수에 휘말리기 쉬우니 경솔한 언행을 삼가하도록.

‖ **사신이 강노릇을 한 꿈은**

지금은 자신감이 없지만 머지않아 올바른 판단력과 결
단력으로 성공의 기회를 잡는다는 암시다.

‖ **강도가 들어온 꿈은**

물건을 잃어버리고 여자는 순결을 잃는다.

‖ **강도에게 뺏긴 물건을 다시 뺏은 꿈은**

경쟁자의 회사나 상품을 인수한다.

‖ **강도가 자신을 묶었던 꿈은**

만사가 풀리지 않을 징조이니 때를 기다리도록.

‖ **강도가 묶으려고 하는데 도망간 꿈은**

꽉 막혔던 일들이 풀려나간다.

‖ **강도에게 묶여 움직일 수 없었던 꿈은**

도둑을 당하거나 사기에 걸려 큰 손해를 볼 징조다.

‖ **강도가 들어왔는데 무서워서 꼼짝하지 못한 꿈은**

계획을 세워도 자신의 능력을 믿을 수 없어 시작하지
못한다.

‖ **강도에게 협박당한 꿈은**

단체나 기관의 압력을 받고 자금난에 시달릴 징조다.

‖ **강도와 싸워서 이긴 꿈은**

정당한 권리를 주장하고 여자는 순결을 지킨다.

‖ **강도와 싸워서 진 꿈은**

과감한 추진력으로 일을 추진하나 성사되지 않는다.

‖ **강도를 설득해서 자수시킨 꿈은**

방해자나 경쟁자를 설득시켜 자신의 편으로 만든다

‖ **강도에게 쫓긴 꿈은**

진행 중인 사업이 때를 놓치는 등 만사가 어려워진다.

‖ 강도에게 쫓기다가 오히려 쫓은 꿈은

놓친 기회를 다시 잡게 된다는 암시다.

‖ 강도가 오토바이를 타고 도망간 꿈은

오토바이가 자신의 것이면 재물이 나가고, 다른 사람의

것이면 재물이 들어온다.

‖ 강도가 칼로 찌르려고 하는데 놀라서 잠에서 깨면

귀인의 도움으로 어려운 문제를 해결한다.

‖ 강도가 집에 불을 지르고 도망갔는데 집이 모두 타버린 꿈은

집안이 크게 번창한다.

‖ 강도가 집에 불을 질렀는데 자신이 끈 꿈은

귀인의 도움을 받을 기회를 놓친다.

‖ 강도가 물을 마구 뿌린 꿈은

추진하는 일이 순조롭게 진행된다.

‖ 강도에게 강간당한 꿈은

혼사가 깨지고 다른 혼사도 마음에 들지 않는다.

‖ 강도가 애인을 강간한 꿈은

혼담이 깨질 징조다.

‖ 강도가 다른 사람을 강간한 꿈은

뜻밖에 큰 행운이 찾아와 재물과 명예를 얻는다.

‖ 여자 강도를 강간한 꿈은

목적이 이루어진다.

‖ 강도가 피를 흘린 꿈은

머지않아 좋은 일이 생긴다.

‖ **강도가 죽은 꿈은**

목적을 이룬다.

‖ **강도의 칼에 찔려 죽은 꿈은**

크게 발전하거나 크게 실패한다.

‖ **강도가 차에 치여 죽은 꿈은**

길몽으로 소원하는 것이 이루어진다.

‖ **깡패두목이 된 꿈은**

자신의 분야에서 최고의 위치에 오른다.

‖ **깡패두목과 의형제를 맺은 꿈은**

지위가 높은 사람을 사귄다.

‖ **깡패들끼리 서로 싸우는 것을 본 꿈은**

시끄러운 문제에 휘말릴 징조다.

‖ **깡패에게 협박받은 꿈은**

신상에 나쁜 일이 다가오고 있다는 암시다.

‖ **깡패에게 얻어맞은 꿈은**

좋은 일이 생긴다.

‖ **깡패와 싸운 꿈은**

새로운 도전을 한다.

‖ **깡패를 죽인 꿈은**

어떤 단체에서 장이나 리더가 된다.

‖ **괴한을 잡은 꿈은**

뜻밖의 행운이 찾아온다.

‖ **괴한이 숨어서 노려본 꿈은**

경쟁자나 방해자가 헛점을 노리고 있다는 뜻이다.

‖ 괴한이 자신의 가슴을 타고 앉아 악을 쓴 꿈은
심신이 쇠약해 지거나 권력기관의 압박을 받는다.
‖ 괴한에게 살해된 꿈은
능력을 평가받는다.
‖ 괴한에게 살해되었다가 다시 살아난 꿈은
능력을 인정받는다.

유흥업에 종사하는 여성

 유흥업에 종사하는 여성에 대한 꿈은 술과 이성을 나
타낸다.

‖ 호스테스와 술을 마신 꿈은
부부싸움을 하거나 이성문제로 다툴 징조다.
‖ 호스테스와 잠을 잔 꿈은
이성문제로 구설수에 오를 징조다.
‖ 호스테스와 키스하다 들킨 꿈은
비밀이 공개되거나 비밀 데이트가 들통난다.
‖ 호스테스와 전화통화를 한 꿈은
파티에 초대받거나 공짜 술을 먹는다.
‖ 호스테스에게 뺨을 맞은 꿈은
사랑하는 여인이 자신을 버리고 멀리 떠나간다.

‖ **호스테스와 여행한 꿈은**

뜻하지 않은 사람의 도움으로 어려운 문제가 해결된다.

‖ **호스테스와 자동차를 탄 꿈은**

애인과 이성문제로 헤어지게 된다.

‖ **호스테스와 춤을 춘 꿈은**

파티에 초대받거나 발레공연을 관람한다.

‖ **호스테스와 악수한 꿈은**

새로운 이성을 사귄다.

‖ **호스테스에게 청혼한 꿈은**

청혼을 하거나 받는다.

‖ **호스테스에게 절교를 선언한 꿈은**

새로운 이성을 사귄다.

‖ **호텔에서 웨이추레스를 본 꿈은**

비서나 경호원을 둘 정도로 신분이 높아지거나 저명인
사들의 모임에 초대받는다.

‖ **집 안이나 방에서 웨이추레스를 본 꿈은**

가정에 불화가 생길 징조다.

‖ **못생긴 여자 바텐더를 본 꿈은**

가고 싶지 않은 모임이나 장소에 간다.

‖ **예쁘고 아름다운 바텐더를 본 꿈은**

최고의 사교모임에 초대받는다.

‖ **접대부를 손으로 더듬은 꿈은**

기물이 파괴되거나 사소한 일로 다툰다.

‖ 유흥업계 여자와 섹스한 꿈은

이성문제로 구설수에 올라 명예가 떨어진다.

‖ 접대부와 섹스한 꿈은

이성문제로 고통받을 징조다.

‖ 창녀와 섹스한 꿈은

하는 일이 잘 풀리지 않고 질병에 걸린다.

‖ 거리에서 창녀와 섹스를 하거나 윤간한 꿈은

파티에 초대받거나 자신이 파티를 연다.

‖ 창녀와 거지가 섹스하는 것을 본 꿈은

흉몽으로 엄청난 재난이 닥칠 징조다.

거지

거지에 대한 꿈은 재물과 관계된 여러 가지 문제로 나타난다.

‖ 거지가 황제가 된 꿈은

만사가 행운으로 이어지고 명예와 부귀를 얻는다.

‖ 거지가 된 꿈은

재물이 나가거나 사업이 실패할 징조다.

‖ 거지를 본 꿈은

생각하지도 않은 사람이 찾아와 도움을 준다.

‖ **거지에게 동냥한 꿈은**

근심 걱정이 사라지고 좋은 일이 생긴다.

‖ **거지와 동행한 꿈은**

고아원, 양로원 등에 가거나 외로운 사람을 돕는다.

‖ **거지와 어깨동무를 하고 걸어간 꿈은**

사업이나 하는 일이 어려움에 처할 징조다.

‖ **거지와 이야기를 나눈 꿈은**

어려운 사람을 돕는다.

‖ **거지와 음식을 먹은 꿈은**

흉몽으로 엄청난 재물손실을 예고하는 꿈이다.

‖ **거지가 죽은 꿈은**

사업이 서서히 발전하여 가난에서 벗어난다.

‖ **거지의 옷을 뺏어 입은 꿈은**

재물이 들어온다.

‖ **거지에게 옷을 뺏긴 꿈은**

도난이나 소매치기를 당할 징조다.

‖ **거지를 보았는데 금방 사라진 꿈은**

사업이나 하는 일이 점점 발전한다.

‖ **거지의 돈통을 뺏은 꿈은**

뜻밖의 일로 큰 재물이 들어온다.

‖ **거지에게 침을 뱉은 꿈은**

귀한 손님을 푸대접하거나 고집 때문에 기회를 놓친다.

‖ **거지에게 먹을 것을 줘서 쫓아낸 꿈은**

스스로 기회를 발로 차버린다는 암시다.

‖ **거지가 고급 승용차를 탄 꿈은**
신분이나 지위가 올라간다.
‖ **거지가 용을 타고 하늘로 올라간 꿈은**
명예와 권위를 얻는다.

그 외의 직업

‖ **좋아했던 선생님을 본 꿈은**
이성과의 교제를 간절하게 원하는 마음을 나타내는 꿈
으로 곧 이성이 생긴다.
‖ **선생님께 매를 맞은 꿈은**
좋은 일이 생긴다.
‖ **선생님과 다툰 꿈은**
직장 상사나 윗사람과 다툴 징조다.
‖ **선생님과 섹스한 꿈은**
이상형의 이성을 만난다.
‖ **화가가 된 꿈은**
너무 무모한 계획을 세우고 있다는 뜻이다.
‖ **화가와 악수한 꿈은**
쓸데없는 일에 매달리게 된다.
‖ **누드모델이 되어 화가 앞에 선 꿈은**
신상문제나 운세 등을 상의한다.

‖ **오페라 지휘자를 본 꿈은**

뜻밖의 행운이 찾아온다.

‖ **디자이너를 본 꿈은**

자연스럽게 서로 속고 속인다.

‖ **탐험가를 본 꿈은**

전혀 모르는 분야에 도전한다.

‖ **심판관이나 감독, 코치 등을 본 꿈은**

협조자의 도움으로 어려운 문제를 해결한다.

‖ **작가가 글을 쓰고 있는 것을 본 꿈은**

금전 때문에 다툼이 생기기 쉬우니 가까운 사람과 금전
거래를 삼가하도록.

‖ **출판업자를 만난 꿈은**

금전거래에 문제가 생길 수 있으니 각별히 조심하도록.

‖ **변호사를 본 꿈은**

구설수나 소송에 휘말릴 징조다.

‖ **변호사와 다툰 꿈은**

추진하는 일이 어려움에 처한다.

‖ **변호사를 죽인 꿈은**

막혔던 일이 풀리고 소송에서 이긴다.

‖ **외교관이 된 꿈은**

좋은 소식을 듣거나 해외여행을 한다.

‖ **의사를 본 꿈은**

질병에 시달릴 징조다.

‖ **흰 가운을 입은 의사를 본 꿈은**

간섭받기 싫어하는 마음을 나타내는 꿈이며 질병에 시
달린다.

‖ **의사가 되어 진료한 꿈은**

내부감사나 계획을 점검한다.

‖ **의사와 악수한 꿈은**

병원에 입원할 징조다.

‖ **의사와 다툰 꿈은**

질병에 시달릴 징조다.

‖ **의사를 때린 꿈은**

질병이 낫거나 퇴원한다.

‖ **의사를 죽인 꿈은**

환자는 완쾌한다.

‖ **의사나 간호사를 보고 손을 흔든 꿈은**

환자는 완쾌하고 건강이 좋아진다.

‖ **수의사를 본 꿈은**

애완동물이 질병에 걸린다.

‖ **내과 의사를 본 꿈은**

내부적으로 정리할 일이 있다는 뜻이다.

‖ **외과 의사를 본 꿈은**

직업을 바꿀 가능성이 높다.

‖ **산부인과 의사를 본 꿈은**

이성과의 사이가 나빠지거나 다툰다.

‖ **치과 의사를 본 꿈은**

말 때문에 망신당할 수 있으니 조심하도록.

‖ **간호사를 본 꿈은**

몸에 재해가 발생할 징조다.

‖ **간호사와 다툰 꿈은**

계약이 해약되는 등 만사가 막힌다.

‖ **간호사를 강간한 꿈은**

질병이 낫거나 퇴원한다.

‖ **세일즈맨이 된 꿈은**

어려운 여건에 놓인 사람을 도와주고, 원만한 대인관계
로 일이 순조롭게 진행된다.

‖ **세일즈맨이 방문한 꿈은**

뜻밖의 손님이 찾아온다.

‖ **세일즈맨을 문 밖에서 쫓아버린 꿈은**

반갑지 않은 손님이 찾아온다.

‖ **세일즈맨과 다툰 꿈은**

사이가 좋지 않은 사람이 찾아온다.

‖ **장사꾼과 이야기를 나눈 꿈은**

새로운 계획을 세우거나 사업을 시작한다.

‖ **장사꾼에게 돈을 빌린 꿈은**

사업자금을 융통하거나 사업이 크게 발전한다.

‖ **장사꾼에게 돈을 지불한 꿈은**

물건을 산다.

‖ 장사꾼과 다툰 꿈은

물건값을 깎는다.

‖ 엿장수를 본 꿈은

원하는 것이 이루어진다.

‖ 엿장수에게 엿을 사먹은 꿈은

승진하거나 시험에 합격한다.

‖ 떡장수를 본 꿈은

소원하는 일이 이루어진다.

‖ 떡장수에게 떡을 사먹은 꿈은

원하는 것이 이루어진다.

‖ 떡장수나 엿장수의 좌판을 엎어버린 꿈은

시험운이나 취직운이 모두 약하니 더욱더 노력하도록.

‖ 생수장수를 본 꿈은

원하는 일이 이루어진다.

‖ 생수장수와 다툰 꿈은

추진하는 일이 어려워질 징조다.

‖ 재단사가 재단하는 것을 본 꿈은

다른 사람에세 부탁을 한다.

‖ 직원을 채용한 꿈은

사업을 확장한다.

‖ 직원을 해고한 꿈은

어려운 난관에 부딪힐 징조다.

‖ 비서를 채용한 꿈은

신분이나 지위가 상승한다.

‖ **비서를 해고한 꿈은**

신분이나 지위가 떨어질 징조다.

‖ **우편배달부를 본 꿈은**

반가운 사람이 찾아오거나 소식이 온다.

‖ **우편배달부가 갑자기 사라진 꿈은**

기다리는 소식이 오지 않는다.

‖ **우편배달부와 다툰 꿈은**

반갑지 않은 소식을 듣는다.

‖ **목수를 본 꿈은**

자금이나 기반이 튼튼하다는 것을 나타내는 꿈으로 하는 일마다 순조롭게 성사된다.

‖ **미장이를 본 꿈은**

상대방의 사탕발림에 넘어가 큰 손해를 본다.

‖ **이발사나 미용사를 본 꿈은**

대접받는 장소에 초대받는다.

‖ **이발사나 미용사가 갑자기 귀신으로 보인 꿈은**

병문안이나 초상집에 간다.

‖ **남자 미용사를 본 꿈은**

뜬소문 때문에 명예가 떨어진다.

‖ **남자 미용사에게 강간당한 꿈은**

싫어하는 사람과 데이트를 한다.

‖ **여자 미용사를 본 꿈은**

애인과 이성문제로 다툴 징조다.

‖ 여자 미용사를 강간한 꿈은

원하는 것이 이루어진다.

‖ 관광버스 기사를 본 꿈은

여행을 떠난다.

‖ 운전기사가 된 꿈은

큰 회사의 대표가 되거나 개인 사업체를 갖는다.

‖ 운전기사와 깊은 대화를 나눈 꿈은

귀인을 만나 목적을 이룬다.

‖ 운전기사와 다정하게 있었던 꿈은

여행을 떠난다.

‖ 운전기사에게 돈을 지불한 꿈은

여행을 떠난다.

‖ 운전기사가 차를 몰고 강물로 들어간 꿈은

전혀 도움이 되지 않는 조언을 듣거나 계획을 세운다.

‖ 운전기사가 사고로 죽은 꿈은

가까운 사람이 객지로 떠난다.

‖ 선원이 된 꿈은

남을 도와주게 된다.

‖ 선원을 본 꿈은

외국여행을 떠난다.

‖ 선원과 다정하게 거리를 걸은 꿈은

여행에서 돌아오는 사람을 마중한다.

‖ 선원이 무섭게 보인 꿈은

물을 조심하라는 뜻이다.

‖ 선원과 다툰 꿈은

계획한 일이 뜻대로 이루어지지 않는다.

‖ 선원을 죽인 꿈은

계획했던 여행이 취소된다.

‖ 환경미화원을 본 꿈은

이사를 하거나 집 안을 정리한다.

‖ 환경미화원을 도와준 꿈은

귀인의 도움을 받는다.

‖ 통장이나 반장을 만난 꿈은

단체나 모임에서 연락이 온다.

‖ 노동자를 본 꿈은

존경과 신임을 받는다.

‖ 노동자가 되어 공사판에서 열심히 일한 꿈은

생활터전에서 열심히 일하며 가정이 화목해진다.

‖ 고기를 잡는 어부를 본 꿈은

많은 재물이 들어온다.

‖ 건물 관리인을 본 꿈은

건물이나 주택을 구입한다.

‖ 경비원을 본 꿈은

도난이나 분실 등이 따를 징조다.

‖ 자신이 경비원이 되어 경비한 꿈은

다른 사람의 일을 처리해주고, 직장인은 승진한다.

‖ 가정부가 된 꿈은

누군가를 도와준다.

‖ 가정부가 음식을 가져다 준 꿈은

취직이 되거나 새로운 일거리가 생긴다.

‖ 가정부가 접시를 깬 꿈은

집에서 일하던 사람이 그만둔다.

‖ 안마사에게 안마를 받은 꿈은

다른 사람의 도움으로 장애를 제거하고 모든 일을 정상
으로 회복시킨다.

‖ 면도사가 면도를 해준 꿈은

조금만 방심해도 큰 실수가 생기고 사업이 몰락한다.

‖ 여자 면도사를 강간한 꿈은

어려운 문제가 풀리기 시작한다.

‖ 면도를 하는데 면도사가 무섭게 느껴졌던 꿈은

일을 시작하기도 전에 걱정을 먼저 한다는 뜻이다.

‖ 면도사가 귀신처럼 보인 꿈은

큰 위험이 닥칠 징조이니 각별히 유의하도록.

‖ 땅꾼을 본 꿈은

신상에 관한 소문이나 말 실수로 구설수에 시달린다.

‖ 땅꾼이 목에 뱀을 감고 있었던 꿈은

애인이 있는 사람과 데이트를 한다.

‖ 호텔에서 웨이터를 본 꿈은

비서나 경호원을 눌 정도로 신문이 높아지거나 저명인
사들의 모임에 초대받는다.

‖ 집 안이나 방에서 웨이터를 본 꿈은

가정에 불화가 생길 징조다.

그 외의 사람

‖ **양자로 간 꿈은**

불길한 일이 생길 징조다.

‖ **양자로 가기로 했는데 가지 않은 꿈은**

일시적인 어려움에 처하나 곧 해결된다.

‖ **다른 집 며느리가 된 꿈은**

칭찬을 받는다.

‖ **다른 집 사위가 된 꿈은**

남의 일을 열심히 해주고도 좋은 소리를 듣지 못한다.

‖ **미남미녀를 본 꿈은**

좋은 일이 생긴다.

‖ **못생긴 사람을 본 꿈은**

이성문제로 말썽이 생기고 경제적인 어려움에 처한다.

‖ **낯선 남자를 본 꿈은**

애인과 이성문제로 다툴 징조다.

‖ **인상이 나쁜 남자를 본 꿈은**

말다툼이 벌어지거나 나쁜 소문에 시달릴 징조다.

‖ **장애인을 본 꿈은**

다른 사람으로 인하여 나쁜 소문에 시달린다.

‖ **장애인의 휠체어를 밀어준 꿈은**

좋은 일이 생긴다.

‖ **거인이 된 꿈은**

꿈과 희망이 너무 원대하여 감당하기 힘들다는 뜻이다.

꿈과 희망이 너무 원대하여 감당하기 힘들다는 뜻이다.

‖ 거인을 본 꿈은

지위가 높은 사람을 만난다.

‖ 거인과 싸운 꿈은

무모한 일이나 계획 때문에 어려움에 처한다.

‖ 거인을 죽인 꿈은

어떤 고난도 초지일관으로 극복하여 큰 업적을 이룬다.

‖ 난장이가 된 꿈은

참담한 상황이 벌어진다는 암시다.

‖ 난장이를 본 꿈은

막혔던 일이 쉽게 풀리며 마음먹은 대로 추진된다.

‖ 가난한 사람을 본 꿈은

다른 사람을 돕는다.

‖ 가난한 사람을 도와준 꿈은

좋은 일이 생긴다.

‖ 가난한 사람과 다툰 꿈은

부하직원이나 후배와 다툴 징조다.

‖ 어리석은 사람을 본 꿈은

능력 밖의 일을 추진한다.

‖ 바보를 본 꿈은

놀림받을 일이 생기나 전화위복이 되어 큰 재물을 모으
게 된다.

‖ 바보가 갑자기 용이 된 꿈은

특진하게 된다는 암시다.

‖ 임신한 여자를 본 꿈은

재물이 들어오는 등 뜻밖의 행운이 찾아온다.

‖ 임신한 여자와 섹스한 꿈은

많은 재물이 들어온다.

‖ 출산의 진통을 겪는 산모를 본 꿈은

새로운 계획이나 사업이 시작하기도 전에 어려워진다.

‖ 쌍둥이를 본 꿈은

두 가지 문제가 한꺼번에 해결되는 등 일석이조의 이익
을 본다.

‖ 쌍둥이에게 얻어맞은 꿈은

한꺼번에 해결해야 할 일이 많이 생긴다.

‖ 미친 여자가 아이를 업고 쫓아온 꿈은

화재나 가스 등으로 고통받을 징조다.

‖ 미친 여자와 싸운 꿈은

남의 일에 간섭하다 애인이나 부부간에 크게 싸운다.

‖ 미친 사람에게 설교를 들은 꿈은

믿을 수 없는 사람을 만난다.

‖ 미친 사람에게 물리거나 맞은 꿈은

친하지 않은 사람에게 사기를 당한다.

‖ 미친 사람에게 업혀간 꿈은

동료나 친구에게 질투나 배신을 당한다.

‖ 미친 사람을 가두거나 병원에 입원시킨 꿈은

정신적인 고통에서 벗어난다.

‖ 미친 여자와 섹스한 꿈은
목적을 이룬다.

‖ 미친 사람을 죽인 꿈은
목적을 이룬다.

‖ 외국인과 인사나 악수한 꿈은
외국여행을 한다.

‖ 외국인과 손을 잡고 걸은 꿈은
외국여행을 한다.

‖ 외국인과 작별 인사를 한 꿈은
외국여행을 한다.

‖ 외국인과 식사한 꿈은
비자나 여권을 발급받는다.

‖ 외국인과 다툰 꿈은
외국산 물건을 구입한다.

‖ 외국인과 섹스한 꿈은
국제전화를 걸거나 받는다.

‖ 외국인과 막힘없이 대화를 나눈 꿈은
계획한 일이 모두 이루어지며 대인관계도 원만해진다.

‖ 외국인을 만났는데 말을 알아듣지 못한 꿈은
부탁이나 청탁한 일이 성사되지 않는다.

2장. 신체에 관한 꿈

몸

몸에 대한 꿈은 자신의 위치·지위·신분·의지 등을
나타낸다.

‖ **몸에 날개가 생겨 하늘을 날아다닌 꿈은**
명예와 부귀를 얻는 등 크게 출세한다.

‖ **몸이 나른하고 피곤했던 꿈은**
휴식이 필요하다는 뜻이다.

‖ **몸에 가시가 박힌 꿈은**
데이트 신청을 거절하지 못하고, 질병에 시달린다.

‖ **몸에 흙이 묻은 꿈은**
억울한 일에 휘말린다.

‖ **몸에 상처를 입은 꿈은**

사고를 조심하라는 암시다.

‖ **몸이 지저분하게 느껴진 꿈은**

스트레스에 시다리게 될 징조다.

‖ **몸을 비누로 깨끗하게 씻은 꿈은**

행동이나 방법 등을 재정비해야 한다는 암시다.

‖ **몸을 씻고 또 씻은 꿈은**

엎친데 덮친격으로 일이 많아진다.

‖ **다른 사람이 몸의 때를 닦아준 꿈은**

다른 사람의 도움으로 자질구레한 일들이 정리된다.

‖ **자신의 몸이 매우 야위었다고 생각한 꿈은**

질병에 걸리거나 스트레스를 받을 징조다.

‖ **자신의 몸이 황금빛으로 빛난 꿈은**

크게 출세하여 명예와 부귀를 얻는다.

‖ **불구자가 되었거나 불구자 취급을 당한 꿈은**

만사가 한쪽으로 기울어져 있다는 뜻이다.

‖ **알몸으로 돌아다닌 꿈은**

추진하는 일이 뜻대로 되지 않아 방황한다.

‖ **알몸으로 밖에서 돌아다닌 꿈은**

나쁜 소문에 시달리게 되고, 만사가 막히며 더디다.

‖ **알몸을 부끄러워한 꿈은**

부탁하고 싶은 일이 있지만 망설인다.

‖ **알몸인데도 부끄럽지 않았던 꿈은**

체면에 구애받지 않고 자신의 일을 추진해 나간다.

‖ **알몸을 감추려고 했던 꿈은**

비밀을 만들고, 사업자금이나 계획을 공개하지 않는다.

‖ **알몸을 가리지 못해 당황했던 꿈은**

동업자나 협조자를 만나기 어렵다.

‖ **알몸을 감추려고 했으나 움직일 수 없었던 꿈은**

위험에 처하며 패배와 절망에서 벗어나기 어렵다.

‖ **거울 앞에 알몸으로 서 있었던 꿈은**

반가운 사람을 만난다.

‖ **자신의 알몸에 도취되었던 꿈은**

신분이나 지위가 올라간다.

얼굴

 얼굴에 대한 꿈은 성격, 마음, 현재의 상황 등을 나타낸다.

‖ **곰보를 본 꿈은**

고궁에 간다.

‖ **얼굴을 깨끗하게 세수한 꿈은**

막혔던 일이 풀리거나 합격, 취직, 승진 등이 성사된다.

‖ **얼굴을 깨끗하게 세수해서 기분이 좋았던 꿈은**

취직이 되고 상사에게 신임을 받는다.

‖ 얼굴이 붉어진 꿈은

나쁜 소문으로 망신당할 징조다.

‖ 다른 사람의 얼굴이 붉어진 꿈은

다른 사람의 소문을 내다가 욕을 먹는다.

‖ 얼굴이 검게 보인 꿈은

싫어하는 사람을 만나거나 하기 싫은 거래를 한다.

‖ 거울에 얼굴을 비춰본 꿈은

반가운 사람을 만나거나 소식을 듣는다.

‖ 거울에 비친 얼굴이 검게 보인 꿈은

반갑지 않은 사람을 만난다.

‖ 얼굴이 검은 아이를 데리고 다닌 꿈은

하기 싫은 일을 억지로 한다.

‖ 볼이 크고 잘 생긴 사람을 본 꿈은

멋진 이성을 만난다.

‖ 사람의 얼굴이 바뀐 꿈은

직장이나 직업에 변화가 생긴다.

‖ 얼굴을 전부 가린 꿈은

사기나 이용을 당할 징조다.

‖ 얼굴을 가린 사람을 본 꿈은

이용하려고 접근하는 사람이 있다는 암시다.

‖ 복면을 한 사람을 본 꿈은

자신을 해치려는 사람을 만날 징조다.

‖ 얼굴을 붕대로 감은 사람을 본 꿈은

주위 사람 때문에 재물을 잃는다.

‖ **자신의 얼굴을 다른 사람이 신문이나 헝겊으로 덮은 꿈은**
경쟁자의 중상모략으로 구속되거나 정신적인 고통을
받을 징조다.

‖ **얼굴에서 피가 흐른 꿈은**
신분이나 지위가 올라간다.

‖ **얼굴을 다쳐 피가 흐른 꿈은**
길몽으로 뜻밖의 행운이 찾아온다.

‖ **얼굴을 다쳤는데 피가 흐르지 않은 꿈은**
재난이 닥칠 징조다.

‖ **얼굴을 치료한 꿈은**
새로운 일을 시작하거나 계획을 세운다.

‖ **얼굴의 한 부분을 수술한 꿈은**
직장에서 부서이동이나 업무변화가 생긴다.

‖ **의사가 얼굴을 수술한 꿈은**
명예가 떨어질 징조다.

‖ **주사액으로 양쪽 볼을 고친 꿈은**
집안에 좋은 일이 생긴다.

‖ **얼굴에 붉은반점이 생긴 꿈은**
하는 일이 막히며 구설수에 휘말릴 징조다.

‖ **얼굴에 종기가 생긴 꿈은**
자신의 행동이나 일이 남의 입에 오르내릴 징조다.

‖ **얼굴에 사마귀나 점이 생긴 꿈은**
나쁜 소문으로 체면이 손상될 징조다.

‖ **상대방의 얼굴이 무서워 보인 꿈은**
부탁한 일이 성사되지 않는다.
‖ **상대방의 얼굴이 밝아 보인 꿈은**
만사가 순조롭게 진행된다.

눈

눈에 대한 꿈은 마음, 정신, 지혜, 판단력, 사업의 전망 등을 나타낸다.

‖ **시각장애인을 본 꿈은**
가까운 사람이 해를 입힐 징조다.
‖ **애꾸눈을 본 꿈은**
지나친 편견 때문에 한쪽으로 치우쳐 어려움에 처한다.
‖ **애꾸눈인 사람을 본 꿈은**
결백증에 걸린 사람을 만난다.
‖ **시각장애인이 된 꿈은**
좋은 소식을 듣는다.
‖ **시각장애인이 되었다가 눈을 뜬 꿈은**
지금은 일이 풀리지 않지만 곧 큰 이익을 본다.
‖ **길을 가던 시각장애인이 물에 빠진 꿈은**
매사에 조심하지 않으면 크게 실패한다.

‖ 시각장애인을 무자비하게 죽인 꿈은
막혔던 일이 풀린다.

‖ 시각장애인을 죽였는데 다시 살아난 꿈은
좋지 않은 일이 풀릴듯 하다가 다시 막힌다.

‖ 눈이 크고 아름다운 여자와 키스한 꿈은
원하는 일을 맡는다.

‖ 상대방의 윙크를 보고 설레인 꿈은
상대방의 의도에 말려든다.

‖ 윙크를 했는데 상대방이 따라온 꿈은
상대방이 자신의 의도대로 따른다.

‖ 눈언저리에 털이 많은 사람을 본 꿈은
허풍이 센 사람을 만난다.

‖ 감고 있던 눈이 뜨인 꿈은
막혔던 일이 풀려 좋아진다.

‖ 상대방이 감고 있던 눈을 뜬 꿈은
상대방과 대립한다.

‖ 상대방이 눈빛으로 지시하거나 말한 꿈은
상대방과 비밀스런 일을 한다.

‖ 눈이 맑고 광채가 난 꿈은
소원하는 일이 모두 이루어진다.

‖ 거울에 비친 눈이 반빡반짝 빛난 꿈은
부귀와 명예를 얻게 된다.

‖ 상대방의 눈빛이 희미해 보인 꿈은
식견이나 마음이 좁은 사람과 거래한다.

‖ **상대방의 눈빛이 평화롭고 인자해 보인 꿈은**

인자한 사람을 만난다.

‖ **상대방의 눈빛이 무섭고 차갑게 보인 꿈은**

부탁한 일을 거절당한다.

‖ **눈병에 걸린 꿈은**

집안에 우환이 생길 징조다. 특히 자녀가 질병에 걸릴
확률이 많다.

‖ **눈에 다락지가 나거나 아팠던 꿈은**

판단하기 어려운 일에 처한다.

‖ **눈병을 치료해서 완치된 꿈은**

어려운 문제가 풀린다.

‖ **눈에 티가 들어간 꿈은**

재물손실이 따를 징조다.

‖ **눈에 들어간 티를 뺀 꿈은**

막혔던 일이 갑자기 풀린다.

‖ **눈알이 빠진 꿈은**

진행 중인 사업은 실패하고 새로운 일을 시작한다.

‖ **눈에서 피가 난 꿈은**

집안에 우환이 생길 징조다.

‖ **한쪽 눈을 다친 꿈은**

농업자나 직원 때문에 고통을 받거나, 눈 앞의 욕심이
나 열렬하게 사랑하는 사람 때문에 이성을 잃는다.

‖ **눈이 피곤하거나 충혈된 꿈은**

불안한 상태를 나타내는 꿈으로 희망이 불투명하다.

코

코에 대한 꿈은 품위, 의지, 자존심 등을 나타낸다.

‖ **자신의 코를 본 꿈은**

주위 사람들에게 많은 도움을 받는다.

‖ **코가 유난히 빛난 꿈은**

계획한 일이 성공하여 만인의 존경을 받는다.

‖ **코가 커진 꿈은**

자존심 때문에 불화에 휘말린다.

‖ **코가 길게 늘어난 꿈은**

사람을 다스리는 자리에 앉는다.

‖ **코가 잘린 꿈은**

신분이나 지위가 하락할 징조다.

‖ **코가 깎여서 낮아진 꿈은**

자존심 상하는 일이 생기거나 주장이나 계획이 꺾인다.

‖ **코가 없어진 꿈은**

한순간에 명예와 위신이 떨어질 징조다.

‖ **코를 성형수술한 꿈은**

새로운 일로 성공하여 만인의 존경을 받는다.

‖ **코가 큰 사람을 본 꿈은**

정치인이나 유명인사를 만난다.

‖ **코가 유난히 높은 사람을 본 꿈은**

자존심이 강한 사람을 만난다.

‖ 코가 작은 사람을 본 꿈은

자신보다 못하거나 지위가 낮은 사람에게 도움을 요청
한다.

‖ 코가 비뚤어진 사람을 본 꿈은

방해자가 나타날 징조다.

‖ 코가 낮은 사람과 대화를 나눈 꿈은

좌천이나 실직 등을 당할 징조다.

‖ 코를 다친 꿈은

다른 사람과 싸우거나 구설수에 올라 명예가 떨어진다.

‖ 코를 치료받은 꿈은

사업적인 일로 공무원의 방문이나 공문서를 받는다.

‖ 코에 생긴 상처가 곪은 꿈은

자존심 상하는 일이 생기거나 비밀이 누설될 징조다.

‖ 코에 검은반점이 생긴 꿈은

이성문제로 걱정한다.

‖ 코에 붉은반점이 생긴 꿈은

인기가 올라가며 능력을 인정받는다.

‖ 코가 두 개 이상으로 보인 꿈은

위만 쳐다보다가 실수하거나 모략이나 사기를 당한다.

‖ 콧속이 헐은 꿈은

내부의 적이 비밀을 누설시켜 사업의 성패가 갈린다.

‖ 코피를 흘린 꿈은

재물손실과 정신적인 고통이 따를 징조다.

∥ **코피가 터져 흐른 꿈은**

자존심이 상한다.

∥ **다른 사람이 코피를 흘린 꿈은**

그 사람에게 도움을 받는다.

∥ **의사 앞에서 자꾸 코를 푼 꿈은**

자신의 주장이나 계획을 발표한다.

∥ **손가락으로 코를 후빈 꿈은**

자존심 상할 일이 생길 징조다.

∥ **커다란 코딱지가 나온 꿈은**

속시원한 일이 생긴다.

∥ **콧물이 마른 꿈은**

질병에 걸릴 징조다.

∥ **콧물을 흘린 꿈은**

일단은 신경쓰이는 일에서 벗어난다.

∥ **콧물을 닦은 꿈은**

막혔던 일이 풀리게 된다.

∥ **콧물이 자꾸 나온 꿈은**

귀찮은 일이 자꾸 생겨 큰 고통을 겪는다.

∥ **콧물을 빨아먹은 꿈은**

자존심이 상한다.

∥ **코 안에 털이 가득했던 꿈은**

하는 일이 실타래처럼 꼬여 풀리지 않는다.

∥ **코털을 자른 꿈은**

길몽으로 지저분한 일들을 정리하고 새로운 일에 도전

하여 재물과 명예를 얻는다.

‖ **코털을 깎은 꿈은**

기분 좋은 일이 생긴다.

귀

귀에 대한 꿈은 소식, 통신, 기관, 연락처, 인격 등을
나타낸다.

‖ **청각장애인이 된 꿈은**

기다리는 소식은 오지 않고 잘못된 정보 때문에 계획에
차질이 생길 징조다.

‖ **귀가 잘 들리기 않은 꿈은**

다른 사람의 의견을 무시하고 자신의 주장만 한다.

‖ **청각장애인과 대화를 나눈 꿈은**

답답한 일이 생길 징조다.

‖ **다른 사람의 귀를 본 꿈은**

충격적인 소식을 듣는다.

‖ **아름다운 귀를 본 꿈은**

부귀한 사람을 만난다.

‖ **상대방의 귀가 크고 아름다워 보인 꿈은**

귀인의 도움을 받는다.

‖ **자신의 귀가 크고 아름다워 보인 꿈은**

좋은 운세가 오고 있다는 암시다.

‖ **자신의 귓밥이 갈라진 꿈은**

좌천되거나 사기를 당할 징조다.

‖ **귓밥이 두꺼운 사람을 본 꿈은**

협조자의 능력이나 재력이 충분하다는 뜻이다.

‖ **귀가 갈라진 사람을 본 꿈은**

협조자의 능력이나 재력이 없다는 뜻이다.

‖ **귀가 많이 달린 사람을 본 꿈은**

많은 정보를 알게 된다.

‖ **자신의 귀가 많이 달려 있었던 꿈은**

부하나 대리점을 많이 두게 된다.

‖ **귀가 없는 것처럼 보인 꿈은**

남의 말에 귀를 기울이라는 뜻이다.

‖ **귀청소를 한 꿈은**

계획한 일이 순조롭고 뜻밖의 좋은 소식도 듣는다.

‖ **귀지를 많이 파낸 꿈은**

주변에 큰 변화가 생긴다는 암시다.

‖ **양쪽 귀에서 귀지를 파낸 꿈은**

청탁한 일이 모두 성사된다.

‖ **귀를 만진 꿈은**

사업이 번창하여 재물이 들어온다.

‖ **귀를 만지다가 귀가 빠진 꿈은**

욕심을 내다가 실패한다.

‖ **동물의 귀를 한 사람을 본 꿈은**

그 사람에게 사기나 모함을 당한다.

‖ **당나귀 귀가 된 꿈은**

기다리던 소식이 온다.

‖ **부처님 귀가 된 꿈은**

귀한 사람이 찾아오거나 도움을 받는다.

‖ **다른 사람의 귀를 자른 꿈을**

도움을 받던 사람과 인연이 끊어진다.

‖ **귓속에 쌀이나 보리 등이 가득차 있었던 꿈은**

길몽으로 가정이 경제적으로 풍성해진다.

‖ **귓속에서 소리가 난 꿈은**

정보가 샌다는 암시다.

‖ **귀에 사마귀나 혹이 생긴 꿈은**

재물이 계속해서 나갈 징조다.

‖ **귀가 아팠던 꿈은**

나쁜 소식이나 듣고 싶지 않은 이야기를 듣는다.

‖ **귀에서 피가 난 꿈은**

멀리 있는 애인에게서 소식이 온다.

‖ **귀를 얻어맞아 상처가 생긴 꿈은**

가까운 사람과 다툼과 반목이 있고, 나쁜 소문에 시달
린다.

입

 입에 대한 꿈은 문, 집안, 부엌, 여성의 성기 등을 나타
낸다.

‖ 언챙이를 본 꿈은

구설수에 휘말릴 징조다.

‖ 언어장애인을 본 꿈은

하고 싶은 말이 있어도 할 수 없는 억울한 입장이 된다.

‖ 다른 사람이 갑자기 언어장애인이 된 꿈은

그 사람에게 억울한 일이 생긴다

‖ 언어장애인이 되어 말을 하지 못한 꿈은

억울한 누명을 쓰지만 변명하지 못한다.

‖ 언어장애인과 대화를 나눈 꿈은

불가능한 일이 이루어진다.

‖ 입이 작아진 꿈은

능력을 인정받지 못하거나 좌천당할 징조다.

‖ 입이 매우 커진 꿈은

능력을 인정받아 승진한다.

‖ 입이 큰 사람을 본 꿈은

권력가나 유명한 사람을 만난다.

‖ 입 안에 머리카락이 가득찼던 꿈은

집안에 우환이 오래가고 욕심 때문에 재물을 잃는다.

‖ 입 안에 있는 머리카락을 꺼내는데 끝이 없는 꿈은

사업은 번창하나 가슴은 답답하다.

‖ 입에서 피가 흐른 꿈은

자금이 원활하며 사업이 번창한다.

‖ 입 안에 침이 가득 고인 꿈은

사업자금이 원활하게 회전된다.

‖ 입 안에 침이 마른 꿈은

정신적 · 물질적인 어려움을 겪을 징조다.

‖ 입을 벌리다가 찢어진 꿈은

과욕을 부리다 재물를 잃는다.

‖ 입을 벌리지 못해 음식을 먹지 못한 꿈은

나쁜 소문에 시달리게 되고, 행운이 잡힐듯 잡힐듯 하
면서 잡히지 않는다.

‖ 입으로 손가락을 빤 꿈은

일이 뜻대로 되지 않을 징조다.

‖ 입으로 손가락을 빨고 있는 여자를 본 꿈은

이성과 잠자리를 갖는다.

‖ 입이 막히거나 누군가가 입을 막은 꿈은

변명할 수도 없는 봉변을 당한다는 암시다.

‖ 입을 꼭다문 여자를 본 꿈은

데이트 신청이나 청혼을 거절당한다.

‖ 입을 벌린 여자를 본 꿈은

이성과 잠자리를 갖는다.

‖ **입술이 부르튼 꿈은**

말못할 억울한 일을 당한다.

‖ **입술이 큰 여자를 본 꿈은**

사기나 계략에 빠지거나 나쁜 소문에 시달린다.

‖ **입으로 물건을 삼킨 꿈은**

욕심 때문에 손해를 보게 된다.

‖ **입 안에 가시가 돋힌 꿈은**

반갑지 않은 손님이 찾온다.

‖ **양치질을 한 꿈은**

사업계획을 다시 점검해야 된다는 암시다.

혀

혀는 주모자, 운반, 수단, 방법 등을 나타낸다.

‖ **혀가 잘린 꿈은**

말못할 억울한 일을 당한다.

‖ **잘린 혀를 씹어먹은 꿈은**

억울한 일을 당하나 재물은 들어온다.

‖ **혀가 길게 늘어난 꿈은**

거래상에서 손해를 보게 된다.

‖ **혀가 계속 늘어난 꿈은**

자신의 능력을 최대한으로 발휘한다.

‖ **상대방이 혀를 길게 내민 꿈은**

상대방의 감언이설에 속는다.

‖ **펜치로 혓바닥을 잡아뺀 꿈은**

말로 인한 구설수에 휘말려 고통받는다.

‖ **혓바늘이 돋은 꿈은**

쓸데없는 소문에 휘말릴 징조다.

‖ **혀가 굳어서 말을 하지 못한 꿈은**

도둑이나 소매치기를 당하기 쉽고, 여자는 마음에 없는
남자에게 몸을 빼앗기기 쉽다.

‖ **혀가 갈라진 꿈은**

세력을 잃을 징조다.

‖ **다른 사람의 혀가 두 가닥으로 보인 꿈은**

그 사람은 거짓말을 잘 하는 사람이니 조심하도록.

‖ **혓바닥에 털이 난 꿈은**

말 실수로 명예와 신용을 잃고, 질병에 걸릴 징조다.

‖ **혀가 검붉어 보인 꿈은**

말 실수로 봉변을 당한다는 암시다.

‖ **혀를 깨문 꿈은**

한순간의 실수로 일을 그르칠 수 있다는 암시다.

‖ **키스하다 혀를 물린 꿈은**

이성으로 인하여 재난을 당한다.

‖ **키스하다 혀를 잘린 꿈은**

애인과 헤어질 징조다.

‖ 혀로 상대방의 귀를 핥은 꿈은

귀인의 도움으로 좋은 일이 생긴다.

‖ 혀로 코를 핥은 꿈은

명예와 지위가 올라간다.

‖ 혀로 연필이나 볼펜을 핥은 꿈은

창작을 한다는 암시다.

치아

 치아에 대한 꿈은 가족, 친척, 직원, 조직, 권력 등을 나타낸다. 아랫니는 아랫사람, 어금니는 친인척, 덧니는 사위나 며느리, 양자를 나타낸다.

‖ 이가 새로 나온 꿈은

계획한 일이 성사되거나 뜻밖의 행운이 찾아온다.

‖ 이가 흔들린 꿈은

사업이나 조직 등의 기반이 흔들릴 징조다.

‖ 이를 새로 해넣은 꿈은

친척이나 형제, 친구 등의 도움을 받는다.

‖ 앓던 이가 빠진 꿈은

막혔던 일이 잘 풀리고 미운 사람이 떠나간다.

‖ 자신도 모르게 이가 빠진 꿈은

존경하는 은사나 은인에게서 불길한 소식이 온다.

‖ **이가 전부 빠진 꿈은**

모든 일이 막히거나 질병에 걸릴 징조다.

‖ **이가 일부 빠진 꿈은**

하는 일 중에서 한두 가지의 변화가 생긴다.

‖ **빠진 이를 먹은 꿈은**

귀인의 도움으로 어려운 문제를 해결한다.

‖ **빠진 이를 갖고 논 꿈은**

주위 사람들에게 놀림을 받을 징조다.

‖ **이가 부러진 꿈은**

하는 일이 막히거나 가족이 불의의 재난을 당한다.

‖ **넘어져서 이가 부러진 꿈은**

집안에 우환이 생길 징조다.

‖ **음식을 먹다가 이가 부러진 꿈은**

과욕을 부리다 재물을 잃는다.

‖ **예쁘게 생긴 간호사에게 치과 치료를 받은 꿈은**

좋은 일이 생긴다.

‖ **못생긴 간호사에게 치과 치료를 받은 꿈은**

마음에 들지 않는 사람에게서 소식이 온다.

‖ **험상궂은 의사가 이를 뽑은 꿈은**

상사에게 꾸지람을 듣는다.

‖ **이를 뽑고 허전했던 꿈은**

친한 사람이 떠나 외로워진다.

‖ **윗니 하나가 빠진 꿈은**

윗사람 중 한 명에게 신상에 좋지 않은 일이 생긴다.

‖ 아랫니가 빠진 꿈은
아랫사람에게 나쁜 일이 생긴다는 암시다.

‖ 의치가 빠진 꿈은
동업자나 직원이 떠나갈 징조다.

‖ 빠진 이나 빠지려고 하는 이를 빨리 해넣은 꿈은
위기에 처한 사업을 빨리 수정하여 정상에 올려놓는다.

‖ 이가 빠진 자리에서 피가 나온 꿈은
흉몽으로 불의의 사고를 당하거나 재물이 나간다.

‖ 이가 빠져 피를 흘리는 사람을 본 꿈은
경쟁자가 죽거나 사업을 정리하고 떠난다.

‖ 이 사이에 찌꺼기가 낀 꿈은
하는 일이 막히며 두 가지 일을 놓고 결정하지 못한다.

‖ 이의 색깔이 변한 꿈은
주위에 좋지 않은 일이 벌어진다는 암시다.

‖ 이에 물린 자국을 본 꿈은
계약이 성사된다.

‖ 이를 자랑한 꿈은
칭찬이나 축하를 받는다.

‖ 이로 상대방의 귀를 잘근잘근 씹은 꿈은
달콤한 유혹에 넘어가 실패한다는 경고다.

‖ 덧니가 생긴 꿈은
동업자나 협조자가 생긴다.

‖ 덧니를 거울에 비춰본 꿈은
경쟁자가 몰락하여 자신에게 이득이 온다.

‖ **사랑니가 아팠던 꿈은**

사랑문제로 슬픈 일이 생긴다.

‖ **사랑니를 뽑은 꿈은**

애인과 헤어질 징조다.

‖ **사랑니를 뽑아서 간직한 꿈은**

옛 사랑을 잊지 못하고 있다는 뜻이며, 잊었던 애인에게서 소식이 온다.

머리

머리에 대한 꿈은 능력, 우두머리, 상층부, 시초, 정신 등을 나타낸다.

‖ **머리가 없는 사람을 본 꿈은**

친척 중에서 누군가가 죽는다.

‖ **자신의 머리가 없었던 꿈은**

좌천되거나 지위가 떨어질 징조다.

‖ **머리가 빙빙 돌아간 꿈은**

바쁘게 돌아다니게 된다.

‖ **머리가 아팠던 꿈은**

정신적인 고통을 겪을 징조다.

‖ **머리에 혹이나 뿔이 난 꿈은**

단체의 장이 되거나 타인의 시선을 한 몸에 받는다.

‖ 다른 사람에게 머리를 숙인 꿈은

자신의 주장을 굽힌다.

‖ 다른 사람이 자신에게 머리를 숙인 꿈은

자신의 주장이 관철되며 상대방이 자신의 의견에 따른
다는 암시다.

‖ 주먹으로 머리를 때린 꿈은

잘못된 판단으로 실패할 수 있으니 조심하도록.

‖ 머리를 얻어 맞은 꿈은

현직에서 물러나게 되며 하는 일도 막힌다.

‖ 머리를 다친 꿈은

머리를 다칠 징조이니 조심하도록.

‖ 머리에서 피가 난 꿈은

명예와 권력을 얻는 등 만사가 순조롭게 진행된다.

‖ 잘라진 머리에서 피가 난 꿈은

사업이 성공하여 큰 재물이 들어온다.

‖ 머리에서 불이 난 꿈은

명예와 지위가 올라간다.

‖ 자신의 뒤통수를 본 꿈은

지난 일을 되돌아본다.

‖ 상대방의 뒤통수를 본 꿈은

상대방이 자신의 지시대로 잘 따라준다.

‖ 다른 사람의 뒤통수를 때린 꿈은

다른 사람의 도움으로 만사가 풀린다.

‖ **여자가 자신의 머리를 껴안은 꿈은**

이성 때문에 문제가 생기거나 사랑하는 여자가 떠난다.

‖ **머리를 잘라 천정에 매단 꿈은**

상부기관에 청탁을 한다.

‖ **머리를 잘라 길거리에 내건 꿈은**

자신의 능력이나 일의 성과를 공개한다.

‖ **머리에 띠를 동여맨 꿈은**

어려운 일에 부딪히나 잘 극복해 나간다.

‖ **머리에 두 개의 뿔이 난 꿈은**

다른 사람과 다툴 징조다.

‖ **자신의 머리가 사자, 호랑이, 용의 머리로 변한 꿈은**

단체의 장이나 리더가 된다.

‖ **사람의 머리가 쫓아온 꿈은**

정신적인 고통에 시달릴 징조다.

목

목에 대한 꿈은 생명선, 거래처, 언론기관, 공급처 등을 나타낸다.

‖ **목이 길어진 꿈은**

기다리는 소식이 오지 않는다.

∥ **목이 유난히 길어 보인 꿈은**

승진하고 능력을 인정받는다.

∥ **목이 부은 꿈은**

하고 싶은 말이 있어도 할 수 없는 억울한 입장이 된다.

∥ **상대방의 목을 때린 꿈은**

그 사람의 비밀을 캐거나 알게 된다.

∥ **목을 조른 꿈은**

추진하는 일이 다른 사람의 방해로 어려움에 처한다.

∥ **다른 사람의 목을 조른 꿈은**

더 많이 노력하지 않으면 성공하지 못한다는 경고다.

∥ **다른 사람이 자신의 목을 조른 꿈은**

만사가 막혀 숨조차 쉬기 어려운 상태를 나타낸다.

∥ **목을 졸라 죽인 꿈은**

무슨 일이든지 원하는 대로 이루어진다.

∥ **상대방을 목을 쳐서 죽인 꿈은**

상부기관에 영향을 주어 일을 성사시키거나 최고의 능력을 인정받는다.

∥ **목에서 피가 난 꿈은**

막혔던 일이 순조롭게 풀려나간다.

∥ **목에 상처가 생긴 꿈은**

하는 일이 계획의 미비로 어려움을 겪는다.

∥ **목에 상처가 생겨 피가 난 꿈은**

막혔던 일이 순조롭게 풀려나간다.

‖ **목에 이물질이 걸려 숨을 쉬지 못한 꿈은**

질병에 걸리는 등 만사가 막힌다.

‖ **목에 가시가 걸린 꿈은**

경쟁자나 방해자 때문에 정신적인 고통을 받는다.

‖ **목에 걸린 가시를 뺀 꿈은**

경쟁자나 방해자를 물리치거나 통쾌한 일이 생긴다.

‖ **목의 때를 씻은 꿈은**

누명이나 오해를 벗는다.

‖ **다른 사람에게 목마를 태워준 꿈은**

다른 사람의 간섭을 받는다.

‖ **다른 사람이 목마를 태워준 꿈은**

지위가 올라간다.

‖ **목덜미를 잡힌 꿈은**

자유를 구속받거나 비밀을 추궁받는다.

어깨

어깨에 대한 꿈은 세력, 책임, 권리, 능력을 나타낸다.

‖ **어깨에 날개가 달린 꿈은**

사업이 크게 성공하며 명예와 권력을 얻는다.

‖ **어깨에 붙은 견장이 빛난 꿈은**

사람들 앞에 화려하게 등장하고 권력을 잡는다.

‖ 어깨에 붙은 견장이 떨어진 꿈은

명예와 지위가 떨어질 징조다.

‖ 다른 사람이 어깨에 견장을 달아준 꿈은

귀인의 도움으로 승진하거나 지위가 올라간다.

‖ 어깨에 짐을 멘 꿈은

책임질 일이 생기거나 남의 일로 고통을 겪는다.

‖ 어깨의 짐을 내려놓은 꿈은

번민이나 고통에서 벗어난다.

‖ 다른 사람이 자신의 어깨에 짐을 올려놓은 꿈은

다른 사람으로 인하여 고통받는다.

‖ 한쪽 어깨가 잘려나간 꿈은

협조자나 동조자가 떠나갈 징조다.

‖ 어깨가 아프다고 느낀 꿈은

감당하기 힘든 일을 맡는다.

‖ 어깨가 편안하다고 느낀 꿈은

어렵고 막혔던 일에서 벗어난다.

가슴

가슴에 대한 꿈은 이해심, 중심부, 신분, 세력 등을 나타낸다.

‖ 가슴에 훈장을 단 꿈은
소원하는 일이 이루어지고 명예도 함께 얻는다.

‖ 벌거벗은 가슴을 본 꿈은
질병에 걸릴 징조다.

‖ 가슴에 문신을 새긴 꿈은
구설수에 휘말릴 징조다.

‖ 문신이 새겨진 가슴을 본 꿈은
협박이나 공갈 등에 시달릴 징조다.

‖ 다른 사람의 가슴을 때린 꿈은
그 사람에게 훈계를 하거나 간섭을 한다.

‖ 다른 사람의 가슴에 얼굴을 묻고 있었던 꿈은
많은 사람을 사귈 기회가 온다.

‖ 가슴이 답답했던 꿈은
만사가 지연되고 구설수에 올라 망신을 당한다.

‖ 칼로 가슴을 찌른 꿈은
심상치 않은 질병으로 수술한다.

‖ 칼로 상대방의 가슴을 찌른 꿈은
경쟁자에게 충격을 주어 일을 성사시킨다.

‖ 모르는 여자가 자신의 가슴을 칼로 찌른 꿈은
수술을 받게 될 징조다.

‖ 칼에 가슴을 찔려 피가 난 꿈은
답답하고 억울했던 일들이 풀린다.

유방

유방에 대한 꿈은 형제 자매, 재산분배 등을 나타낸다.

‖ 자신이 자신의 유방을 만진 꿈은
이성을 그리워하고 있다는 뜻이다.

‖ 유방을 본 꿈은
이성문제로 갈등이 생기거나 가까운 사람과 헤어진다.

‖ 유난히 큰 유방을 본 꿈은
사업이 크게 번창하며 뜻밖의 행운이 찾아온다.

‖ 유방이 드러난 꿈은
형제간에 불화가 생긴다.

‖ 그림이나 사진 등에서 유방을 본 꿈은
옛 친구나 친척에게서 소식이 온다.

‖ 여러 개의 유방을 꿈은
이성문제로 망신당할 징조다.

‖ 유방이 여러 개 달려있는 꿈은
많은 유산을 상속받는다.

‖ **유방이 하나밖에 없는 꿈은**

생각보다 적은 유산을 상속받는다.

‖ **유방이 축 늘어진 꿈은**

재물손실이 많아질 징조다.

‖ **유방에서 젖이 뚝뚝 떨어진 꿈은**

자신도 모르는 사이에 재물이 빠져나간다.

‖ **유방이 가위눌린 꿈은**

여자 때문에 정신적인 고통을 겪는다.

‖ **유방을 빤 꿈은**

부탁한 일이 성사된다.

‖ **유방을 애무한 꿈은**

이성문제로 갈등을 겪을 징조다.

‖ **유방을 거칠게 애무한 꿈은**

친척이나 가까운 사람과 시비가 생긴다.

‖ **유방을 꼬집거나 주무른 꿈은**

형제간에 다툼이 벌어진다.

‖ **유방이 잘린 꿈은**

사업이 망하는 등 큰 손해를 본다.

‖ **유방에서 피가 난 꿈은**

집안에 우환이 생기거나 질병에 걸릴 징조다.

배

배에 대한 꿈은 결과, 완결, 창고, 창의성, 욕구충족 등을 나타낸다.

‖ **배를 드러낸 꿈은**

믿고 있는 사람에게 실망한다.

‖ **배를 가르고 내장을 꺼낸 꿈은**

현재 하고 있는 일을 정리한다.

‖ **여자의 배를 본 꿈은**

이성문제로 시끄러워진다.

‖ **여자의 배를 만진 꿈은**

사랑이 깊어진다.

‖ **배가 고프다고 느낀 꿈은**

불만이 생긴다.

‖ **배가 부르다고 느낀 꿈은**

능력에 미치지 못하는 일을 맡는다.

‖ **배가 풍선처럼 부푼 꿈은**

사업이 크게 확장되거나 재물이 들어온다.

‖ **배가 불러서 터진 꿈은**

욕심을 부리다 많은 재물을 잃는다.

‖ **상대방을 배를 터뜨려 죽인 꿈은**

중요한 판단을 한다는 뜻이다.

‖ **상대방의 배가 갑자기 불러 보인 꿈은**

상대방이 갑자기 부자가 된다.

‖ **배에 가스가 가득 찼던 꿈은**

허황된 꿈을 꾸다가 손해를 본다.

‖ **배에서 꼬르륵 소리가 난 꿈은**

사업적인 손해가 따른다.

‖ **배에 종기가 난 꿈은**

내부의 적으로 인하여 비밀이 누설된다.

‖ **칼로 배를 찌른 꿈은**

경쟁자로 인하여 큰 피해를 입는다.

‖ **칼로 배를 찔러 창자가 흘러내린 꿈은**

진행 중인 사업을 공개한다.

‖ **뱃속에 피가 고여 볼록했던 꿈은**

재물을 많이 모은다.

등

등에 대한 꿈은 배경이나 복종 등을 나타낸다.

‖ **다른 사람을 등에 업은 꿈은**

다른 사람을 돕는다.

‖ **다른 사람의 등에 업힌 꿈은**

수족과 같은 사람을 만난다.

‖ **여자의 등에 업힌 꿈은**

귀인의 도움으로 행운이 찾아온다.

‖ **다른 사람의 등에서 내린 꿈은**

수족과 같은 사람이 떠나간다.

‖ **등에 종기가 난 꿈은**

등 뒤에서 약점을 노리는 사람이 있다는 것을 암시하며, 가까운 사람 때문에 재물을 잃는다.

‖ **등을 얻어 맞은 꿈은**

가까운 사람 때문에 구설수에 휘말린다.

‖ **다른 사람에게 등을 돌린 꿈은**

상대방의 지시를 따른다.

손

 손에 대한 꿈은 세력, 욕심, 권리, 협조자, 형제, 단체, 능력 등을 나타낸다.

‖ **손이 매우 커진 꿈은**

사업이 매우 번창하며 큰 세력을 얻는다.

‖ **손이 많이 달린 사람을 본 꿈은**

실력이나 능력이 있는 사람을 만난다.

‖ **손을 바라본 꿈은**

재물을 잃게 된다는 암시이니 조심하도록.

‖ **손바닥을 바라본 꿈은**

형제에게서 소식이 온다.

‖ **손이 더러웠던 꿈은**

가까운 사람이 어려운 처지에 있다는 뜻이다.

‖ **손을 씻은 꿈은**

어디론가 떠나고 싶은 마음이며 떠나게 된다.

‖ **손을 씻었는데 더 더러워진 꿈은**

하기 싫은 일을 억지로 하고 정신적인 고통을 겪는다.

‖ **손을 흔든 꿈은**

애인이나 가까운 사람이 떠나갈 징조다.

‖ **다른 사람을 향해 손을 흔든 꿈은**

이성과 헤어질 징조다.

‖ **손에서 피가 난 꿈은**

하는 일이 장애에 부딪힐 징조다.

‖ **손에서 피고름이 난 꿈은**

동업자, 직원, 거래처 등이 전혀 도움이 되지 않는다는
암시이니 과감하게 정리할 필요가 있다.

‖ **손으로 다른 사람을 친 꿈은**

물리적인 힘으로 대항한다.

‖ **손이 묶였던 꿈은**

친구나 형제의 일로 구설수에 오른다.

‖ **손을 가지런히 모으고 있었던 꿈은**

남자는 부탁할 일이 생기고 여자는 결혼한다.

‖ 손으로 무엇인가를 만든 꿈은

여러 사람과 힘을 합친다는 암시다.

‖ 물건을 훔치는 손을 본 꿈은

지갑을 잃어버리거나 도둑을 맞는다.

‖ 손목을 뽑았다가 다시 넣은 꿈은

정당한 일을 한다는 뜻이다.

‖ 손가락이 아팠던 꿈은

자식 때문에 신경쓸 일이 생긴다.

‖ 손가락이 갈라진 꿈은

친구나 형제가 떠난다.

‖ 손가락 두 개가 잘라진 꿈은

협조자 두 명이 떠난다는 암시다.

‖ 열 손가락을 모두 사용한 꿈은

많은 사람들과 협조한다.

‖ 손가락이 열 개 이상으로 늘어난 꿈은

가정이 경제적인 안정을 찾는다.

‖ 여자에게 손목을 잡혀 따라간 꿈은

싫은 사람을 억지로 만난다.

‖ 여자의 손목을 잡은 꿈은

새로운 연인을 만난다.

‖ 손목이 꽉 묶인 꿈은

진퇴양난에 빠질 징조다.

‖ 손목이 잘린 꿈은

하던 일을 그만두고 다른 일을 하거나 명예롭지 못한

일로 퇴직한다.

‖ **잘려진 손을 주운 꿈은**

다른 사람의 물건이나 작품을 얻는다.

‖ **공중에서 잘려진 손목이 떨어진 꿈은**

단체나 계 등이 해체된다.

‖ **손톱이 쑥쑥 자란 꿈은**

가정이 화목해진다.

‖ **손톱이 흉하게 구부러진 꿈은**

과욕 때문에 주위사람을 떠본다.

‖ **누군가가 자신의 손이나 팔을 잡아당긴 꿈은**

승진, 취직, 청탁 등이 성사된다.

팔

 팔에 대한 꿈은 세력, 욕심, 권리, 협조자, 형제, 단체, 능력 등을 나타낸다.

‖ **팔이 많이 달린 사람을 본 꿈은**

실력이나 능력이 있는 사람을 만난다.

‖ **팔이 부러진 꿈은**

가까운 사람이 경쟁자에게 가거나 동업자나 협조자와 관계가 깨지고, 여자는 남편에게 불길한 일이 생긴다.

‖ 팔이 잘린 꿈은

친척 중에서 누군가가 재난을 당한다.

‖ 팔을 다친 꿈은

가족 중에서 누군가가 사고를 당한다.

‖ 팔을 다쳐 피가 난 꿈은

동업자나 동조자가 생겨 새로운 일을 한다.

‖ 팔에 주사를 맞은 꿈은

집안에 우환이나 질병이 생길 징조다.

‖ 자신의 팔이 검은 털로 뒤덮힌 꿈은

능력이나 실력을 인정받는다.

‖ 팔에 종기나 흠집이 생긴 꿈은

가족이 질병, 부도, 피살, 이별 등을 겪을 징조다.

‖ 팔이 굽은 사람을 본 꿈은

경쟁자를 이긴다.

‖ 두 팔을 올려 V자를 한 꿈은

경쟁에서 승리한다.

‖ V자를 한 두 팔을 내린 꿈은

자신감을 잃고 있다는 뜻이다.

‖ 팔꿈치가 부은 꿈은

불길한 일이 생길 징조다.

‖ 팔꿈치가 빠진 꿈은

가족이나 직원이 떠난다는 암시다.

‖ 팔짱을 끼고 걸어간 꿈은

새로운 인연을 만난다.

‖ 팔짱을 끼고 가다가 뺀 꿈은

애인과 헤어질 징조다.

‖ 팔짱을 끼고 누군가를 노려본 꿈은

경쟁자를 제압하고 우위에 선다.

‖ 상대방이 팔짱을 끼고 자신을 노려본 꿈은

경쟁자에게 제압당할 징조다.

발

발에 대한 꿈은 친척, 업적, 부하직원, 단체 등을 나타
낸다.

‖ 큰 발을 본 꿈은

건강이 매우 좋다는 뜻이며 환자는 질병이 낫는다.

‖ 작은 발을 본 꿈은

쓸데없는 일에 신경을 쓴다.

‖ 맨발로 있는 남자를 본 꿈은

목적을 이루기가 더욱더 어려워진다.

‖ 발을 밟힌 꿈은

헛소문에 시달릴 징조다.

‖ 발에 종기가 생긴 꿈은

실패의 원인이 내부에 있다는 암시이니 내부 사람을 조
심하도록.

∥ 발에 무좀이 생긴 꿈은
여기 저기서 돈을 뜯어갈 징조다.
∥ 발이 묶였던 꿈은
사업이나 추진하는 일이 꽉 막힐 징조다.
∥ 발이 물에 빠진 꿈은
예상하지 못한 일로 어려운 처지가 된다.
∥ 발을 물에 담그고 있었던 꿈은
어려운 난관에서 벗어난다는 암시다.
∥ 발이 물에 젖어 닦은 꿈은
막혔던 일들이 서서히 풀려나간다.
∥ 발이 더러워진 꿈은
금전거래로 손해를 볼 징조다.
∥ 발을 씻었는데 더 더러워진 꿈은
하기 싫은 일을 억지로 하고 정신적인 고통을 겪는다.
∥ 발이 미끄러져 넘어진 꿈은
경쟁자의 방해로 한순간에 몰락한다는 암시다.
∥ 수렁에 빠진 한 쪽 발을 빨리 빼낸 꿈은
모함에 빠지나 곧 결백하다는 것이 밝혀진다.
∥ 두 발을 허공에 대고 자전거 타기를 한 꿈은
현실에 집착하지 못한다는 암시다.
∥ 여자가 발목을 잡고 놓지 않은 꿈은
이성으로 인하여 고통을 받게 될 징조다.
∥ 발목을 삔 꿈은
동업자, 동료, 친구의 배신이나 사기로 피해를 당한다.

‖ **발에서 피고름이 난 꿈은**

동업자, 직원, 거래처 등이 전혀 도움이 되지 않는다는
뜻이니 과감하게 정리할 필요가 있다.

‖ **발에 다른 사람의 피가 묻은 꿈은**

다른 사람으로 인하여 뜻밖의 행운이 찾아온다.

‖ **발바닥에서 피가 난 꿈은**

부하직원이나 후배로 인하여 재물을 잃는다.

다리

다리에 대한 꿈은 협조자, 부하직원 등을 나타낸다.

‖ **다리가 무거워서 걷지 못한 꿈은**

집안에 우환이 생기거나 만사가 어려워질 징조다.

‖ **다리에 화상을 입은 꿈은**

가까운 사람이 도움을 요청해온다.

‖ **다리에 붕대를 감은 꿈은**

부부간에 불화가 생길 징조다.

‖ **다리에 종기가 난 꿈은**

직원이나 부하 중에 해로운 사람이 있다는 암시다.

‖ **다리에서 피가 난 꿈은**

길몽으로 하는 일이 서서히 풀려나간다.

‖ **한 쪽 다리를 다친 꿈은**

가까운 사람이 재난을 당한다.

‖ **교통사고로 다리가 잘린 꿈은**

믿고 있는 직원이나 동업자가 떨어져 나간다.

‖ **다리를 동물에게 물린 꿈은**

명예와 지위가 올라간다.

‖ **허벅지에 상처가 생긴 꿈은**

능력이 떨어져 침체상태에 빠진다.

‖ **허벅지에 총알을 맞은 꿈은**

소원하는 일이 모두 이루어진다.

‖ **이성의 허벅지를 만진 꿈은**

애인과 사소한 문제로 다툰다.

‖ **무릎을 심하게 다쳐 걷지 못한 꿈은**

직장을 잃거나 추진하는 일이 어려움에 처한다.

‖ **다리가 진흙구덩이에 빠졌는데 빼지 못한 꿈은**

침체된 사업이나 업무를 회복시킬 방법이 없다는 것을
암시하는 꿈이니 더욱더 분발하도록.

성기

 남성기는 자식, 작품, 자존심, 생산기관 등을 상징하
고, 여성기는 자식, 작품, 고향, 집, 유혹, 수치심, 비밀,
생산기관 등을 나타낸다.

‖ 성기를 드러낸 꿈은

다른 사람에게 문제를 털어놓고 조언을 구한다.

‖ 대중 앞에서 성기를 내놓고 자랑한 꿈은

자신감 있게 일을 처리하거나 작품 등을 발표한다.

‖ 다른 사람과 성기를 비교한 꿈은

작품이나 자식을 남의 작품이나 자식과 비교한다.

‖ 두 남자의 성기를 비교한 꿈은

여자는 무엇인가를 비교한다.

‖ 자신의 성기를 만진 꿈은

여자는 이성문제로 갈등을 겪는다.

‖ 성기를 만졌는데 발기된 꿈은

남자는 능력보다 많은 일을 처리한다.

‖ 성기가 발기되지 않아 초조했던 꿈은

의욕상실이나 패배 등이 따른다.

‖ 이성의 성기를 만진 꿈은

남자는 이성문제로 다투게 되고, 여자는 남자로 인하여
정신적인 고통을 겪는다.

‖ 이성이 서로 성기를 만진 꿈은

작품이나 사업을 놓고 의견을 나눈다.

‖ 손으로 성기를 가린 꿈은

체면이 손상될 징조다.

‖ 남이 볼까봐 성기를 감춘 꿈은

자신감이 부족하다는 뜻이니 용기를 내도록.

‖ 다른 사람이 자신의 성기를 유심히 본 꿈은

미혼자는 사랑에 빠지고, 사업가는 정보가 누출되어 심
한 타격을 입는다.

‖ 소변을 보는데 다른 사람이 성기를 칭찬한 꿈은

능력 이상의 평가를 받는다.

‖ 이성이 성기를 보여준 꿈은

경쟁자와 협력하거나 뜻밖의 행운이 찾아온다.

‖ 다른 사람의 성기가 커보인 꿈은

상대방의 주장이나 의견에 동조한다.

‖ 이성의 성기가 유난히 커보인 꿈은

상대방에게 압도되어 그의 주장을 따른다.

‖ 여자의 성기를 만진 꿈은

남자는 동업자를 만나거나 이성문제로 갈등을 겪는다.

‖ 남자의 성기를 갖고 논 꿈은

여자는 남편이나 자식으로 인하여 고통을 겪는다.

‖ 여성의 성기를 달고 있는 남자를 본 꿈은

진행 중인 일이 순조롭게 풀려나간다.

‖ 성기가 잘린 꿈은

사업실패, 불명예 퇴직, 자녀 근심 등이 따른다.

‖ 성기가 간지럽거나 아팠던 꿈은

성병을 암시하는 꿈이니 전문가의 진단을 받아보도록.

엉덩이 · 항문

엉덩이에 대한 꿈은 보증인, 물건, 선정적인 일 등을 상징하고, 항문에 대한 꿈은 뒷문, 암거래, 배설구, 은닉처 등을 나타낸다.

‖ 여자의 엉덩이를 본 꿈은

뜻밖의 재난으로 고통을 겪는다.

‖ 여자의 엉덩이를 만진 꿈은

원하는 일은 이루어지지 않고 방해자만 생긴다.

‖ 여자의 엉덩이를 때린 꿈은

사랑하는 여자를 떠나게 된다.

‖ 여자의 엉덩이에 눌린 꿈은

억울한 일이 생기거나 진행 중인 사업이 막힌다.

‖ 다른 사람이 자신의 엉덩이를 친 꿈은

축하받을 일이 생긴다.

‖ 엉덩이를 채인 꿈은

가까운 사람 때문에 스트레스를 받는다.

‖ 항문을 만진 꿈은

법에 어긋나는 일을 한다.

‖ 다른 사람의 항문을 만진 꿈은

경쟁자의 비밀을 알게 된다.

‖ 항문이 크게 벌어진 꿈은

재물이 많이 들어온다.

‖ 항문에 금은보화 등을 감추었던 꿈은

재물을 감추려고 하나 오히려 손실만 생긴다.

‖ 항문이 빠진 꿈은

가까운 친척이나 친구가 떠나간다.

‖ 빠진 항문을 다시 넣은 꿈은

청탁한 일이 성사된다.

‖ 항문에서 피가 난 꿈은

재물을 잃게 되거나 질병에 걸린다.

머리카락

머리카락에 대한 꿈은 업무의 능력이나 형태 등을 나타낸다.

‖ 머리를 빗은 꿈은

새로운 사업을 시작하는데 마음먹은대로 잘 풀린다.

‖ 머리를 정성스럽게 빗은 꿈은

자신을 과시하고 능력이나 실력을 인정받는다.

‖ 긴 머리를 단정하게 빗은 꿈은

취직이나 승진하는 등 침체에서 벗어난다.

‖ 머리를 파마한 꿈은

여자는 멋진 남자와 데이트를 하고, 남자는 동업자와 헤어지거나 애인과 사소한 다툼으로 갈등이 생긴다.

‖ 머리를 염색한 꿈은

생활에 변화가 생긴다는 암시다.

‖ 머리를 감은 꿈은

좋은 일이 생기며 미혼여성은 결혼한다.

‖ 큰 강물에 머리를 감은 꿈은

마음의 안정을 찾게 된다.

‖ 머리를 감거나 빗는 사람을 본 꿈은

자신에게 손해를 입힐 사람을 만난다.

‖ 다른 사람의 머리를 빗겨준 꿈은

하는 일을 정리하거나 다른 사람의 일을 도와준다.

‖ 다른 사람이 머리카락을 잡아당긴 꿈은

하기 싫은 일을 맡거나 상대방의 의도대로 끌려간다.

‖ 머리카락이 빠진 꿈은

집안에 우환이 생길 징조다.

‖ 빗으로 머리를 빗은 꿈은

성욕을 충족시키거나 고질병을 고친다.

‖ 상대방이 머리를 곱게 빗고 간 꿈은

누군가에게 손해를 입게 된다.

‖ 헝클어진 머리를 단정하게 빗은 꿈은

다른 사람의 도움으로 복잡한 일이나 걱정이 해결된다.

‖ 머리가 엉켜서 빗을 수 없었던 꿈은

만사가 막힐 징조다.

‖ 머리카락이 엉켜서 풀리지 않은 꿈은

만사가 엉켜 풀리지 않을 징조다.

‖ **머리를 빗는데 비듬이 떨어진 꿈은**

근심 걱정이 해소되고 막혔던 일이 순조롭게 풀린다.

‖ **머리를 빗는데 비듬이 많이 떨어진 꿈은**

막히고 어려웠던 일들이 한꺼번에 풀려나간다.

‖ **머리카락에 무엇인가가 주렁주렁 달려있는 것 같았던 꿈은**

정신적인 고통에 시달릴 징조다.

‖ **머리를 깎은 꿈은**

뜻밖에 좋은 일이 생기고 미혼남자는 결혼한다.

‖ **머리를 빡빡깎은 꿈은**

여자는 믿고 의지하던 사람을 잃는다.

‖ **긴머리를 자른 꿈은**

능력을 인정받지 못하고 하는 일이나 업무가 쇠퇴한다.

‖ **파마머리를 자른 꿈은**

새로운 이성을 사귄다.

‖ **땋은머리를 자른 꿈은**

신상에 변화가 생긴다는 암시다.

‖ **강제로 머리를 깎은 꿈은**

쓸데없는 일로 구설수에 휘말린다.

‖ **머리를 자르다 중지한 꿈은**

청탁한 일의 결과가 신통치 못하다는 암시다.

‖ **자신보다 먼저 머리를 자르는 사람이 있었던 꿈은**

승진이 다소 늦어진다는 암시다.

‖ **멋있게 보이려고 머리를 손질한 꿈은**

기쁜 소식을 듣거나 소원하는 일이 이루어진다.

‖ **다른 사람이 자신의 머리카락을 만진 꿈은**

귀인의 도움이나 윗사람의 총애를 받는다.

‖ **이성의 머리카락을 만진 꿈은**

남자는 현재 만나는 여자와 더욱더 가까워지고, 여자는
남자의 도움을 기다리고 있다는 뜻이다.

‖ **머리가 백발로 변한 꿈은**

공직이나 정계에서 크게 출세하여 존경받는다.

‖ **평소에 아는 사람이 백발이 된 꿈은**

꿈 속에 나타난 그 사람이 사업이나 업무로 큰 고통을
겪고 있다는 암시다.

‖ **머리카락이 얼굴을 가린 꿈은**

불명예스러운 일을 당할 징조다.

‖ **머리카락이 흰 사람을 본 꿈은**

곤경에 빠지기 쉬우니 조심하도록.

‖ **머리카락이 흰 사람과 식사한 꿈은**

고통받고 있는 사람을 만난다.

‖ **머리카락에 이 등이 우글거린 꿈은**

번뇌와 고통에서 헤메고 있다는 뜻이다.

‖ **이 등을 잡으려고 머리카락을 벗겨버린 꿈은**

현재의 상황이 완전히 바뀐다.

‖ **노란머리를 본 꿈은**

실수로 인하여 구설수에 오르고 기회도 놓친다.

‖ **단발머리를 본 꿈은**

헤어진 이성이나 오래된 고향친구를 만난다.

‖ 대머리가 된 꿈은

뜻밖의 일로 여러 번 실패한 후 어렵게 목적을 이룬다.

‖ 갑자기 대머리가 된 꿈은

승려가 된다는 암시다.

‖ 대머리를 본 꿈은

순조롭던 일이 하루아침에 몰락할 수 있다는 암시다.

‖ 머리에 기름을 바른 꿈은

다른 사람들에게 인정을 받는다.

‖ 상투튼 노인을 본 꿈은

의견이 일치하기 어렵다는 암시다.

‖ 머리를 땋은 꿈은

좋은 일이 생긴다.

털

털에 대한 꿈은 협조, 수명, 정력, 인품, 자만심, 근심, 흉계 등을 나타낸다.

‖ 몸에 털이 많이 난 꿈은

많은 사람의 도움을 받거나 뜻밖의 행운이 찾아온다.

‖ 털이 많이 난 사람을 본 꿈은

주위 사람의 거짓말로 다툼이 벌어진다.

‖ 온몸에 새까맣고 억센 털이 많이 난 꿈은

능력을 인정받는다.

‖ 손등이나 다리에 털이 있는 사람을 본 꿈은

권모술수에 뛰어난 사람을 만나 실패한다.

‖ 몸에 난 털을 깎은 꿈은

집안에 우환이 생기거나 구설수에 휘말린다.

‖ 면도한 꿈은

뜻밖의 좋은 일이 생기고 미혼남자는 결혼한다.

‖ 수염을 깎거나 잘린 꿈은

다른 사람 때문에 명예가 떨어지고 재물이 나간다.

‖ 목욕탕에서 수염을 깨끗하게 깎은 꿈은

축하받을 일이 생기는 등 만사가 순조로워진다.

‖ 멋진 수염을 기른 꿈은

명예와 지위가 크게 올라간다.

‖ 수염을 길게 기른 꿈은

소원하는 일이 모두 이루어진다.

‖ 수염이 덥수룩하게 많이 난 꿈은

길몽으로 좋은 일이 많이 생긴다.

‖ 수염을 뽑아 곱게 잘 다듬은 꿈은

길몽으로 뜻밖의 재물이 들어온다.

‖ 거추장스런 수염을 한 가닥씩 뽑은 꿈은

밀렸던 일을 한 가지씩 해결해 나간다.

‖ 낯선 사람이 자신의 수염을 뽑은 꿈은

경쟁자의 방해로 재물을 잃는다.

‖ **가짜 수염을 달았던 꿈은**

협조자의 도움을 받는다.

‖ **수염이 난 여자를 본 꿈은**

경마, 경륜, 도박 등에 승부를 걸지 말 것.

‖ **가슴에 털이 난 여자를 본 꿈은**

다른 사람의 방해로 모든 계획이 수포로 돌아간다.

‖ **가슴에 털이 난 남자를 본 꿈은**

남자는 여자에게 인기를 얻게 되고, 능력을 인정받아 하는 일마다 크게 성공한다.

‖ **눈썹이 하얗게 변한 꿈은**

귀인의 도움으로 명예와 재물을 얻는다.

‖ **눈썹이 빠진 꿈은**

애인과는 이별하게 되고 부부간에는 불화가 생긴다.

‖ **눈썹이 길게 자란 꿈은**

흉몽으로 하는 일마다 장애가 따른다.

‖ **눈썹을 깎은 꿈은**

부모 형제가 질병에 걸릴 징조다.

‖ **눈썹을 짧게 깎은 꿈은**

새로운 직장, 사업, 계획 등이 생긴다.

‖ **속눈썹이 길었던 꿈은**

재물이 들어오고 뜻밖의 행운이 찾아온다.

3장. 배설물과 분비물에 관한 꿈

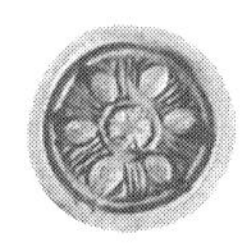

대변

 대변에 대한 꿈은 관념, 감정, 암거래, 재물, 작품 등을
나타낸다.

‖ 대변을 먹은 꿈은

재물이 들어오거나 큰 행운이 찾아온다.

‖ 대변을 본 꿈은

마음먹은 일이 모두 이루어진다.

‖ 검푸른 대변을 본 꿈은

만사가 어려움에 처하고 건강도 좋지 않다.

‖ 대변을 매우 많이 본 꿈은

뜻밖의 행운으로 큰 재물이 들어온다.

‖ 대변이 끝없이 나온 꿈은

투자액이 계속 늘어난다.

‖ 넓은 곳에서 대변을 본 꿈은

만사가 시원하게 해결된다.

‖ 나무 위에서 대변을 본 꿈은

자금회전이 어려울 징조다.

‖ 이불 위에 대변을 본 꿈은

큰 횡재수로 재물이 들어온다.

‖ 옷에 대변을 본 꿈은

자금문제로 어려움을 겪을 징조다.

‖ 알몸으로 대변을 본 꿈은

과거를 정리하고 새출발을 한다.

‖ 길을 가다 대변을 본 꿈은

뜻밖의 행운으로 큰 재물이 들어온다.

‖ 자신의 대변이 산더미처럼 쌓여 있었던 꿈은

길몽으로 사업이 크게 발전한다.

‖ 다른 사람이 보는 앞에서 대변을 본 꿈은

경쟁자의 방해로 어려움에 처한다.

‖ 사람이나 동물이 있어서 대변을 보지 못한 꿈은

방해자 때문에 원하는 것을 이루기 어렵다는 암시다.

‖ 서서 대변을 본 꿈은

하고 싶은 일이 있어도 뜻대로 되지 않는다.

‖ 대변에 피가 섞여 나온 꿈은

하는 일에 장애가 생길 징조다.

‖ **대변을 주무른 꿈은**

재물이 불어나는 등 뜻밖의 좋은 일이 생긴다.

‖ **많이 쌓여 있는 대변을 만진 꿈은**

막대한 돈을 만지게 된다.

‖ **색깔이 탁하고 적은 양의 대변을 만진 꿈은**

불쾌한 일을 당할 징조다.

‖ **누런 대변을 만지면서 노는 어린아이를 본 꿈은**

재물이 들어온다.

‖ **옷에 대변이 묻은 꿈은**

자신도 모르는 사이에 망신을 당한다.

‖ **몸에 대변이 묻은 꿈은**

행운이 찾아온다는 암시다.

‖ **대변을 뒤집어 쓴 꿈은**

좋은 소식이 있거나 행운이 찾아온다.

‖ **누런 대변을 뒤집어 쓴 꿈은**

출세길이 열리는 등 소원하는 일이 모두 이루어진다.

‖ **다른 사람의 대변으로 발디딜 틈이 없었던 꿈은**

청탁이나 취직, 시험 등이 성사되지 않는다.

‖ **대변을 이리저리 피해서 간 꿈은**

어떤 어려움도 극복한다.

‖ **변기에 대변이 가득찬 꿈은**

많은 재물이 들어온다.

‖ **변기에 대변이 꽉차서 넘친 꿈은**

길몽으로 큰 재물이 들어온다.

‖ **수북하게 쌓인 대변을 삽 등으로 옮긴 꿈은**

작품의 방향이나 투자의 방향을 바꾼다는 암시다.

‖ **밭에 대변을 뿌린 꿈은**

이곳 저곳에 투자한다.

‖ **호박구덩이에 대변을 뿌린 꿈은**

여자 때문에 재물손실을 보게 된다.

‖ **대변을 거름으로 뿌린 꿈은**

지금은 하는 일이 초라해도 크게 발전한다.

‖ **대변을 구덩이에 모은 꿈은**

재물이 모이고 저축을 한다.

‖ **많은 대변을 그릇에 담아둔 꿈은**

저축을 한다.

‖ **대변이 없어지거나 잃어버린 꿈은**

부도나 보증, 사업실패 등으로 많은 재물을 잃는다.

‖ **대변이 흐른 꿈은**

사업적으로 구멍이 생기고 재물이 나간다.

‖ **대변을 보고 싶은데 보지 못한 꿈은**

만사가 막힐 징조다.

‖ **대변을 시원하게 본 꿈은**

근심 걱정이 사라진다.

‖ **정화조를 푼 꿈은**

근심이 해소되거나 재물이 나간다.

‖ **분뇨차를 본 꿈은**

공과금을 납부한다.

‖ 분뇨차가 냄새를 풍긴 꿈은
나쁜 소문에 시달린다.
‖ 분뇨차를 운전한 꿈은
금융계통의 업무를 맡는다.

소변

소변에 대한 꿈은 재물이나 소원을 나타낸다.

‖ 소변을 본 꿈은
하고자 하는 일이 시원하게 해결된다.
‖ 꿈 속에서 소변을 보다가 실제로 싼 꿈은
욕심을 부리다 망신을 당한다.
‖ 이불 위에서 소변을 질질 싼 꿈은
짜증나는 일이 생길 징조다.
‖ 이불 속에서 시원하게 소변을 본 꿈은
막혔던 일이 시원하게 풀린다.
‖ 알몸으로 소변을 본 꿈은
과거를 정리하고 새출발을 한다.
‖ 소변을 먹은 꿈은
질병이 낫거나 재물이 들어온다.
‖ 소변을 뒤집어 쓴 꿈은
좋은 소식이 있거나 행운이 찾아온다.

‖ 소변을 보러 화장실에 들어가다가 잠에서 깨면

새로운 일을 시작하지만 결과는 알 수 없다.

‖ 화장실에서 소변을 본 꿈은

원하는 것이 이루어진다.

‖ 자기집 화장실에서 소변을 본 꿈은

가정이 화목해진다.

‖ 음식점 화장실에서 소변을 본 꿈은

엉뚱한 장소에서 업무를 보게 된다.

‖ 여러 화장실을 거치다 한 곳에서 소변을 본 꿈은

많은 계획 중에서 한 가지를 선택한다.

‖ 흐르는 물에 소변을 본 꿈은

작품을 발표한다.

‖ 오줌이 가득 있는 구덩이에 소변을 본 꿈은

재물이 들어온다.

‖ 산에서 소변을 본 꿈은

속시원한 일이 생긴다.

‖ 소변이 마렵다가 본 꿈은

하고 싶은 일을 하지 못하다가 기회가 온다.

‖ 소변이 마렵다가 잠에서 깨면

답답하고 힘든 일이 풀린다.

‖ 서서 소변을 본 꿈은

하고 싶은 일이 있어도 뜻대로 되지 않는다.

‖ 요강에 소변이 넘친 꿈은

계획한 일의 결과가 만족스럽다는 암시다.

‖ **자신의 소변이 온 세상을 덮은 꿈은**

단체의 장이 되거나 큰 권력을 잡는다.

‖ **자신의 소변이 큰 강을 이루거나 마을을 덮은 꿈은**

큰 권력이 주어지거나 자신의 주장을 피력한다.

‖ **소변을 보는데 갑자기 오줌바다가 된 꿈은**

작은 힘으로 큰 힘을 움직이거나 큰 자본을 활용한다.

‖ **옷이 소변에 젖은 꿈은**

다른 사람 때문에 망신이나 불쾌한 일을 당한다.

‖ **소변이 잘 나오지 않은 꿈은**

마음먹은 일이 잘 되지 않는다.

‖ **소변에 피가 섞어나온 꿈은**

질병이 생기거나 가까운 사람이 재난을 당한다.

‖ **소변이 없어지거나 잃어버린 꿈은**

부도, 보증, 사업실패 등으로 큰 재물을 잃는다.

‖ **소변보는 사람을 본 꿈은**

다른 사람을 도와준다.

‖ **소변보는 여자를 본 꿈은**

경쟁자에게 떨어지기 쉬우니 노력하도록.

‖ **다른 사람이 보는 앞에서 소변을 본 꿈은**

경쟁자의 방해로 어려움에 처한다.

‖ **소변늘 거름으로 뿌린 꿈은**

지금은 하는 일이 초라해도 나중에는 크게 발전한다.

‖ **섹스한 후에 소변을 본 꿈은**

어떤 일이 성사된 다음에 소원하는 일이 이루어진다.

피

피에 대한 꿈은 진리, 사상, 교리, 재물, 생명력 등을 나타낸다.

‖ 온 세상이 피바다가 된 꿈은

큰 부자가 될 징조다.

‖ 몸에서 피가 난 꿈은

재물이 나가고 질병에 걸릴 징조다.

‖ 온 몸에서 피고름이 난 꿈은

질병으로 고생하게 될 징조다.

‖ 몸이 피범벅이 된 꿈은

뜻밖의 행운이 찾아온다.

‖ 몸에 묻은 피를 닦은 꿈은

재물을 잃을 징조다.

‖ 옷에 묻은 피를 닦아내거나 씻은 꿈은

노력한 만큼 결과가 나타나지 않고 질병에 시달린다.

‖ 몸에 피가 한 방울도 남지 않은 꿈은

추진하는 일마다 침체에 빠질 징조다.

‖ 다른 사람이 피를 흘린 꿈은

다른 사람 때문에 정신적 · 물직적인 피해를 볼 징조다.

‖ 다른 사람의 몸에서 피가 난 꿈은

그 사람이 정신적인 피해를 보거나 재물을 잃는다.

‖ 피를 흘리는 사람을 보면서 무관심하거나 만족했던 꿈은

어떤 일이 성사되거나 큰 돈이 생긴다.

‖ 다른 사람이 피를 많이 흘리며 죽은 꿈은

많은 돈을 취급한다.

‖ 피를 흘리는 사람을 보고 도망간 꿈은

기회가 왔는데도 잡지 못한다.

‖ 사람을 칼로 찔렀는데 피가 나오지 않은 꿈은

계획대로 목적을 이루지만 불안한 마음이 오래간다.

‖ 사람을 칼로 찔렀는데 피가 자신의 몸에 묻은 꿈은

돈을 받거나 다른 사람으로 인하여 재물이 들어온다.

‖ 샤워기에서 핏물이 나온 꿈은

질병에 걸릴 징조다.

‖ 핏물로 목욕한 꿈은

질병에 걸릴 징조다.

‖ 변기에 핏물이 가득 있었던 꿈은

재난이 닥칠 징조다.

정액·월경

정액에 대한 꿈은 일의 결과, 유산, 정력, 시비 등을 상
징하고, 월경에 대한 꿈은 소원성취, 근심해소, 소식,
계약 등을 나타낸다.

‖ 몽정한 꿈은

계획한 일을 추진하면 성공할 수 있다.

‖ 정액이 많이 나온 꿈은

정신적 · 물직적인 소득이 생긴다.

‖ 정액이 멈추지 않고 계속 나온 꿈은

재물이 쌓이는 등 좋은 일이 계속 생긴다.

‖ 정액을 처리하기가 곤란했던 꿈은

재물이 나가는 등 불길한 일이 생긴다.

‖ 옷에 정액이 묻어 기분이 나빴던 꿈은

원하는 것을 이루어도 마음 한 구석에 불만이 생긴다.

‖ 정액 속에서 벌레가 나온 꿈은

애인과 다투거나 성병에 걸린다.

‖ 초경을 한 꿈은

머지않아 초경을 한다는 암시다.

‖ 월경을 한 꿈은

새로운 일을 시작하나 남자는 여자와 다투는 등 불길한
일이 생긴다.

‖ 걸레에 월경이 묻은 꿈은

좋은 일이 생긴다.

‖ 월경이 맑았던 꿈은

하는 일마다 순조롭게 진행된다.

‖ 월경이 탁했던 꿈은

하는 일이 어려움에 처한다.

‖ 월경이 한없이 나온 꿈은
사업이 크게 번창한다.
‖ 생리대가 없어 난처했던 꿈은
하기 싫은 일로 진퇴양난에 빠진다.

땀 · 가래 · 침

 땀, 가래, 침 등의 분비물에 대한 꿈은 정신적인 갈등
의 해소를 나타낸다.

‖ 이마에 땀방울이 솟은 꿈은
재물이 나가거나 이마에 상처를 입을 징조다.
‖ 땀을 많이 흘린 꿈은
의욕을 상실하여 희망을 포기한다.
‖ 땀이 그치지 않고 흐른 꿈은
질병에 걸릴 징조다.
‖ 손발에서 땀이 많이 난 꿈은
정서가 불안하다는 뜻이다.
‖ 땀을 닦은 꿈은
의복이 생겨 새로운 일을 시작한다.
‖ 땀을 닦는데 피가 섞여 있었던 꿈은
질병에 시달릴 징조다.

‖ 사우나나 찜질방에서 땀이 나지 않은 꿈은
원하는 일이 뜻대로 되지 않을 징조다.
‖ 가래를 뱉은 꿈은
막혔던 일들이 풀리며 원하는 것을 이룬다.
‖ 목구멍에 걸린 가래를 뱉은 꿈은
막혔던 일이 일시에 풀린다.
‖ 기침을 하면서 가래를 뱉은 꿈은
고질적인 근심이 사라진다.
‖ 가래를 뱉었는데 자신의 얼굴에 묻은 꿈은
풀리던 일이 다시 어려움에 처한다.
‖ 가래에 피가 섞여 나온 꿈은
근심은 사라지나 재물이 나간다.
‖ 다른 사람의 얼굴에 침을 뱉은 꿈은
다른 사람에게 피해를 입힌다.
‖ 다른 사람이 자신의 얼굴에 침을 뱉은 꿈은
다른 사람으로 인하여 피해를 본다.
‖ 다른 사람의 얼굴에 침을 뱉었다가 얻어 맞은 꿈은
남의 일에 간섭하다가 욕을 먹는다.

4장. 동물에 관한 꿈

동물

동물에 대한 꿈은 힘, 세력, 재난, 의지력, 인내력 등을
나타낸다.

‖ **동물을 죽인 꿈은**

모든 것이 불안하다는 것을 나타내는 꿈이다.

‖ **달려드는 맹수를 죽인 꿈은**

어려운 난관을 극복하고 목적을 이룬다.

‖ **사나운 동물이 달려들어 죽인 꿈은**

맡은 임무를 통쾌하게 처리한다.

‖ **돌로 짐승을 때려죽인 꿈은**

초지일관으로 어려움을 극복한 후 목적을 이룬다.

‖ **동물을 죽이고 양심의 가책을 느낀 꿈은**

최선을 다해도 결과는 신통치 않고 오히려 정신적인 고통에 시달린다.

‖ **동물을 죽이고 죄책감 때문에 운 꿈은**

모든 시험에 합격하고 학생은 성적이 올라간다.

‖ **동물의 머리가 쫓아온 꿈은**

정신적인 고통에 시달릴 징조다.

‖ **사나운 동물에게 쫓긴 꿈은**

경쟁자의 방해로 사업이 침체되고, 미혼자는 인연이 닿지않아 결혼이 늦어진다.

‖ **사나운 동물에게 잡아 먹힌 꿈은**

미혼여성은 박력있는 남자와 결혼한다.

‖ **사나운 동물 앞에서 꼼짝할 수 없었던 꿈은**

벅차고 두려운 일에 빠진다.

‖ **사나운 동물에게 물린 꿈은**

소원하는 일이 모두 이루어진다.

‖ **동물이 물고 놓지 않은 꿈은**

명예와 지위가 오래도록 유지된다.

‖ **동물이 다른 동물을 문 꿈은**

두 세력이 힘을 합쳐 문제를 해결한다.

‖ **동물들이 서로 물어뜯으며 싸운 꿈은**

서로 다투던 사람이나 단체가 화해한다.

‖ **짐승이 가축을 물어간 꿈은**

권위와 세력이 약해져 상대방에게 제압당한다.

‖ **자신이 짐승으로 변하여 가축을 물어간 꿈은**

세력이 막강해져 따르는 사람들이 많아진다.

‖ **물린 동물이 피를 흘리거나 죽은 꿈은**

어느 한 쪽이 몰락한다는 암시다.

‖ **동물 때문에 놀라서 기절한 꿈은**

뜻밖의 재난을 당해 크게 고생한다.

‖ **동물을 보고 무섭다고 생각한 꿈은**

뜻밖의 재난으로 고통을 겪는다.

‖ **동물의 목을 잘랐는데 피가 솟은 꿈은**

소원하는 일이 모두 이루어진다.

‖ **맹수의 머리를 만진 꿈은**

하는 일이 성취되거나 명예와 권력을 얻는다.

‖ **잘린 동물의 머리를 본 꿈은**

소원하는 일이 모두 이루어진다.

‖ **머리가 두 개 달린 동물을 본 꿈은**

단체에서 의견이 일치되지 않거나 동업자가 떠난다.

‖ **머리가 세 개 이상 달린 동물을 본 꿈은**

의견이나 주장이 엇갈릴 징조다.

‖ **뿔이 여러 개 달린 동물을 본 꿈은**

이념은 좋으나 단합되지 않는다.

‖ **짐승이 날아다닌 꿈은**

모든 일이 국가나 기관의 주도하에 이루어진다.

‖ **동물이 하늘을 날아다닌 꿈은**

자신의 아이디어나 상품이 크게 성공한다.

‖ **동물이 수영한 꿈은**

동물원이나 유원지에 놀러간다.

‖ **동물이 헤엄친 꿈은**

다른 사람의 도움으로 목적을 이룬다.

‖ **동물을 몰고간 꿈은**

일이 자신의 뜻대로 순조롭게 진행된다.

‖ **동물을 몰거나 끌면서 걸어간 꿈은**

자신의 뜻대로 일이 진행된다.

‖ **동물을 억지로 끌고간 꿈은**

상대방을 억지로 따르게 하거나 일의 진행이 늦어진다.

‖ **동물을 타고 힘겹게 목적지에 도착한 꿈은**

경쟁률이 높거나 힘든 시험에서 좋은 점수를 받는다.

‖ **동물이 도망가는데 보고만 있었던 꿈은**

자신의 능력으로 감당할 수 없는 재난이 닥친다.

‖ **동물을 삼킨 꿈은**

식구가 늘어나거나 큰 이익이 생긴다.

‖ **동물을 통째로 삼킨 꿈은**

자신의 능력을 최대한 발휘하여 결과를 얻는다.

‖ **동물을 먹고 토한 꿈은**

명예나 권력을 잃는다.

‖ **천정에서 동물이 내려온 꿈은**

질병에 걸려 고생할 징조다.

‖ **집을 나갔던 가축이 돌아온 꿈은**

헤어진 사람을 만난다.

‖ 살아있는 동물을 제물로 바친 꿈은

추진하는 일이나 사업에 문제가 계속 생긴다.

‖ 동물이 교미하는 것을 본 꿈은

동업자가 생기고 재물이 들어온다.

‖ 동물이 교미하는 것을 보고 놀란 꿈은

은밀하게 일을 처리한다.

‖ 기르는 짐승이 아팠던 꿈은

좋지 않은 일이 오래도록 해결되지 않는다.

‖ 죽은 짐승을 본 꿈은

만사가 순조롭게 풀려나간다.

‖ 동물의 얼굴이 바뀐 꿈은

직장이나 직업에 변동이 생긴다.

‖ 동물의 이빨자국을 본 꿈은

취직되거나 승진한다.

‖ 동물이 꽃밭을 망쳐놓은 꿈은

경쟁자나 방해자 때문에 어려워지고 구설수에 오른다.

‖ 애완동물에게 약을 먹인 꿈은

애완동물이나 가축이 실병에 설린다.

‖ 애완동물의 사진을 찍은 꿈은

기쁜 소식이 오거나 즐거운 일이 생긴다.

쥐

 쥐에 대한 꿈은 큰 뜻을 가진 사람, 노력하는 사람, 비겁한 사람, 회사원, 도둑, 간첩, 작품, 일거리 등을 나타낸다.

‖ **쥐를 해부한 꿈은**

정보나 계획을 세밀하게 분석한다.

‖ **쥐떼를 본 꿈은**

대규모 사업을 이루거나 단체의 장이나 지도자가 된다.

‖ **쥐를 잡은 꿈은**

소원하는 일이 이루어진다.

‖ **돌로 쥐를 잡은 꿈은**

작품이나 새로운 일거리를 만든다.

‖ **방 안에 있는 쥐를 잡은 꿈은**

내부에 있는 방해자를 찾아 쫓아낸다.

‖ **방 안에 있는 쥐를 잡으려고 했던 꿈은**

경쟁자나 방해자를 찾아낸다.

‖ **쥐가 서로 싸운 꿈은**

동료나 친구와 다툴 징조다.

‖ **도망가는 쥐를 죽인 꿈은**

경쟁자의 음모나 사기에서 간신히 빠져나온다.

‖ **상자 속에 있는 큰 쥐를 죽인 꿈은**

경쟁자를 이긴다.

‖ 쥐를 돌로 쳐서 죽인 꿈은

최대한의 능력을 발휘하여 목적을 이룬다.

‖ 달리는 쥐를 돌로 쳐서 잡은 꿈은

잔꾀에 능한 사람을 역이용하여 이익을 얻는다.

‖ 쥐가 음식을 훔쳐 먹은 꿈은

재물을 잃을 징조다.

‖ 쥐가 접시에 있는 음식을 먹어 치운 꿈은

다른 사람이 일을 대신해주거나 간섭한다.

‖ 쥐떼가 들판의 곡식을 먹어 치운 꿈은

많은 재물을 잃을 징조다.

‖ 쥐가 구멍을 판 꿈은

계획한 일을 시작하는데 시작이 매우 좋다는 암시다.

‖ 산등성이의 구멍마다 쥐가 들어 있었던 꿈은

작품이나 아이디어가 획기적인 반응을 일으킨다.

‖ 쥐한테 물린 꿈은

다른 사람 때문에 봉변을 당한다.

‖ 쥐가 손을 문 꿈은

경쟁자의 계략으로 실패에 빠지기 쉽다.

‖ 쥐가 귀를 문 꿈은

남의 말만 믿다가 망신당할 징조다.

‖ 쥐가 발가락을 물고 놓지 않은 꿈은

주위 사람들의 도움으로 사업이 잘 풀려나간다.

‖ 쥐가 자신의 옷을 물어뜯은 꿈은

기다리던 반가운 소식을 듣는다.

‖ 찬장에서 쥐가 나온 꿈은

재물을 많이 모은다.

‖ 아기침대에 쥐가 있는 꿈은

아기에게 장난감을 사준다.

‖ 쥐가 쥐구멍으로 나온 꿈은

계획한 일이 서서히 풀리기 시작한다.

‖ 쥐가 구멍으로 도망간 꿈은

정성들인 일이 수포로 돌아간다.

‖ 쥐를 쫓는데 쥐구멍으로 도망간 꿈은

원하는 일이 이루어지지 않는다.

‖ 수없이 많은 쥐구멍에서 쥐가 들락 날락한 꿈은

제품이나 상품이 많이 팔린다.

‖ 쥐가 쥐구멍으로 머리를 내밀고 내다본 꿈은

일거일동을 지켜보는 사람이 있다는 암시다.

‖ 쥐가 집 밖으로 나간 꿈은

방해자가 나타나 어려움을 겪는다.

‖ 쥐가 춤을 춘 꿈은

놀림을 당할 징조다.

‖ 쥐가 웃은 꿈은

상대방 때문에 화가 난다.

‖ 쥐가 물에 빠진 꿈은

진행하는 일이 어려움에 처한다.

‖ 쥐가 벽을 타고 오른 꿈은

하는 일이 승승장구하며 명예와 지위를 얻는다.

‖ 쥐가 불에 탄 꿈은

취직이나 합격 등이 성사되고 사업이 발전한다.

‖ 지하실에 쥐떼가 우글거린 꿈은

어려움에서 벗어난다.

‖ 창고에 쥐떼가 우글거린 꿈은

자신에게 손해를 주는 사람만 자꾸 만난다.

‖ 쥐떼가 창고에 있는 곡식을 먹은 꿈은

크게 성공하고 큰 행운이 찾아온다.

‖ 쥐떼가 회사 건물을 갉아먹은 꿈은

그 회사가 방해하는 세력 때문에 어려움에 처한다.

‖ 쥐가 다른 동물로 변한 꿈은

계획한 일이 잘 풀려나간다.

‖ 쥐와 개가 노는 것을 본 꿈은

대인관계가 원만해지고 가정은 더욱더 화목해진다.

‖ 생쥐가 코끼리 등에 탄 꿈은

당신을 이용하려는 사람이 있다는 암시다.

‖ 흰쥐를 따라 간 꿈은

어려운 이웃을 돕는다.

‖ 흰쥐에게 주사를 놓은 꿈은

가족 중에 환자가 생긴다.

‖ 실험용 흰쥐가 우리에 있는 꿈은

물질적인 자본이 생긴다.

소

소에 대한 꿈은 가족, 조상, 집, 재산, 협조자, 사업체,
재물 등을 나타낸다.

‖ **소를 본 꿈은**
환자는 병이 깊어져 죽음에 이를 수도 있다.

‖ **잘생긴 황소를 본 꿈은**
훌륭한 사람을 만난다.

‖ **검은소를 본 꿈은**
싫은 사람을 만난다.

‖ **등에 점이 있는 소를 본 꿈은**
반갑지 않은 손님이 찾아온다.

‖ **털이 깨끗하지 않은 소를 본 꿈은**
정리해야 할 일이 생긴다.

‖ **소가 자신을 보고 빙그레 웃은 꿈은**
망신당할 수 있으니 조심하도록.

‖ **소가 집 안으로 들어온 꿈은**
뜻밖의 재물이 들어온다.

‖ **소를 훔친 꿈은**
결혼이나 임신을 한다.

‖ **소를 판 꿈은**
진행 중인 일을 정리하고 다른 일을 한다.

‖ 소를 기른 꿈은

만사가 순조롭게 풀려나간다.

‖ 소가 수렁에 빠진 꿈은

집안에 우환이 생기거나 재물을 잃는다.

‖ 수렁에 빠진 소를 구해준 꿈은

가까운 사람이 어려움에 처하는데 도와준다.

‖ 소가 도망간 꿈은

주위 사람의 배신으로 재물을 잃는다.

‖ 소를 몰고 산으로 올라간 꿈은

부귀와 명예를 얻는다.

‖ 중증환자가 소를 끌고 산 속으로 들어가는 것을 본 꿈은

그 사람의 죽음과 함께 재산이 몰락한다.

‖ 소를 몰고 한가한 시골길을 걸어간 꿈은

가정이 경제적으로 안정된다.

‖ 소를 타고 간 꿈은

길몽으로 만사가 순조롭고 명예와 지위를 얻는다.

‖ 다른 사람과 소를 타고 간 꿈은

동업을 한다는 암시다.

‖ 여러 사람과 함께 소를 타고 간 꿈은

동업을 하거나 여러 사람이 힘을 합친다.

‖ 소를 타고가면서 하모니커를 분 꿈은

하는일이 날로 번창한다.

‖ 소를 타고 안개 속으로 들어간 꿈은

자금회전이 어려워질 징조다.

‖ 소를 타고가다가 떨어진 꿈은

방심하다 손해를 본다.

‖ 타고가거나 몰고가던 소가 쓰러져 일어나지 못한 꿈은

단체나 사업체 등에서 어려운 처지에 처할 징조다.

‖ 소를 죽이거나 죽은 소를 묻은 꿈은

집안에 우환이 생길 징조다.

‖ 여러 사람이 소를 잡아 고기를 자른 꿈은

동업으로 얻은 이익을 분배한다.

‖ 조상이 끌어다 맨 소가 죽은 꿈은

부탁한 일이 성사된다.

‖ 소가 피를 흘린 꿈은

피눈물나는 노력으로 능력을 인정받고 신임을 얻는다.

‖ 소뿔에 받힌 꿈은

좌절에 빠질 징조다.

‖ 소뿔을 자른 꿈은

사업의 규모를 줄이게 된다.

‖ 소뿔에서 피가 흐른 꿈은

길몽으로 만사형통한다.

‖ 소가 많이 있는 것을 본 꿈은

많은 사람을 대상으로 하는 사업을 한다.

‖ 목장에 소가 많이 있는 것을 본 꿈은

종업원을 많이 거느리거나 재물을 많이 모은다.

‖ 소가 싸운 꿈은

싸움구경을 하다가 봉변을 당한다.

‖ 소한테 받힌 꿈은

믿었던 사람의 배신으로 사업에 장애가 생긴다.

‖ 소한테 가족이 받힌 꿈은

가족이 교통사고를 당한다.

‖ 가족이 소한테 꿈은

진행 중인 일들이 최악의 상태에 이른다.

‖ 소한테 쫓기다 대항한 꿈은

다시 한 번 새로운 기회를 잡는다.

‖ 소가 자신을 쓰러뜨리고 짓밟은 꿈은

빚 때문에 고통을 받는다.

‖ 소의 등에 짐을 가득 싣고 집으로 들어온 꿈은

많은 재물이 들어온다.

‖ 소의 등에 짐을 가득 싣고 집을 나간 꿈은

조상을 위해 돈을 쓰거나 재물이 나간다.

‖ 소의 등에 소금 두 가마니를 싣고 온 꿈은

중년 이후에 많은 재물이 들어온다.

‖ 소가 수레를 끌고간 꿈은

큰 재물과 행운이 찾아온다.

‖ 소가 매우 힘들게 수레를 끌고간 꿈은

사업상 어려운 난관과 시련이 닥친다.

‖ 소가 무거운 수레를 힘차게 끌고간 꿈은

추진하는 일이 지금은 힘들어도 점점 좋아지고, 능력
이상의 실력을 발휘한다.

‖ **소가 지쳐 있는 꿈은**

능력이 미치지 못하는 일을 맡는다.

‖ **소를 방목한 꿈은**

자유로운 사업을 시작한다.

‖ **목동이 많은 소를 한 곳으로 모는 것을 본 꿈은**

권력을 얻거나 재물이 들어온다.

‖ **많은 소가 들이나 목장에서 풀을 뜯어 먹은 꿈은**

직원을 많이 두어야 할 사업을 한다.

‖ **소를 우리에 몰아넣은 꿈은**

생활이 안정되고 재물을 모은다.

‖ **외양간에 여러 마리의 소가 있었던 꿈은**

성실하고 능력있는 직원들의 노력으로 사업이 성공하여 재물을 많이 모은다.

‖ **외양간에 있는 소가 머리를 바깥으로 둔 꿈은**

가족이나 직원 중에 나가는 사람이 있다는 암시다.

‖ **소한테 먹이를 준 꿈은**

가정에 재난이 닥칠 징조다.

‖ **소의 발에 채이거나 밟힌 꿈은**

경제적인 어려움으로 고통받는다.

‖ **멀리 매있는 소를 본 꿈은**

먼 곳의 여자와 결혼하거나 결혼이 늦어진다.

‖ **소의 다리를 묶어 공중에 매단 꿈은**

능력을 평가받는다.

‖ 소가 똥오줌 누는 것을 본 꿈은

많은 재물이 들어온다.

‖ 뛰어가는 소를 잡지 못한 꿈은

직원이 도망가거나 재물이 나간다.

‖ 소가 높은 곳에서 떨어져 죽은 꿈은

뜻밖의 일로 재물을 잃는다.

‖ 소한테 일을 시킨 꿈은

자신이 직접 일을 해야 좋은 결과를 얻는다는 암시다.

‖ 소를 몰아 논밭을 간 꿈은

다른 사람의 힘을 빌려 일을 한다.

‖ 누런 암소를 끌어다 맨 꿈은

새 식구가 생기거나 재물이 들어온다.

‖ 황소 세 마리를 매놓은 꿈은

아들 셋을 낳게 되는데 자수성가한다.

‖ 소의 고삐를 붙잡아 매두었는데 풀린 꿈은

머지않아 직원이나 재물이 나간다.

‖ 누런 암소가 송아지를 낳은 꿈은

뜻하지 않은 일로 재물이 들어온다.

‖ 송아지를 산 꿈은

열렬한 사랑에 빠지거나 새로운 일을 시작한다.

‖ 한가롭게 놀고 있는 송아지를 본 꿈은

소원하는 일 중에서 한 가지가 이루어진다.

‖ 죽은 송아지를 본 꿈은

큰 기대를 갖고 있는 일이 이루어지지 않아 실망한다.

‖ 소가 뱀을 밟아 죽인 꿈은

위기에서 벗어난다는 암시다.

호랑이 · 사자

  호랑이나 사자에 대한 꿈은 권력과 명예를 가진 사람,
큰 사업체, 일거리, 능력 밖의 일, 사건, 사고, 승리, 성
공 등을 나타낸다.

‖ 날개달린 호랑이를 본 꿈은

명예나 지위가 최고에 오른다.

‖ 이빨빠진 호랑이를 본 꿈은

세력이 약해질 징조다.

‖ 숲 속에서 호랑이를 본 꿈은

경쟁자의 방해로 고통을 겪는다.

‖ 산에서 기도하다 호랑이를 만난 꿈은

사업이 크게 번창한다.

‖ 호랑이와 싸워서 이긴 꿈은

큰 사업에 성공하고 권력을 잡는다.

‖ 호랑이를 잡은 꿈은

머지않아 큰 세력을 움직일 수 있는 권력을 잡는다.

‖ 총으로 호랑이를 잡은 꿈은

권위가 올라가고 재물이 들어온다.

‖ 공기총으로 호랑이를 잡은 꿈은

작은 투자로 많은 재물을 얻는다.

‖ 호랑이를 잡아 먹은 꿈은

명예와 권위를 얻는다.

‖ 호랑이를 죽인 꿈은

경쟁자나 방해자를 물리치고 힘찬 발돋음을 한다.

‖ 호랑이를 끌고다닌 꿈은

뜻대로 사람들을 이끌어 성공한다.

‖ 호랑이를 타고달린 꿈은

벼슬길에 오르며 사업이 번창하고, 미혼여성은 훌륭한 배우자를 만닌다. 민일 태몽이면 귀한 자식이 대이난다.

‖ 호랑이를 타고가다가 내린 꿈은

좌천되거나 지위를 잃는다.

‖ 호랑이를 타고 높은 산의 정상에 오른 꿈은

최고의 자리에 오른다.

‖ 호랑이를 피해 도망가다 높은 곳에서 떨어진 꿈은

좌절을 딛고 일어선다.

‖ 호랑이가 불을 뿜은 꿈은

명예와 지위가 최고에 달한다.

‖ 호랑이가 불에 타죽은 꿈은

명예와 지위가 일시에 떨어질 징조다.

‖ 호랑이와 섹스한 꿈은

권력층과 계약이 이루어지거나 동업을 한다.

‖ 달려드는 호랑이를 삼킨 꿈은

태몽으로 귀한 자손이 태어난다.

‖ 호랑이가 집으로 들어온 꿈은

재물과 명예가 저절로 들어온다. 만일 태몽이면 지도자
가 될 자손이 태어난다.

‖ 호랑이가 집에 왔다가 사라진 꿈은

권력을 잡을 기회가 오지만 모르고 지나간다.

‖ 호랑이를 타고 큰 집으로 들어간 꿈은

크게 출세하고 지위가 올라간다.

‖ 호랑이가 자신 앞에 엎드린 꿈은

경쟁자를 물리치고 능력을 인정받아 탄탄대로를 달린
다는 암시다.

‖ 호랑이가 개처럼 따라다닌 꿈은

협조자를 만나거나 크게 성공한다.

‖ 호랑이가 어슬렁거리며 지켜준 꿈은

위인을 만나 그의 도움으로 급성장한다.

‖ 호랑이가 문 밖에 웅크리고 있었던 꿈은

지위가 높은 사람을 만난다.

‖ 호랑이가 굴 속에서 웅크리고 있었던 꿈은

단체의 장이나 연구기관의 책임자가 된다.

‖ 호랑이를 피해 숨은 꿈은

능력 밖의 일을 맡지 않으려고 한다는 뜻이며, 혼담이
있으나 성사되지 않는다.

‖ 호랑이를 피해 도망간 꿈은

권력을 잃게 되고 사업은 실패와 좌절에 빠진다.

‖ 호랑이가 너무 무서워서 도망갈 수 없었던 꿈은

자신의 능력으로 감당할 수 없는 일을 맡는다.

‖ 호랑이 앞에서 꼼짝하지 못한 꿈은

능력 밖의 일에 직면하여 고통을 겪는다.

‖ 호랑이가 자신을 노려본 꿈은

관계부처의 감사를 받는다.

‖ 호랑이에게 쫓긴 꿈은

직장에서 물러나게 되는데 도움을 요청해도 도와줄 사람이 없고, 만사가 이루어지지 않는다.

‖ 호랑이에게 물린 꿈은

다른 사람 때문에 정신적인 고통을 받는다.

‖ 호랑이한테 발을 물린 꿈은

어려운 난관에 부딪힐 징조다.

‖ 호랑이에게 잡아 먹힌 꿈은

귀인의 도움으로 명예와 지위가 올라간다.

‖ 호랑이가 사람을 죽인 꿈은

사업상 최대의 위기에 빠진다.

‖ 호랑이가 가축을 물어간 꿈은

집안에 우환이 생기거나 도난 등 손재수가 있다.

‖ 호랑이가 운 꿈은

길몽으로 지위가 서서히 올라간다.

‖ 새끼호랑이 두 마리를 한꺼번에 안은 꿈은

명예와 권위를 한꺼번에 얻고, 태몽이면 년년생이나 쌍
둥이를 낳는다.

‖ 호랑이 그림을 선물받은 꿈은

협조자의 도움으로 어려운 문제를 해결한다.

‖ 호랑이가 고양이로 변한 꿈은

하는 일이 축소되는 등 불길한 일이 생긴다.

‖ 호랑이가 고양이를 잡아 먹은 꿈은

가까운 사람이 자신에게 피해를 준다는 암시다.

‖ 호랑이와 소가 싸운 꿈은

경쟁자와 다투거나 구설수에 휘말린다.

‖ 호랑이가 양을 물어간 꿈은

제3자에게 사기를 당한다.

‖ 호랑이가 사슴을 물어죽인 꿈은

경쟁자의 방해로 어려움에 처한다.

‖ 호랑이가 개를 물어간 꿈은

경쟁자로 인하여 큰 손해를 본다.

‖ 호랑이와 개가 싸운 꿈은

기관이나 단체와 다툼이 벌어진다.

‖ 호랑이가 돼지를 잡아 먹은 꿈은

방해자가 나타나 어려움에 처한다.

‖ 호랑이가 용을 잡아 먹은 꿈은

경쟁자를 물리친다.

‖ **호랑이와 용이 싸운 꿈은**

경쟁자와 크게 다툰다.

‖ **호랑이나 사자의 그림을 본 꿈은**

사업이 번창한다.

‖ **호랑이나 사자의 가죽이나 털로 만든 제품을 구입한 꿈은**

협조자를 만나거나 재물이 들어온다.

‖ **호랑이나 사자가 방으로 들어온 꿈은**

귀인이 찾아오고, 태몽이면 훌륭한 후손이 태어난다.

‖ **가축을 해치려고 온 호랑이나 사자를 잡은 꿈은**

어려운 곤경에서 벗어난다.

‖ **호랑이나 사자와 재미있게 논 꿈은**

권위있는 단체에 가입한다.

‖ **호랑이나 사자가 으르렁거린 꿈은**

하는 일이 불안하다는 암시다.

‖ **사자가 짐승을 잡은 꿈은**

원하는 일이 이루어진다.

‖ **사막에 있는 사자 중에서 한 마리가 웃은 꿈은**

자식 중에 속을 썩이는 자식이 하나 있다는 암시다.

‖ **사자 앞에서 꼼짝하지 못한 꿈은**

능력 밖의 일에 직면하여 고통받는다.

‖ **사자를 피해 숨은 꿈은**

능력 밖의 일을 맡지 않으려고 한다는 뜻이며, 혼담이
있으나 성사되지 않는다.

토끼

 토끼에 대한 꿈은 어질고 착한 사람, 학자, 회사원, 학업, 재물 등을 나타낸다.

‖ 토끼를 본 꿈은

기혼여성은 태몽으로 똑똑하고 영리한 자식을 낳는다.

‖ 토끼가 사람으로 변한 꿈은

미혼자는 결혼하게 된다는 암시다.

‖ 토끼가 많이 있었던 꿈은

사업은 번창하고 활동력은 왕성해진다.

‖ 토끼를 품에 안은 꿈은

새로운 이성교제나 좋은 일이 생기고, 만일 태몽이면 귀엽고 예쁜 딸을 낳는다.

‖ 두 마리의 토끼를 잡은 꿈은

길몽으로 일석이조의 행운이 있으나, 수험생은 4년제 대학은 어렵고 2년제 대학에 들어갈 확률이 많다.

‖ 두 마리의 토끼를 쫓다가 놓친 꿈은

여기저기 일을 벌리다가 실패한다.

‖ 바위 속에 숨은 토끼의 두 귀를 잡았다가 놓친 꿈은

기회가 두 번 있다는 암시다.

‖ 토끼가 자신의 앞으로 달려온 꿈은

훌륭한 배우자를 만난다.

‖ 토끼가 깡충깡충 뛰어논 꿈은

만사가 순조롭고 윗사람의 신임을 받는다.

‖ 산에 많은 토끼들이 놀고 있었던 꿈은

능력을 최대한 발휘한다.

‖ 토끼가 숲 속으로 숨은 꿈은

하는 일이 좋아지는듯 하다가 더 나빠진다.

‖ 토끼가 함정에 빠진 꿈은

만사가 지체되며 미궁 속으로 빠진다.

‖ 함정에 빠진 토끼를 구해준 꿈은

궁지에 몰린 사람을 돕는다.

‖ 토끼가 함정에 빠졌나가 노망간 꿈은

어려운 난관에 부딪히나 지혜롭게 극복한다.

‖ 토끼를 죽인 꿈은

하는 일을 정리하고 싶지만 마음대로 되지 않는다.

‖ 토끼가 도망간 꿈은

최선을 다해도 되는 일은 없고 바쁘기만 하다.

‖ 여러 개의 토끼장에 토끼를 기른 꿈은

여러 개의 사업을 벌리거나 직원들이 근무하는 모습을
본다.

‖ 토끼장 안에 토끼를 넣은 꿈은

새로운 사업을 시작한다.

‖ 토끼가 토끼장에서 빠져나오려고 한 꿈은

가족 중에 누군가가 가출한다는 암시다.

‖ 토끼가 새끼를 낳은 꿈은

재물이 늘고 사업가는 거래처가 늘어난다.

‖ 토끼가 새끼를 물어죽인 꿈은

고집 때문에 사업이 부진해지고, 올바르지 못한 처세
때문에 외로워진다.

‖ 토끼가 다른 동물에게 잡아 먹힌 꿈은

하는 일이 방해자 때문에 중도에 좌절된다.

‖ 토끼가 교미하는 것을 본 꿈은

하는 일이 순간적으로 좋아지거나 이성문제로 정신적
인 갈등을 겪는다.

‖ 토끼가 날아다닌 꿈은

동업자나 협조자를 만난다.

‖ 토끼가 물을 먹은 꿈은

집안에 우환이 생길 징조다.

‖ 토끼고기를 먹은 꿈은

협조자나 동업자가 떠나간다.

‖ 토끼를 푹 고아서 먹은 꿈은

원하는 것을 이룬다.

‖ 산토끼가 사냥꾼에게 쫓긴 꿈은

흉몽으로 신상에 심각한 위기가 닥친다.

‖ 산토끼가 나타났다가 숨은 꿈은

목적이 뚜렷하지 않은 일을 시작한다.

용

용에 대한 꿈은 권력, 명예, 유명인, 악한, 세력, 최고의 자리, 능력 밖의 일, 기관, 단체 등을 나타낸다. 용꿈에 대한 일화는 많지만 몇 가지 예를 들어보면 다음과 같다. 정몽주의 모친은 용이 배나무 위로 올라가는 태몽을 꾸고 정몽주를 낳았고, 숙종은 작은 용이 피투성이가 되어 꿈틀거리는 꿈을 꾼 후, 영조를 잉태한 최숙빈이 장희빈에게 매를 맞아 피를 흘리는 것을 현실에서 직접 보았다. 그리고 순조 때의 일로, 쌀 한 사발 얻어다 놓은 것이 용이 되어 하늘로 올라간 꿈을 꾼 어느 아낙의 남편이 과거에 급제했고, 정종은 숭례문 밑에 용 한 마리가 있는 꿈을 꾼 후 지나는 길에 숭례문 옆에 있는 숯장수를 데려왔는데 그가 과거에 급제했다.

‖ 용이 된 꿈은
권력과 명성을 떨친다.

‖ 용이 되어 하늘로 올라간 꿈은
최상의 길몽으로 만사가 뜻대로 이루어진다.

‖ 용이 하늘로 올라간 꿈은
하는 일이 날로 발전하고 명예와 부귀를 얻는다.

‖ 두 마리의 용이 뒤엉켜서 하늘로 올라간 꿈은
동업이나 결혼한다.

‖ 용이 무지개를 타고 하늘로 올라간 꿈은
장차 훌륭한 후손이 태어난다.

‖ 용이 하늘에서 내려온 꿈은
명예, 권위, 지위 등을 잃게 되고 사업은 부진해진다.

‖ 용이 승천한 자리에 절이 있었던 꿈은
사회사업을 하거나 종교인으로 명성을 얻는다.

‖ 날아간 용이 보이지 않은 꿈은
협조자가 떠나간다.

‖ 불이 난 집에서 용이 하늘로 올라간 꿈은
사업이 번창하여 크게 성공한다.

‖ 강물 속에서 용이 승천한 꿈은
태몽이면 훌륭한 후손이 태어난다.

‖ 우물에서 용이 승천한 꿈은
명예와 지위가 올라간다.

‖ 짚고 있던 지팡이가 용으로 변해 승천한 꿈은
가족 중에 누군가가 고위공직자로 이름을 떨친다.

‖ 용이 대문으로 들어온 꿈은
귀한 손님이 찾아오거나 소식을 듣는다.

‖ 용이 품 안으로 들어온 꿈은
뜻밖의 행운이 오고, 태몽이면 훌륭한 자손을 둔다.

‖ 용이 우물 안으로 들어간 꿈은
관재구설로 경찰서에 드나들 징조다.

‖ 용을 타고 날아간 꿈은
높은 사람의 도움으로 만사를 이루며 희소식을 듣는다.

‖ **용을 타고 산으로 들어간 꿈은**

사업이 크게 번창하거나 승진한다.

‖ **용이 불을 뿜은 꿈은**

권력자의 도움으로 어려운 일을 해결한다.

‖ **용을 죽인 꿈은**

경쟁자나 장애물을 물리치고 성공한다.

‖ **용과 싸운 꿈은**

법정시비나 경쟁자와 다투는데 용을 이기면 승소한다.

‖ **용과 싸우다가 잠에서 깨면**

능력 밖의 일을 하고 있다는 암시다.

‖ **용을 잡은 꿈은**

지푸라기라도 잡고 싶은 심정을 나타낸다. 만일 권력자에게 부탁하면 어려운 문제를 해결할 수 있다.

‖ **용을 꼼짝하지 못하게 한 꿈은**

목적을 이루기 위해 최선을 다한다.

‖ **용의 꼬리를 잡았다가 놓친 꿈은**

다된 밥에 재를 뿌리를 형상으로 권력을 잡을듯 하다가 놓친다.

‖ **여러 개의 꼬리가 달린 용을 본 꿈은**

단체의 장이 되거나 사업체의 대리점을 개설한다.

‖ **봉이 피를 흘린 꿈은**

관재구설로 정신적인 고통이 따른다.

‖ **용이 땅 위에 있는 것을 본 꿈은**

명예와 지위가 정지되고 사업은 매우 어려워진다.

‖ 용을 꼭 껴안은 꿈은

훌륭한 사람과 동업을 한다.

‖ 용이 구름 속에서 크게 운 꿈은

짧은 기간에 크게 성공하여 사람들을 놀라게 한다.

‖ 용이 물 속에서 놀고 있었던 꿈은

높은 사람에게 초대받거나 즐거운 일이 생긴다.

‖ 용이 물 속에서 잠자고 있었던 꿈은

사업이 침체되어 어려움에 부딪힌다.

‖ 용 두 마리가 마주보고 있었던 꿈은

경쟁이 치열한 일을 한다.

‖ 개천에서 용의 머리를 캐낸 꿈은

태몽으로 훌륭한 후손이 태어난다.

‖ 용이 다른 동물로 변한 꿈은

애써 얻은 명예나 지위가 하루아침에 추락한다.

‖ 용이 사람을 물어죽인 꿈은

강한자의 힘을 빌려 목적을 이룬다.

‖ 물 속에서 금빛 잉어가 나와 큰 구렁이가 되었다가 다시 용이
된 꿈은

태몽으로 큰 인물이 태어난다.

‖ 용의 그림이나 조각상을 본 꿈은

유명인사에 관한 기사를 읽거나 희귀한 물건이나 책을
본다.

‖ 흙으로 용을 만든 꿈은

명예와 지위가 올라간다.

뱀

뱀에 대한 꿈은 사기꾼, 교활한 사람, 미운 사람, 배우자, 정부, 독부, 강적, 권력, 명예, 지혜, 일거리, 사업, 기관 등을 나타낸다.

‖ **뱀들이 우글거린 꿈은**

사업이 확장되거나 재물이 들어온다.

‖ **입 안에서 뱀이 나온 꿈은**

사기당할 위험에서 벗어난다는 암시다.

‖ **뱀이 입 안으로 들어간 꿈은**

주위에 사기꾼이 있다는 암시다.

‖ **뱃 속에서 뱀이 나온 꿈은**

주위에 자신을 해롭게 하는 사람이 있다는 암시다.

‖ **귀에서 뱀이 나온 꿈은**

질병에 시달릴 징조다.

‖ **가방 안에서 뱀이 나온 꿈은**

가까운 사람이 해를 끼친다는 암시다.

‖ **문틈으로 여러 마리의 뱀이 들어온 꿈은**

여러 가지로 신경을 써야할 일이 생긴다.

‖ **침대 밑에서 뱀이 나온 꿈은**

주위에 자신을 해치려는 사람이 주위에 있다는 암시다.

‖ **숲 속에서 뱀을 본 꿈은**

사업이 번창하나 사기를 당하여 재물을 잃는다.

‖ 땅 속에서 뱀이 나온 꿈은

사기꾼이나 경쟁자의 계교를 알게 된다.

‖ 연못 속에 뱀이 많이 있었던 꿈은

희귀한 골동품을 본다.

‖ 뱀이 집 안으로 들어온 꿈은

새로운 일을 시작하거나 가까운 사람이 찾아온다.

‖ 뱀이 집 밖으로 나간 꿈은

집안이 기울 징조다.

‖ 뱀이 치마 속으로 들어온 꿈은

태몽으로 건강한 자식이 태어난다.

‖ 뱀이 용마루로 들어간 꿈은

사업이 번창하여 재물이 늘어난다.

‖ 앞에 있던 뱀이 사람으로 변한 꿈은

협조자나 동업자를 만난다.

‖ 뱀이 조상을 따라다니다 사라진 꿈은

이성간에 이별할 징조다.

‖ 뱀한테 물린 꿈은

주위 사람의 도움을 받고, 태몽이면 훌륭한 자손이 태
어난다.

‖ 숲에서 뱀한테 물린 꿈은

남자는 직장 동료와 결혼한다.

‖ 뱀이 발을 문 꿈은

동료나 친구에게 배신당할 징조다.

‖ 뱀이 자신을 물고 도망간 꿈은

일시적으로 실패하나 곧 회복되어 정상궤도에 오른다.

‖ 뱀한테 물렸는데 온 몸에 독이 퍼진 꿈은

재물을 모으는 등 하는 일이 순조롭게 풀린다.

‖ 뱀이 문 자리에서 독을 빼낸 꿈은

일의 댓가를 얻는다.

‖ 뱀을 죽인 꿈은

경쟁자의 계략에서 벗어난다.

‖ 뱀을 치마로 싸서 죽인 꿈은

집안에 우환이 생기고 재물을 잃는다.

‖ 뱀을 돌로 쳐서 죽인 꿈은

능력을 최대한 발휘하여 목적을 이룬다.

‖ 땅 속에서 나온 뱀을 죽인 꿈은

사기꾼이나 경쟁자를 물리친다.

‖ 돌로 뱀을 잡은 꿈은

작품이나 새로운 일거리를 만든다.

‖ 뱀이 몸을 감은 꿈은

미혼여성은 결혼하고, 태몽이면 선강한 아이를 낳는다.

‖ 뱀이 자신의 목을 감고 노려본 꿈은

이성에게 구속받으며 불화가 계속된다.

‖ 온 몸을 감싸고 있는 뱀을 죽인 꿈은

막히고 답답했던 일들이 서서히 풀리기 시작한다.

‖ 뱀을 죽였는데 피가 난 꿈은

방해자를 따돌리고 일을 성사시킨다.

‖ 뱀한테 쫓긴 꿈은

뜻밖의 일로 정신적인 고통을 받거나 하고 싶지 않은
일을 한다.

‖ 뱀이 위장하고 있었던 꿈은

사기당할 징조다.

‖ 뱀이 다가온 꿈은

경쟁자와 다투거나 불길한 일이 생긴다.

‖ 뱀이 다가오는데 머리만 보인 꿈은

경쟁업체나 단체의 장과 정면으로 부딪힌다.

‖ 뱀이 강을 건너온 꿈은

지모가 뛰어난 협조자를 만난다.

‖ 뱀이 강을 건너간 꿈은

자신에게 해롭게 하는 사람이 떠나간다.

‖ 뱀을 끌어안은 꿈은

과거의 잘못을 이해하고 용서한다.

‖ 뱀이 나무 위에 있는 꿈은

경쟁자의 계략에 휘말리기 쉽다.

‖ 뱀이 나무 위로 올라간 꿈은

지모와 술수를 최대한 이용하여 부귀를 얻는다.

‖ 뱀이 비오듯이 떨어진 꿈은

계속해서 사기에 휘말린다는 암시다.

‖ 뱀을 구워먹은 꿈은

답답하고 막혔던 일들이 서서히 풀린다.

‖ 살아있는 뱀을 썰어 먹은 꿈은

능력 밖의 일을 처리한다.

‖ 구운 구렁이 토막을 먹은 꿈은

신간 서적을 본다.

‖ 뱀이 혀를 날름거린 꿈은

사업적으로 사기를 당한다.

‖ 뱀이 또아리를 틀고 혀를 날름거린 꿈은

흉계를 꾸미는 사람에게 당하기 쉽다는 암시다.

‖ 뱀이 장농 안에 웅크리고 있었던 꿈은

가까운 사람이 해를 입힐 징조다.

‖ 뱀이 소의 등 위에서 또아리를 틀고 있었던 꿈은

사기나 도둑을 당할 징조다.

‖ 머리가 여러 개 달린 뱀을 본 꿈은

책을 사거나 도서관에 간다.

‖ 뱀의 꼬리가 잘린 꿈은

가까운 사람이 떨어져 나간다.

‖ 뱀이 칼을 삼킨 꿈은

최고의 책임자가 되어 크게 출세한다.

‖ 뱀이 위장하고 있었던 꿈은

음흉한 사람이 속이려고 한다는 암시다.

‖ 큰 뱀을 칼로 쳤는데 피가 사방으로 튄 꿈은

길몽으로 크게 출세한다는 암시다.

‖ 큰 뱀을 칼로 토막낸 꿈은

경쟁자나 장애물을 제거하고 사업을 확장한다.

‖ 큰 뱀이 또아리를 틀고 가로 막은 꿈은

지위가 높은 사람과 결혼한다.

‖ 뱀이 호랑이를 잡아 먹은 꿈은

대립되는 일에 휘말린다.

‖ 뱀이 쥐를 잡아 먹은 꿈은

목적을 이룬다.

‖ 뱀이 돼지를 삼킨 꿈은

뜻밖의 행운으로 재물이 들어온다.

‖ 뱀이 두꺼비를 잡아 먹은 꿈은

작은 것을 잃고 큰 것을 얻는다.

‖ 뱀이 개구리를 잡아 먹은 꿈은

방해자 때문에 정신적인 고통을 받는다.

‖ 구렁이가 두꺼비를 잡아 먹은 꿈은

야망을 위해 일보후퇴한다.

‖ 큰 구렁이가 돼지를 잡아 먹은 꿈은

사기에 걸려 많은 재물을 잃을 징조다.

‖ 뱀이 사과를 따먹은 꿈은

뜻하지 않은 사기에 휘말려 곤욕을 치른다는 암시다.

‖ 뱀이 오이를 감고 있었던 꿈은

정부와 데이트를 한다.

‖ 큰 구렁이한테 물린 꿈은

귀인이나 협조자의 도움으로 권력과 명예를 얻는다.

‖ 큰 구렁이가 구멍으로 들어간 꿈은

사업이 망하거나 죽음을 암시하는 꿈이다.

‖ 큰 구렁이 옆에 잔뱀들이 많이 있었던 꿈은

최고의 자리에 오른다.

‖ 큰 구렁이가 방 안에 있는 꿈은

큰 권력을 줄 사람과 결혼한다.

‖ 큰 구렁이가 허물을 벗고 사라진 꿈은

신분이 달라진다는 암시다.

‖ 구멍 속을 쑤셨는데 구렁이가 튀어나온 꿈은

시험에 합격하거나 취직한다.

‖ 비단구렁이를 본 꿈은

사기에 휘말릴 징조다.

‖ 청색 구렁이를 본 꿈은

연예인이나 인기인을 만난다.

‖ 황색 구렁이를 본 꿈은

최고의 걸작을 창작하거나 관람한다.

‖ 흰뱀을 본 꿈은

유산을 상속받거나 뜻밖의 행운이 찾아온다.

‖ 코브라가 노려본 꿈은

사기를 낭하여 재물을 잃는다.

‖ 방울뱀을 본 꿈은

흉몽으로 친한 사람에게 배신당한다.

‖ 방울뱀한테 물린 꿈은

큰 싸움이 벌어질 징조다.

‖ 도마뱀한테 물린 꿈은

결혼이나 취직 등이 성사된다.

‖ **도마뱀 꼬리가 떨어진 꿈은**

일보후퇴하라는 암시다.

‖ **도마뱀이 한 곳으로 모여든 꿈은**

직원을 모집하거나 연구자료를 수집한다.

말

 말에 대한 꿈은 사람, 사회단체, 협조자, 권력, 재물 등
을 나타낸다.

‖ **말을 탄 꿈은**

사업이 크게 번창하고 권력을 잡는다. 미혼여성은 취직
이나 결혼하고, 기혼여성은 집안에 좋은 일이 생긴다.

‖ **말을 타고 간 꿈은**

미혼여자는 결혼이 임박했다는 뜻이다.

‖ **말을 타고 장가든 꿈은**

축하받을 일이 생긴다.

‖ **말을 타고달린 꿈은**

어려운 고비를 여러 번 넘기고, 환자에게는 죽을 때가
되었다는 암시다.

‖ **쌍두마차를 타고달린 꿈은**

동업을 하거나 협조자의 도움으로 신분이 높아진다.

‖ **말을 타고 하늘로 날아간 꿈은**

사업이 크게 번창하며 명성을 얻는다.

‖ **백마를 타고 날은 꿈은**

여자는 가까운 사람이 유명인이 된다.

‖ **말을 타고 사열한 꿈은**

기관이나 단체에 청탁을 한다.

‖ **말을 타고 들판을 활보한 꿈은**

갈피를 잡지 못하고 방황한다.

‖ **말을 타고 지나가는데 사람들이 엎드리거나 절한 꿈은**

단체의 장이 되거나 권력을 잡는다.

‖ **말을 타고 산으로 올라간 꿈은**

단체의 장이 되거나 승진한다.

‖ **목장에 말이 많이 있는 꿈은**

권위있는 자리에 오르거나 사업을 확장한다.

‖ **푸른 잔디밭에서 말이 놀고 있는 꿈은**

만사가 순조롭게 진행된다.

‖ **말을 타고다니는 사람을 본 꿈은**

매사가 순조롭게 신행된다. 만일 태몽이면 훌륭한 자손
이 태어난다.

‖ **수갑을 찬 사람이 말을 타고 지나간 꿈은**

동맹파업 등 단체행동을 한다.

‖ **말을 멋지고 아름답게 기른 꿈은**

아름다운 여자와 결혼한다.

‖ 말이 집 안으로 들어 온 꿈은

옛 친구에게 연락이 오거나 재물이 들어온다.

‖ 말이 자신에게 달려온 꿈은

급한 소식이 온다.

‖ 말이 갑자기 쓰러진 꿈은

순조롭던 일이 갑자기 막힐 징조다.

‖ 타고가던 말이 쓰러진 꿈은

믿고 의지하는 사람에게 전혀 도움을 받지 못한다.

‖ 달리던 말이 쓰러진 꿈은

하는 일이 막히는 등 정신적인 고통을 받는다.

‖ 말에서 떨어진 꿈은

명예가 떨어지며 구설수로 곤욕을 치른다.

‖ 길을 가던 마차가 수렁에 빠진 꿈은

한 순간에 사업이 몰락하여 고통을 받는다.

‖ 수렁에 빠진 말과 수레를 본 꿈은

사업이 일시적으로 몰락한다.

‖ 말 위에 안장을 얹은 꿈은

여행한다.

‖ 말 안장이 없었던 꿈은

계획한 일은 이루어지지 않고 위험한 상황에 이른다.

‖ 말이 운 꿈은

좋은 소식이 있고, 가까운 사람의 문제를 해결해준다.

‖ 매놓은 말이 울부짖은 꿈은

협조자의 하소연을 듣는다.

∥ **말한테 물린 꿈은**

단체의 장이 되거나 세력을 키운다.

∥ **말이 춤을 춘 꿈은**

시비나 다툼이 벌어진다.

∥ **말이 놀란 꿈은**

재물을 잃는 등 나쁜 소식이 있다.

∥ **말이 놀라 뿔뿔이 흩어진 꿈은**

재산이나 세력이 흩어진다.

∥ **말이 놀라서 도망간 꿈은**

현재의 입지가 흔들리고 매사가 어려워진다.

∥ **말이 산이나 들로 도망간 꿈은**

집안에 우환이 생길 징조다.

∥ **말과 섹스한 꿈은**

성적인 불만이 있다는 뜻이다.

∥ **말이 교미하는 것을 본 꿈은**

이성간에 다툼이 벌어질 징조다.

∥ **말의 생식기를 만진 꿈은**

이성과 즐거운 데이트를 한다.

∥ **말의 생식기가 팽창한 꿈은**

후배나 자식이 덤벼든다.

∥ **마차에 말을 맨 꿈은**

고달픈 일에 휘말릴 징조다.

∥ **말을 급히 몰고간 꿈은**

신속하게 일을 처리한다.

‖ **말이 날뛴 꿈은**

이성문제로 갈등과 번민이 따른다.

‖ **말한테 짐을 실은 꿈은**

재물을 잃거나 전직, 전업, 이사 등을 한다.

‖ **말이 다쳐서 피를 흘린 꿈은**

능력 밖의 일이 생기고 가까운 사람이 떠난다.

‖ **백마를 보거나 탄 꿈은**

길몽으로 미혼자는 이상적인 사람과 결혼한다.

‖ **백마가 하늘 높이 날아오른 꿈은**

길몽으로 크게 출세할 운세다.

‖ **백마가 병에 걸려 병원으로 데리고 간 꿈은**

사업상 세무사찰이나 감사 등을 받는다.

‖ **검정말을 본 꿈은**

상복을 입는 등 슬픈 일이 생긴다.

‖ **검정말이나 얼룩말을 본 꿈은**

만사가 막히며 경제적으로 큰 고통을 받는다.

‖ **망아지가 고삐가 풀려 뛴 꿈은**

주색잡기에 빠지거나 사업이 불안해진다.

양 · 염소

 양이나 염소에 대한 꿈은 착한 사람, 신사, 교육자, 진리, 재물 등을 나타낸다.

∥ **양떼를 몰고다닌 꿈은**

봉사하는 직업이나 업종을 택한다.

∥ **양을 집에 매놓은 꿈은**

도움을 줄 사람이 오거나 재물이 들어온다.

∥ **양을 끌어다 집에 매놓은 꿈은**

얌전한 직원을 채용한 것 같으나 고집불통이다.

∥ **양이 도망간 꿈은**

재물을 잃을 징조다.

∥ **도망가는 양을 잡았는데 돼지로 변한 꿈은**

전화위복이 되어 더 많은 재물이 들어온다.

∥ **양이 풀을 뜯고 있었던 꿈은**

맡은 일을 충실하게 한다.

∥ **풀을 뜯고 있는 양을 발로 찬 꿈은**

좋지 않은 일을 만들 징조다.

∥ **다른 사람이 풀을 뜯고 있는 양을 쫓아버린 꿈은**

좌천되거나 실직당할 징조다.

∥ **양의 젖을 짠 꿈은**

재물이 많이 들어온다.

∥ **양의 젖을 짜는데 핏빛이었던 꿈은**

정당하지 않은 방법으로 돈을 번다는 뜻이다.

∥ **양의 젖을 만진 꿈은**

이성으로 인한 구설수가 따른다.

∥ **양의 젖을 만졌는데 성기가 발기된 꿈은**

구설수가 따르나 승진이나 취직은 성사된다.

‖ 양의 젖을 자른 꿈은

직업에 변동이 생긴다.

‖ 양한테 물린 꿈은

욕심을 부리다 갈등을 겪는다.

‖ 양을 죽인 꿈은

재물이 나갈 징조다.

‖ 양을 죽여 제물로 바친 꿈은

높은 사람에게 부탁을 한다.

‖ 양이 자신에게 덤벼든 꿈은

새로운 사업에 투자한다.

‖ 양이 절벽에서 떨어진 꿈은

사업의 몰락을 암시하는 꿈이다.

‖ 물에 빠진 양을 구해준 꿈은

뜻밖의 횡재수가 따른다.

‖ 양의 털을 깍는 것을 본 꿈은

미혼자는 결혼한다.

‖ 깎아놓은 양털 속에서 논 꿈은

결혼한다는 암시다.

‖ 양이 우리 안에 갇힌 꿈은

일을 시작하려고 하나 주위의 여건이 맞지 않는다.

‖ 양의 우리가 텅비어 있었던 꿈은

사업의 실패나 좌절로 희망을 잃는다.

‖ 새끼양들이 뛰어논 꿈은

가정에 웃음꽃이 만발한다.

‖ 양을 잡아 먹은 꿈은

경쟁자와 시비가 있거나 재물을 잃는다.

‖ 양고기를 먹은 꿈은

다른 사람을 무시하다 정신적인 고통을 겪는다.

‖ 새끼양의 고기를 요리하거나 먹은 꿈은

새로운 일을 시작하자마자 재물이 들어온다.

‖ 양고기를 먹다가 이가 빠진 꿈은

과욕을 부리다가 손해를 본다.

‖ 염소가 절벽을 기어오른 꿈은

자신의 능력을 최대한 발휘한다.

‖ 염소가 절벽에서 떨어진 꿈은

순식간에 몰락할 징조다.

원숭이

 원숭이에 대한 꿈은 성격이 급한 사람, 질투심이 많은 사람, 교활한 사람, 재주가 많은 사람, 중개인, 배우, 사기꾼, 기술 등을 나타낸다.

‖ 원숭이를 본 꿈은

사기를 당하거나 구설수에 휘말린다.

‖ 원숭이가 재롱을 부린 꿈은

태몽이면 총명하고 지혜로운 후손이 태어난다.

‖ 원숭이가 바나나를 먹은 꿈은

전문가의 도움을 받는다.

‖ 원숭이한테 음식을 뺏긴 꿈은

사기에 휘말려 손해를 본다.

‖ 원숭이 고기를 먹은 꿈은

재수없는 일이 생길 징조다.

‖ 원숭이끼리 싸운 꿈은

문화나 예술공연을 보거나 다른 사람들의 싸움을 본다.

‖ 원숭이가 나무에 오른 꿈은

지위가 올라간다.

‖ 원숭이가 나무에서 떨어진 꿈은

주장을 굽히지 않다가 손해를 본다.

‖ 원숭이가 나무에서 떨어져 죽은 꿈은

하는 일이 일시에 몰락할 징조다.

‖ 원숭이의 목을 조른 꿈은

대인관계에 어려움이 따른다.

‖ 원숭이를 발로 찬 꿈은

상대방의 계략에서 벗어난다.

‖ 원숭이의 목을 칼로 베어버린 꿈은

사람을 과감하게 정리한다.

‖ 원숭이가 놀란 꿈은

뜻밖의 일로 봉변을 당한다.

‖ 원숭이가 미쳐서 날뛴 꿈은

큰 위기나 봉변을 당할 징조다.

‖ 원숭이한테 물린 꿈은

사기나 배신을 당한다.

‖ 원숭이에게 놀림을 당한 꿈은

다른 사람에게 속아 명예가 떨어진다.

‖ 원숭이가 집 안으로 들어온 꿈은

해를 입히려는 사람이 생기거나 사기로 재물을 잃는다.

‖ 원숭이와 정면으로 마주본 꿈은

교활한 사람의 속임수에 빠져 큰 손해를 본다.

‖ 원숭이한테 먹이를 준 꿈은

절도, 도박, 사기 등을 조심하라는 암시다.

‖ 원숭이가 말을 타고 간 꿈은

정신을 차리지 않으면 주객이 바뀐다.

‖ 원숭이와 악수한 꿈은

꼬임에 빠져 실패할 징조다.

‖ 원숭이와 섹스한 꿈은

정열적인 사람을 만난다.

‖ 원숭이가 자위행위하는 것을 본 꿈은

간사한 사람이 불난 집에 부재질한나는 뜻이나.

개

개에 대한 꿈은 법을 집행하는 사람, 천박한 사람, 경비원, 신분기자, 부정, 재불 능을 나타낸다.

‖ **색깔이 아름다운 개를 본 꿈은**

남자는 아름다운 여성을 사귄다.

‖ **잘생기고 멋진 개를 본 꿈은**

멋진 이성을 만난다.

‖ **멋진 개가 따라온 꿈은**

이상적인 사람에게 데이트신청을 받는다.

‖ **천박한 개가 따라온 꿈은**

외로운 사람을 만난다.

‖ **개가 누워서 잠자고 있었던 꿈은**

만사가 순조로워진다.

‖ **개가 자신의 침대에서 잠을 잔 꿈은**

기혼자는 이혼하고, 미혼자는 애인을 빼앗긴다.

‖ **개를 얻은 꿈은**

집안에 새 식구가 생긴다.

‖ **개를 죽인 꿈은**

원하는 것을 얻으며 다른 사람에게 신세를 갚는다.

‖ **개를 죽였는데 용이 되어 날아간 꿈은**

작품이나 업무로 명성을 얻는다.

‖ **개가 말을 한 꿈은**

재수없는 일이 생길 징조다.

‖ **개가 똥오줌 누는 것을 본 꿈은**

재물이 들어온다.

‖ **말라비틀어진 개를 본 꿈은**

사업에 실패한 사람을 만난다.

‖ 개 때문에 다른 사람과 싸운 꿈은

사소한 일로 다툰다.

‖ 개와 싸워서 이긴 꿈은

질병에 걸려도 곧 완쾌한다.

‖ 개와 싸워서 진 꿈은

경쟁자에게 뒤지게 된다.

‖ 개가 싸운 꿈은

소송이나 다툼이 벌어질 징조다.

‖ 두 마리의 개가 싸운 꿈은

이성문제가 삼각관계로 복잡해진다.

‖ 여러 마리의 개가 싸운 꿈은

단체나 집단간에 싸움이 벌어진다.

‖ 자신의 개가 싸움에서 이긴 꿈은

소송이나 다툼에서 이긴다.

‖ 자신의 개가 싸움에서 진 꿈은

소송이나 다툼에서 진다는 암시다.

‖ 개가 날뛴 꿈은

나쁜 소문에 시달리며 정신적인 고통을 받는다.

‖ 날뛰는 개를 총이나 칼로 죽인 꿈은

정신적인 고통에서 벗어난다.

‖ 개가 무서워서 드나들지 못한 꿈은

관청의 경비원에게 출입을 저지당한다.

‖ 개가 무섭게 달려들거나 떼지어 덤벼든 꿈은

능력 밖의 일에 직면하거나 다툼이 벌어진다.

‖ 개가 교미하는 것을 본 꿈은

만나지 말아야 할 사람을 만나고 불길한 일이 생긴다.

‖ 교미하는 개를 발로 찬 꿈은

반갑지 않은 사람이 떠나간다.

‖ 팽창한 개의 성기를 본 꿈은

아랫사람과 다툰다.

‖ 개가 짖어댄 꿈은

집안에 우환이 생기며 나쁜 소문에 시달린다.

‖ 멀리서 개짖는 소리가 들린 꿈은

방탕했던 과거를 청산하고 새출발한다는 암시다.

‖ 개짖는 소리가 음악처럼 들린 꿈은

반가운 소식을 듣게 된다.

‖ 개가 나무 위로 올라간 꿈은

명예나 지위가 올라간다.

‖ 개가 높은 곳으로 올라간 꿈은

승진하거나 명성을 떨친다.

‖ 개가 높은 곳에서 떨어진 꿈은

좌천되거나 퇴직당할 징조다.

‖ 집을 나간 개가 돌아온 꿈은

가출했던 사람이나 옛 친구가 찾아온다.

‖ 집을 나간 개가 새끼를 배어온 꿈은

재물이 많이 들어온다.

‖ 잃어버린 개를 찾아서 기뻐한 꿈은

멀리 떠났던 사람이 돌아오고 실직자는 취직한다.

∥ 개한테 잡아 먹힌 꿈은

사업이 실패할 징조다.

∥ 개를 잡아 먹은 꿈은

재물을 잃어버리나 빌려준 돈을 받지 못한다.

∥ 개가 물에 빠진 꿈은

하는 일이 막히며 그 여파가 오래간다.

∥ 물에 빠진 개를 구해준 꿈은

귀인의 도움으로 어려운 일을 해결한다.

∥ 자기집 개의 눈에서 광채가 난 꿈은

자신이 한 일이 돋보인다.

∥ 개가 입에서 불을 뿜은 꿈은

사업이 매우 번창하며 뜻밖의 행운이 찾아온다.

∥ 남의집 개한테 물린 꿈은

하는 일이 순조롭게 풀린다.

∥ 개가 다리를 문 꿈은

하는 일이 슬럼프에 빠질 징조다.

∥ 개가 손을 물고 놓지 않은 꿈은

방해사로 인하여 사업에 막대한 지장을 받는다.

∥ 개한테 물려 자국이 남은 꿈은

취직이나 승진한다.

∥ 개한테 물려 피가 난 꿈은

집안에 우환이 생길 징조다.

∥ 개한테 물려 상처가 생긴 꿈은

취직을 하거나 새로운 직책을 맡는다.

‖ 개가 서서 걸은 꿈은

주위 사람 때문에 구설수에 시달린다.

‖ 개가 일어서서 춤을 춘 꿈은

누군가가 계략을 꾸며 자신을 공격한다.

‖ 남의집 개가 집 안으로 들어온 꿈은

해를 끼칠 사람이 찾아온다는 암시다.

‖ 남의집 개가 자신의 개한테 다가온 꿈은

정보를 훔치려고 하는 사람이 있다는 암시다.

‖ 개를 두들겨 팬 꿈은

관재구설로 경찰서에 드나들 징조다.

‖ 개를 끌고간 꿈은

하기 싫은 일을 억지로 한다.

‖ 개를 데리고 다닌 꿈은

가족이 늘어난다.

‖ 개를 데리고 산책한 꿈은

귀인의 도움을 받는다.

‖ 개를 안아준 꿈은

가까운 사람 때문에 재물을 잃는다.

‖ 자기집 개를 귀여워해준 꿈은

직원들이 속을 썩인다.

‖ 개를 끌어안고 잔 꿈은

이성과 교제가 있다.

‖ 자신의 개가 남의집 개와 즐겁게 놀고 있는 꿈은

이웃과 화목하며 서로 즐거운 일이 생긴다.

‖ 개가 땅을 판 꿈은

집안에 우환이 생길 징조다.

‖ 개가 땅을 팠는데 금덩어리가 나온 꿈은

많은 재물이 들어온다.

‖ 개가 큰 길을 가로질러 간 꿈은

경제적으로 큰 어려움에 처하고 나쁜 소문에 시달린다.

‖ 해질무렵에 개가 달려간 꿈은

유용한 정보를 얻는다.

‖ 개를 부른 꿈은

다른 사람에게 도움을 요청한다.

‖ 개를 불렀는데 오지 않은 꿈은

부탁한 일이 성사되기 어렵다.

‖ 개하고 악수한 꿈은

도둑을 맞거나 소매치기를 당할 징조다.

‖ 개가 악수하려고 내민 손을 문 꿈은

관재구설에 휘말려 엄청난 고통을 겪는다.

‖ 개한테 예방주사를 맞힌 꿈은

병원에 간다.

‖ 개와 고양이가 싸운 꿈은

두 사람이 세력을 다툰다.

‖ 개를 훈련시킨 꿈은

극기훈련에 참가한다.

‖ 개와 함께 달린 꿈은

동업이나 대인관계가 원만해진다.

‖ **개를 잃어버린 꿈은**

동업자나 협조자가 떠나갈 징조다.

‖ **개한테 물을 준 꿈은**

다른 사람을 도와준다.

‖ **개한테 뼈다귀를 준 꿈은**

직원에게 보너스나 월급을 준다.

‖ **도망가는 개를 쫓아간 꿈은**

단체나 기관의 압력에서 벗어나 주도권을 잡는다.

‖ **개가 강도나 살인범을 쫓아준 꿈은**

어떤 어려움에 처해도 귀인이 나타나 구해준다.

‖ **개를 훔친 꿈은**

든든하고 믿을 수 있는 사람을 스카웃한다.

‖ **검정색 개를 본 꿈은**

주변 사람의 배신으로 고통받는다.

‖ **개집을 본 꿈은**

원만한 대인관계를 위해 노력하나 잘 되지 않는다. 당
분간은 현재의 상태를 유지하는 것이 더 낫다.

‖ **따라오는 강아지를 쫓아버린 꿈은**

경쟁자나 방해자를 따돌리며 환자는 완쾌된다.

‖ **애견센터에 간 꿈은**

놀이공원이나 동물원에 간다.

‖ **애완견을 사온 꿈은**

귀인을 만나거나 좋은 학교에 들어간다.

‖ 비싼 애완견을 사온 꿈은

입시생은 좋은 학과에 입학한다.

‖ 애완견을 쓰다듬은 꿈은

인기와 관계있는 사람은 인기가 올라간다.

‖ 애완견과 키스한 꿈은

질병에 걸려 고생할 징조다.

‖ 애완견을 안은 꿈은

갖고 싶은 물건을 선물받고 미혼자를 이성을 안는다.

‖ 안고 있는 애완견이 도망간 꿈은

애인과 사소한 일로 다툴 징조다.

‖ 보신탕을 맛있게 먹은 꿈은

재물이 나가거나 계획한 일이 중도에 좌절된다.

돼지

 돼지에 대한 꿈은 재물, 사업체, 복된 일, 사건, 성격, 신분, 운세 등을 나타낸다. 만일 태몽이면 귀엽고 예쁜 딸을 낳는다.

‖ 돼지가 새끼를 낳는 꿈은

재물과 사업이 번창하는데, 만일 지점이나 체인점 사업이면 더욱더 번창한다.

‖ 돼지가 새끼를 낳았는데 없어진 꿈은

돈이 들어와도 모이지 않는다.

‖ 새끼돼지가 예쁘게 보인 꿈은

태몽이면 예쁜 딸을 낳는다.

‖ 새끼돼지가 큰 돼지로 변한 꿈은

갑자기 번창한다.

‖ 새끼돼지가 따라온 꿈은

태몽이면 재물복이 많은 후손이 태어난다.

‖ 새끼돼지가 치마 속으로 들어온 꿈은

태몽으로 훌륭한 후손이 태어난다.

‖ 돼지를 산 꿈은

길몽으로 횡재수가 있다.

‖ 새끼돼지를 산 꿈은

지금은 적은 액수이나 곧 큰 돈이 들어온다.

‖ 새끼돼지를 얻은 꿈은

사업이나 하는 일이 번창하여 많은 재물이 들어온다.

‖ 돼지를 판 꿈은

억울한 일로 재물을 잃게 될 징조다.

‖ 새끼돼지를 판 꿈은

돈이 될 물건이나 아이디어를 적은 액수에 판다.

‖ 돼지를 판 돈으로 다시 돼지를 산 꿈은

사업으로 번 돈을 재투자한다.

‖ 돼지를 팔고 돌아왔는데 그 돼지가 집에 있는 꿈은

재물이 계속 들어온다.

‖ 돼지가 코만 크게 보인 꿈은

태몽이면 씩씩한 아들을 낳는다.

‖ 돼지의 코를 물어뜯은 꿈은

먹을 복이 많다는 것을 나타내는 꿈이다.

‖ 돼지와 입맞춤한 꿈은

길몽으로 행운이 찾아온다.

‖ 돼지에게 옷을 입힌 꿈은

멋진 옷을 구입한다.

‖ 돼지가 불에 탄 꿈은

마음먹은 일들이 한꺼번에 해결된다.

‖ 잠자는 돼지를 본 꿈은

만사가 순조롭게 진행된다.

‖ 잠자는 돼지를 발로 찬 꿈은

남의 일에 간섭하다 망신당할 징조다.

‖ 돼지를 두들겨 팬 꿈은

사소한 일로 상대방을 원망한다.

‖ 돼지를 죽이려는데 갑자기 사람으로 변한 꿈은

인정에 끌려 실패할 징조다.

‖ 돼지가 문 꿈은

길몽으로 복권이나 상품권 등에 당첨될 확률이 높다.

‖ 자신이 돼지를 문 꿈은

과욕을 부리다 재물을 잃는다.

‖ 돼지가 치마를 문 꿈은

미혼여성은 부자나 부자가 될 사람에게 청혼받는다.

‖ 돼지고기를 많이 산 꿈은

뜻밖의 재물이 생긴다.

‖ 시장에서 삶은 돼지머리를 본 꿈은

집안에 좋은 일이 생긴다.

‖ 제삿상에 돼지머리를 올린 꿈은

소원이 성취되고 시험이나 취직 등이 이루어진다.

‖ 고삿상에 있는 돼지머리가 웃은 꿈은

사업이 크게 번창한다.

‖ 고사를 지내면서 돼지머리에 돈을 물린 꿈은

소원하는 일이 모두 이루어진다.

‖ 고사지낸 돼지머리 고기를 먹은 꿈은

기쁜 일이 생긴다.

‖ 돼지를 통구이 해먹은 꿈은

동업자가 생기거나 남의 도움으로 좋은 일이 생긴다.

‖ 돼지고기를 씹어먹은 꿈은

답답하고 따분한 일을 한다.

‖ 돼지에게 쫓긴 꿈은

자금문제로 정신적인 고통을 겪는다.

‖ 살아있는 돼지를 사로잡거나 죽인 꿈은

고시 등에 합격하거나 훌륭한 작품을 완성한다.

‖ 큰 돼지가 달려들어 칼로 죽인 꿈은

계약이 성사되며 능력을 인정받아 승진한다.

‖ 송아지만한 돼지가 사람에게 덤비는 것을 죽인 꿈은

벅차고 어려운 일을 해결한다.

‖ 돼지가 따라온 꿈은

재력가의 도움을 받으며 하는 일마다 성공한다.

‖ 큰 돼지가 따라온 꿈은

고귀한 사람이 찾아온다.

‖ 냄새가 고약한 돼지가 따라온 꿈은

소문이 나쁜 사람을 만난다.

‖ 따라오는 돼지를 올라탄 꿈은

귀인의 도움으로 명예와 재물을 얻는다.

‖ 돼지를 몰고 들어온 꿈은

길몽으로 많은 재물이 들어온다.

‖ 돼지가 떼로 몰려온 꿈은

복권이나 상품권 등에 당첨되는 등 묶돈이 들어온다.

‖ 돼지가 방으로 들어온 꿈은

귀인이 찾아온다.

‖ 돼지를 가득 실은 차가 집 안으로 들어온 꿈은

뜻밖의 행운으로 집안에 재물이 가득 쌓인다.

‖ 돼지를 트럭이나 리어카에 가득 싣고 다닌 꿈은

가는 곳마다 돈을 벌 기회가 있다는 암시로, 큰 돈을 벌 수 있는 일에 뛰어들어 금방 재물을 많이 모은다.

‖ 새끼돼지를 많이 실어다가 마당에 풀어놓은 꿈은

상품이나 재물이 들어오나 모으기 어렵다.

‖ 죽은 돼지를 집으로 가져온 꿈은

집안에 우환이 생길 징조다.

‖ 죽어서 썩은 돼지를 집으로 가져온 꿈은

질병에 걸리거나 사업이 도산위기에 처한다.

‖ 돼지가 우리 밖으로 나간 꿈은

하는 일이 잘 풀리지 않거나 재물을 잃는다.

‖ 돼지가 우리 밖으로 나가려고 했던 꿈은

재물이 나갈 염려가 있으니 자중하고 때를 기다려라.

‖ 돼지를 우리 속에 몰아넣은 꿈은

재물이 들어오거나 적금 등을 들게 된다.

‖ 돼지우리를 치우다가 어미돼지와 싸워 이긴 꿈은

복권에 당첨될 확률이 높은 꿈이다.

‖ 돼지가 물에 떠내려간 꿈은

재물이 나갈 징조다.

‖ 떠내려가는 돼지를 건진 꿈은

뜻밖의 재물이 들어온다.

‖ 도망간 돼지를 잡으러 다닌 꿈은

돈을 벌기 위해 노력한다. 만일 돼지를 잡으면 결과가
만족스럽지만 그렇지 않으면 결과를 기대할 수 없다.

‖ 돼지가 도망가는데 잡지 못한 꿈은

재물이 줄어들 징조다.

‖ 돼지가 교미하는 것을 본 꿈은

하는 일이 확장되거나 축하받을 일이 생긴다.

‖ 돼지가 강을 건너간 꿈은

기회를 잃거나 재물이 나간다.

‖ 돼지 한 마리가 여러 마리로 늘어난 꿈은

투자로 많은 이익이 얻고 행운도 함께 찾아온다.

‖ 큰 돼지가 창 밖에서 벙글벙글 웃으면서 철봉을 한 꿈은

태몽이면 재주가 많고 큰 부자가 될 후손이 태어난다.

‖ 자신이 돼지가 되어 우리 안에 갇힌 꿈은

길몽으로 큰 재물이 들어온다.

‖ 마당에서 놀던 돼지들이 뿔뿔이 흩어진 꿈은

큰 재물을 모으지만 곧 파산한다.

‖ 돼지의 발에 채이거나 밟힌 꿈은

경제적인 어려움으로 고통받는다.

‖ 성난 돼지가 자신을 쓰러트리고 발로 밟은 꿈은

빚쟁이에게 큰 고통을 받을 징조다.

‖ 흰돼지한테 받히거나 타고다닌 꿈은

유산을 상속받거나 뜻밖의 소득이 있다.

‖ 멧돼지를 잡은 꿈은

마음먹은 일이 척척 풀려나간다.

‖ 돼지가 뱀을 잡아 먹은 꿈은

상대방의 수단을 묘하게 피해나간다.

고양이

고양이에 대한 꿈은 앙칼진 아내, 경비원, 사기꾼, 도둑, 사업, 일거리, 능력, 권리 등을 나타낸다.

‖ **고양이를 갖고 싶어 했던 꿈은**

새로운 이성과의 만남을 원하는 마음을 나타낸다.

‖ **고양이를 얻은 꿈은**

가정에 새 식구가 생긴다.

‖ **고양이가 집 안으로 들어온 꿈은**

자신에게 해롭게 할 사람을 만난다.

‖ **고양이를 잃어버린 꿈은**

비밀이 누출된다.

‖ **고양이를 훔친 꿈은**

경쟁자의 계획이나 비밀을 알게 된다.

‖ **고양이를 안은 꿈은**

경쟁자를 물리칠 수 있는 아이디어가 떠오른다.

‖ **고양이를 안고 어루만진 꿈은**

이성을 사귄다.

‖ **고양이를 쓰다듬은 꿈은**

좋아하는 사람이 찾아온다.

‖ **고양이를 안으려고 하는데 도망간 꿈은**

어려운 난관을 극복해야 하는데 대책이 없음을 뜻한다.

‖ **고양이를 내려놓은 꿈은**

새로운 정보를 얻는다.

‖ **고양이와 개가 함께 있는 꿈은**

마음이 맞지 않는 사람과 함께 일을 한다.

‖ **고양이와 개가 싸운 꿈은**

가까운 사람과 다투거나 집안이 시끄러워질 징조다.

‖ **고양이가 새끼양을 물려고 했던 꿈은**

가까운 사람이 자신의 재물을 노리고 있다는 암시다.

‖ **고양이가 쥐를 잡은 꿈은**

뜻밖의 일로 막혔던 일이 풀린다.

‖ **고양이가 쥐를 잡아 먹은 꿈은**

경쟁자의 방해로 정신적인 고통을 받는다.

‖ **고양이가 쥐를 쫓은 꿈은**

어려운 상황에 처할 징조다.

‖ **고양이가 쥐를 쫓거나 물어죽인 꿈은**

만사가 순조롭게 해결된다.

‖ **고양이가 쥐를 갖고 논 꿈은**

계획대로 일이 추진된다.

‖ **고양이와 쥐가 함께 논 꿈은**

적과 화해한다.

‖ **고양이가 생선을 물어간 꿈은**

권모술수가 뛰어난 사람이 재물이 노린다는 암시다.

‖ **고양이가 집을 나간 꿈은**

가족 중 한 명이 색시로 나가서나 도둑을 맡는다.

‖ **도망가는 고양이를 쫓아간 꿈은**

경쟁자의 계략에서 간신히 벗어난다.

‖ **고양이를 두들겨 팬 꿈은**

상대방의 비밀을 유용하게 사용한다.

‖ **고양이를 죽인 꿈은**

만사가 순조롭게 풀린다는 것을 암시하는 꿈이다.

‖ 고양이가 물에 빠진 꿈은

정신적인 갈등으로 재물을 잃는다.

‖ 물에 빠진 고양이를 구한 꿈은

위기에서 벗어난다는 암시다.

‖ 고양이가 불에 타죽은 꿈은

방해자를 제거하거나 사업이 크게 번창한다.

‖ 고양이가 높은 곳으로 올라간 꿈은

사업이 번창하며 지위가 올라간다.

‖ 고양이가 높은 곳에서 뛰어내린 꿈은

명예와 지위가 떨어지는 등 어려움에 처한다.

‖ 고양이가 높은 곳에서 떨어진 꿈은

비밀이 누출되어 어려움에 처한다.

‖ 고양이가 운 꿈은

흉몽으로 나쁜 소문이 퍼질 징조다.

‖ 검은고양이가 울면서 쫓아온 꿈은

불길한 꿈으로 나쁜 일이 생긴다.

‖ 고양이가 호랑이로 변한 꿈은

사업이 확장되거나 뜻밖의 행운이 찾아온다.

‖ 호랑이인 줄 알고 방문을 열었는데 고양이인 꿈은

큰 기대를 걸었으나 실망한다.

‖ 고양이를 보고 놀란 꿈은

뜻밖의 일로 정신적인 갈등을 겪는다.

‖ 고양이한테 물린 꿈은

사기에 몰릴 수도 있으나 태몽이면 수완이 뛰어난 후손

이 태어난다.

‖ **고양이가 덤벼든 꿈은**

질병에 걸릴 징조다.

‖ **고양이의 눈빛이 유난히 빛난 꿈은**

멋진 아이디어가 떠오른다.

‖ **고양이가 쏘아본 꿈은**

다른 사람이 자신의 비밀을 캐고 있다는 암시다. 방심
하면 사기에 휘말려 엄청난 손해를 볼 수 있으니 각별
히 조심하도록.

‖ **고양이가 흥분하여 날뛴 꿈은**

재산문제로 분쟁이 일어날 징조다.

‖ **고양이가 담장 안을 들여다 본 꿈은**

사업이나 재물을 노리는 사람이 있다는 암시다.

‖ **담 위에서 고양이가 보고 있었던 꿈은**

자신을 감시하거나 간섭하는 사람이 있다는 암시다.

‖ **고양이를 가져왔거나 애완용으로 기른 꿈은**

애인이나 남편 몰래 바람을 피울 징조다.

‖ **고양이가 아기침대에 있는 꿈은**

아기에게 장난감을 사준다.

‖ **고양이가 자신의 침대에서 잠을 잔 꿈은**

기혼자는 이혼하고, 미혼자는 애인을 빼앗긴다.

‖ **고양이가 자신의 방으로 들어온 꿈은**

자신의 외도가 탄로날까봐 걱정하고 있다는 뜻이다.

‖ **고양이가 방에서 나간 꿈은**

위기에서 벗어난다는 암시다.

‖ **고양이와 악수한 꿈은**

교활한 사람에게 속아 재물을 잃는다.

‖ **도둑고양이를 본 꿈은**

도둑, 사기, 경쟁자의 계략을 조심하도록.

‖ **도둑고양이를 눈 앞에서 놓친 꿈은**

계획이나 아이디어를 경쟁자에게 유출시킨다.

사슴

 사슴에 대한 꿈은 선량한 사람, 선비, 여자, 명예, 권력, 영광, 재물 등을 나타낸다.

‖ **사슴의 목을 쓰다듬은 꿈은**

이성과 즐거운 데이트를 한다.

‖ **사슴을 잡은 꿈은**

취직이 되거나 새로운 일을 시작한다.

‖ **사슴뿔을 구한 꿈은**

재물이 생기거나 학문방면에서 평가받는다.

‖ **사슴뿔을 얻은 꿈은**

행운의 선물을 받는다.

‖ 사슴고기를 먹은 꿈은

재물이 나가는 등 불길한 일이 생긴다.

‖ 사슴피를 마신 꿈은

재수없는 일이 생길 징조다.

‖ 사슴을 죽인 꿈은

소원하는 일이 이루어진다.

‖ 사슴이 놀고 있는 꿈은

태몽이면 훌륭한 후손이 태어난다.

‖ 놀고 있는 사슴을 괴롭힌 꿈은

남의 일에 간섭하다가 다툰다.

‖ 사슴이 놀고 있는데 사나운 짐승이 나타난 꿈은

방해자가 나타날 징조다.

‖ 사슴을 타고 논 꿈은

신분이 고귀해진다.

‖ 사슴이 집 안으로 들어온 꿈은

직장인은 승진하고, 미혼남자는 훌륭한 여자를 아내로
맞이한다.

‖ 사슴이 우리 안에 갇힌 꿈은

술집에서 호스테스와 어울린다.

‖ 많은 사람들과 사슴을 쫓아갔는데 자신이 잡은 꿈은

경쟁에서 우승한다.

낙타

낙타에 대한 꿈은 일거리나 재물 등을 나타낸다.

‖ **낙타를 본 꿈은**

더 많이 노력해야 한다는 뜻이다.

‖ **낙타가 바늘구멍으로 들어간 꿈은**

작은 힘이나 능력으로 엄청난 일을 처리한다.

‖ **낙타를 끌고간 꿈은**

지금은 어려워도 머지않아 좋아진다.

‖ **낙타을 탄 꿈은**

만사가 순조롭게 진행된다.

‖ **낙타를 타고가다 내린 꿈은**

정상에 올라 순조로워진다.

‖ **낙타가 다른 사람을 태우고 간 꿈은**

다른 사람의 힘을 빌려 목적을 이룬다.

‖ **낙타를 타고 사막을 간 꿈은**

하는 일이 어려워질 징조다.

‖ **낙타를 타고 막막한 사막을 간 꿈은**

추진하는 일이 순조로운 것 같으나 아득하다.

‖ **낙타를 타고가다가 오아시스를 만난 꿈은**

예상보다 노력의 결과가 크다.

‖ **사막에서 낙타가 계속 걸어간 꿈은**

만사가 순조롭게 진행된다.

‖ **낙타를 타고 사막이 아닌 길을 간 꿈은**
만사가 순조롭게 진행된다.

‖ **낙타를 타고가다가 떨어진 꿈은**
노력을 하지만 중도에서 좌절한다.

‖ **낙타를 죽이고 혹에 있는 물을 먹은 꿈은**
최후의 방법을 선택할 때가 왔다는 암시다.

‖ **낙타가 죽은 꿈은**
노력의 결과가 매우 미약하다는 뜻이다.

여우

 여우에 대한 꿈은 교활한 사람, 변태적인 사람, 이상한 일거리, 재물, 명예, 권리 등을 나타낸다.

‖ **여우를 품에 안은 꿈은**
이성과 즐거운 데이트를 한다.

‖ **여우를 사로잡은 꿈은**
남자는 사랑에 빠진다.

‖ **여우를 잡았다가 놓친 꿈은**
이성에게 거절당한다.

‖ **여우목도리를 산 꿈은**
마음이 따뜻한 이성을 사귄다.

‖ 여우목도리를 선물받은 꿈은

청혼을 받는다.

‖ 여우목도리를 판 꿈은

남에게 베풀어야 할 일이 생긴다.

‖ 여우한테 홀려 따라다닌 꿈은

달콤한 유혹에 빠질 징조다.

‖ 여우한테 물린 꿈은

사랑을 고백하거나 듣는다.

‖ 여우가 죽은 꿈은

행운이 찾아온다.

‖ 죽었다고 생각한 여우가 살아있는 꿈은

판단착오로 손해를 본다.

‖ 여우 때문에 놀란 꿈은

낯선 사람 때문에 불안해진다.

‖ 여우한테 놀림을 당한 꿈은

신상에 관한 나쁜 소문에 시달리거나 놀림받는다.

‖ 여우가 닭을 물어간 꿈은

사기에 휘말려 재물을 잃는다.

늑대

늑대에 대한 꿈은 강한 사람, 막강한 힘, 강력범, 권리
등을 나타낸다.

‖ 사람이 늑대로 변한 꿈은

위험한 사람이 접근하고 있다는 암시다.

‖ 늑대를 잡은 꿈은

도둑을 잡거나 자신에게 해를 끼칠 사람을 만난다.

‖ 늑대를 죽인 꿈은

현재 당하고 있는 압박에서 조금은 벗어난다.

‖ 늑대가 소리를 내면서 운 꿈은

집안에 우환이 생길 징조다.

‖ 멀리서 늑대의 울음소리가 들린 꿈은

이별의 아픔이 오래간다는 암시다.

‖ 늑대한테 물린 꿈은

사기에 휘말려 재물을 잃는다.

‖ 늑대한테 쫓긴 꿈은

어떤 일로 압박을 받는다.

‖ 늑대가 도망간 꿈은

막히고 어려웠던 일들이 풀려나간다.

‖ 도망가는 늑대를 쫓아간 꿈은

어려운 고비를 넘기고 열심히 일한다.

곰

곰에 대한 꿈은 권력자, 단체 세력, 능력 밖의 일, 권력, 재물 등을 나타낸다.

‖ **응답을 얻은 꿈은**

시험이나 취직 등이 성사되며 명성과 재물을 얻는다.

‖ **곰이 재주를 부린 꿈은**

동물원이나 놀이터에 간다.

‖ **곰과 재미있게 논 꿈은**

만사가 순조롭게 이루어진다.

‖ **동물원에서 곰을 본 꿈은**

신분이 높은 사람을 만난다.

‖ **곰을 안은 꿈은**

명예와 지위가 올라간다.

‖ **곰을 탄 꿈은**

하는 일이 서서히 좋아지고 재물이 들어온다.

‖ **곰을 잡은 꿈은**

권위와 명예를 얻는다.

‖ **곰과 싸운 꿈은**

권력을 얻기 위해 노력한다.

‖ **곰을 죽인 꿈은**

스스로 자신을 포기한다.

‖ **곰이 죽은 꿈은**

권위와 명예가 떨어지고 재물이 나간다.

‖ **죽은 곰을 본 꿈은**

실직자를 만나 위로해준다.

‖ **죽은 곰이 살아난 꿈은**

복직이나 원대복귀한다.

‖ **곰한테 부상을 당한 꿈은**

재물이나 권력다툼에 휘말릴 징조다.

‖ **곰이 높은 곳으로 올라간 꿈은**

하는 일이 순조롭게 이루어진다는 암시다.

‖ **곰이 높은 곳에서 떨어진 꿈은**

권위와 명예가 한꺼번에 몰락할 징조다.

‖ **곰이 물고기를 잡은 꿈은**

최고의 능력을 발휘하며 재물이 들어온다.

‖ **곰이 물고기를 잡았다가 놓친 꿈은**

다된 밥에 재뿌리는 일이 생긴다.

코끼리

 코끼리에 대한 꿈은 귀인, 부자, 학자, 덕망, 부귀, 명예, 학위, 상, 업적, 일거리, 단체 등을 나타낸다.

‖ **상아를 얻은 꿈은**

뜻밖의 행운으로 재물이 들어온다.

‖ **상아를 잃어버린 꿈은**

재물이 나갈 징조다.

‖ **새끼코끼리를 본 꿈은**

새로운 일을 시작한다.

‖ 코끼리를 타고 간 꿈은

하는 일이 성사되며 출세길이 열린다. 여자는 고귀한 사람을 만나거나 귀인의 도움을 받는다.

‖ 코끼리를 타고 간 꿈은

단체의 장이나 책임자가 된다.

‖ 코끼리의 코에 매달리거나 휘감긴 꿈은

다른 사람 때문에 고통받는다.

‖ 코끼리가 죽은 꿈은

하루아침에 명예와 권위가 떨어질 징조다.

‖ 새끼코끼리가 죽은 꿈은

무언가를 시작하려 해도 잘 되지 않는다.

‖ 죽은 코끼리가 살아난 꿈은

명예와 권위를 다시 찾는다.

‖ 코끼리가 한가하게 놀고 있었던 꿈은

명예와 권위가 오래도록 유지된다.

‖ 코끼리가 재미있게 놀고 있었던 꿈은

사업이 날로 번창한다는 암시다.

‖ 동물원이나 서커스단에서 코끼리를 본 꿈은

권력이 있어도 실력을 발휘하기 어렵다.

‖ 코끼리가 재주를 부린 꿈은

남을 이용하여 목적을 이룬다.

‖ 코끼리를 타려고 하다 떨어진 꿈은

명예와 권위를 쫓다가 망신당할 징조다.

‖ **코끼리의 다리를 만진 꿈은**

어려운 학문이나 해결하기 힘든 일에 부딪힌다.

‖ **코끼리의 무덤에 상아가 가득 쌓인 꿈은**

큰 재물을 얻으며 만인의 존경을 받는다.

다람쥐

다람쥐에 대한 꿈은 바쁜 사람이나 업무를 나타낸다.

‖ **다람쥐한테 먹이를 준 꿈은**

길몽으로 경제적인 안정을 찾는다.

‖ **다람쥐를 잡으려다 놓친 꿈은**

업무 중에 실수할 수 있으니 주의하도록.

‖ **다람쥐를 잡으려다 물린 꿈은**

급하게 서두르다 실수할 수 있으니 조심하도록.

‖ **다람쥐가 나무 위로 올라간 꿈은**

승진한다는 뜻이다.

‖ **다람쥐가 높은 나무에 오른 꿈은**

승진이나 합격 등이 성사된다.

‖ **다람쥐가 나무 위를 왔다갔다한 꿈은**

만사가 흐트러져 산만하며 되는 일이 없다.

‖ **다람쥐가 체바퀴를 돌린 꿈은**

반복되는 생활에서 벗어나고 싶어하는 심정을 나타내

는 꿈이다.

박쥐

 박쥐에 대한 꿈은 간사한 사람이나 비굴한 사람을 나
타낸다.

‖ 동굴 안에 박쥐가 있는 꿈은
시끄러운 일에 휘말릴 징조다.
‖ 박쥐를 잡거나 내쫓은 꿈은
정신적인 고통에서 벗어난다.
‖ 박쥐를 잡아 죽인 꿈은
기회를 잡고 환자는 완쾌한다.
‖ 박쥐떼가 날아간 꿈은
시끄러운 일이 생긴다.
‖ 박쥐가 대낮에 날아다닌 꿈은
모든 운이 막혀 노력해도 결과가 없다.
‖ 박쥐가 방 안으로 날아든 꿈은
반갑지 않은 손님이 찾아온다.
‖ 박쥐가 달려든 꿈은
원인을 알 수 없는 질병에 시달린다.
‖ 박쥐한테 물린 꿈은
명예와 지위가 올라간다.

거북이

 거북이에 대한 꿈은 자식이 많은 사람, 고귀한 사람, 건강, 질병 등을 나타낸다.

‖ **거북이를 본 꿈은**

태몽이면 귀하고 훌륭한 자손이 태어난다.

‖ **거북이가 목을 내민 꿈은**

소원하는 일이 이루어진다.

‖ **거북이가 목을 움추린 꿈은**

부탁한 일이 성사되기 어렵다.

‖ **거북이가 죽은 꿈은**

좌절과 실패가 따른다.

‖ **거북이를 때렸는데 피가 흐른 꿈은**

큰 기관을 상대하여 큰 이익을 얻는다.

‖ **거북이의 뒤를 따라 간 꿈은**

귀인을 도움을 받아 어려운 일을 해결한다.

‖ **거북이를 타고 간 꿈은**

하는 일이 순조롭게 이루어진다.

‖ **거북이의 목을 잡은 꿈은**

단체의 장이 되거나 주도권을 잡는다.

‖ **거북이를 잡으려다 놓친 꿈은**

계획은 방대하나 성사되기 어렵다.

‖ **거북이가 바다에서 육지로 올라온 꿈은**

해외근무나 해외여행을 한다.

‖ 거북이가 알을 낳은 꿈은

하는 일이 확장되고 재물을 많이 모은다.

‖ 새끼거북이가 많이 있는 것을 본 꿈은

실력자가 되어 아랫사람을 많이 거느린다.

‖ 새끼거북이가 바다로 놀러 간 꿈은

새로운 일을 시작한다.

개구리 · 두꺼비

개구리와 두꺼비에 대한 꿈은 정신적인 일이나 계획,
사업 등을 나타낸다.

‖ 개구리가 뛰어오른 꿈은

소원하는 일이 이루어진다.

‖ 숲에서 개구리가 뛰어나온 꿈은

새롭게 도약할 기회를 잡는다.

‖ 개구리를 잡은 꿈은

경쟁자를 제압할 기회가 생긴다.

‖ 개구리를 먹은 꿈은

몸이 허약하다는 것을 나타내는 꿈이다.

‖ 개구리떼가 운 꿈은

일을 추진하는데 많은 어려움이 따른다.

‖ 개구리가 파리를 잡아 먹은 꿈은

가정에 근심 걱정이 사라진다.

‖ 두꺼비를 본 꿈은

경쟁자가 최고의 힘과 역량를 발휘하고, 가까운 사람이
변심한다는 암시다.

‖ 큰 두꺼비가 물고기로 변한 꿈은

도둑이나 소매치기를 당할 우려가 있으니 조심하도록.

그 외의 동물

‖ 기린이 풀을 뜯어 먹은 꿈은

행복하다는 것을 의미하며 좋은 소식을 듣는다.

‖ 기린을 타고 간 꿈은

명예와 지위가 높아진다.

‖ 기린이 도망간 꿈은

최선을 다하나 만사가 수포로 돌아간다.

‖ 당나귀를 본 꿈온

지금은 어려운 문제가 있어도 조금만 참으면 해결된다.
미혼여성은 성적이나 의지력이 강한 배우자를 만난다.

‖ 당나귀가 운 꿈은

비빌스런 관계가 폭로되어 망신을 낭한다.

‖ 물개를 본 꿈은

소원하는 일이 모두 이루어진다.

∥ **물개를 잡은 꿈은**

길몽으로 뜻하지 않은 곳에서 재물이 들어온다.

∥ **물개가 바다로 들어간 꿈은**

좋은 일이 오래도록 이어지고, 태몽이면 훌륭한 후손이
태어난다.

∥ **물개를 쓰다듬은 꿈은**

미혼자는 혼담이 오가는데 성사되기 쉽다.

∥ **물개가 죽은 꿈은**

하는 일마다 막혀 어려움이 따를 징조다.

∥ **물개한테 잡아 먹힌 꿈은**

경쟁자나 동업자 때문에 정신적인 고통을 겪는다.

∥ **물소를 본 꿈은**

이로운 일이 생긴다.

∥ **물소가 총에 맞아 죽은 꿈은**

새로운 일이나 사업에 신중을 기하라는 경고다.

∥ **악어한테 잡아 먹힌 꿈은**

경쟁자의 계략에 말려 고난에 처한다.

∥ **악어를 잡은 꿈은**

권력과 주도권을 장악한다.

∥ **악어를 죽인 꿈은**

경쟁자나 방해자를 물리치고 당당하게 사업을 이끈다.

∥ **악어에게 쫓긴 꿈은**

좋지 않은 일이 생겨 몸을 피한다.

‖ **악어백을 사거나 선물한 꿈은**

청혼을 한다.

‖ **악어백을 선물받은 꿈은**

축하받을 일이 생긴다.

‖ **코뿔소를 본 꿈은**

자신의 신념을 보이며 상사나 거래처의 신임을 얻는다.

‖ **표범을 본 꿈은**

최후의 승리자가 될 것을 암시하는 꿈이다.

‖ **표범을 죽인 꿈은**

목적을 이루려면 피나는 노력을 해야 한다는 경고다.

‖ **하마를 본 꿈은**

재난이나 위험이 닥칠 징조다.

‖ **캉가루를 본 꿈은**

여행을 한다.

‖ **오소리를 본 꿈은**

능력을 최대한으로 발휘할 기회가 온다.

‖ **족제비를 본 꿈은**

주변에 나쁜 친구가 있다는 뜻이나 태몽이면 영리하고
재능이 있는 후손이 태어난다.

‖ **족제비를 잡은 꿈은**

뜻밖의 횡재를 한다.

‖ **족제비를 죽인 꿈은**

나쁜 친구와 절교한다.

‖ **너구리를 본 꿈은**

좋은 일이 많이 생긴다.

‖ **너구리를 잡은 꿈은**

뜻밖의 행운으로 재물이 들어온다.

‖ **너구리를 잡아 먹은 꿈은**

많은 재물이 들어온다.

‖ **수달을 본 꿈은**

생각보다 시련이 깊다는 것을 암시하는 꿈이다.

‖ **고슴도치를 본 꿈은**

자식으로 인한 근심이 생긴다.

‖ **원시시대 동물을 본 꿈은**

고향이나 부모를 그리워하고 있음을 나타내는 꿈이다.

‖ **공룡을 잡아 먹고 배가 아파 의사를 찾아간 꿈은**

큰 일을 발표하거나 심사받는다.

5장. 조류에 관한 꿈

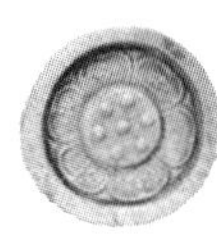

새

새에 대한 꿈은 사람, 작품, 일거리, 재물, 권력, 명예 등을 나타낸다.

‖ 새알을 먹은 꿈은
하는 일이 매우 순조롭게 진행된다.

‖ 나무 위에서 새알을 주운 꿈은
학업성적이 우수해진다.

‖ 숲에서 새알을 주운 꿈은
길몽으로 행운이 찾아온다.

‖ 새알을 세어 본 꿈은
많은 재물이 들어온다.

‖ 새를 쓰다듬은 꿈은

사람 때문에 고통을 받을 징조다.

‖ 새를 가슴에 안은 꿈은

미혼자는 결혼을 한다.

‖ 새가 되어 공중을 날아다닌 꿈은

명예와 지위가 올라간다.

‖ 새한테 모이를 준 꿈은

새로운 일을 맡게 된다.

‖ 날아가는 새를 잡은 꿈은

능력을 발휘할 기회가 온다.

‖ 날아간 새가 다시 돌아온 꿈은

떠나간 사람과 다시 만난다.

‖ 하늘을 날고 있는 새를 본 꿈은

여행을 떠나는 등 생활에 변화가 생긴다.

‖ 품 안에 있던 새가 날아간 꿈은

애인과 헤어진다는 암시다.

‖ 새가 하늘을 날아간 꿈은

사업이 날로 번창한다.

‖ 새가 떼를 지어 하늘로 날아간 꿈은

공들여 쌓은 탑이 하루아침에 무너질 징조다.

‖ 새가 서쪽에서 동쪽으로 날아간 꿈은

새로운 일을 시작한다.

‖ 날아가던 새가 갑자기 떨어진 꿈은

좌천되거나 실직당할 징조다.

‖ 누군가가 새장 속의 새를 훔쳐 본 꿈은

미혼자는 결혼이나 약혼을 한다.

‖ 새장에 있던 새가 날아가버린 꿈은

애인이 떠나거나 허송세월하는 기간이 길어진다는 암
시다. 만일 새가 날아간 꿈을 꾼 후 결혼하면 별거나 이
별이 따르고, 출산을 하면 생사이별의 흉운이 따른다.

‖ 새의 날개가 떨어진 꿈은

세력이나 권력 등을 잃는다.

‖ 새가 정원에 들어와 나무 위에 앉은 꿈은

친척의 중매로 결혼한다.

닭

 닭에 대한 꿈은 정신적인 일, 신과 관계된 일, 재물 등
을 나타낸다.

‖ 계란을 산 꿈은

물건을 산다.

‖ 계란을 판 꿈은

새로운 일을 시삭한다.

‖ 계란을 얻은 꿈은

뜻밖의 이익이 생긴다.

‖ 계란을 주운 꿈은

먼 곳에 있는 사람에게서 소식이 온다.

‖ 계란을 버린 꿈은

음식이 상하거나 사업이 저조해진다.

‖ 계란을 쥐었던 꿈은

물건을 구입한다.

‖ 계란을 다른 사람에게 준 꿈은

직원에게 월급이나 보너스를 준다.

‖ 여러개의 계란이 흩어져 있는 꿈은

주변을 정리한다.

‖ 계란이 질서있게 놓여있었던 꿈은

일이 추진하는 대로 잘 진행된다.

‖ 계란이 허공에서 둥둥 떠다닌 꿈은

이상에 눈이 멀어 현실을 외면하고 있다는 뜻이다.

‖ 계란을 갖고 장난한 꿈은

투기성 사업에 손을 댄다.

‖ 계란을 상대방에게 던진 꿈은

다른 사람 때문에 스트레스를 받는다.

‖ 계란세례를 받은 꿈은

명예와 지위가 떨어진다.

‖ 계란이 깨진 꿈은

나쁜 소식을 듣는다.

‖ 계란을 던졌는데 깨지지 않은 꿈은

일이 계획대로 되지 않는다.

‖ 계란을 던졌는데 바싹 깨진 꿈은

원하는 것을 얻는다.

‖ 계란을 실수로 떨어뜨렸는데 깨진 꿈은

순간의 실수로 손해를 본다.

‖ 계란을 실수로 떨어뜨렸다가 다시 잡은 꿈은

위기에서 벗어난다.

‖ 생계란을 먹은 꿈은

성급하게 일을 처리하다 실패한다.

‖ 생계란을 많이 먹은 꿈은

영양이 부족하다는 뜻이다.

‖ 삶은 계란을 먹은 꿈은

하는 일이 순조롭게 진행된다.

‖ 계란이 썩거나 깨진 꿈은

믿고 의지하는 사람에게 배신감이나 소외감을 느끼고,
사업가는 내부가 썩었다는 암시이니 과감하게 구조조
정을 할 필요가 있다.

‖ 계란을 먹으려는데 썩은 꿈은

재물손실이 따를 징조다.

‖ 계란을 삶은 꿈은

머지않아 많은 이익을 얻는다.

‖ 계란을 삶았는데 익지 않은 꿈은

결과가 나타나는 시기가 오래 걸린다.

‖ 계란을 삶았다고 생각했는데 계란이 없는 꿈은

노력의 결과가 미약하다.

‖ **통닭을 사온 꿈은**

뷔페나 푸짐한 식당에 간다.

‖ **통닭을 주문한 꿈은**

물건을 구입한다.

‖ **통닭을 직접 튀긴 꿈은**

업무나 일을 직접 처리한다.

‖ **통닭을 먹은 꿈은**

파티나 결혼식에 초대받는다.

‖ **통닭의 다리를 먹은 꿈은**

동업자나 동료보다 많은 이익을 얻는다.

‖ **닭다리를 먹은 꿈은**

술을 마시게 된다.

‖ **통닭의 날개를 먹은 꿈은**

이성간에 즐거운 만남을 갖는다.

‖ **통닭집 앞을 지나간 꿈은**

쇼핑을 한다.

‖ **닭다리를 사온 꿈은**

억울한 일을 당할 징조다.

‖ **닭고기를 얻어 먹거나 얻은 꿈은**

사업자금이 마련된다.

‖ **닭을 본 꿈은**

신과 관계있는 꿈으로 불길한 일이 생긴다.

‖ **닭이 알을 낳은 꿈은**

새로운 사업을 시작하거나 새로운 아이디어가 생긴다.

‖ 닭이 낳은 알을 뱀이 먹어버린 꿈은
사기를 당하기 쉬우니 조심하도록.

‖ 암탉이 알을 품은 꿈은
사업이 번창하여 재물이 들어오고, 태몽이면 영리한 자
손이 태어난다.

‖ 장닭이 알을 품은 꿈은
부부싸움을 한다.

‖ 새벽에 닭이 운 꿈은
가정에 경사가 생긴다.

‖ 대낮에 닭이 운 꿈은
재수없는 일이 생길 징조다.

‖ 수탉이 운 꿈은
신분이 높아지거나 명성이나 작품 등이 널리 알려진다.

‖ 암탉이 운 꿈은
관재구설에 시달리며 재수없는 일이 생긴다.

‖ 우는 암탉을 잡아 먹은 꿈은
어려움에 처하나 잘 처리한다.

‖ 수탉끼리 싸운 꿈은
경쟁자와 다투거나 구설수에 오른다.

‖ 수탉이 달려든 꿈은
질병에 걸리거나 다툼이 벌어진다.

‖ 달려드는 수탉을 잡은 꿈은
환자는 병이 완쾌된다.

‖ 닭한테 모이를 준 꿈은

문하생이나 후배를 키우게 된다.

‖ 모이를 주는데 닭이 도망간 꿈은

아무리 잘 해주어도 사람들이 떠나간다.

‖ 닭이 물이나 모이를 먹은 꿈은

가정이 화목하고 경제적으로도 안정된다.

‖ 닭이 지붕 위로 올라간 꿈은

집안에 우환이 생길 징조다.

‖ 닭이 지붕 위에서 내려온 꿈은

반가운 소식을 듣는다.

‖ 닭한테 큰 절을 한 꿈은

종교단체나 집회 등에 간다.

‖ 닭의 울음소리에 놀라 잠에서 깨면

좋은 일이 생긴다.

‖ 도망가는 닭을 쫓아간 꿈은

바쁘게 생활하나 소득은 적다.

‖ 닭의 목을 자르거나 비튼 꿈은

좋은 협조자나 동업자를 잃을 징조다.

‖ 닭이 지네를 잡아 먹은 꿈은

위기에서 벗어난다.

참새 · 제비

참새에 대한 꿈은 평범한 사람, 시끄러운 사람, 음악가, 작은 일거리, 재물 등을 상징하고, 제비에 대한 꿈은 좋은 사람, 귀인, 재물 등을 나타낸다.

‖ **참새가 품 안으로 날아든 꿈은**
뜻밖의 재물이 들어오고 미혼자는 결혼한다.

‖ **참새가 전깃줄에 나란히 앉아 있는 꿈은**
대인관계가 원만해진다.

‖ **참새가 그물에 걸린 꿈은**
하는 일이 꽉 막혀 풀리지 않을 징조다.

‖ **참새떼가 자기집 마당에 있는 곡식을 먹은 꿈은**
자신 때문에 많은 사람이 먹고 살게 된다.

‖ **참새떼가 뜰에서 시끄럽게 운 꿈은**
많은 사람들에게 따돌림을 당할 징조다.

‖ **참새떼가 창 밖에서 시끄럽게 운 꿈은**
의견대립이 벌어진다.

‖ **참새가 무리지어 날아간 꿈은**
부하직원을 많이 거느리게 된다.

‖ **총으로 참새를 잡은 꿈은**
목적을 이루게 된다.

‖ **총으로 참새를 쏘았는데 맞히지 못한 꿈은**
애쓴 보람이 없다.

‖ 참새가 물에 빠진 꿈은

어려움에 처한다.

‖ 제비가 집 안으로 날아든 꿈은

반가운 사람이 찾아오거나 소식을 듣는다.

‖ 제비가 떠나간 꿈은

정든 사람과 이별하거나 정든 곳을 떠나게 된다.

‖ 제비가 둥지에 새끼를 친 꿈은

새로운 일이 순조롭게 진행된다.

‖ 제비새끼가 많이 있었던 꿈은

가업이 번창하는 등 하는 일이 순조롭게 이루어진다.

‖ 제비집이 떨어진 꿈은

가정파탄이 생기거나 사업이 막힐 징조다.

‖ 제비가 물에 빠진 꿈은

하는 일이 슬럼프에 빠질 징조다.

‖ 제비가 잠시 앉았다가 날아간 꿈은

남자는 아름다운 여자를 만난다.

‖ 제비가 자기집 처마에 잠깐 앉았다가 날아간 꿈은

애인과의 짧은 만남을 암시하는 꿈이다.

‖ 제비가 자기집 처마에 둥지를 튼 꿈은

귀인의 도움으로 재물이 들어온다.

‖ 총으로 제비를 잡은 꿈은

귀인을 몰라보고 푸대접한다.

까치 · 까마귀

 까치에 대한 꿈은 귀인이나 반가운 사람을 나타내고, 까마귀에 대한 꿈은 불길한 일, 경쟁자, 방해자 등을 나타낸다.

‖ **까치를 잡은 꿈은**

어려운 일이 해결되며 재물이 들어온다.

‖ **아침에 까치 울음소리를 들은 꿈은**

반가운 사람을 만난다.

‖ **까치가 나무 위에서 운 꿈은**

반가운 사람이 찾아오거나 기쁜 소식을 듣는다.

‖ **까치가 지붕 위에서 운 꿈은**

집안에 우환이 생기거나 나쁜 소식을 듣는다.

‖ **나무 위에 까치가 많이 있었던 꿈은**

협조자가 나타나 어려운 일이 해결된다.

‖ **까치가 송장을 파먹은 꿈은**

사업이나 진행 중인 일이 점점 확장된다.

‖ **까치가 총에 맞아 죽은 꿈은**

방해자가 나타나 하는 일이 실패한다.

‖ **까마귀가 운 꿈은**

집안에 우환이 생기거나 불길한 소식을 듣는다.

‖ **머리 위에서 까마귀가 운 꿈은**

집안에 우환이 생길 징조다.

‖ 까마귀가 날아가버린 꿈은

가정에 근심 걱정이 모두 사라지고 화목해진다.

‖ 까마귀떼가 날아가는 꿈은

가는 곳마다 푸대접을 받게 된다.

‖ 까마귀가 집 안으로 날아든 꿈은

집안에 우환이 생길 징조다.

‖ 까마귀가 달려든 꿈은

정신적인 고통에 시달릴 징조다.

‖ 까마귀떼가 자신의 쪽으로 날아온 꿈은

좋은 일이 생긴다.

‖ 까마귀가 송장을 파먹은 꿈은

사업이나 하는 일이 점점 확장된다.

‖ 총으로 까마귀를 잡은 꿈은

집안에 우환이 사라지는 등 어려운 일들이 풀린다.

‖ 총으로 까마귀를 쐈는데 빗나간 꿈은

기회를 잃은 것 같으나 다시 온다.

‖ 까마귀를 사로잡았다가 놓친 꿈은

애써 잡은 기회를 놓치는 등 어려움에 처한다.

‖ 까마귀를 죽인 꿈은

어려운 일이 해결된다.

비둘기 · 앵무새

비둘기에 대한 꿈은 정신적인 일을 나타내고, 앵무새에 대한 꿈은 이성, 사랑, 교제 등을 나타낸다. 비둘기에 대한 태몽은 어질고 착한 후손이 태어난다.

‖ 비둘기한테 모이를 준 꿈은

남에게 베풀어야 할 일이 생긴다.

‖ 비둘기가 품 안으로 날아든 꿈은

기쁜 소식을 듣는 등 뜻밖의 행운이 찾아온다.

‖ 비둘기를 쓰다듬은 꿈은

좋은 일이 생긴다.

‖ 평화롭게 놀고 있는 비둘기떼를 본 꿈은

하는 일이 순조롭게 진행된다.

‖ 한가롭게 놀고 있는 비둘기떼를 쫓아버린 꿈은

동업이나 단체가 냉전상태가 된다.

‖ 비둘기가 날아간 꿈은

어려움에 처하여 정신적인 고통을 받는다.

‖ 비둘기가 하늘 높이 올라간 꿈은

명예와 권위가 높아진다.

‖ 비둘기가 날다가 떨어진 꿈은

하는 일이 큰 어려움에 처할 징조다.

‖ 비둘기가 어깨나 손 위에 앉은 꿈은

귀인을 만나고 만사가 순조롭게 풀린다.

‖ 비둘기가 높은 곳에 앉은 꿈은
슬기로운 마음으로 어려운 사람을 방문한다.
‖ 비둘기를 잡아 먹은 꿈은
스스로 귀인을 내쫓는다.
‖ 비둘기가 죽은 꿈은
스스로 잘못을 저지른다.
‖ 앵무새가 말을 한 꿈은
말다툼이 벌어지며 정신적인 갈등을 겪는다.
‖ 앵무새가 품 안으로 날아든 꿈은
태몽이면 예쁜 딸을 낳는다.

원앙새 · 기러기

　원앙새에 대한 꿈은 이성, 사랑, 교제 등을 나타내고,
기러기에 대한 꿈은 권위, 권력, 일거리 등을 나타낸다.

‖ 원앙금침이나 그림을 본 꿈은
만사가 순조롭게 이루어진다.
‖ 원앙새 한 쌍을 본 꿈은
오해가 풀리며 결혼이 성사된다.
‖ 원앙새 한 마리가 슬프게 운 꿈은
이성과 헤어지게 되는데 그 슬픔이 오래간다.

‖ 원앙새가 평화롭게 놀고 있는 꿈은

애인이나 부부사이가 더욱더 가까워진다.

‖ 원앙새가 날아가버린 꿈은

애인이나 부부사이가 멀어지며 이별할 수도 있다.

‖ 원앙새와 이야기를 나눈 꿈은

애인이나 부부간에 불화가 해소되어 좋아진다.

‖ 기러기 한 마리가 외롭게 날아간 꿈은

이성과 헤어질 징조다.

‖ 기러기 두 마리가 나란히 날아간 꿈은

부부나 이성관계가 더욱더 가까워진다.

‖ 기러기떼가 날아간 꿈은

단체의 장이나 리더가 되어 조직을 이끌어간다.

‖ 기러기떼가 북쪽으로 날아간 꿈은

사업이 날로 번창한다.

‖ 기러기떼가 일진 이진으로 계속해서 날아간 꿈은

좋은 일이 계속 생긴다.

‖ 기러기떼가 V자 형으로 날아간 꿈은

소원이 이루어신다.

‖ 기러기떼가 호숫가에 앉은 꿈은

먼 곳에서 반가운 손님이 오거나 소식을 듣는다.

‖ 기러기떼가 논에 앉은 꿈은

의식주가 풍부해진다.

꿩 · 공작

꿩에 대한 꿈은 이성교제, 사랑, 눈물, 재물 등을 나타 낸다. 공작새에 대한 꿈은 부귀, 명예, 이상적인 여성, 뛰어난 작품, 재물 등을 나타낸다.

‖ **꿩알을 먹은 꿈은**
소원이 이루어진다.

‖ **바위 밑에서 꿩알을 주운 꿈은**
승진하거나 새로운 아이디어를 얻는다.

‖ **다른 사람에게 꿩알을 빼앗긴 꿈은**
억지로 기부금을 내게 된다.

‖ **꿩알을 보았거나 주운 꿈은**
승진하는 등 소원하는 일이 이루어진다.

‖ **꿩이 품 안으로 날아든 꿈은**
미혼남자는 아름다운 여자를 아내로 맞이한다.

‖ **꿩을 사로잡은 꿈은**
재물이 들어오거나 귀한 보석을 선물받는다.

‖ **꿩이 포수에게 잡힌 꿈은**
뜻밖의 재물이 들어온다.

‖ **꿩을 잡는 총소리를 들은 꿈은**
반가운 소식을 듣는다.

‖ **사냥한 꿩을 허리춤에 차고 다닌 꿈은**
적극적인 사고가 행운을 가져온다는 암시다.

‖ **공작새가 날개를 편 꿈은**
하는 일이 순조롭게 풀려나간다.

‖ **공작새가 머리 위나 주변을 맴돈 꿈은**
명성을 떨치며 부귀해진다.

‖ **공작새가 방 안에서 꼬리를 활짝 편 꿈은**
남자는 아름답고 귀한 여자를 아내로 맞이한다.

‖ **공작새의 찬란한 빛이 자신에게로 비친 꿈은**
명성을 떨치고 부귀해진다.

‖ **공작새를 타고 날은 꿈은**
크게 출세할 꿈으로 연예계로 진출하면 더욱더 좋다.

‖ **공작새를 잡은 꿈은**
남자는 이상적인 여자를 아내로 맞이한다.

‖ **공작새가 우리 안에 있는 꿈은**
동물원이나 놀이동산에 간다.

백조 · 오리 · 거위

 백조에 대한 꿈은 품위있는 여성이나 고귀한 사람을
나타내고, 오리나 거위에 대한 꿈은 재물을 나타낸다.

‖ **백조가 논이나 밭에 무리지어 었었던 꿈은**
가정이 편안하며 많은 사람을 만난다.

‖ 백조를 타고 날아다닌 꿈은

가정적으로 생활이 안정되고, 환자는 완쾌한다.

‖ 백조가 소리내어 운 꿈은

집안에 우환이 생길 징조다.

‖ 오리나 거위가 한가롭게 놀고 있었던 꿈은

가정이 화목해지고 경제적으로도 안정된다.

‖ 거위가 한가롭게 놀다가 놀라서 달아난 꿈은

뜻밖의 재난이 닥칠 징조다.

학 · 황새 · 봉황새 · 백로

학, 황새, 봉황새, 백로에 대한 꿈은 모두 고고한 사람, 지조있는 사람, 선비, 학자, 학업, 명예, 권력 등을 나타낸다.

‖ 학이 큰 알 속에서 걸어나온 꿈은

희귀한 외국 학술서적을 번역출판한다.

‖ 학을 타고 날았던 꿈은

귀인의 도움으로 높은 지위에 오른다.

‖ 학이 품 안으로 날아든 꿈은

뜻밖의 일로 명예와 지위를 얻는다.

‖ 학이 날아와 자신의 주변에 앉은 꿈은

고귀한 사람을 만난다.

‖ 학이 울며 하늘을 난 꿈은

작품을 발표하여 큰 명성을 얻는다.

‖ 학이 고고하게 날고 있는 꿈은

태몽이면 훌륭한 후손이 태어난다.

‖ 학과 놀았던 꿈은

대학자나 저명인사와 교류를 맺는다.

‖ 학이 들이나 숲에서 논 꿈은

최고의 사교모임에 초대받는다.

‖ 동자가 학을 타고 내려온 꿈은

태몽이면 훌륭한 학자가 될 후손이 태어난다.

‖ 백발노인이 학을 타고 내려온 꿈은

귀인의 도움으로 부귀와 영화를 누린다.

‖ 학이 죽은 꿈은

명예와 지위가 떨어지거나 은사에게서 좋지 않은 소식
이 온다.

‖ 죽으려던 학이 살아나서 옆에 있었던 꿈은

귀인이나 옛 은사를 만난다.

‖ 황새를 본 꿈은

만사가 부진할 징조다.

‖ 황새가 한쪽 다리로 서 있는 꿈은

외롭고 고독함을 나타내는 꿈이다.

‖ 황새 여러 마리가 나무 위에 앉아 있었던 꿈은

어떤 단체에서 최고 책임자가 된다.

‖ 황새가 날아다닌 꿈은

법적문제로 구설수에 휘말릴 징조다.

‖ 황새가 멀리 날아가버린 꿈은

길몽으로 만사형통한다.

‖ 황새가 조개를 잡아 먹은 꿈은

재물을 잃거나 질병에 걸릴 징조다.

‖ 봉황새를 본 꿈은

가정이 편안하고 명예와 지위가 올라간다. 만일 태몽이면 훌륭한 자손이 태어난다.

‖ 봉황새가 날아든 꿈은

복권이나 상품권에 당첨될 확률이 높다.

‖ 봉황새를 타고 날았던 꿈은

최고의 명예와 지위를 얻거나, 복권이나 상품권 등에 당첨될 확률이 높다.

‖ 백로를 본 꿈은

명예와 부귀를 얻으며 훌륭한 학자가 되어 학문을 많이 남긴다는 예고다.

매 · 독수리 · 부엉이

매와 독수리에 대한 꿈은 권력, 힘, 명예, 기관, 단체, 경쟁자 등을 나타내고, 부엉이에 대한 꿈은 정신적인 일, 사업, 경쟁자 등을 나타낸다.

‖ 매를 사로잡은 꿈은

권력이나 권위있는 자리에 오른다.

‖ 매가 총에 맞아 죽은 꿈은

명예와 권위가 땅에 떨어질 징조다.

‖ 매가 품 안으로 날아든 꿈은

소원하는 일이 이루어진다.

‖ 매가 달려든 꿈은

다른 사람에게 괴로움을 당한다.

‖ 매가 하늘에서 맴돈 꿈은

사업가는 사업이 번창하고, 직장인은 승진한다.

‖ 매가 새를 잡은 꿈은

뜻밖의 행운으로 재물이 들어온다.

‖ 훈련시킨 매가 새를 잡아온 꿈은

심복을 시켜 이득을 얻는다.

‖ 매가 자기집 닭을 물어간 꿈은

힘있는 사람에게 당한다.

‖ 매가 까마귀를 채간 꿈은

귀인의 도움을 받아 어려운 일을 해결한다.

‖ 매가 참새를 채간 꿈은

재물을 약간 잃게 된다.

‖ 매가 비둘기를 채간 꿈은

동업이나 협조관계가 깨지고 다툼이 벌어진다.

‖ 매가 자신을 채고 공중으로 날아간 꿈은

미혼여성은 납치되듯이 결혼한다.

‖ 매가 문 꿈은

좋은 일이 생긴다.

‖ **자신이 매가 되어 먹이를 잡은 꿈은**

권력을 이용하여 재물을 모은다.

‖ **독수리에게 물린 꿈은**

원하는 것이 이루어진다.

‖ **독수리를 쫓아간 꿈은**

누군가를 추적한다.

‖ **독수리를 타고 하늘을 난 꿈은**

명예와 권력을 얻게 된다.

‖ **독수리가 집 안으로 날아든 꿈은**

경쟁자가 나타난다는 암시다.

‖ **독수리가 시체를 파먹은 꿈은**

사업체에 적이 숨어 재산을 훔치려고 한다는 뜻이다.

‖ **독수리가 자신을 해치려고 한 꿈은**

경쟁자나 방해자로 인하여 고통을 받는다.

‖ **크고 검은 독수리가 세계레슬링대회장에 난 꿈은**

태몽이면 국제적인 명성을 얻거나 국제적인 사업가가
될 후손이 태어난다.

‖ **독수리가 무섭다고 느낀 꿈은**

정신적인 불안에 시달릴 징조다.

‖ **부엉이가 날아간 꿈은**

어렵고 막혔던 일들이 서서히 풀리기 시작한다.

‖ **부엉이가 산 속에 앉아 있는 꿈은**

사업적으로 경쟁자와 마찰이 생긴다.

‖ **한낮에 부엉이를 본 꿈은**

계획이 잘못되어 실패한다는 암시다.

‖ **부엉이가 운 꿈은**

가정에 재난이 닥칠 징조다.

‖ **부엉이가 달려든 꿈은**

사기꾼이 접근하고 있다는 암시로 큰 재물을 잃는다.

‖ **부엉이를 죽인 꿈은**

경쟁자나 방해자를 제거하고 막혔던 일을 풀어나간다.

뻐꾸기 · 두견새

뻐꾸기와 두견새에 대한 꿈은 이성교제, 사랑, 눈물, 재물 등을 나타낸다.

‖ **뻐꾸기를 본 꿈은**

그립고 보고 싶은 사람이 돌아오거나 소식을 듣는다.

‖ **뻐꾸기알을 주운 꿈은**

생각지도 않은 곳에서 재물이 들어온다.

‖ **뻐꾸기가 밤에 운 꿈은**

집안에 우환이 생길 징조다.

‖ **뻐꾸기 울음소리가 처량하게 들린 꿈은**

이성으로 인하여 눈물을 흘린다.

‖ **두견새를 본 꿈은**

뜻하지 않은 곳에서 소식이 온다.

‖ **두견새알을 주운 꿈은**

생각지도 않은 곳에서 재물이 들어온다.

‖ **두견새가 운 꿈은**

소원하는 일이 이루어진다.

‖ **두견새의 울음소리가 처량하게 들린 꿈은**

이성으로 인하여 눈물을 흘린다.

‖ **두견새를 안고 운 꿈은**

애인과 헤어질 징조다.

6장. 어패류에 관한 꿈

물고기

물고기에 대한 꿈은 사람, 재물, 일거리, 사건, 권리 등을 나타낸다.

‖ **오색찬란한 물고기를 본 꿈은**

태몽이면 유명 인기인이 될 후손이 태어난다.

‖ **물고기를 잡은 꿈은**

학생은 성적이 예상 외로 올라간다.

‖ **물고기를 많이 잡은 꿈은**

사업이 크게 성공하거나 일확천금을 얻는다.

‖ **물고기를 잡았다가 놓친 꿈은**

행운의 기회를 놓치며 재물이 나간다.

‖ 강에서 물고기를 잡은 꿈은

재물이 들어오는 등 행운이 찾아온다.

‖ 웅덩이에서 물고기를 잡은 꿈은

엉뚱한 일로 재물이 들어온다.

‖ 물고기를 낚은 꿈은

지혜로운 사람의 도움을 받는다.

‖ 큰 물고기를 낚은 꿈은

횡재수로 큰 재물이 들어온다.

‖ 작은 물고기를 낚은 꿈은

노력보다 결과가 작다.

‖ 낚시로 물고기를 잡은 꿈은

수단을 부려 돈을 번다.

‖ 낚시에 걸린 물고기를 놓친 꿈은

기회를 모르고 지나치기 쉽다.

‖ 반두질로 물고기를 잡은 꿈은

작은 재물이 여러 번 들어온다.

‖ 그물로 물고기를 잡은 꿈은

편리한 방법으로 한 번에 돈을 번다.

‖ 바다에서 그물로 고기를 잡은 꿈은

재물이 많이 들어온다.

‖ 다이나마이트로 물고기를 잡은 꿈은

투자를 많이 해도 이익이 적다.

‖ 그물에 물고기가 걸린 꿈은

재물이 들어오고 미혼자는 결혼한다.

‖ 구멍이나 바위 속에서 물고기를 잡은 꿈은

작품을 발표한다.

‖ 흙탕물에서 물고기를 잡은 꿈은

좋지 않은 방법으로 재물을 모은다.

‖ 친구들이 다리 아래에서 물고기를 잡은 꿈은

우등생이 된다.

‖ 물고기를 잡으려고 한 꿈은

자금이나 재물을 얻기 위해 철저한 계획을 세운다.

‖ 저수지에서 물고기를 잡으려고 했던 꿈은

어떤 기관을 이용한다.

‖ 저수지에서 물고기를 잡으면 안 된다고 생각한 꿈은

공금에 손을 대지 말라는 암시다.

‖ 손으로 물고기 한 마리를 잡아 두 팔로 안고 들어온 꿈은

태몽이면 훌륭한 후손이 태어난다.

‖ 손에서 물고기가 펄떡거린 꿈은

원기있고 유능한 인재를 만나게 된다.

‖ 여러 마리의 물고기 중에서 한 마리만 고른 꿈은

자금을 융통한다.

‖ 마당에 물고기가 많아 한 마리 달라고 한 꿈은

자금을 융통한다.

‖ 물고기가 알을 낳은 꿈은

재물이 들어오는 등 소원하는 일이 이루어진다.

‖ 물고기를 방생한 꿈은

하는 일이 날로 번창하며 명예와 부귀를 얻는다.

∥ 물고기를 산 꿈은

가까운 사람에게 도움을 요청한다.

∥ 마른 물고기를 사거나 얻은 꿈은

매매계약이 성사되거나 재물이 들어온다.

∥ 물고기를 판 꿈은

재물이 들어온다.

∥ 물고기가 뛰어오른 꿈은

뜻밖의 행운이 찾아온다.

∥ 물고기가 배 갑판 위로 뛰어오른 꿈은

길몽으로 횡재수가 있다.

∥ 물고기가 하늘을 날은 꿈은

고귀한 사람의 도움으로 높은 지위에 오른다.

∥ 물고기가 맑은 물 속에서 놀고 있는 꿈은

깨끗한 몸과 마음으로 정성을 다하고 있다는 뜻이다.

∥ 마시는 물 속에 물고기가 놀고 있는 꿈은

단체의 장이나 리더가 된다.

∥ 강물에서 물고기가 놀고 있는 꿈은

하는 일이 순조롭게 진행된다.

∥ 강물에 있는 물고기가 숨어버린 꿈은

자금이 중단되어 실패한다.

∥ 논에 많은 물고기들이 놀고 있는 꿈은

파티에 초대받거나 잔치를 벌인다.

∥ 자신이 물고기가 된 꿈은

탐험을 떠나거나 연구에 몰두한다.

‖ 물고기를 토막낸 꿈은

재물이 흩어지는 등 하는 일이 막힌다.

‖ 물고기떼가 죽어 있었던 꿈은

뜻하지 않은 재난이 닥칠 징조다.

‖ 백사장에 물고기떼가 죽어 있는 꿈은

제품이나 물건이 상한다.

‖ 연못에 죽은 물고기가 둥둥 떠있는 꿈은

사회적인 재난이 일어난다.

‖ 방의 물이 말라 물고기가 노출되거나 다른 동물로 변한 꿈은

환경이나 신상에 나쁜 변화가 생길 징조다.

‖ 힐머니가 주는 물고기를 받은 꿈은

태몽으로 귀여운 딸을 낳는다.

‖ 물고기가 치마 속으로 들어온 꿈은

태몽으로 귀여운 딸을 낳는다.

‖ 물고기를 요리한 꿈은

새로운 계획을 세우게 된다.

‖ 어항 속에 있는 금붕어를 본 꿈은

길몽으로 생활이 풍족해진다.

‖ 어항 속의 금붕어를 바라본 꿈은

예술작품을 발표하거나 여직원을 많이 거느린다.

‖ 어항 속에 있는 금붕어를 낚시한 꿈은

허황된 꿈을 꾸고 있다는 뜻이다.

‖ 금붕어가 들어 있는 어항이 깨진 꿈은

이성문제가 발생한다.

∥ 북어를 한 두루미 사온 꿈은

길몽으로 좋은 일이 생긴다.

∥ 도미가 힘차게 헤엄친 꿈은

소원하는 일이 이루어지고 환자는 완쾌된다.

∥ 뱀장어를 본 꿈은

경쟁자를 가볍게 따돌린다.

∥ 뱀장어나 미꾸라지를 잡은 꿈은

어려운 시험에 합격하며 어려운 상황을 잘 피해간다.

∥ 갈라진 논바닥 틈에서 미꾸라지를 잡은 꿈은

산업스파이나 정보를 누출시킨 사람을 만난다.

∥ 뱀장어나 가물치 등 매끄러운 물고기를 잡은 꿈은

소원하는 것이 이루어진다.

∥ 뱀장어나 미꾸라지를 놓친 꿈은

일이 점점 어려워질 징조다.

∥ 문어나 낙지를 본 꿈은

하는 일이 실타래처럼 꼬여서 풀리지 않는다.

∥ 문어나 낙지가 온 몸을 휘감은 꿈은

경쟁자의 계략에 말려들 징조다.

∥ 인어와 즐겁게 놀았던 꿈은

명문가의 여성을 배우자로 맞이한다.

∥ 흙으로 인어상을 만든 꿈은

미혼남자는 결혼한다.

잉어

 잉어에 대한 꿈은 재주있는 사람, 처세를 잘 하는 사람, 인기있는 직업, 예술작품, 재물, 명예, 출세 등을 나타낸다.

‖ **자신이 잉어가 된 꿈은**
정신적인 고통은 더욱 심해지나 의논할 사람이 없다.

‖ **잉어를 본 꿈은**
뜻밖의 행운이 찾아오는 꿈이며 태몽이면 훌륭한 후손이 태어난다.

‖ **잉어가 물 위로 뛰어오른 꿈은**
노력의 결과가 나타나며 사업은 더욱더 번창한다.

‖ **잉어가 폭포를 오른 꿈은**
노력하면 명예와 권위를 얻을 수 있다.

‖ **잉어가 폭포에서 떨어진 꿈은**
실패와 좌절을 맛보게 된다.

‖ **잉어를 잡은 꿈은**
하는 일이 이루어지고 재물을 모은다.

‖ **낚시로 잉어를 낚은 꿈은**
뜻밖의 행운이 찾아온다.

‖ **잉어를 잡아 그릇에 담은 꿈은**
명예를 얻게 된다.

‖ 잉어를 우물이나 연못에 넣은 꿈은

크게 출세하거나 관직에 오른다.

‖ 연못에서 비단잉어를 낚은 꿈은

귀인을 만난다.

‖ 잉어를 잡았다가 놓친 꿈은

명예와 지위가 떨어지고 재물이 흩어진다.

‖ 잉어가 사라진 꿈은

불길한 일이 생길 징조다.

‖ 잉어가 평화롭게 놀고 있었던 꿈은

하는 일이 순조롭게 풀린다.

‖ 잉어가 하늘을 날은 꿈은

명예와 지위가 올라간다.

고래 · 상어

고래에 대한 꿈은 큰 인물, 권력가, 재산가, 협조자, 작품, 일거리, 재물, 사업체 등을 나타낸다. 상어는 난폭한 사람, 권력있는 사람, 관리, 악한, 인기있는 일거리, 방해물 등을 나타낸다. 상어의 태몽은 힘과 능력이 있는 후손이 태어난다.

‖ 백사장에서 고래를 발견한 꿈은

새로운 학문이나 작품을 발표한다.

‖ **고래를 선물받은 꿈은**

높은 직책이나 사업체를 인수한다.

‖ **고래떼가 한가롭게 놀고 있는 꿈은**

가정이 화목해진다.

‖ **고래 등을 타고 달린 꿈은**

바다를 여행한다.

‖ **고래가 뱃길을 안내해준 꿈은**

귀인의 도움으로 만사가 순조롭게 진행된다.

‖ **고래가 따라온 꿈은**

강한 세력에 눌려 기를 펴지 못한다.

‖ **고래의 뱃 속으로 들어간 꿈은**

높은 지위에 오르거나 부동산을 구입한다.

‖ **고래가 하늘을 난 꿈은**

명예와 지위가 올라간다.

‖ **고래가 배를 뒤집은 꿈은**

사업이 위태로워지거나 재물을 크게 잃을 징조다.

‖ **죽은 고래를 본 꿈은**

집안에 우환이 생길 징조나.

‖ **고래가 헤엄친 꿈은**

큰 재물이 들어오며 만사가 순조롭다.

‖ **고래고기를 사먹은 꿈은**

신분이 고귀해진다.

‖ **상어와 논 꿈은**

경쟁자와 화해를 한다.

‖ 상어를 잡은 꿈은

권위있는 사람의 도움으로 높은 지위에 오른다.

‖ 상어떼가 몰려온 꿈은

여러 사람에게 시비를 당할 징조다.

‖ 상어떼가 달려든 꿈은

경쟁자나 방해자 때문에 큰 어려움에 처한다.

‖ 상어떼가 놀고 있었던 꿈은

힘찬 추진력으로 원하는 것을 얻는다.

‖ 상어가 물 위로 뛰어오른 꿈은

권위와 명예를 얻는다.

‖ 상어에게 물린 꿈은

가까운 사람을 잃게 될 징조다.

‖ 상어에게 물려 다리가 잘린 꿈은

능력있는 사람이 떠나갈 징조다.

‖ 죠스가 나오는 영화를 본 꿈은

PC방이나 게임장에 간다.

게 · 조개

게와 조개에 대한 꿈은 정신적인 일이나 재물을 나타
낸다.

‖ **게를 잡은 꿈은**

길몽으로 재물이 들어온다.

‖ **게를 먹은 꿈은**

돈을 써야 할 일이 생긴다.

‖ **게가 기어간 꿈은**

추진하는 일이나 업무가 슬럼프에 빠진다.

‖ **조개에서 진주가 나온 꿈은**

길몽으로 진리를 얻거나 복권에 당첨될 확률이 높다.

‖ **조개를 잡은 꿈은**

태몽이면 귀여운 딸을 낳는다.

‖ **조개를 많이 잡은 꿈은**

재물을 모으는 등 하는 일이 번창한다.

‖ **조개 안에 또 조개가 있는 꿈은**

태몽이면 귀여운 딸을 낳는다.

‖ **조개가 산더미처럼 쌓여 있는 꿈은**

많은 재물을 모은다.

‖ **조개를 까서 그릇에 담은 꿈은**

연구결과나 번역물을 얻는다.

‖ **공중에서 떨어지는 조개를 받아 먹은 꿈은**

재물이 들어온다.

‖ **산이나 개울에서 마른 조개를 주운 꿈은**

재물을 얻거나 새로운 일을 접한다.

‖ **조개껍질을 가득 쌓았는데 자갈더미가 된 꿈은**

정리하고 있는 원고가 크게 히트한다는 암시다.

‖ **적은 양의 조개껍질이 수백 배의 자갈더미가 된 꿈은**

상품권 등에 당첨될 확률이 높다.

‖ **조개를 잡았는데 빈껍데기인 꿈은**

기대한 일의 결과가 작다.

‖ **조개가 발가락을 문 꿈은**

청탁한 일이 진행 중이라는 뜻이다.

7장. 곤충에 관한 꿈

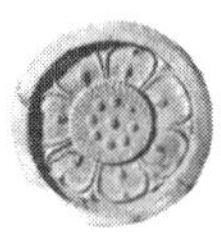

곤충

곤충에 대한 꿈은 단체의 세력, 사건의 진상, 일거리, 인격, 품성, 권리 명예, 재물 등을 나타낸다.

‖ 곤충의 애벌레를 본 꿈은

자신에 대해서 나쁘게 말하는 사람이 있다는 뜻이다.

‖ 곤충이 자유롭게 날아다닌 꿈은

정신적인 고통에서 벗어난다.

‖ 곤충을 죽인 꿈은

무슨 일이든 빈틈없이 완벽하게 처리한다.

‖ 곤충을 죽이고 양심의 가책을 느낀 꿈은

최선을 다하나 오히려 정신적인 고통에 시달린다.

‖ **곤충의 울음소리를 들은 꿈은**

먼 곳에서 소식이 온다.

‖ **곤충이 교미하는 것을 본 꿈은**

일의 결과가 나타난다.

‖ **해충을 죽인 꿈은**

집단적인 방해나 걱정이 사라진다.

‖ **코 안에서 벌레가 기어나온 꿈은**

자존심이 땅에 떨어질 징조다.

‖ **귀 안에서 곤충이 나온 꿈은**

질병에 시달릴 징조다.

‖ **입 안에서 벌레가 나온 꿈은**

막혔던 일이 풀리고 환자는 완쾌된다.

‖ **입 안으로 벌레가 들어간 꿈은**

방심하다 큰 실패를 당한다.

나비 · 벌 · 잠자리

곤충에 대한 꿈은 단체세력, 사건의 진상, 일거리, 인격, 품성, 권리 명예, 재물 등을 나타낸다. 나비에 대한 태몽은 귀엽고 예쁜 딸을 낳는다.

‖ **자신이 나비가 되어 날아다닌 꿈은**

인기인이 되어 명예와 부귀를 누린다.

‖ 밤중에 나비가 날아다닌 꿈은

적성에 맞지 않는 일을 하고 있다는 뜻이다.

‖ 나비가 꽃이나 꽃밭에 앉은 꿈은

사랑하는 사람이 생긴다.

‖ 여러 마리의 나비가 춤을 춘 꿈은

좋은 일이 생긴다.

‖ 나비가 떼를 지어 춤을 춘 꿈은

큰 경사가 생긴다.

‖ 나비가 품 안으로 날아든 꿈은

미혼여성은 멋진 남자와 결혼한다.

‖ 나비를 소중하게 안은 꿈은

여자는 멋진 남자와 데이트를 한다.

‖ 날아다니는 나비를 잡은 꿈은

새로운 이성을 사귄다.

‖ 우수수 떨어진 별들이 모두 나비가 된 꿈은

작품이나 학문을 많이 발표한다.

‖ 별똥별이 떨어진 자리에 나비가 날아다닌 꿈은

명예를 얻세 되고, 태몽이면 훌륭한 자손이 태어난다.

‖ 호랑나비를 본 꿈은

바람끼가 많은 사람을 만난다.

‖ 태극나비를 본 꿈은

신비한 일을 접한다.

‖ 빨간나비가 계곡을 날아다닌 꿈은

태몽이면 정치인이나 관리가 될 후손이 태어난다.

‖ 나비가 교미하는 것을 본 꿈은
이성과 첫 경험을 한다.

‖ 말벌을 본 꿈은
현재의 상황에서 하루속히 벗어나는 것이 좋다.

‖ 벌이 꽃이나 꽃밭에 앉은 꿈은
사랑하는 사람이 생긴다.

‖ 벌한테 쏘인 꿈은
질병에 걸릴 수도 있으나, 여자는 임신하고 작가는 작
품이 높은 평가를 받는다.

‖ 벌떼가 달려든 꿈은
정신적인 고통에 시달릴 징조다.

‖ 벌떼에게 시달린 꿈은
많은 사람들에게 봉변을 당할 징조다.

‖ 벌떼가 사라진 꿈은
하는 일이 몰락할 징조다.

‖ 손으로 벌을 잡은 꿈은
위험한 고비를 넘기고 순조롭게 풀려나간다.

‖ 손으로 큰 말벌을 잡은 꿈은
계약이 성사된다.

‖ 벌을 죽인 꿈은
모든 근심 걱정이 사라진다.

‖ 벌통에 꿀이 가득차 있었던 꿈은
뜻밖의 행운으로 재물이 들어온다.

‖ **벌집을 보거나 딴 꿈은**

명예와 부귀를 얻고 많은 직원을 거느리나, 만일 벌집
이 텅비어 있으면 호사다마가 된다.

‖ **수많은 벌이 벌집을 드나든 꿈은**

큰 사업을 경영하며 많은 사람을 고용한다.

‖ **잠자리를 잡은 꿈은**

새로운 이성을 만난다.

‖ **잠자리를 따라다닌 꿈은**

싫다는 사람을 쫓아다닌다.

‖ **잠자리가 짝을 지어 날아다닌 꿈은**

미혼자는 이성을 사귄다.

‖ **고추잠자리가 떼를 지어 날아다닌 꿈은**

귀인의 도움으로 어려운 문제를 해결한다.

‖ **표본된 잠자리를 본 꿈은**

사진이나 출판물을 본다.

파리 · 모기

곤충에 대한 꿈은 단체의 세력, 사건의 진상, 일거리,
인격, 품성, 권리 명예, 재물 등을 나타낸다.

‖ **파리약을 뿌린 꿈은**
정신적인 고통에서 벗어난다.

‖ 모기향을 피운 꿈은

서서히 어려움에서 벗어난다.

‖ 파리나 모기를 잡은 꿈은

자질구레한 일들이 정리되고 환자는 완쾌된다.

‖ 파리나 모기가 날아든 꿈은

해를 끼칠 사람들이 모여들어 귀찮아진다는 암시다.

‖ 파리나 모기를 죽인 꿈은

모든 근심 걱정이 사라져 편안해진다.

‖ 많은 파리를 본 꿈은

집안에 우환이 생길 징조다.

‖ 파리가 귀찮게 굴었던 꿈은

미운 사람이나 방해자에게 시달린다.

‖ 파리떼가 몰려든 꿈은

귀찮은 일이 계속 생겨 스트레스를 많이 받는다.

‖ 파리가 밥상으로 모여든 꿈은

가까운 사람이 자신의 재물을 탐내고 있다는 암시로 도
둑을 맞을 염려도 있다.

‖ 천정에 붙어 있는 많은 파리를 죽이거나 쫓은 꿈은

가족의 질병이 완쾌되고 사업적인 문제가 해결된다.

‖ 많은 파리가 대변에 달려든 꿈은

자신의 사업에 많은 사람이 관여한다.

‖ 파리가 몸에 붙어 떨어지지 않은 꿈은

싫어하는 사람이 떨어지지 않을 징조다.

‖ **파리가 입 안으로 들어온 꿈은**

가까운 사람이 질병에 걸릴 징조다.

‖ **모기에게 물린 꿈은**

동료나 직원에게 당할 징조다.

‖ **많은 모기를 죽인 꿈은**

방해자나 방해물을 제거한다.

‖ **손으로 모기 한 마리를 잡은 꿈은**

경쟁자를 물리친다.

‖ **모기가 주위에서 날아다닌 꿈은**

하기 싫은 일이나 귀찮은 일이 자꾸 생긴다.

‖ **모기장 안에서 편안하게 잠을 잔 꿈은**

만사가 순조롭게 진행된다.

개미 · 거미 · 지네

곤충에 대한 꿈은 단체의 세력, 사건의 진상, 일거리, 인격, 품성, 권리 명예, 새물 등을 나타낸다.

‖ **개미떼가 이동한 꿈은**

식상을 옮기거나 이사를 한다.

‖ **구멍에서 개미가 계속 나온 꿈은**

쉴새없이 일거리가 들어온다.

‖ 개미가 큰 벌레를 나른 꿈은

여러 사람의 도움으로 어려운 문제를 해결한다.

‖ 작은 개미가 큰 물건을 옮긴 꿈은

자신의 능력을 최대한으로 발휘한다.

‖ 한 물건을 여러 마리의 개미가 옮긴 꿈은

상하의 협동관계가 좋아진다.

‖ 개미집이 물에 휩쓸려간 꿈은

가정에 재난이 생기거나 재물을 잃는다.

‖ 개미떼가 몸으로 기어오른 꿈은

다른 사람을 위해 돈을 쓴다.

‖ 개미가 나무 위로 올라간 꿈은

노력한 만큼의 댓가를 얻는다.

‖ 개미가 나뭇잎을 타고 강물을 따라간 꿈은

쉽게 재물을 얻는다.

‖ 개미집을 헐어버린 꿈은

집안에 우환이 생길 징조다.

‖ 개미가 돌아다닌 꿈은

길몽으로 사업가는 운이 열린다.

‖ 음식에 개미가 있었던 꿈은

길몽으로 행운이 찾아온다.

‖ 개미에게 잡아먹힌 꿈은

감당하지 못할 일을 맡는다.

‖ 개미를 죽이려고 약을 뿌린 꿈은

지금의 상황에서 벗어나려고 한다는 뜻이다.

‖ 거미한테 물린 꿈은

어떤 사업가로부터 혜택을 받는다.

‖ 거미한테 잡아먹힌 꿈은

경쟁자의 계략에 빠질 징조다.

‖ 거미를 죽인 꿈은

반가운 소식을 듣는다.

‖ 거미가 실을 뽑고 있었던 꿈은

자신의 정보나 약점을 이용하려는 사람이 접근한다.

‖ 몸에 거미줄이 감긴 꿈은

근심 걱정이 생길 징조다.

‖ 거미줄에 걸려 꼼짝할 수 없었던 꿈은

하는 일이 진퇴양난에 빠질 징조다.

‖ 집 안에 거미줄이 많이 있었던 꿈은

경쟁자의 계략이나 함정에 빠져 어려움에 처한다.

‖ 거미줄에 있는 거미를 본 꿈은

자신에게 해를 입히려고 일을 꾸미는 사람이 있다는 뜻
이다.

‖ 거미줄에 걸린 곤충을 떼어준 꿈은

곤경에 처한 사람을 구해준다.

‖ 사방에 거미줄이 있었던 꿈은

사업을 확장한다.

‖ 거미가 사라진 꿈은

막혔던 일들이 순조롭게 풀려나간다.

‖ 거미가 달려든 꿈은

가까운 사람에게 시달리거나 재난을 당할 징조다.

‖ 거미떼가 달려든 꿈은

악당에게 시달릴 징조다.

‖ 거미가 먹이를 잡은 꿈은

재물이 들어오거나 동조자가 나타난다.

‖ 지네에게 물린 꿈은

융자를 받거나 어딘가에 투자한다.

‖ 지네가 꿈틀거리며 지나간 꿈은

환자는 완쾌하나 사업은 부진하며 손실도 있다.

‖ 말린 지네를 많이 갖고 있었던 꿈은

뜻하지 않은 곳에서 재물이 들어온다.

‖ 지네의 발만 보인 꿈은

만사가 순조롭게 진행된다.

바퀴벌레 · 이 · 벼룩 · 빈대

곤충에 대한 꿈은 단체의 세력, 사건의 진상, 일거리, 인격, 품성, 권리 명예, 재물 등을 나타낸다.

‖ 바퀴벌레가 많이 있었던 꿈은

정신적인 고통을 겪을 징조다.

‖ **바퀴벌레를 소탕한 꿈은**

어려운 여건과 방해자를 극복하고 목적을 이룬다.

‖ **바퀴벌레를 죽인 꿈은**

경쟁자나 방해자를 제거하고, 환자는 병이 완쾌된다.

‖ **바퀴벌레약을 뿌린 꿈은**

침체에서 벗어난다.

‖ **바퀴벌레를 먹은 꿈은**

집안에 우환이 생길 징조다.

‖ **바퀴벌레가 몸 위로 기어오른 꿈은**

집안에 우환이 생길 징조다.

‖ **바퀴벌레가 징그럽다고 느낀 꿈은**

능청스런 사람을 만난다.

‖ **이를 본 꿈은**

뜻밖의 소식을 듣는다.

‖ **이를 죽인 꿈은**

정신적으로 시달리던 일이 해결된다.

‖ **벼룩을 본 꿈은**

수위에 자신을 힘들게 하는 사람이 있다는 뜻이다.

‖ **높이 뛰는 벼룩을 잡은 꿈은**

전근이나 전직이 쉽게 이루어진다.

‖ **벼룩이 뛴 곳을 찾지 못한 꿈은**

도둑을 놓친다.

‖ **빈대에게 물린 꿈은**

가까운 사람을 위해서 돈을 쓴다.

‖ 빈대가 많아서 잠자리를 옮긴 꿈은
귀찮은 사람 때문에 직업을 바꾼다.

달팽이 · 누에 · 거머리 · 송충이 등

 곤충에 대한 꿈은 단체의 세력, 사건의 진상, 일거리,
인격, 품성, 권리 명예, 재물 등을 나타낸다. 누에에 대
한 태몽은 태어날 후손이 중년 이후에 성공한다.

‖ 달팽이를 본 꿈은
재수없는 일이 생길 징조다.
‖ 달팽이가 힘겹게 기어오른 꿈은
하는 일이 어려움에 처하게 될 징조다.
‖ 누에가 고치를 만든 꿈은
조직, 건설, 결혼 등이 성사된다.
‖ 누에고치가 방 안에 가득 있었던 꿈은
작품을 많이 발표한다.
‖ 누에고치에서 나비가 나온 꿈은
창작을 한다는 암시다.
‖ 누에가 알을 낳은 꿈은
예상 외의 이익이 생긴다.
‖ 누에를 많이 키운 꿈은
자본이 많이 생긴다.

‖ **누에가 무더기로 있는 꿈은**

의식주가 풍부해진다.

‖ **누에가 많이 있는 꿈은**

큰 재물이 들어온다.

‖ **거머리를 본 꿈은**

뜻하지 않은 일로 몫돈이 나간다.

‖ **다리에 거머리가 많이 붙은 꿈은**

큰 부자가 되어 많은 사람을 고용한다.

‖ **거머리한테 물려서 피가 난 꿈은**

사기에 휘말려 재물을 잃는다.

‖ **거머리가 자신의 피를 빨아먹은 꿈은**

친척이나 형제들을 위해서 돈을 쓴다.

‖ **송충이가 몸에 붙은 꿈은**

재난이 닥칠 징조다.

‖ **집게벌레를 본 꿈은**

경쟁자가 호시탐탐 기회를 노리고 있다는 뜻이다.

‖ **지렁이를 낚시 미끼로 사용한 꿈은**

노력의 결과가 나타나며 재물이 늘어온다.

‖ **반딧불을 본 꿈은**

잘 풀리던 일이 꼬일 징조다.

8장. 식물에 관한 꿈

식물

 식물에 대한 꿈은 사업, 일거리, 소원, 희망, 재물 등을
나타낸다.

‖ **잔디밭에 누운 꿈은**

연구에 몰두하거나 오래 기다려야 할 일이 생긴다.

‖ **풀을 벤 꿈은**

현재 사업을 정리하고 새로운 사업을 시작한다.

‖ **식물이 쑥쑥 자란 꿈은**

만사가 순조롭게 진행된다.

‖ **식물이 말라버린 꿈은**

사업이 흥망의 기로에 서 있다는 암시다.

‖ **식물이 시들은 꿈은**

자금이나 물품이 조달되지 않는 등 만사가 어렵다.

‖ **풀이 시들어 말라죽은 꿈은**

만사가 풀리지 않을 징조다.

‖ **마른 풀이 많이 쌓여 있는 꿈은**

길몽으로 좋은 일이 생긴다.

‖ **마른 풀이 젖어 있는 꿈은**

흉몽으로 불길한 일이 생긴다.

‖ **밭에 잡초가 난 꿈은**

주변을 돌아보고 정리할 때가 왔다는 암시다.

‖ **무성한 잡초를 보고 있었던 꿈은**

자신의 능력으로 해결할 수 없는 문제에 부딪힌다.

‖ **우거진 덩굴을 지나간 꿈은**

여러 가지 일이 겹쳐 정신적인 갈등을 겪는다.

‖ **담쟁이 넝쿨이 잘 자란 꿈은**

사회적으로 대인관계가 좋아지며 하는 일도 순조롭다.

‖ **담쟁이 넝쿨이 얼키고 설켜 있었던 꿈은**

하는 일이 꾀여서 풀리지 않을 징조다.

‖ **몸에 풀이 감겨 물 속에서 빠져나오지 못한 꿈은**

단체나 회사에서 나오려고 해도 뜻대로 되지 않는다.

‖ **갈대밭을 본 꿈은**

애인과 헤어지거나 정신적인 갈등이 생긴다.

‖ **갈대를 꺾은 꿈은**

작품을 발표한다.

‖ **새파랗고 파릇파릇한 이끼를 본 꿈은**

아름다운 사랑을 맺는다.

‖ **독버섯을 본 꿈은**

목적을 이루려면 많은 고통과 시련을 겪어야 한다.

‖ **독버섯을 모르고 먹은 꿈은**

질병, 사기, 도난 등이 따르며 경쟁자의 계략에 빠져 명예와 지위가 몰락할 수도 있다.

‖ **산삼을 캔 꿈은**

귀인의 도움으로 큰 재물을 얻거나 복권이나 상품권 등에 당첨될 확률이 높다.

‖ **인삼을 캐거나 사온 꿈은**

인삼의 양만큼 재물이 들어온다.

‖ **인삼이나 산삼을 먹은 꿈은**

건강이 좋아지며 환자는 질병이 완쾌된다.

‖ **산삼을 선물받은 꿈은**

태몽이면 훌륭한 후손이 태어난다.

‖ **산삼을 도둑맞은 꿈은**

재물이 나갈 징조다.

‖ **동자만한 산삼을 본 꿈은**

길몽으로 횡재수가 있다.

‖ **산삼이 있는 곳을 본 꿈은**

귀인을 찾아가 도움을 요청한다.

‖ **산삼을 판매한 꿈은**

재물이 많이 들어온다.

‖ 인삼을 많이 만진 꿈은

하는 일이 번창하며 재물이 들어온다.

‖ 약초를 심은 꿈은

어려운 이웃을 돕는 등 좋은 일을 한다.

‖ 박이 주렁주렁 달려 있었던 꿈은

집안에 우환이 생길 징조다.

꽃

꽃에 대한 꿈은 기쁨, 경사, 영광, 성공, 명예, 여성, 애정, 과시 등을 나타낸다. 붉은 꽃은 열정, 애정, 충성, 명예 등을 나타낸다. 꽃에 대한 꿈은 대체적으로 좋은 일이 생기며 태몽이면 예쁜 딸을 낳는다.

‖ 꽃을 본 꿈은

직장을 구하거나 사업을 시작한다.

‖ 아름다운 꽃을 본 꿈은

애인과 이성문제로 다투거나 헤어진다.

‖ 크고 아름다운 꽃송이를 본 꿈은

일의 결과가 좋으며 명예가 높아진다.

‖ 아름다운 야생화를 본 꿈은

명예와 지위가 올라간다.

‖ 이슬에 젖은 꽃을 바라본 꿈은
우울한 마음을 나타내는 꿈이다.
‖ 꽃 속으로 들어간 꿈은
훌륭한 배우자를 만난다.
‖ 꽃밭을 걸어간 꿈은
남자는 이성을 사귀거나 결혼한다.
‖ 꽃을 먹은 꿈은
남자는 이성을 사귀게 되고, 여자는 다른 여자때문에
사귀는 남자와 다툰다.
‖ 꽃을 따먹거나 삼킨 꿈은
명예와 부귀를 얻는다.
‖ 꽃잎을 씹은 꿈은
옛 애인을 그리워하고 있다는 뜻이다.
‖ 꽃을 얼굴에 비빈 꿈은
외롭고 고독함을 나타내는 꿈이다.
‖ 꽃을 꺾은 꿈은
이성과의 이별을 암시하는 꿈이다.
‖ 여러 가지 꽃을 꺾은 꿈은
많은 활동으로 명예가 높아진다.
‖ 처음보는 꽃을 발견하거나 꺾은 꿈은
발명, 발견, 창작, 개척 등이 따른다.
‖ 정원에 꽃이 만발한 꿈은
가정에 경사가 생긴다.

‖ 이끼낀 바위에 꽃이 핀 꿈은

지나간 일로 좋은 일이 생긴다.

‖ 높은 산에 꽃이 만발한 꿈은

국가나 사회적인 일로 명예를 얻는다.

‖ 산이나 들에 꽃이 만발한 꿈은

어떤 기관으로 인하여 명예가 높아진다.

‖ 만발한 꽃나무 밑을 걸은 꿈은

길몽으로 좋은 일이 생긴다.

‖ 꽃다발이나 화환을 받은 꿈은

길몽으로 좋은 일이 생긴다.

‖ 바람에 꽃이 흔들린 꿈은

사랑하는 사람의 마음이 흔들리고 있다는 뜻이다.

‖ 바람에 꽃이 꺾인 꿈은

애인과 이별할 징조다.

‖ 꽃다발이 흩어진 꿈은

청혼을 거절하거나 재물이 흩어진다.

‖ 꽃잎이 하나 하나 떨어진 꿈은

난제나 개인의 몰락을 암시하는 꿈이다.

‖ 고목나무에 꽃 한송이가 핀 꿈은

다른 사람의 것을 활용하여 명예를 얻는다.

‖ 꽃향기를 맡은 꿈은

그리운 사람을 만난다.

‖ 꽃향기에 취한 꿈은

달콤한 사랑에 빠진다.

‖ 꽃나무를 뿌리째 캔 꿈은

계약이 성립된다.

‖ 하늘에서 꽃비가 내린 꿈은

뜻밖의 행운이 찾아오며 미혼자는 결혼한다.

‖ 꽃밭에 물을 준 꿈은

소원하는 일이 이루어지며 어려운 사람을 돕는다.

‖ 꽃밭에 누운 꿈은

하는 일이 순조롭게 진행되며 미혼자는 결혼한다.

‖ 꽃을 그린 꿈은

아름다운 여자를 사귄다.

‖ 꽃을 그리다 사람을 그린 꿈은

새로운 이성을 만난다.

‖ 꽃을 다른 사람에게 준 꿈은

명예와 권위가 떨어지며 재물이 흩어진다.

‖ 시든 꽃을 본 꿈은

재물을 잃거나 이성과 헤어질 징조다.

‖ 시든 꽃에 물을 준 꿈은

환자는 질병이 완쾌된다.

‖ 꽃이 메말라 비틀어진 꿈은

사업이 침체되며 애인과 헤어질 징조다.

‖ 꽃이 떨어진 꿈은

이성과 헤어질 징조다.

‖ 꽃이 우수수 떨어진 꿈은

하는 일이 어려움에 처한다.

‖ 꽃이 피었다 졌는데도 열매가 없는 꿈은

하는 일이 실패할 징조다.

‖ 숲 속에서 꽃을 꺾은 꿈은

아름다운 여인과 데이트를 한다.

‖ 절벽에 핀 아름다운 꽃을 꺾은 꿈은

남자는 고귀하고 아름다운 여성과 결혼한다.

‖ 담장 위에 꽃이 핀 꿈은

생활이 풍족해진다.

‖ 식탁 위에 예쁜 꽃이 있었던 꿈은

축하받을 일이 생기며 미혼자는 결혼한다.

‖ 연못에 연꽃이 피어 있는 꿈은

소원하는 일이 이루어진다.

‖ 장미꽃을 보거나 장미꽃밭에 누운 꿈은

행복한 사랑과 가정과 감정 등을 만끽한다.

‖ 개나리꽃을 본 꿈은

머지않아 좋은 일이 생긴다.

‖ 난초꽃이 아름답게 피어 있는 꿈은

길몽으로 행운이 찾아온다.

‖ 매화가 만발한 꿈은

집안이 명성을 얻는다.

‖ 메밀꽃이 활짝 핀 꿈은

만사가 순조롭게 이루어진다.

‖ 밤꽃을 본 꿈은

좋은 일이 생기거나 기쁜 소식을 듣는다.

‖ 벚꽃을 본 꿈은

추진하는 일에 문제가 발생한다.

‖ 달밤에 배꽃을 본 꿈은

반가운 사람을 만난다.

‖ 화분을 사거나 집으로 가져온 꿈은

이성과의 교제가 시작되거나 혼담이 들어온다.

‖ 꽃이 활짝 핀 분재를 얻은 꿈은

기쁜 일과 뜻밖의 재물이 생기며 미혼자는 결혼한다.

‖ 조화를 본 꿈은

현재 교제하는 이성이 위선으로 대하고 있다는 뜻이다.

나무

 나무에 대한 꿈은 사람의 몸, 인격, 인재, 기업체, 기관, 회사, 관청, 병력, 재물 등을 나타낸다.

‖ 나무로 배를 만든 꿈은

자신의 능력을 최대한 발휘한다.

‖ 나무에 오른 꿈은

지위가 올라가며 재물이 들어온다.

‖ 공중을 날아서 나무에 올라간 꿈은

이성과의 사랑이나 승진 등이 쉽게 이루어진다.

‖ 나뭇가지 위에서 이리저리 뛰어다닌 꿈은

여러 곳에서 자신의 능력을 최대한으로 발휘한다.

‖ 큰 고목나무 위에서 평지처럼 걸은 꿈은

만사가 순조롭게 진행된다.

‖ 나무 위에서 내려온 꿈은

만사가 순조롭게 진행된다.

‖ 지붕이나 방 안에 나무가 난 꿈은

길몽으로 집안이 번창한다.

‖ 산에서 집으로 나무를 가져온 꿈은

사업을 도와줄 협조자를 만난다.

‖ 나무에서 떨어진 꿈은

한순간에 명예와 지위가 몰락한다.

‖ 나뭇가지가 부러진 꿈은

가까운 사람 중에 한 명이 죽거나 자신을 떠난다.

‖ 큰 나무가 갑자기 부러진 꿈은

집안에 우환이 생길 징조다.

‖ 나뭇가지에 매달린 꿈은

무리하게 변화를 추진하면 어려워진다는 뜻이다.

‖ 매달린 나뭇가지가 부러진 꿈은

실직하거나 사업기반을 잃을 징조다.

‖ 고목나무가 부러진 꿈은

친척이나 존경하는 사람 중에서 한 명이 죽는다.

‖ 나무를 자른 꿈은

장애물이 제거되거나 문제가 해결된다.

‖ 나뭇가지를 꺾은 꿈은

애인이나 가까운 사람과 헤어질 징조다.

‖ 나무를 베어 운반한 꿈은

재물이 모이는 등 좋은 일이 생긴다.

‖ 나무를 옮겨 심은 꿈은

직장의 변동이 있거나 이사를 한다.

‖ 마당으로 나무를 옮겨 심은 꿈은

귀인을 만나 도움을 받는다.

‖ 과일나무를 심은 꿈은

머지않아 노력의 결과가 나타난다.

‖ 묘목을 심은 꿈은

계획이나 사업이 시작단계라는 뜻이다.

‖ 집 안으로 큰 나무를 옮겨 심은 꿈은

처음에는 어려우나 나중에는 성공한다.

‖ 나무에 꽃이 만발한 꿈은

자손이 부귀영화를 누린다.

‖ 땅에서 솟은 나무가 금방 꽃피고 열매를 맺은 꿈은

하루아침에 부귀영화를 얻는다.

‖ 나무가 쓰러진 꿈은

어려운 상황에 빠져 고통을 겪는다.

‖ 쓰러지는 나무를 부축한 꿈은

조금더 노력하면 만사가 순조로워진다.

‖ 죽은 나무에 물을 준 꿈은

항상 희망을 갖고 있음을 나타내는 꿈이다.

‖ 나무가 말라죽은 꿈은

하는 일이 어려움에 처하거나 집안에 우환이 생긴다.

‖ 죽은 나무에 잎이 핀 꿈은

포기한 일이 가까운 사람의 도움으로 풀린다.

‖ 고목나무에 열매가 열린 꿈은

포기한 일에서 큰 이익을 얻는다.

‖ 나무에 잎이 하나도 없었던 꿈은

모두 떠나 외로워진다.

‖ 나무가 벼락을 맞은 꿈은

뜻밖의 재난으로 고통을 겪을 징조다.

‖ 큰 나무에 기댄 꿈은

부탁한 일이 성사된다.

‖ 큰 나무 아래 앉거나 서 있었던 꿈은

어떤 단체나 기관의 협조로 신분이 고귀해진다.

‖ 나무가 강물에 떠내려 온 꿈은

마음의 갈피를 잡지못하고 방황한다.

‖ 나무뿌리를 잡고 위로 올라간 꿈은

협조자를 물색하여 어리운 난관을 극복한다.

‖ 집 안에 있는 큰 나무가 지붕보다 높아진 꿈은

길몽으로 지위와 명예가 올라간다.

‖ 나무에 올라가다 떨어진 꿈은

지나친 욕심을 부리다 명예와 지위가 떨어진다.

‖ 나무에서 떨어져 부상당한 꿈은

세력이 꺾이거나 용기를 잃는다.

‖ 강언덕에 나무 한 그루가 서 있었던 꿈은
한 가지 소원은 이루어진다.
‖ 나무가 강 가운데 우뚝 서 있는 꿈은
어떤 단체나 기관의 교량적 역할을 한다.
‖ 나무 한 그루가 산 위에 서 있는 꿈은
주위 사람들에게 고립되어 외로움을 느낀다.
‖ 무덤 위에 나무가 서 있는 꿈은
신분이 고귀해진다.
‖ 큰 나무를 짊어진 꿈은
욕심 때문에 고통을 겪을 징조다.
‖ 큰 나무가 뿌리채 뽑힌 꿈은
지도자나 권력자가 은퇴한다.
‖ 마당에 나무기둥을 박거나 세운 꿈은
더욱 확실하고 견고한 기반을 갖춘다.
‖ 나무기둥이 갑자기 굵어지거나 커진 꿈은
사업을 크게 확장하거나 승진한다.
‖ 나무기둥에 용의 그림이 있는 꿈은
명예와 신분이 높아진다.
‖ 나뭇가지가 쓸쓸하게 느낀 꿈은
이별의 외로움이 오래간다는 뜻이다.
‖ 낙엽을 태운 꿈은
과거를 잊고 새출발을 한다.
‖ 낙엽을 모은 꿈은
재물을 모으는 등 하는 일이 잘 풀린다.

‖ 낙엽을 긁어모은 꿈은

노력 끝에 재물을 모은다.

‖ 낙엽을 쓸다가 보석을 주운 꿈은

지나간 일로 재물이 들어온다.

‖ 낙엽이 쌓인 꿈은

재물이 저절로 많이 모인다.

‖ 바람에 낙엽이 뒹군 꿈은

슬픈 소식을 듣게 될 징조다.

‖ 낙엽 위를 걸은 꿈은

재물이 들어온다.

‖ 두 사람이 낙엽 위를 걸은 꿈은

추억을 그리워하고 있다는 뜻이다.

‖ 누군가가 낙엽 한 짐을 짊어지고 자신의 집으로 들어온 꿈은

그 사람이 사업자금을 융통해준다.

‖ 푸른 나뭇잎을 딴 꿈은

소원하는 일이 이루어진다.

‖ 푸른 나뭇잎이 떨어진 꿈은

가까운 사람이 질병에 걸릴 징조나.

‖ 버들가지가 늘어진 꿈은

새로운 일을 시작한다.

‖ 버들가지로 피리를 만든 꿈은

창작을 하거나 작품을 발표한다.

‖ 바람에 대나무가 운 꿈은

집안에 우환이 생길 징조다.

‖ **대나무가 잘 자라서 마당에 가득했던 꿈은**

관직에 있는 사람은 이름을 크게 떨친다.

‖ **집 안에 대나무가 무성했던 꿈은**

자금이나 경제가 풀리지 않고 구설수에 휘말린다.

‖ **대나무숲을 산책한 꿈은**

대학자나 저명인사와 교류가 생기며 자신의 학문도 매우 높아진다.

‖ **감나무에 올라간 꿈은**

감투를 쓰게 된다.

‖ **뽕나무를 심은 꿈은**

이성문제로 말썽이 생기거나 재물을 잃는다.

‖ **우물 옆에 뽕나무가 있는 꿈은**

질병에 시달릴 징조다.

‖ **살구나무에 살구가 열린 꿈은**

생활이 안정되며 행복해진다.

‖ **가시나무에 찔린 꿈은**

하는 일이나 업무가 잘못되어 좌절감을 느낀다.

‖ **떡갈나무를 본 꿈은**

만사가 순조롭게 이루어진다.

‖ **떡갈나무가 쓰러진 꿈은**

재물이 나갈 징조다.

‖ **도토리나무를 본 꿈은**

경쟁자가 많이 생긴다는 암시이니 더 노력하도록.

∥ 야자나무를 본 꿈은

지금은 어려워도 곧 좋은 일이 생긴다.

∥ 월계수나무를 본 꿈은

소원하는 일이 모두 이루어진다.

∥ 소나무나 대추나무가 많이 있는 꿈은

만사가 순조롭게 진행된다.

∥ 집 안에 소나무나 잣나무가 있는 꿈은

장수할 꿈이다.

∥ 향나무를 본 꿈은

신분이 고귀해진다.

∥ 지붕에 단풍나무가 있는 꿈은

만사가 순조롭게 이루어진다.

∥ 느티나무를 본 꿈은

구설수에 휘말릴 징조다.

∥ 아카시아나무 가시에 찔린 꿈은

절교를 당한다.

∥ 아카시아꽃 향기가 나는 길을 걸은 꿈은

멋진 이성을 만난다.

9장. 하늘에 관한 꿈

하늘

하늘에 대한 꿈은 넓은 세계, 깊은 진리, 권력, 도덕, 운세, 부모, 조상, 남편, 사업기반 등을 나타낸다.

‖ 하늘로 올라간 꿈은

명예와 지위가 올라간다.

‖ 하늘로 올라가다 떨어진 꿈은

임시직으로 들어가거나 일시적인 명예와 부가 따른다.

‖ 하늘이 무너진 꿈은

은인이나 스승 등과 헤어진다.

‖ 하늘과 땅이 합쳐진 꿈은

회사를 합병하거나 동업을 하는데 결과가 매우 좋다.

‖ **하늘이 갈라진 꿈은**

주위에서 도와주던 사람과 헤어진다.

‖ **하늘의 문이 열린 꿈은**

소원하는 일이 이루어진다.

‖ **하늘의 문이 굳게 닫힌 꿈은**

노력을 기울이나 보람이 적다.

‖ **하늘의 문으로 들어간 꿈은**

최고의 목적이 이루어지며 명예와 지위를 얻는다.

‖ **하늘에 난 길을 걸은 꿈은**

길몽으로 최고의 운세로 치닫는다.

‖ **맑은 하늘을 본 꿈은**

소원하는 일이 이루어진다.

‖ **하늘이 흐린 꿈은**

근심 걱정이 생길 징조다.

‖ **하늘이 어두워진 꿈은**

곧 재난이 닥칠 징조다.

‖ **하늘이 갑자기 어두워진 꿈은**

큰 혼란이 다가와 당황하게 된다.

‖ **하늘이 어두웠다가 밝아진 꿈은**

시작은 어려우나 순조롭게 잘 풀려나간다.

‖ **하늘이 붉은 꿈은**

전쟁이나 혁명 등 사회적인 혼란이 생긴다.

‖ **저녁노을을 바라본 꿈은**

늦게나마 크게 성공한다.

‖ 노을에 불타는 하늘을 본 꿈은
최선의 노력을 기울여야 성공할 수 있다.

‖ 하늘에서 떨어진 꿈은
무시를 당하거나 사업이 망할 징조다.

‖ 누워서 하늘을 본 꿈은
계획을 다시 한 번 점검하라는 뜻이다.

해

 해에 대한 꿈은 국가, 국토, 대통령, 위인, 유명인, 개
척자, 진리, 권력, 명예, 사업체, 권력기관 등을 나타낸
다. 해와 관계 있는 태몽은 훌륭한 후손이 태어난다.

‖ 일출을 감상한 꿈은
길몽으로 취업이나 승진 등이 성사된다.

‖ 해가 떠오른 꿈은
만사가 뜻대로 이루어져 크게 발전한다.

‖ 동쪽에서 해가 뜬 꿈은
모든 일이 밝고 희망차 새롭게 발전한다.

‖ 서쪽에서 해가 뜬 꿈은
뜻밖의 일로 계획에 차질이 생겨 어려움에 처한다.

‖ 중천에 해가 뜬 꿈은
명예나 지위가 최고의 위치에 오른다.

‖ 해를 보고 절한 꿈은

권력있는 사람에게 부탁한 일이 성사된다.

‖ 햇빛이 찬란했던 꿈은

하는 일이 크게 번창하며 큰 인물이 된다.

‖ 햇빛이 화사했던 꿈은

축하받을 일이나 기쁜 일이 생긴다.

‖ 방이나 마루 구석진 곳으로 햇빛이 환하게 비친 꿈은

길몽으로 경사가 생긴다.

‖ 침실에 햇빛이 비친 꿈은

미혼여성은 혼담이 있고, 기혼여성은 귀한 자손이 태어
난다.

‖ 침실에 햇빛이 찬란하게 비친 꿈은

가정이 화목하며 많은 이익을 얻는다.

‖ 창문에 햇빛이 비친 꿈은

막혔던 일이 풀리며 새로운 아이디어나 발명, 발견 등
이 따른다.

‖ 햇빛이 자신의 몸을 밝게 비춘 꿈은

크게 출세하며 환자는 병이 낫는다.

‖ 햇빛이 숲이나 나뭇가지를 밝게 비춘 꿈은

많은 사람을 위해 일을 하게 된다.

‖ 햇빛을 받으면서 방으로 들어간 꿈은

처음에는 어렵더라도 초지일관하여 목적을 이룬다.

‖ 햇빛이 뜨겁다고 느낀 꿈은

현실에서 벗어나고 싶은 심정을 나타내는 꿈이다.

‖ 햇볕이 뜨겁게 내리쪼이는데 누워 있었던 꿈은

하는 일이나 사업이 침체에 빠져 오래갈 징조다.

‖ 서쪽으로 해가 진 꿈은

일이 쇠퇴하고 공로나 성과가 다른 사람에게 돌아간다.

‖ 서산으로 해가 져서 어두워진 꿈은

모든 일이 쇠퇴할 징조다.

‖ 해가 희미하게 보인 꿈은

하는 일이 후퇴하며 정신적인 고통을 겪는다.

‖ 해가 이지러진 꿈은

하는 일이 쇠퇴하며 재물이 흩어진다.

‖ 두 개의 해가 하나로 합쳐진 꿈은

회사가 합병되며 미혼자는 결혼한다.

‖ 해가 두 개로 갈라진 꿈은

가정에 분열이 생기거나 동업자와 헤어진다.

‖ 하늘에 태양이 없는 꿈은

책임자가 멀리 떠나간다.

‖ 하늘에 태양이 두 개 있는 꿈은

권위에 도전한다.

‖ 해가 두 개로 보인 꿈은

경쟁자가 생겨 다툼이 벌어진다.

‖ 해가 떨어진 꿈은

집안에 우환이 생길 징조다.

‖ 해가 떨어져 구른 꿈은

누군가의 업적이 세상 사람들에게 호평을 받는다.

‖ **해를 삼킨 꿈은**

태몽으로 귀한 후손이 태어난다.

‖ **해를 품에 안은 꿈은**

태몽이면 훌륭한 후손이 태어난다.

‖ **해를 짊어진 꿈은**

능력 밖의 일을 맡는다.

‖ **해가 치마 속으로 들어온 꿈은**

태몽으로 귀한 자손이 태어난다.

‖ **일식을 본 꿈은**

남자는 아내가 임신하거나 순산한다.

‖ **일식된 해를 본 꿈은**

집안에 우환이 생기거나 질병에 걸릴 징조다.

‖ **양 손에 해와 달을 들었던 꿈은**

권력과 명예를 얻는다.

‖ **해와 달을 함께 본 꿈은**

태몽으로 귀한 자손이 태어난다.

‖ **해와 달이 함께 뜨는 것을 본 꿈은**

가까운 사람에게 사기당할 징조다.

‖ **해와 달이 함께 떠있는 것을 본 꿈은**

동업자나 친구, 동료 때문에 큰 손해를 본다.

‖ **별이 반짝이는데 태양이 떠오른 꿈은**

경쟁자의 힘이 강해진다.

달

 달에 대한 꿈은 기관, 사업체, 권리, 일거리, 작품, 명예, 권력가, 지도자, 어머니, 애인, 친구, 여성 등을 나타낸다.

‖ **밝은 달을 본 꿈은**

좋은 생기며 여자는 예쁜 딸을 낳거나 임신한다.

‖ **보름달을 본 꿈은**

사업이 최고조에 달한다.

‖ **초생달을 본 꿈은**

일이 서서히 풀려나간다.

‖ **달을 보고 절한 꿈은**

하는 일이 점점 번창한다.

‖ **달을 향해 고개를 숙인 꿈은**

만사가 뜻대로 이루어진다.

‖ **한낮에 달을 본 꿈은**

재난이 일어난 징조다.

‖ **달을 삼킨 꿈은**

태몽으로 귀한 후손이 태어난다.

‖ **달을 품 안에 안은 꿈은**

태몽으로 딸을 낳는다.

‖ **온 몸에 달빛이 비친 꿈은**

승진, 입학, 취직 등이 성사된다.

‖ 집 안에 달빛이 비친 꿈은

고귀한 사람이 된다.

‖ 밤에 달이 빛난 꿈은

능력이나 실력을 인정받는다.

‖ 물 속에 달이 비친 꿈은

하는 일이 순조롭게 풀려나간다.

‖ 호수에 비친 달을 본 꿈은

데이트를 하게 된다.

‖ 물 한가운데 달 그림자가 비친 꿈은

만사가 어려워질 징조다.

‖ 물 속에 비친 달을 잡으려다 물에 빠진 꿈은

허황된 꿈을 꾸다 실패할 징조다.

‖ 아름다운 달무리를 본 꿈은

기혼자는 행복하고, 미혼자는 행복한 결혼을 한다.

‖ 달이 치마 속으로 들어온 꿈은

태몽으로 귀한 자손이 태어난다.

‖ 달밤에 술을 마신 꿈은

기쁜 일이 생기며 인기와 명예를 얻는다.

‖ 달을 탐험한 꿈은

기대 이상의 좋은 결과가 나타나며 목적을 이룬다.

‖ 달이 이지러져 보인 꿈은

하는 일이 쇠퇴하거나 이성간에 다툼이 벌어진다.

‖ 달이 어두워 보인 꿈은

집안에 우환이 생기며 정신적인 고통을 겪는다.

‖ **달이 서산으로 진 꿈은**

어렵고 막혔던 일들이 서서히 풀리기 시작한다.

‖ **달을 짊어진 꿈은**

능력 밖의 일을 맡는다.

‖ **달이 떨어진 꿈은**

집안에 우환이 생길 징조다.

‖ **달이 떨어져서 구른 꿈은**

누군가의 업적이 호평을 받는다는 암시다.

‖ **월식을 본 꿈은**

아내가 임신하거나 순산한다.

‖ **달 속으로 빨려들어간 꿈은**

사랑에 푹 빠진다는 암시다.

별

별은 희망, 권리, 진리, 위인, 유명인, 권력자, 지도자,
친구, 명예, 업적, 작품, 사업 등을 나타낸다.

‖ **별이 유난히 빛난 꿈은**

새로운 아이디어를 발표하거나 작품을 창작한다.

‖ **별 하나가 반짝인 꿈은**

가까운 사람과 헤어지고 외톨이가 된다.

‖ **두 개의 별이 유난히 빛난 꿈은**

사랑이 더욱더 깊어진다.

‖ **샛별이 빛난 꿈은**

인기와 관계 있는 사람은 인기와 명예를 널리 알린다.

‖ **여러 개의 별이 빛난 꿈은**

단체나 모임 등에 참석한다.

‖ **수많은 별이 빛난 꿈은**

축하받을 일이나 좋은 일이 생긴다.

‖ **별과 대화를 나눈 꿈은**

좋은 일이 생기고 이성을 사귄다.

‖ **별나라로 여행한 꿈은**

놀이동산에 놀러간다.

‖ **별을 그린 꿈은**

새로운 계획을 세운다는 암시다.

‖ **별을 딴 꿈은**

명예와 권위를 얻는다.

‖ **별을 따먹은 꿈은**

태봉으로 예쁜 딸을 낳는다.

‖ **별을 따서 어깨에 붙인 꿈은**

원하는 것이 모두 이루어진다.

‖ **많은 별들이 떨어진 꿈은**

명예, 재물, 권력 등이 모두 몰락한다.

‖ **별이 떨어져 물 속에 빠진 꿈은**

가족 중에 누군가가 죽는다는 암시다.

‖ **별이 물에 빠진 꿈은**

명예나 지위가 한순간에 몰락할 징조다.

‖ **물 속에 별이 비친 꿈은**

이성과 헤어지며 만사불성이다.

‖ **별 하나가 품으로 떨어진 꿈은**

태몽으로 예쁜 딸을 낳는다.

‖ **갑자기 별이 사라진 꿈은**

가까운 사람이 재난으로 죽을 징조다.

‖ **별이 사방으로 흩어진 꿈은**

가족이 뿔뿔이 흩어진다.

‖ **별이 춤을 춘 꿈은**

애정문제로 구설수에 오를 징조다.

‖ **별이 희미하게 보인 꿈은**

근심 걱정이 따를 징조다.

‖ **별이 달 주위를 둘러싸고 있는 꿈은**

많은 사람들의 도움을 받는다.

‖ **샛별을 바라본 꿈은**

취직이나 입학 등이 이루어진다.

‖ **견우성과 직녀성을 본 꿈은**

미혼자는 결혼한다.

‖ **은하수를 본 꿈은**

이별의 눈물을 흘린다.

‖ **은하수 위를 걸은 꿈은**

만사가 순조롭게 풀린다.

‖ 은하수를 건너간 꿈은

명예와 지위가 오래 지속되고 미혼자는 결혼한다.

‖ 북두칠성을 본 꿈은

하는 일이 크게 번창하며 명예를 얻는다.

‖ 북두칠성을 보고 절한 꿈은

소원이 이루어진다.

‖ 북두칠성을 뒤로 하고 걸은 꿈은

실패와 좌절을 맛본다.

‖ 북두칠성이 희미하게 보이거나 떨어진 꿈은

집안에 우환이 생길 징조다.

‖ 유성을 받은 꿈은

소원이 이루어진다.

‖ 유성을 먹은 꿈은

큰 인물이 된다는 암시다.

‖ 유성이 길게 흐른 꿈은

승진하거나 새로운 직책을 맡아 그 자리를 오래 지킨다
는 뜻이다.

‖ 유성이 사라진 꿈은

가까운 사람 중에서 누군가가 죽는다.

구름

 구름에 대한 꿈은 기관, 사업체, 연구원, 일거리 등을
나타낸다.

‖ **하늘에 뭉개구름이 있는 꿈은**

만사가 순조롭다.

‖ **하늘에 먹구름이 낀 꿈은**

정신적인 고통을 겪을 징조다.

‖ **하늘에 먹구름이 잔뜩 낀 꿈은**

불길한 일이 생길 징조다.

‖ **맑은 하늘에 갑자기 구름이 낀 꿈은**

하는 일이 장애에 부딪혀 정신적인 고통을 겪는다.

‖ **구름이 해를 가린 꿈은**

만사가 어려움에 처한다.

‖ **구름이 별을 가린 꿈은**

하는 일이 어려움에 처한다.

‖ **구름 위에 있었던 꿈은**

소원하는 일이 모두 이루어진다.

‖ **구름 위에 누워 있었던 꿈은**

명예와 지위가 매우 높아져 고귀한 신분이 된다.

‖ **구름 위에서 신선과 바둑이나 장기를 둔 꿈은**

신분이 고귀해진다.

‖ **구름 위를 걸은 꿈은**

가까운 사람이 죽게 된다는 암시다.

‖ **구름을 타고 하늘로 올라간 꿈은**

상승세를 타고 있지만 떨어질 위험이 있다는 암시다.

‖ **구름을 타고 다닌 꿈은**

하는 일이 번창하며 단체의 장이나 지도자가 된다.

‖ **구름을 타고 이리저리 날아다닌 꿈은**

만사가 순조롭게 이루어진다.

‖ **구름을 타고 신나게 달린 꿈은**

능력을 최대한 발휘할 수 있으니 성공이 눈 앞에 있다.

‖ **오색구름에 휩싸인 꿈은**

정당한 방법으로 명예와 지위를 얻는다.

‖ **하얀 뭉개구름에 휩싸인 꿈은**

도와주는 사람이 많으며 실력을 인정받는다.

‖ **구름이 걷힌 꿈은**

막혔던 일들이 서서히 풀려나간다.

‖ **구름이 사방으로 흩어진 꿈은**

재물이 흩어시며 마음도 산반해진다.

‖ **구름이 갑자기 사라진 꿈은**

뜻밖에 좋은 일이 생긴다.

‖ **구름 위에서 떨어진 꿈은**

뜻밖의 장애로 어려움에 처한다.

‖ **구름 사이로 한가닥 빛이 비친 꿈은**

곧 귀인을 만나니 어려운 문제에 희망이 비친다.

‖ 바람에 구름이 날아간 꿈은

어려운 일이 서서히 풀려나간다.

‖ 바람에 먹구름이 떠다닌 꿈은

좋지 않은 일이 생겨 고통을 받는다.

‖ 사방에 구름이 생긴 꿈은

사업이 크게 번창하고, 하는 일이 뜻대로 이루어진다.

‖ 갑자기 구름이 별을 덮은 꿈은

순조롭게 진행되던 일이 갑자기 막힌다.

‖ 구름이 노란색으로 변한 꿈은

한꺼번에 명예와 재물을 얻는다.

‖ 먹구름이나 파란구름을 본 꿈은

집안에 우환이 생길 징조다.

바람

 바람에 대한 꿈은 거센 마음, 정력, 기세, 능력, 압력, 파괴력 등을 나타낸다.

‖ 산들바람이 분 꿈은

이성과 데이트를 하게 된다.

‖ 미풍이 불어 기분이 상쾌했던 꿈은

정신적으로 만족감을 느낀다.

‖ **바람이 기분좋게 분 꿈은**

하는 일이 번창한다.

‖ **하늘에서 찬 바람이 불어온 꿈은**

곧 불행이 닥친다는 암시다.

‖ **바람에 날아간 꿈은**

사기를 당하여 재물을 잃는다.

‖ **바람에 옷이 날아간 꿈은**

다른 사람의 간섭으로 손해를 보고, 다른 사람에게 부
탁하여 어려운 문제를 해결한다.

‖ **바람에 옷이 벗겨진 꿈은**

질병에 시달릴 징조다.

‖ **바람에 낙엽이 날린 꿈은**

가까운 친척이나 친구를 위하여 돈을 쓴다.

‖ **바람에 나뭇가지가 세차게 흔들린 꿈은**

어려운 상황에 부딪히게 된다.

‖ **바람에 집이나 나무가 쓰러진 꿈은**

모든 일에 장애가 생기며 재물을 크게 잃는다.

‖ **바람에 소지품이 날아간 꿈은**

다른 사람 때문에 정신적 · 물질적인 피해를 입는다.

‖ **바람에 모자가 날아간 꿈은**

명예나 지위가 떨어질 징조다.

‖ **강풍에 먼지나 모래가 날린 꿈은**

집안에 우환이 생길 징조다.

‖ **강풍에 기와가 날아간 꿈은**

자신의 능력으로 해결할 수 없는 일이 생긴다.

‖ **선풍기나 에어컨 바람을 쏘인 꿈은**

협조자의 도움으로 성공한다.

‖ **몸 속으로 바람이 들어온 것 같았던 꿈은**

질병에 걸릴 징조다.

‖ **자신이 바람을 일으킨 꿈은**

길몽으로 운세가 좋다.

‖ **바람을 안고 걸어간 꿈은**

초지일관으로 성공에 이른다.

‖ **바람을 등지고 간 꿈은**

막강한 세력의 도움을 받아 크게 발전한다.

‖ **바람이 우는 소리를 내는 것 같았던 꿈은**

슬픈 일이 생길 징조다.

‖ **바람이 소름끼쳤던 꿈은**

집안에 우환이 생길 징조다.

‖ **폭풍이 분 꿈은**

만사가 어려움에 부딪힐 징조다.

‖ **폭풍이 불며 소나기가 온 꿈은**

재난으로 큰 피해를 입는다.

‖ **태풍을 피해 도망간 꿈은**

질병에 시달릴 징조다.

‖ **태풍으로 피해를 많이 본 꿈은**

주장과 고집을 내세우다 망신당한다.

눈

 눈에 대한 꿈은 순결, 결백, 정신력, 재력, 법규 등을
나타낸다.

‖ 눈을 맞은 꿈은
다른 사람에게 도움을 받고 감동한다.

‖ 눈을 흠뻑 맞은 꿈은
축하받을 일이 생긴다.

‖ 다른 사람이 눈을 맞은 꿈은
아는 사람이 죽거나 관재구설에 휘말린다.

‖ 온 천지에 눈이 탐스럽게 내린 꿈은
행복한 결혼을 한다.

‖ 눈이 온 경치가 아름다웠던 꿈은
이성과 데이트를 하며 재물이 모인다.

‖ 눈이 내린 풍경이 그림같았던 꿈은
가정이 화목하며 평화로워진다.

‖ 마당에 눈이 소복이 쌓인 꿈은
축하받을 일이 생기거나 재물이 모인다.

‖ 지붕 위에 눈이 가득 쌓인 꿈은
결혼한다.

‖ 정원에 눈이 쌓인 꿈은
집안에 우환이 생길 징조다.

‖ 나뭇가지에 눈이 쌓인 꿈은

책임의 한계가 높아져 힘들어진다는 암시다.

‖ 방 안에 눈이 가득 쌓인 꿈은

가정이 경제적으로 풍족해진다.

‖ 아름답게 내린 눈이 얼어붙은 꿈은

상대방의 진심을 알 수 없어 청혼을 망설인다.

‖ 눈 속에 누워 있는 꿈은

정신적인 갈등에서 벗어난다.

‖ 눈을 먹은 꿈은

태몽이면 백설공주같은 딸을 낳는다.

‖ 눈이 많이 와 큰 피해를 입은 꿈은

파산, 질병, 좌절 등이 따른다.

‖ 눈싸움을 한 꿈은

경쟁자나 동업자와 다툼이 벌어진다.

‖ 물에 눈이 떠내려간 꿈은

노력한 만큼 결과가 나타나지 않는다.

‖ 눈사람을 만든 꿈은

동업자나 동조자와 협력이 잘 되어 사업이 성공한다.

‖ 눈덩이를 굴려서 점점 크게 만든 꿈은

시작은 초라해도 점점 번창한다.

‖ 눈길에서 넘어진 꿈은

뜻밖의 재난이 닥치거나 사기에 휘말린다.

‖ 눈보라가 거세 앞이 보이지 않은 꿈은

사기를 당하여 재물을 잃는다.

∥ 눈 위를 걸은 꿈은

소원이 이루어진다.

∥ 눈 위에 난 발자국을 따라 걸어간 꿈은

스승이나 선배의 가르침을 따른다.

∥ 달밝은 밤에 눈길을 걸은 꿈은

소원하는 일이 이루어진다.

∥ 눈이 내려 질퍽해진 길을 걸은 꿈은

어려운 일에 직면한다.

∥ 눈덮힌 산을 올라간 꿈은

어려운 일이 닥칠 징조다.

∥ 눈 때문에 길을 찾지 못한 꿈은

가족간에 불화가 생길 징조다.

∥ 제설작업을 한 꿈은

경쟁자나 방해자를 물리치고 발전한다.

∥ 끝없이 제설작업을 한 꿈은

현재의 상황이 어려워도 포기하지 않는다는 뜻이다.

∥ 눈과 비가 함께 내린 꿈은

명예와 재물을 얻는다.

비

비에 대한 꿈은 소원, 소문거리, 사상, 집념, 눈물, 이별 등을 나타낸다.

‖ **대지 위에 비가 촉촉하게 내린 꿈은**

만사가 순조롭게 진행된다.

‖ **비가 내려 대지를 충분히 적신 꿈은**

귀인의 도움으로 번창한다.

‖ **먹구름이 일며 비가 온 꿈은**

하는 일이 어려움에 부딪히고 재물손실도 따른다.

‖ **오색구름이 일며 비가 온 꿈은**

귀인의 도움으로 난관을 극복하고 지위가 올라간다.

‖ **소나기가 쏟아진 꿈은**

기분좋게 보았으면 많은 사람에게 선망의 대상이 되고, 우울한 마음으로 보았으면 능력이 한계에 도달했다는 암시로 실력자에게 부탁을 한다.

‖ **길을 가다가 소나기를 만난 꿈은**

뜻밖의 일로 큰 재물이 들어온다.

‖ **장마비가 내린 꿈은**

모든 활동에 장애가 생기며 곧 재난이 닥친다.

‖ **장마비가 그친 꿈은**

모든 재난이 사라지고 순조롭게 풀린다.

‖ **장마비에 떠내려간 꿈은**

갑자기 어려움에 처할 징조다.

‖ 비가 샌 꿈은

자신도 모르는 사이에 재물이 빠져나간다.

‖ 풀밭에 누워 있는데 비가 온 꿈은

단체나 기관의 간섭 때문에 난관에 부딪힌다.

‖ 빗속에서 통곡한 꿈은

실패와 좌절을 딛고 일어선다.

‖ 혼자 빗속을 걸은 꿈은

애인과 헤어질 징조다.

‖ 우산을 쓰고 빗속을 걸은 꿈은

많은 사람의 도움을 받고 그 영광이 오래간다.

‖ 비가 오는데 우산이 없었던 꿈은

권위있는 사람의 도움을 받는다.

‖ 소나기가 오는데 우산이 없어서 비를 맞은 꿈은

계획과 현실이 맞지 않는다는 암시다.

‖ 창 밖으로 쏟아지는 비를 본 꿈은

의욕은 강하나 아직 여건이 조성되지 않았다는 뜻이다.

‖ 창 밖으로 이슬비가 오는 것을 본 꿈은

이성과 헤어질 징조다.

‖ 소나기가 시원하게 오는 것을 본 꿈은

어렵고 힘들었던 일이 시원하게 해결된다.

‖ 창문으로 내리치는 빗물을 본 꿈은

정신적인 갈등을 겪는다.

‖ 빗방울이 하나 둘 떨어진 꿈은

슬픈 일이 생겨 눈물을 흘린다.

‖ 비바람이 심해서 걸을 수 없었던 꿈은

단체나 기관의 압력으로 계획이 중도에 좌절된다.

‖ 비가 많이 와서 교통이 마비된 꿈은

재물로 인한 분쟁이 생긴다.

‖ 비가 많이 와서 강물이 불어난 꿈은

재물을 많이 모은다.

‖ 맑은 대낮에 홍수가 일어나 집이 떠내려간 꿈은

집안에 우환이 생길 징조다.

‖ 비를 흠뻑 맞은 꿈은

여러 사람의 도움을 받는다.

‖ 이슬비를 맞은 꿈은

새로운 이성을 사귄다.

‖ 이슬비를 맞으며 데이트한 꿈은

이성과 다투게 된다.

‖ 비가 와서 논에 물이 가득찼던 꿈은

재물이 많이 들어온다.

‖ 비를 피한 꿈은

귀찮은 사람이나 일을 피해간다.

무지개

 무지개에 대한 꿈은 경사, 명예, 인기, 신용, 약속, 결혼, 과시 등을 나타낸다.

‖ **찬란한 무지개를 본 꿈은**

뜻밖의 행운이 찾아온다.

‖ **무지개가 아름답다고 느낀 꿈은**

행복한 가정을 꾸민다.

‖ **쌍무지개가 뜬 꿈은**

가까운 사람과 불화가 생긴다.

‖ **산 위에 무지개가 뜬 꿈은**

명예와 재물을 얻는다.

‖ **맑은 대낮에 무지개가 뜬 꿈은**

허황된 꿈과 욕심을 부리다 실패한다.

‖ **비가 온 뒤에 무지개가 뜬 꿈은**

고생 끝에 낙이 온다는 말이 있듯이 곧 목적을 이룬다.

‖ **집이나 우물가에 무지개가 뜬 꿈은**

명예로운 업적을 남기고 미혼자는 결혼한다.

‖ **무지개 위로 올라간 꿈은**

최고의 지위에 오른다.

‖ **무지개가 갑자기 사라진 꿈은**

한순간에 명예와 부귀가 몰락할 징조다.

‖ 무지개를 잡으려는데 사라진 꿈은

허황된 꿈을 꾸고 있다는 뜻이다.

‖ 무지개가 희미해지다가 사라진 꿈은

혼담이나 계약이 깨지는 등 만사가 어려워진다.

‖ 무지개가 중간이 끊어지거나 희미하게 보인 꿈은

결혼이나 계약 등이 깨지고 명예와 지위도 떨어진다.

‖ 무지개가 한 가지 색으로 보인 꿈은

노력의 결과가 나타나지 않는다.

안개 · 이슬 · 서리 · 우박

안개, 이슬, 서리, 우박에 대한 꿈은 마음의 상태, 현재
의 상태, 사업, 일거리 등을 나타낸다.

‖ 갑자기 안개가 낀 꿈은

한순간의 잘못된 판단으로 갈림길에 선다.

‖ 안개 때문에 앞이 보이지 않은 꿈은

일의 방향을 잡지 못하며 질병에 걸릴 염려도 있다.

‖ 한 부분에만 안개가 낀 꿈은

자신이 모르는 곳에서 음모가 진행된다는 암시다.

‖ 산허리에 안개가 낀 꿈은

만사가 불투명해진다.

‖ 안개 속을 걸은 꿈은

만사가 부진하고 무기력해질 징조다.

‖ 안개 속에서 데이트한 꿈은

애인과 이별할 징조다.

‖ 안개 속에서 고함을 지른 꿈은

억울한 일을 당한다.

‖ 안개가 일시에 걷힌 꿈은

권력가나 재력가의 도움으로 크게 성공한다.

‖ 안개가 서서히 걷힌 꿈은

모든 일이 순조롭게 풀려나간다.

‖ 이슬을 맞은 꿈은

많은 사람의 도움으로 사업이 크게 번창한다.

‖ 이슬에 옷이 젖은 꿈은

축하받을 일이 생긴다.

‖ 이슬에 푹 젖은 꿈은

환자는 병세가 더욱더 악화될 징조다.

‖ 이슬을 만진 꿈은

뜻하시 않은 일로 큰 재물이 들어온나.

‖ 이슬을 먹은 꿈은

환자는 질병이 깨끗하게 낫는다.

‖ 이슬이 내린 길을 걸은 꿈은

이성간의 교제가 있고, 하는 일에 광명이 비친다.

‖ 이슬을 바라본 꿈은

원하는 일이 이루어지며 태몽이면 예쁜 딸을 낳는다.

‖ 풀잎에 맺힌 이슬이 떨어진 꿈은

재물을 잃게 될 징조다.

‖ 이슬이나 서리가 내린 꿈은

하는 일이 어려움에 직면할 징조다.

‖ 서리에 개발자국이 있는 꿈은

도둑맞을 징조로 부하직원이 공금을 횡령한다.

‖ 우박을 맞은 꿈은

질병에 걸릴 징조다.

‖ 우박이 내린 꿈은

나쁜 일이 생길 징조다.

‖ 우박이 많이 내린 꿈은

질병에 걸릴 징조다.

‖ 지붕 위에 우박이 쏟아진 꿈은

재물이 들어올 운으로 복권이나 상품권 등에 당첨될 확
률이 높다.

‖ 우박이 내려 유리창이 깨진 꿈은

도둑을 맞거나 물건을 잃어버린다.

‖ 우박 때문에 농사를 망친 꿈은

한순간에 사업이 몰락할 징조다.

홍수 · 천둥 · 번개 · 벼락 · 지진 · 화산

 홍수, 천둥, 번개, 벼락, 지진, 화산 등에 대한 꿈은 권력, 압력, 방해자, 난관 등을 나타낸다.

‖ **홍수가 난 꿈은**

협조자의 도움으로 기회를 잡는다.

‖ **홍수로 집이 잠긴 꿈은**

집안에 우환이 생길 징조다.

‖ **홍수로 폐허가 된 꿈은**

흉몽으로 사업적으로 큰 재난이 닥친다.

‖ **천둥소리에 놀란 꿈은**

불안한 심리상태를 나타내는 꿈이다.

‖ **천둥소리가 천지를 진동한 꿈은**

사업이 크게 발전하며 명성을 드높인다.

‖ **사방에서 천둥소리가 들린 꿈은**

많은 사람들의 도움을 받는다.

‖ **천둥과 번개가 함께 친 꿈은**

명예와 지위가 높아진다.

‖ **맑은 하늘에서 천둥이나 번개나 벼락이 친 꿈은**

뜻밖의 재난을 만나 몰락할 징조다.

‖ **번개나 벼락을 맞은 꿈은**

귀인의 도움으로 명예와 지위가 올라간다.

‖ 번갯불을 본 꿈은

어려웠던 일이 풀려나간다.

‖ 번갯불이 자신을 비춘 꿈은

명예와 지위가 올라간다.

‖ 번개가 치는 것을 바라본 꿈은

사업운과 재물운이 좋아진다.

‖ 번개를 무서워한 꿈은

뜻밖의 재난이 생겨 정신적인 고통을 겪는다.

‖ 구름낀 하늘에서 번개가 친 꿈은

주위 사람들이 귀찮은 부탁을 해온다.

‖ 벼락을 맞아 죽은 꿈은

명성을 얻거나 위로금이나 보상금을 받는다.

‖ 벼락이 자신의 근처에 떨어진 꿈은

불길한 일이 생길 징조다.

‖ 벼락이 자기집에 떨어진 꿈은

집안에 우환이 생길 징조다.

‖ 나무가 벼락을 맞은 꿈은

하는 일이 꽉 막힐 징조다.

‖ 나무가 벼락을 맞아 부러진 꿈은

가입한 단체가 해산될 징조다.

‖ 땅 위에 벼락이 떨어진 꿈은

귀인의 도움으로 뜻밖의 행운이 찾아온다.

‖ 지진이 일어나거나 집이 흔들린 꿈은

불의의 사고나 재난이 닥칠 징조다.

‖ **지진으로 갈라진 땅 속으로 떨어진 꿈은**

불의의 사고나 재난으로 모든 것을 잃는다.

‖ **지진으로 땅이 꺼진 꿈은**

재난으로 큰 재물을 잃는다.

‖ **화산이 폭발한 꿈은**

자신의 능력으로 해결할 수 없는 일을 맡는다.

‖ **화산 속으로 빨려들어간 꿈은**

하기 싫은 일에 휘말릴 징조다.

계절 · 날씨

계절이나 날씨에 대한 꿈은 현재의 상태와 기분, 방해
자, 세력 등을 나타낸다.

‖ **봄이라고 느낀 꿈은**

새롭게 시작하고 활기차게 전진한다.

‖ **여름이라고 느낀 꿈은**

모든 일이 정상궤도에 진입한다.

‖ **가을이라고 느낀 꿈은**

노력의 결과가 나타나고, 미혼자는 결혼이 성사되는 등
모든 일이 최상의 상태가 된다.

‖ **매우 춥다고 느낀 꿈은**

모든 일이 쇠퇴기에 접어 들고 있다는 암시나.

‖ 새벽이 밝아온 꿈은

길몽으로 부귀가 따른다.

‖ 밤이 휘황찬란하게 밝아온 꿈은

밝은 미래가 기다리고 있다는 뜻이다.

‖ 날씨가 맑았던 꿈은

만사가 순조롭게 이루어진다.

‖ 날씨가 흐린 꿈은

근심 걱정으로 고통을 겪는다.

‖ 날씨가 맑았다가 흐려진 꿈은

시작은 순조로우나 갈수록 어려워진다.

‖ 날씨가 흐렸다가 맑아진 꿈은

시작은 어렵지만 갈수록 번창한다.

‖ 날씨가 맑았다 흐렸다 반복한 꿈은

일이 될듯 말듯 결론이 나지 않는다.

‖ 봄나들이를 한 꿈은

데이트나 여행을 한다.

‖ 봄향기를 그윽하게 마신 꿈은

결혼을 하거나 새로운 이성을 만난다.

‖ 여름에 시원하게 잔 꿈은

만사가 순조롭게 진행된다.

‖ 가을길을 쓸쓸하게 걸은 꿈은

당분간은 외로움을 즐긴다는 뜻이다.

10장. 땅에 관한 꿈

땅

 땅에 대한 꿈은 정신적·물질적인 재료, 사업기반, 재물, 세력, 영토 등을 나타낸다.

‖ **갑자기 땅이 솟아오른 꿈은**

사업기반이 흔늘릴 징조다.

‖ **땅을 깊이 판 꿈은**

사업기반을 튼튼하게 다진다.

‖ **땅을 파서 함정을 만든 꿈은**

계략이나 음모를 꾸민다.

‖ **누군가를 묻으려고 땅을 판 꿈은**

집이나 직장을 마련한다.

‖ **땅 위가 지저분하게 보인 꿈은**

사업이나 주변을 재정립해야 한다는 뜻이다.

‖ **땅 위를 청소한 꿈은**

부동산을 구입하고, 방해물을 물리치고, 하는 일을 순
조롭게 진행시킨다.

‖ **땅 속이 들여다보인 꿈은**

전문분야에서 일인자가 된다.

‖ **땅 속으로 들어간 꿈은**

모든 일의 결과가 좋다.

‖ **땅 속으로 들어갔다고 생각했는데 바깥인 꿈은**

감추고 싶은 일이 모두 들어난다.

‖ **땅 속에 묻힌 꿈은**

소원하는 일이 모두 이루어진다.

‖ **땅 가운데서 검은 기운이 올라온 꿈은**

불길한 일이 생길 징조다.

‖ **땅 위에 누워 있었던 꿈은**

질병에 걸리거나 친한 사람 중에서 누군가가 죽는다.

‖ **땅 위에 앉아 있었던 꿈은**

큰 재물이 들어오거나 축하받을 일이 생긴다.

‖ **땅이 두 갈래로 갈라진 꿈은**

유산이나 재산문제로 다툼이 벌어진다.

‖ **땅이 울퉁불퉁했던 꿈은**

갑자기 놀라는 일이 생기는 등 만사가 굴곡이 심하다.

‖ **땅굴이나 땅 속을 마음대로 다닌 꿈은**

비밀스런 일을 추진하거나 음성자금을 융통한다.

‖ **땅에 쓰러져 죽은듯이 있었던 꿈은**

나쁜 소식을 듣거나 슬픈 일이 생긴다.

‖ **땅 위에서 헤엄친 꿈은**

허황된 꿈을 꾸고 있다는 뜻이다.

논 · 밭 · 들

 논, 밭, 들에 대한 꿈은 일거리, 사업기반, 영토, 재물 등을 나타낸다.

‖ **논이나 밭을 산 꿈은**

새로운 사업을 시작하거나 계약 등이 성사된다.

‖ **논이나 밭을 판 꿈은**

사업이 크게 번창한다.

‖ **다른 사람의 논이나 밭을 판 꿈은**

다른 사람에게 사업자금을 융통해준다.

‖ **논이나 밭을 갈은 꿈은**

새로운 사업을 시작한다.

‖ **밭이랑을 고른 꿈은**

대리점이나 영업점을 재정비한다.

‖ 밭구덩이에 인분이나 비료를 준 꿈은

사업자금을 투자한다.

‖ 개간해서 논이나 밭을 만든 꿈은

다른 사람들이 하지 않은 새로운 업종에 도전한다.

‖ 논이나 밭에 불이 난 꿈은

사업이 크게 번창한다.

‖ 논에 물이 가득차 있었던 꿈은

모든 여건이 충분해 하는 일이 순조롭다.

‖ 논에 물이 넘쳐 다른집 논으로 들어간 꿈은

자신의 주장이 무시되고 재물을 잃는다.

‖ 논바닥이 갈라진 꿈은

자금은 고갈되고 동조자들은 모두 떠난다.

‖ 넓은 벌판에서 일한 꿈은

크고 방대한 사업을 시작한다.

‖ 혼자 논이나 밭에서 일한 꿈은

도움을 받기 어렵다는 뜻이다.

‖ 논이나 밭에서 여러 사람이 일한 꿈은

기관의 협조나 많은 사람을 고용하여 사업을 시작한다.

‖ 많은 사람들이 들에서 일한 꿈은

여러 사람의 도움으로 하는 일이 순조롭게 진행된다.

‖ 자신의 논이나 밭에서 채소의 싹이 올라온 꿈은

모든 일이 정상에 진입했다는 뜻이다.

‖ 벼가 누렇게 익은 들판을 본 꿈은

사업 등이 최정상에 오른다.

‖ **추수가 끝난 들판을 돌아다닌 꿈은**

모든 일을 끝내고 결과를 점검할 때가 왔다는 암시다.

‖ **텅빈 들을 걸은 꿈은**

하는 일이 침체에 빠질 징조다.

‖ **황폐한 논이나 밭을 본 꿈은**

노력의 결과가 미약하며 경제적으로 큰 고통을 겪는다.

‖ **태풍의 피해를 입은 들판을 본 꿈은**

적신호를 암시하는 꿈이니 최선책을 강구하도록.

‖ **잡초가 무성한 논이나 밭에 서 있었던 꿈은**

새로운 분야나 장애가 많은 사업을 시작한다.

‖ **여유있게 들판이나 공원을 산책한 꿈은**

만사가 순조로우며 가정에 복록이 가득하다.

‖ **들과 산을 거닐었던 꿈은**

추진하는 일에 굴곡이 많다는 암시다.

‖ **의미없이 들을 돌아다닌 꿈은**

결과가 불투명하여 애를 태운다.

‖ **논이나 밭에 허수아비가 혼자 외롭게 있는 꿈은**

실패나 좌절을 맛본다.

산 · 숲

산이나 숲에 대한 꿈은 정부기관, 사회단체, 회사, 조직체, 사람의 몸, 인격, 희망 등을 나타낸다.

‖ 산에서 기도한 꿈은

소원하는 일이 이루어진다.

‖ 산을 보고 절한 꿈은

소원하는 일이 이루어진다.

‖ 산에 혼자 있었던 꿈은

힘든 일을 혼자 처리한다.

‖ 산 위에 올라간 꿈은

하는 일이 어렵고 힘들어도 명예와 지위는 있고, 환자는 병이 점점더 악화된다.

‖ 친구를 따라 산에 간 꿈은

귀인의 도움을 받는다.

‖ 산 정상에 올라간 꿈은

명예와 지위가 올라가는 등 소원하는 것이 이루어진다.

‖ 높은 산에 올라간 꿈은

지위가 높아지는 등 즐거운 일이 생긴다.

‖ 높은 산 정상에 올라간 꿈은

재물을 얻는 등 소원하는 일이 이루어진다.

‖ 산 정상에서 야호를 외친 꿈은

명예와 부귀가 높아진다.

‖ 산 정상에서 큰 소리로 외친 꿈은

명예와 덕망이 알려져 많은 사람들에게 존경받는다.

‖ 날아서 산에 올라간 꿈은

만사가 쉽게 풀려나간다.

‖ 날아서 산 정상에 올라간 꿈은

가장 빠른 방법으로 목적을 이룬다.

‖ 뛰어서 산에 올라간 꿈은

모든 일이 서서히 풀리기 시작한다.

‖ 단숨에 높은 산을 뛰어넘은 꿈은

명예와 권위를 쉽게 얻는다.

‖ 단숨에 높은 봉우리를 뛰어넘은 꿈은

갑자기 신상에 변화가 생기며 일이 쉽게 이루어진다.

‖ 산에 올라가서 기분이 좋았던 꿈은

재물을 모으는 등 좋은 일이 생긴다.

‖ 산에서 먹고 논 꿈은

파니나 연회에 초대받는다.

‖ 산에서 노래를 부른 꿈은

축하받을 일이 생긴다.

‖ 산에서 보물을 얻은 꿈은

뜻밖의 행운이 찾아온다.

‖ 산에 비가 내린 꿈은

귀인의 도움을 받아 크게 발전한다.

‖ 산에 안개가 자욱했던 꿈은

만사가 늦어질 징조다.

‖ 산을 들어올린 꿈은

권력을 마음대로 휘두를 수 있는 지위에 오른다.

‖ 산을 힘차게 들어올린 꿈은

길몽으로 큰 기업을 일으킨다.

‖ 산에서 내려온 꿈은

환자는 병이 곧 완쾌된다.

‖ 높은 산에서 내려온 꿈은

명예나 지위가 하락할 징조다.

‖ 높은 산에서 태양이 지는 것을 본 꿈은

만사가 쇠퇴할 징조다.

‖ 무거운 베낭을 메고 산에 올라간 꿈은

계획을 철저하게 세워 어떤 어려움이 있어도 성공한다.

‖ 지팡이를 짚고 산에 올라간 꿈은

협조자나 동업자를 만나 일을 추진한다.

‖ 산이나 언덕을 힘들게 올라간 꿈은

현재의 상황이나 시작하는 일이 불리하다는 암시다.

‖ 땀을 흘리면서 산 정상에 올라간 꿈은

노력의 댓가가 있다는 암시다.

‖ 산이 높다고 생각한 꿈은

일을 추진하는 것을 두려워한다는 뜻으로 목적을 이루
려면 시간이 많이 걸린다.

‖ 산에 올라가서 무섭다고 생각한 꿈은

명예와 지위를 얻는다.

‖ **먼 산을 가야겠다고 생각한 꿈은**

외국에 가거나 과거의 소원이 이루어진다.

‖ **멀리서 높은 산을 바라본 꿈은**

높은 이상과 꿈이 실현된다.

‖ **산 정상에서 사방을 둘러본 꿈은**

신분이 고귀해지고 작품이나 업적 등을 남긴다.

‖ **산 속에서 집을 본 꿈은**

가족 중에서 누군가가 죽는다는 암시다.

‖ **산 속에서 길을 잃어버린 꿈은**

목표가 뚜렷하지 않아 하는 일이 좌절된다.

‖ **산 속에서 다른 사람의 도움으로 길을 찾은 꿈은**

귀인의 도움으로 안전한 계획과 사업으로 성공한다.

‖ **산에서 나뭇가지를 꺾은 꿈은**

흉몽으로 계약, 혼담, 시험 등이 모두 성사되지 않는다.

‖ **산 속에서 농사를 지은 꿈은**

의식주가 풍부해진다.

‖ **산을 개간하여 농사를 지은 꿈은**

새로운 분야를 개척하여 큰 성과를 거둔다.

‖ **산이 무너진 꿈은**

뜻하지 않은 재난으로 한순간에 몰락한다.

‖ **산에서 떨어진 꿈은**

집안에 우환이 생길 징조다.

‖ **산골짜기에서 떨어진 꿈은**

한순간에 실패할 수 있으나 구사일생으로 살아나면 다

른 사람의 도움을 받아 재기한다.

‖ 산골짜기에서 바람이 불어온 꿈은

놀랄 일이 생긴다.

‖ 산에 나무가 울창했던 꿈은

길몽으로 만사가 뜻대로 이루어진다.

‖ 산에 나무가 없어 황폐했던 꿈은

뜻대로 풀리지 않을 징조다.

‖ 산을 수없이 오르내린 꿈은

어렵고 힘든 일이 계속해서 일어난다는 암시다.

‖ 산에서 급하게 내려온 꿈은

하는 일이 쇠퇴하고 재물이 나간다.

‖ 산에 올라가다 사람을 만난 꿈은

다른 사람의 도움으로 승진하는 등 기쁜 소식이 있다.

‖ 산 정상에서 사람을 만난 꿈은

귀인의 도움으로 재물을 모으고, 복권이나 상품권 등에
당첨될 확률이 높다.

‖ 산에 사람이 많이 있었던 꿈은

동업자나 협조자, 마음이 통하는 사람을 만난다.

‖ 죽은 사람의 손에 이끌려 산으로 들어간 꿈은

죽거나 중병에 시달릴 징조다.

‖ 안내자를 따라 산에 올라간 꿈은

스승이나 선배의 도움으로 명예와 부귀를 얻는다.

‖ 산에서 길을 잃은 사람을 안내해준 꿈은

사업운이 좋아지며 다른 사람을 위해 봉사한다.

‖ 산이 흰눈으로 덮힌 꿈은

많은 사람들의 도움으로 명예와 재물을 얻는다.

‖ 산을 의미없이 돌아다닌 꿈은

결과가 불투명하여 애를 태운다.

‖ 꽃이 만발한 산을 보거나 돌아다닌 꿈은

가정에 경사가 생긴다.

‖ 야산을 본 꿈은

환자는 병이 점점더 악화된다.

‖ 야산에서 천천히 내려온 꿈은

만사가 순조롭고 평탄해진다.

‖ 산골짜기에서 캠핑한 꿈은

혼자만의 비밀이 생긴다.

‖ 산골짜기에 돌을 던진 꿈은

친구나 주위로부터 비난을 받는다.

‖ 산등성이를 걸은 꿈은

마음의 고통이 사라지며 환자는 질병이 완쾌된다.

‖ 울창한 숲을 본 꿈은

사업이 번창하며 재물이 많이 들어온다.

‖ 숲 속을 산책한 꿈은

만사가 순조롭게 진행된다.

‖ 숲 속을 걸어간 꿈은

하는 일이 번창한다.

‖ 숲 속에서 길을 잃어버린 꿈은

과욕을 부리다 손해를 본다.

길

길에 대한 꿈은 과정, 방법, 진리, 성공여부, 운명적인
추세, 시간의 흐름, 노력의 경향 등을 나타낸다.

‖ **길을 걸은 꿈은**

다른 사람의 도움으로 하는 일이 번창한다.

‖ **앞만 보고 길을 걸은 꿈은**

한 가지 목표만을 추진하여 단계별로 결과가 나타난다.

‖ **고가도로를 걸어간 꿈은**

위험한 일에 처한다.

‖ **집 마당에서부터 큰 길이 나있었던 꿈은**

길몽으로 운세가 매우 좋아진다.

‖ **포장이 잘 된 길을 간 꿈은**

만사가 순조롭다는 뜻으로 소원하는 일이 이루어진다.

‖ **넓은 길을 간 꿈은**

만사가 순조롭게 진행되어 크게 번창한다.

‖ **어두운 밤길을 걸은 꿈은**

하기 싫은 일을 하게 되며 방향을 잡지 못한다.

‖ **길을 가다가 포기한 꿈은**

추진하는 일이나 계획을 포기한다.

‖ **길을 가다가 돌아온 꿈은**

사업이 부진하며 후회할 일이 생긴다.

‖ 길에 푸른잔디가 깔려있는 꿈은

노력의 결과가 서서히 나타나기 시작한다.

‖ 도로를 포장하는 것을 본 꿈은

자금이 융통되거나 협조자가 생겨 새로운 일을 한다.

‖ 길에서 신나게 달린 꿈은

만사가 순조로워지며 크게 번창한다.

‖ 고속도로를 신나게 달린 꿈은

만사가 빠른 기간에 이루어진다.

‖ 길을 찾아 공중을 날아간 꿈은

불안한 일이나 걱정이 생긴다.

‖ 길이 험하여 걷기 힘들었던 꿈은

하는 일이 진척이 없거나 질병에 시달릴 징조다.

‖ 꼬불꼬불한 길을 걸어간 꿈은

만사가 모두 막히고 자신의 의견이 관철되지 않는다.

‖ 길을 가다가 이정표 앞에 선 꿈은

협조자를 만난다.

‖ 길을 가다가 갈림길을 만난 꿈은

결단을 내려야 한나는 뜻이다.

‖ 사거리에서 방황한 꿈은

어떤 일이 기로에 있다는 것을 나타내는 꿈이다.

‖ 길을 가다 옆길로 간 꿈은

동업자나 협조자와 헤어질 징조다.

‖ 길을 가는데 길이 여러 갈래로 갈라진 꿈은

진로를 결정해야 하는데 뚜렷한 대책이 없다는 뜻이다.

‖ 매우 복잡한 길을 간 꿈은

쓸데없는 생각으로 고통을 만든다.

‖ 내려앉은 길을 본 꿈은

흉몽으로 하는 일은 부진하고 재물은 나간다.

‖ 내리막길에서 넘어진 꿈은

만사가 순조롭게 진행되다가 갑자기 슬럼프에 빠진다.

‖ 비포장 도로에서 포장된 도로로 올라간 꿈은

힘들고 어려웠던 일들이 풀리기 시작한다.

‖ 넓은 길을 가다 좁은 길이 나온 꿈은

만사가 내리막길로 접어든다.

‖ 좁은 길을 가다 넓은 길이 나온 꿈은

시작은 어려우나 갈수록 상황이 좋아진다.

‖ 길을 가다 같이 가던 사람을 잃어버린 꿈은

동업자나 협조자가 떠난다.

‖ 길모퉁이에서 사람을 잃어버린 꿈은

문제가 해결되지 않고 미궁에 빠진다.

‖ 암흑 속에서 길을 찾아 헤맨 꿈은

현재 하고 있는 일의 전망이 불투명하다는 뜻이다.

‖ 길을 잃어버리거나 방황한 꿈은

사업의 방향을 잡지 못하고 방황한다.

‖ 길을 가는데 길이 끊어져 없어진 꿈은

시작은 매우 순조로우나 중간에 꽉 막힌다.

‖ 없던 길이 생기거나 막혔던 길이 뚫린 꿈은

포기한 일이 소득을 가져와 다시 추진한다.

‖ 가시밭길을 간 꿈은

질병에 걸리며 힘든 일이 생긴다.

‖ 가시밭길에서 빠져나오지 못한 꿈은

상황이 악화되어 큰 고통과 시련을 겪는다.

‖ 막다른 길을 본 꿈은

하는 일이 중간에 막혀 어려움에 처한다.

‖ 길이 끝나서 멈춘 꿈은

휴가를 가거나 퇴직한다.

‖ 낯선 길을 간 꿈은

먼 곳으로 여행을 떠난다.

‖ 길에 쓰러져 있는 사람을 돌봐준 꿈은

다른 사람을 도와주고 그 일로 행운이 찾아온다.

‖ 길에서 물건을 판 꿈은

재물이 나가거나 종업원을 내보낸다.

‖ 길에서 물건을 산 꿈은

협조자가 나타나거나 재물이 들어온다.

‖ 길에서 물건을 주운 꿈은

경쟁사나 방해사가 나타나 어려움에 처한다.

‖ 길 위에 구멍을 뚫은 꿈은

가정에 불화가 생길 징조다.

‖ 길을 가는데 뒤에서 누군가가 부른 꿈은

죽음을 예고하는 꿈이다.

‖ 길이 질퍽거려 걷기 힘들었던 꿈은

만사가 힘들고 늦어질 징조다.

‖ 길을 가다 도망간 꿈은

추진하는 일이 난관에 부딪혀 포기한다.

‖ 길을 가다 멈춘 꿈은

만사가 정지되는 등 앞이 보이지 않는다.

‖ 험하고 위험한 길을 간 꿈은

모든 일이 장애에 부딪혀 정신적인 고통을 받는다.

‖ 순조로운 길을 간 꿈은

만사가 순조롭게 진행된다.

‖ 길을 가다 장애물을 만났는데 피한 꿈은

순조롭게 진행되던 일이 벽에 부딪히나 장애물을 제거
하고 일을 추진한다.

‖ 잘 다듬어진 큰 길을 걸은 꿈은

만사가 순조롭고 몸과 마음이 편안해진다.

‖ 좁고 험한 길을 걸은 꿈은

사업적인 일로 우여곡절을 많이 겪는다.

‖ 좁고 울퉁불퉁한 길을 걸은 꿈은

불길한 꿈으로 하는 일마다 어려움에 부딪힌다.

‖ 깨끗하고 넓은 길을 걸은 꿈은

만사가 순조롭게 진행된다.

‖ 길을 가다 장애물이 있어 되돌아간 꿈은

추진하는 일이 어려움에 부딪히면 쉽게 포기한다.

‖ 길을 가다 구덩이에 빠진 꿈은

사기에 걸리거나 사업실패, 좌절 등이 따를 징조다.

‖ **길을 가다 크게 웃은 꿈은**
순조롭게 목적을 이룬다.

‖ **길을 가다 쉬었던 꿈은**
추진하는 일이 중단될 징조다.

‖ **길에 주저앉아 통곡한 꿈은**
가까운 사람을 잃게 된다.

‖ **쓸쓸하게 길을 걸어간 꿈은**
이성과 헤어지는 등 슬픈 일이 생긴다.

‖ **매우 힘들게 길을 간 꿈은**
추진하는 일이 뜻대로 되지 않을 징조다.

‖ **길 위에 누운 꿈은**
위험에 처하게 될 징조다.

다리

 다리에 대한 꿈은 기관, 회사, 연락처, 중개, 한계점, 전환점, 방법 등을 나타낸다.

‖ **다리 위로 물이 넘친 꿈은**
하는 일이 크게 번창한다.

‖ **다리 위에서 사람을 기다린 꿈은**
도움을 기다리거나 부탁한 일이 잘 되지 않는다.

‖ 다리 위에서 누군가를 부른 꿈은

부탁할 일이 생기며 귀인의 도움으로 문제를 해결한다.

‖ 다리 위에서 아래를 내려다 본 꿈은

하는 일을 축소해야 된다는 암시다.

‖ 다리 위에서 떨어진 꿈은

부탁한 일이나 마음먹은 일이 모두 성사되지 않는다.

‖ 다리 위에서 다툰 꿈은

경쟁자와 시비가 벌어진다.

‖ 다리 위로 우마차가 지나간 꿈은

단체나 기관의 도움을 받는다.

‖ 다리 위에 물건을 올려놓은 꿈은

어떤 기관에 청탁할 일이 생긴다.

‖ 다리 위에서 달을 본 꿈은

애인이나 가까운 사람과 헤어질 징조다.

‖ 다리가 하늘로 올라간 꿈은

집안에 우환이 생기거나 장애에 부딪힌다.

‖ 다리가 폭파된 꿈은

경쟁자나 방해자를 물리치고 목적을 이룬다.

‖ 교각이 부러진 꿈은

협조자를 잃게 된다.

‖ 다리가 막힌 꿈은

추진하는 일에 장애가 생길 징조다.

‖ 다리가 내려앉은 꿈은

집안에 우환이 생길 징조다.

‖ 걸어서 철교를 건너간 꿈은

허황된 계획을 세우거나 분수에 넘치는 일을 추진한다.

‖ 여러 사람이 다리 위를 건너간 꿈은

경쟁하는 일이나 부탁한 일이 흐지부지해진다.

‖ 비바람이 심해 다리를 건널 수 없었던 꿈은

상부기관의 압력으로 하는 일이 순조롭지 못하다.

‖ 누군가가 부교를 설치해줘 강을 건넌 꿈은

단체나 기관, 친지의 도움으로 어려운 문제가 풀린다.

‖ 다리가 좁거나 약하다고 생각한 꿈은

의지하려는 사람의 능력이 약하다는 뜻이다.

‖ 다리를 다 건너지 못한 꿈은

사업이 난관에 부딪혀 중단되며 파산위기에 처한다.

‖ 다리를 건너 큰 도시로 들어간 꿈은

마음에 드는 직업이나 직장을 얻는 등 만사가 뜻대로
이루어진다.

‖ 다리를 새로 만든 꿈은

새로운 일을 시작한다.

‖ 다리를 증축하거나 개축한 꿈은

막혔던 일들이 갑자기 풀리고, 냉담하던 애인과의 관계
도 회복된다.

‖ 징검다리를 건너간 꿈은

어려운 난관에 부딪혀도 신중을 기하면 목적을 이룬다.

‖ 돌다리를 건너간 꿈은

든든한 후원자의 도움으로 만사가 순조롭다.

언덕·고개·절벽·낭떠러지

 언덕, 고개, 절벽, 낭떠러지 등에 대한 꿈은 장애물, 방해자, 권력 등을 나타낸다.

‖ **언덕을 날아서 올라간 꿈은**

만사가 쉽게 풀려나간다.

‖ **고개를 넘은 꿈은**

사업이 전환기에 접어들었다는 뜻이다.

‖ **고개를 수없이 오르내린 꿈은**

어렵고 힘든 일이 계속해서 일어난다.

‖ **나무를 이용해서 절벽에 오른 꿈은**

귀인의 도움으로 어려운 난관을 헤쳐나간다.

‖ **절벽이 무너져 내린 꿈은**

집안에 우환이 생길 징조다.

‖ **절벽을 보면서 암담하다고 생각한 꿈은**

모든 일이 절망상태에 놓여 답답할 징조다.

‖ **절벽을 마주본 꿈은**

마음이 불안하다는 뜻이니 안정을 취하도록.

‖ **절벽에서 뛰어내리면서 짜릿한 기분을 느꼈던 꿈은**

소원하는 것이 이루어진다.

‖ **절벽 위에서 행글라이더를 타고 날은 꿈은**

원하는 것을 이룬다.

‖ 절벽 위에서 풍선을 띄운 꿈은

약혼이나 결혼을 한다.

‖ 달리다가 절벽에서 떨어진 꿈은

하루아침에 사업이나 명예, 지위 등이 몰락할 징조다.

‖ 절벽에서 떨어졌는데 다치지 않은 꿈은

마지막 순간에 다시 일어선다.

‖ 절벽에서 떨어져 죽은 꿈은

뜻밖의 재난으로 하는 일이 중단된다.

‖ 절벽이나 위험한 곳에서 힘들게 꽃을 꺾은 꿈은

모든 일이 힘들게 이루어진다.

‖ 길을 가다가 낭떠러지에 떨어진 꿈은

집안에 우환이 생기며 사업이 실패한다.

흙 · 모래

흙에 대한 꿈은 사업기반, 영토, 재물 등을 나타내고,
모래에 대한 꿈은 현재의 상태, 사업기반, 재물 등을 나
타낸다.

‖ 흙을 판 꿈은

계획한 일을 추진하면 많은 재물을 얻을 수 있다.

‖ 흙을 파는데 물건이 나온 꿈은

뜻밖의 이익이 생긴다.

‖ **흙을 파서 집으로 가져온 꿈은**

여러 곳에서 재물이 들어온다.

‖ **흙을 파고 무언가를 묻은 꿈은**

비공개적인 일을 추진한다.

‖ **흙으로 마당을 돋운 꿈은**

사업기반이 더욱더 견고해진다.

‖ **흙을 만진 꿈은**

많은 재물이 들어오지 않으면 남의 돈이라도 만진다.

‖ **흙을 나른 꿈은**

사업자금을 융자받는다.

‖ **진흙탕에 빠진 꿈은**

만사가 막혀 풀리지 않을 징조다.

‖ **흙 속으로 들어간 꿈은**

좋은 일이 생긴다.

‖ **흙 속으로 몸이 저절로 빠져들어간 꿈은**

재물이나 세력을 얻게 된다.

‖ **흙에 엎드린 꿈은**

죽음이 다가온다는 암시로 환자는 생명이 위태롭다.

‖ **흙이 붉은색으로 변한 꿈은**

사업적인 적신호이니 철저한 재정비가 필요하다.

‖ **갑자기 붉은흙 무덤이 생긴 꿈은**

재난이 닥칠 징조다.

‖ **흙덩어리를 주운 꿈은**

부동산을 사거나 재물이 들어온다.

‖ **흙덩어리를 다른 사람에게 던진 꿈은**

가까운 사람 때문에 재물을 잃게 된다.

‖ **흙으로 무엇인가를 만든 꿈은**

새로운 일에 도전하거나 새로운 작품을 구상한다.

‖ **흙으로 여러 가지 모양을 조각한 꿈은**

노력 끝에 좋은 결과가 나타난다.

‖ **흙구덩이에 물을 부어도 고이지 않은 꿈은**

소득이 없는데도 계속 투자한다.

‖ **흙벽돌을 쌓은 꿈은**

사업자금을 융통한다.

‖ **모래성을 쌓은 꿈은**

허황된 꿈과 계획을 갖고 있다는 경고다.

‖ **모래언덕을 쌓은 꿈은**

일의 결과가 오래 가지 못한다.

‖ **모래밭을 걸은 꿈은**

만사가 늦고 어려워질 징조다.

‖ **맨발로 모래밭을 걸은 꿈은**

만사가 수포로 돌아갈 싱소다.

‖ **모래사장에 발자국을 남긴 꿈은**

자신의 업적을 남기게 된다.

‖ **백사장을 걸은 꿈은**

좋은 일이 생기며 여러 사람의 도움을 받는다.

‖ **모래를 지고 가는데 빈지게가 된 꿈은**

질병이나 사업적인 고통에서 벗어난다.

‖ **모래밭에 씨를 뿌린 꿈은**

무모한 계획으로 실패한다.

‖ **사막을 걸어간 꿈은**

하는 일이 어려워질 징조다.

‖ **사막에서 오아시스를 찾은 꿈은**

귀인의 도움으로 어려운 일들이 해결된다.

‖ **사막에서 길을 잃어버린 꿈은**

목표가 잘못되었다는 뜻이니 다시 한 번 점검하도록.

바위 · 돌

바위나 돌에 대한 꿈은 진리, 권리, 업적, 재물, 방법, 협조자, 기관 등을 나타낸다.

‖ **바위에 올라간 꿈은**

노력한 보람이 나타나고, 소원하는 일이 이루어진다.

‖ **바위에서 뛰어내린 꿈은**

현재의 위치에서 변화를 추구한다.

‖ **바위를 옮긴 꿈은**

신상에 변화가 생긴다.

‖ **바위에 깔린 꿈은**

뜻밖의 방해자가 나타나 장애에 부딪힌다.

‖ 바위에 눌린 꿈은

모든 일이 막혀버릴 징조다.

‖ 바위가 굴러다닌 꿈은

자금을 융통하기도 어렵고 기회를 잡기도 어렵다.

‖ 바위가 공중을 떠다닌 꿈은

사업이나 마음이 불안하다는 뜻이다.

‖ 바위가 하늘을 날아다닌 꿈은

불안한 마음을 암시하며 주변에 많은 변화가 생긴다.

‖ 큰 바위가 날아다닌 꿈은

인기인은 인기가 급상승한다.

‖ 하늘에서 바위가 떨어진 꿈은

뜻밖의 행운으로 재물이 들어온다.

‖ 바위가 지붕 위에 떨어진 꿈은

집안에 우환이 생길 징조다.

‖ 큰 바위로 자갈을 만든 꿈은

동업자나 협조자가 나타난다.

‖ 바위에 조각을 한 꿈은

새로운 아이디어로 신상품을 개발한다.

‖ 바위에 이름을 새긴 꿈은

명예와 지위를 얻기 위해 많은 재물을 투자한다.

‖ 큰 바위에 절한 꿈은

소원하는 일이 모두 이루어진다.

‖ 바위에 자신이 올린 꿈은

과욕으로 법규를 위반하여 육체적·정신적인 고통을

겪는다.

‖ 바위를 짊어지고 간 꿈은

큰 재물을 얻거나 투자한다.

‖ 바위에 징을 박은 꿈은

방해자로 인하여 큰 재물을 잃는다.

‖ 바위에서 샘물이 나온 꿈은

투자한 곳에서 많은 이익을 얻는 등 좋은 일이 생긴다.

‖ 바위가 터져 폭포가 된 꿈은

종교나 철학적인 진리를 깨닫거나 베풀게 된다.

‖ 앞을 가로막고 있는 바위를 치운 꿈은

경쟁자나 어려운 난관을 극복하고 목적을 이룬다.

‖ 큰 바위를 두 팔로 떠밀어 올린 꿈은

큰 세력을 얻는다.

‖ 떨어지는 바위를 손으로 받은 꿈은

뜻밖의 행운이 찾아온다.

‖ 맨손으로 바위를 깨트린 꿈은

무모한 일에 도전하여 성공한다.

‖ 맨손으로 바위를 격파하지 못한 꿈은

무모한 일에 도전하다 실패한다.

‖ 바위에 머리를 맞은 꿈은

교통사고 등의 재난이 닥칠 징조다.

‖ 바위에 자신의 머리를 계속 부딪힌 꿈은

일이 뜻대로 되지 않는다.

‖ **암벽에서 떨어진 꿈은**

직장인은 퇴직하고 사업가는 실패할 징조다.

‖ **예쁜 조약돌을 주운 꿈은**

태몽이면 관리나 학자가 될 후손이 태어난다.

‖ **돌이 바위로 변한 꿈은**

작은 사업이 번창하여 큰 사업이 된다.

‖ **작은 돌이 큰 바위로 변한 꿈은**

길몽으로 만사가 순조롭다.

‖ **돌로 울타리를 쌓은 꿈은**

많은 사람에게 도움을 받는다.

‖ **작은 돌을 던진 꿈은**

대인관계가 어려워지고 시비와 다툼이 벌어진다.

‖ **돌로 경쟁자를 때린 꿈은**

경쟁자에게 쌓인 감정 때문에 다툰다.

‖ **돌로 우상을 때린 꿈은**

기존 학설이나 종교 등에 혁신을 가져온다.

‖ **상대방이 던진 돌에 맞은 꿈은**

의견대립으로 다툼이 벌어진다.

‖ **서로 돌팔매질을 한 꿈은**

논쟁이나 시비가 벌어질 징조다.

‖ **돌산에서 떨어지는 돌을 맞고도 태연하게 걸은 꿈은**

학계나 언론계에서 자신의 작품을 평가받는다.

‖ **돌을 만지작거린 꿈은**

새로운 사업이나 투자를 신중하게 고려한다는 뜻이다.

‖ 돌에서 빛이 난 꿈은

길몽으로 큰 재물이 들어오거나 축하받을 일이 생긴다.

‖ 돌을 집 안으로 들여온 꿈은

가정이 번창하는 등 소원하는 일이 이루어진다.

‖ 하늘에서 돌이 우박처럼 쏟아진 꿈은

귀인의 도움으로 많은 재물을 얻는다.

‖ 돌에 걸려 넘어진 꿈은

부도위기가 오거나 사업적인 거래가 모두 중단된다.

‖ 돌문을 열고 동굴 안으로 들어간 꿈은

고적탐사를 하거나 시험이나 취직 등이 성사된다.

‖ 돌문을 열고 동굴 안으로 들어간 꿈은

새로운 것을 발견하거나 고시에 합격한다.

‖ 돌 속에서 불길이 올라온 꿈은

흉몽으로 재난이 닥친다.

‖ 큰 돌이 앞을 가로막은 꿈은

방해자 때문에 고통을 겪는다.

‖ 돌무덤을 본 꿈은

희귀한 자료나 문헌을 본다.

‖ 돌더미에 깔린 꿈은

단체나 기관의 압력이나 제재 때문에 하고 싶은 일을
하지 못하고, 사업도 진퇴양난에 빠진다.

‖ 쌓여 있는 자갈 위에 비가 내린 꿈은

자신의 능력에 대해 좋은 평가를 받는다.

‖ **길 위에 자갈을 깐 꿈은**

다른 사람을 좋은 길로 인도한다.

‖ **맨발로 자갈밭길을 걸은 꿈은**

당분간은 고통에서 벗어나기 힘들다.

‖ **자갈밭 위에 반듯하게 누워 있었던 꿈은**

환자는 치료기간이 오래 걸린다.

11장. 물에 관한 꿈

물

물에 대한 꿈은 재물, 사상, 언론, 사업기반, 기관, 소원 등을 나타낸다.

‖ 갑자기 땅 속에서 물이 솟아난 꿈은

사업이 크게 번창하고 재물이 많이 들어온다.

‖ 땅 속에서 물이 계속 나온 꿈은

사업이 계속 번창한다.

‖ 수도꼭지에서 물이 나온 꿈은

소원하는 일이 모두 이루어진다.

‖ 수돗물이 흐르는데 받을 통이 없어 안타까웠던 꿈은

들어오는 돈보다 나가는 돈이 더 많다.

‖ 수도꼭지에서 물이 나오지 않은 꿈은

만사가 막혀 어려워진다.

‖ 큰 물통에 물을 받으려고 하는데 수도꼭지에서 물이 나오지 않은 꿈은

사업을 크게 벌리나 결과는 신통치 않다.

‖ 방 안에 수돗물이 가득 찼던 꿈은

집안에 우환이 생길 징조다.

‖ 흐린 물을 본 꿈은

근심 걱정이 생길 징조다.

‖ 물에 빠진 꿈은

큰 손해를 볼 징조다.

‖ 물에 뛰어든 꿈은

어떤 단체나 기관에 들어가 업무를 보게 된다.

‖ 집 안으로 물이 들어온 꿈은

욕심을 부리다 사기를 당한다.

‖ 방바닥에 물이 넘친 꿈은

질병에 시달릴 징조다.

‖ 물이 발밑으로 밀려온 꿈은

재난이 닥칠 징조다.

‖ 물이 소용돌이를 친 꿈은

가족간에 불화가 생길 징조다.

‖ 물 위에서 불이 타오른 꿈은

포기한 일이 뜻하지 않은 일로 다시 이루어진다.

‖ 맑고 깨끗한 물에 손이나 발을 씻은 꿈은

만사가 순조롭게 해결된다.

‖ 맑은 물에 목욕이나 세수를 한 꿈은

환자는 질병이 깨끗하게 낫는다.

‖ 물통에 물이 없는 꿈은

자금이 고갈되는 등 사업이 꽉 막힌다.

‖ 물이 한방울도 없는 물통을 들여다 본 꿈은

흉몽으로 최악의 상태에 처한다.

‖ 물통의 물을 휘저은 꿈은

가까운 사람에게 자금을 융통한다.

‖ 그릇에 담긴 물을 손으로 저은 꿈은

형제에게 재물이 생긴다.

‖ 그릇에 물을 가득 받았다가 엎지른 꿈은

모든 계획이나 사업이 물거품이 될 징조다.

‖ 정수기에 생수가 가득차 있는 꿈은

충분한 자금으로 사업이 점점 번창한다.

‖ 싱크대에 물이 가득차 있는 꿈은

큰 재물이 들어온다.

‖ 씽크대에 있는 물이 샌 꿈은

비밀이 새고 있다는 암시다.

‖ 큰 함지박에 물이 가득차 있는 꿈은

많은 재물을 모은다.

‖ 큰 물통에 물을 받은 꿈은

토지를 매입한다.

‖ **목이 마르다 시원하게 물을 마신 꿈은**

소원하는 일이 이루어진다.

‖ **물을 잔뜩 마신 꿈은**

소원하는 일이 이루어진다.

‖ **물을 벌컥벌컥 마신 꿈은**

다른 사람이 어렵고 힘든 일을 시원하게 해결해 준다.

‖ **거리에서 물을 마신 꿈은**

다른 사람의 도움을 받는다.

‖ **맑은 물을 마신 꿈은**

재물이 들어오는 등 하는 일이 크게 발전한다.

‖ **뜨거운 물을 마신 꿈은**

소원하는 일이 모두 이루어진다.

‖ **미지근한 물을 마신 꿈은**

명예나 지위가 떨어지고 재물을 잃는다.

‖ **차가운 물을 마신 꿈은**

능력을 발휘할 기회가 온다.

‖ **갈증이 나서 물을 찾아 헤맨 꿈은**

직장을 옮기고 싶어도 마땅치가 않고, 사업을 하고 싶
어도 자금이 모자라는 등 장애가 많다.

‖ **물을 마시려고 하는데 다른 사람이 먼저 마신 꿈은**

그 사람에게 뒤떨어진다.

‖ **물을 마시다가 이물질을 먹은 꿈은**

질병에 걸릴 징조다.

‖ 뜨거운 물로 목욕한 꿈은

귀인의 도움을 받게 되고, 취직이나 시험이 성사된다.

‖ 흐르는 물 속에 앉아 있었던 꿈은

새로운 계획이나 새로운 아이디어가 떠오른다.

‖ 물 위에 누워 있었던 꿈은

사업적으로 자질구레한 일이나 불필요한 사람들을 모두 정리한다는 암시다.

‖ 물에 빠진 사람을 붙잡고 헤엄친 꿈은

목적을 이루려고 하지만 심한 고통에 빠진다.

‖ 물이 얼어버린 꿈은

만사가 얼어붙을 징조다.

‖ 고드름을 본 꿈은

머지않아 근심이 사라진다.

‖ 고드름을 먹은 꿈은

질병에 걸릴 징조다.

‖ 호스로 물을 뿌린 꿈은

만사가 뜻대로 진행된다.

‖ 물이 샌 꿈은

쓸데없는 일에 정신과 시간을 낭비하고 있다는 경고다.

‖ 물 위를 걸어서 건넌 꿈은

애인과의 사랑이 깊어져 결혼한다.

‖ 물그릇에 벌레가 빠진 꿈은

경쟁자의 방해가 따르고 질병에 시달린다.

바다

 바다에 대한 꿈은 재물, 사상, 언론, 사업기반, 기관, 소원 등을 나타낸다.

‖ **잔잔한 바다를 본 꿈은**

하는 일이 순조롭고 사회적으로도 인정받는다.

‖ **맑고 고요한 바다를 본 꿈은**

머지않아 큰 행운이 찾아오고 명예와 지위도 얻는다.

‖ **파도치는 바다를 본 꿈은**

관재구설에 휘말리고 가까운 사람과 다툰다.

‖ **바다에서 파도가 일어난 꿈은**

부부싸움을 한다.

‖ **바닷물이 밀려온 꿈은**

길몽으로 하는 일이 크게 번창한다.

‖ **바닷물이 밀려간 꿈은**

하는 일이 부진하고 지위와 명예도 쇠퇴한다.

‖ **집으로 바닷물이 들어온 꿈은**

귀인의 도움으로 많은 재물이 들어온다.

‖ **다른 사람이 바다로 떠내려간 꿈은**

떠내려간 사람에게 죽음이 닥친다는 암시다.

‖ **바다에 빠진 꿈은**

직장을 그만두거나 하는 일이 실패로 끝난다.

‖ 바다 한가운데서 표류한 꿈은

어떤 일을 결정하지 못하고 있다는 뜻이다.

‖ 바다에 빠졌다가 구사일생으로 살아난 꿈은

간신히 위기를 모면한다.

‖ 바다에 빠졌는데 다른 사람이 구해준 꿈은

귀인의 도움으로 어려운 일을 해결한다.

‖ 바다 속으로 들어간 꿈은

길몽으로 행운이 찾아온다.

‖ 바다에서 헤엄치며 다닌 꿈은

능력과 실력을 발휘할 기회를 잡는다.

‖ 깊은 바다에서 석유가 콸콸 쏟아져 나온 꿈은

최고의 길몽으로 대단한 이익을 얻는다.

‖ 바닷물이 마른 꿈은

한순간에 모든 것이 몰락할 징조다.

‖ 바다 한 가운데 높은 산이 있었던 꿈은

많은 사람을 통치할 권력이 생긴다.

‖ 바다를 힘들게 건너 무인도에 올라간 꿈은

최선을 다하여 최고의 자리에 오르나 가까운 사람들이

모두 떠나 고독해진다.

‖ 바다에서 뗏목을 타고 표류한 꿈은

방향을 잡지 못하고 방황한다.

‖ 항구에서 술을 마신 꿈은

선원은 상사에게 꾸지람을 듣거나 사기를 당한다.

‖ 항구에서 이별한 꿈은

새로운 이성을 사귀게 된다.

‖ 등대를 바라본 꿈은

어려움 속에서도 희망이 보인다.

‖ 파도에 등대가 부숴진 꿈은

뜻밖의 재난으로 위험에 처하고 기로에 선다.

강

상에 대한 꿈은 재물, 사상, 언론, 사업기반, 기관, 소원 등을 나타낸다.

‖ 맑은 강물을 본 꿈은

자신이 하는 일에 만족한다는 뜻이다.

‖ 유유히 흘러가는 강물을 본 꿈은

만사가 물흐르듯이 순조롭게 이루어진다.

‖ 강물이 거꾸로 흐른 꿈은

많은 사람들의 반발로 자신의 주장을 펴지 못한다.

‖ 강물이 급류가 되어 흐른 꿈은

계획에 없던 일을 한다.

‖ 강물에 떠내려간 꿈은

죽음을 예고하는 꿈이다.

‖ 강물에 떠내려 가다가 구조된 꿈은

환자는 질병이 완쾌된다.

‖ 큰 강물에 집이 떠내려간 꿈은

집안에 우환이 생길 징조다.

‖ 강물에 꽃 한 송이가 떠내려간 꿈은

사랑하는 여자가 떠나거나 여행을 한다.

‖ 강물에 떠내려가는 꽃을 건진 꿈은

미혼자는 결혼한다.

‖ 강물에서 떠내려온 시체를 발견한 꿈은

뜻밖의 재물이 들어오는 등 기쁜 소식이 있다.

‖ 큰 강물에 사다리가 떠내려간 꿈은

사소한 말다툼이나 시비로 경찰서를 드나든다.

‖ 강물에 조약돌을 던진 꿈은

감당하기 힘든 일이 생긴다.

‖ 단숨에 강을 뛰어넘은 꿈은

갑자기 신상에 변화가 생기고, 만사가 쉽게 성사된다.

‖ 헤엄쳐서 강을 건너간 꿈은

승진하거나 주위 사람들에게 평가받는다.

‖ 통나무를 잡고 강을 건너간 꿈은

다른 사람의 도움으로 높은 지위에 오른다.

‖ 나뭇가지에 매달려 강을 건너거나 뛰어오른 꿈은

어떤 단체나 기관을 이용하여 출세할 기회를 잡는다.

‖ 강이나 호수에서 편안하게 수영한 꿈은

능력이나 실력을 발휘할 기회가 온다.

‖ **강물이 앞을 가로막아 건너가지 못한 꿈은**

순조롭던 일이 막혀 요지부동이 된다.

‖ **강물 위를 걸어간 꿈은**

많은 사람들의 도움으로 명예와 지위를 얻는다.

‖ **강물을 모두 마셔버린 꿈은**

길몽으로 큰 재물이 들어온다.

‖ **강물이 마른 꿈은**

자금이 바닥나 어려움에 처한다.

‖ **강물이 갈라진 꿈은**

동업자나 사랑하는 사람과 헤어진다.

‖ **강물에 손이나 발을 씻은 꿈은**

어려운 일이 풀리는 등 소원하는 일이 이루어진다.

‖ **강물 속으로 들어간 꿈은**

길몽으로 재물이 들어온다.

‖ **강 언덕에 쓸쓸하게 서 있었던 꿈은**

사랑하는 사람이 떠나갈 징조다.

‖ **강가에 누워 있었던 꿈은**

추진하는 일이 실패한다는 암시이니 조심하도록.

‖ **강에 배를 띄우며 놀았던 꿈은**

즐거운 일이 생기는 등 만사가 순조롭다.

‖ **강 위에 배 한척이 외로이 떠 있었던 꿈은**

협조자나 친구들이 떠나고 혼자 남는다.

‖ **강을 건너려는데 배나 다리가 없었던 꿈은**

갑자기 하는 일이 중단되어 어려움에 처한다.

∥ 강을 건너는데 반대쪽에서 다른 사람이 건너온 꿈은

자신은 승진이나 취직 등이 성사되나, 꿈에 보인 사람
은 해고나 퇴직 등을 당한다.

∥ 강물을 빠져 나오려고 했지만 나올 수 없었던 꿈은

만사가 막히고 늦어진다.

∥ 붉은 강물을 본 꿈은

윗사람에게 불길한 일이 생긴다.

∥ 강이 핏빛으로 물든 꿈은

많은 사람 앞에서 설교를 한다.

∥ 강이 얼어붙은 꿈은

정보나 자금이 바닥나는데 풀릴 길이 막연하다.

∥ 강의 얼음이 녹은 꿈은

서서히 자금이 풀려 사업이 번창한다.

호수 · 연못

호수나 연못에 대한 꿈은 재물, 사상, 언론, 사업기반,
기관, 소원 등을 나타낸다.

∥ 호수에 빠진 꿈은

뜻밖의 일로 사업이 미궁 속으로 빠진다.

∥ 맑은 호수를 본 꿈은

만사가 순조롭게 이루어진다.

‖ **흐린 호수를 본 꿈은**

곧 어려운 문제에 부딪힌다는 암시다.

‖ **잔잔한 호수를 바라본 꿈은**

마음이 평화로워지고 즐거운 일이 생긴다.

‖ **호수가 심하게 물결친 꿈은**

어려운 일에 직면한다.

‖ **호수가 다른 색으로 변한 꿈은**

사업, 직장, 가정 등의 기반이 흔들리고 재물도 잃는다.

‖ **호수가 보라색으로 변한 꿈은**

어려운 사람을 도와준다.

‖ **호수가 핏빛으로 물든 꿈은**

많은 사람 앞에서 설교를 한다.

‖ **호수가 얼어붙은 꿈은**

정보나 자금이 바닥나는데 풀릴 길이 막연해진다.

‖ **호수의 얼음이 녹은 꿈은**

서서히 자금이 풀려 사업이 번창한다.

‖ **호수나 연못에 물이 없는 꿈은**

사업자금이 고갈될 징조다.

‖ **호수에 돌을 던진 꿈은**

스스로 만든 문제 때문에 시끄럽고 재물도 흩어진다.

‖ **연못을 판 꿈은**

좋은 일이 생기고 새로운 일에 도전한다.

‖ **연못에 있는 분수에서 물이 나오지 않은 꿈은**

자금융통이 어려워질 징조다.

‖ 연못에 있는 분수에서 물이 솟구친 꿈은
자금회전이 원활해진다.

‖ 연못 안에 큰 나무가 서 있는 꿈은
명예와 부귀를 얻는다.

‖ 연못에 이끼가 낀 꿈은
방해자를 제거하기 위해 노력한다.

‖ 연못에 다리가 있었던 꿈은
부탁한 일이 잘 해결된다.

‖ 연못에 물고기가 놀고 있었던 꿈은
하는 일이 순조롭게 진행된다.

‖ 연못에 물고기가 없었던 꿈은
자금이 고갈되는데 융통하기 어렵다.

‖ 연못에서 죽은 물고기를 본 꿈은
집안에 우환이 생긴다.

‖ 연못에 나뭇잎을 띄운 꿈은
기다리던 이성이 나타난다.

우물

 우물에 대한 꿈은 재물, 사상, 언론, 사업기반, 기관,
소원 등을 나타낸다.

‖ 우물을 판 꿈은
융자를 받는 등 자금을 융통한다.

‖ **우물을 팠는데 맑은 물이 나온 꿈은**

자금난이 해결된다.

‖ **돌로 우물을 쌓은 꿈은**

사업체가 견고해진다.

‖ **우물에 물이 넘친 꿈은**

집안에 재물이 가득 쌓인다.

‖ **우물물을 마신 꿈은**

소원하는 일이 이루어지고 환자는 병이 완쾌된다.

‖ **집 안에 우물이 있었던 꿈은**

가정이 화목해진다.

‖ **갑자기 우물이 생긴 꿈은**

취직이 되거나 이성을 사귀게 된다.

‖ **부엌에 우물이 생긴 꿈은**

재물이 들어와 경제적으로 안정된다.

‖ **우물이 없어진 꿈은**

집안에 우환이 생기거나 사업이 어려움에 처한다.

‖ **우물을 발견한 꿈은**

부탁한 일이나 자금문제 등이 해결된다.

‖ **여러 곳에 우물이 있었던 꿈은**

여러 기관이나 부서에 부탁을 한다.

‖ **우물을 들여다 본 꿈은**

좋은 일이 생긴다.

‖ **우물 속에서 소리가 들려 들여다 본 꿈은**

손해를 입힐 동업자나 친구가 나타난다는 암시다.

‖ **우물물로 그릇을 닦은 꿈은**

이성을 사귀게 되는데 결혼할 수도 있다.

‖ **우물물을 길어 손이나 발을 씻은 꿈은**

근심 걱정이 모두 사라진다.

‖ **우물에다 물고기를 키운 꿈은**

대그룹에 취직한다.

‖ **우물 속에 산이 비친 꿈은**

새로운 이성을 사귀거나 사업체를 인수한다.

‖ **우물 속에 달이나 별이 비친 꿈은**

태몽으로 예쁜 딸을 낳는다.

‖ **우물 속에 여자의 얼굴이 비친 꿈은**

이성문제로 구설수에 휘말린다.

‖ **우물물이 마른 꿈은**

가족간에 불화가 생길 징조다.

‖ **우물물이 흐렸던 꿈은**

질병에 걸릴 징조다.

‖ **우물에 찌거기가 많았던 꿈은**

집안에 우환이 생길 징조다.

‖ **우물물에 기름이 떠 있었던 꿈은**

부탁한 일이 성사되지 않는다.

‖ **우물 속으로 들어간 꿈은**

점점더 어려워질 징조다.

‖ **우물에서 나온 꿈은**

어려운 상황에서 벗어난다.

‖ 우물이 무너진 꿈은

하는 일이 실패하여 큰 손해를 본다.

‖ 우물에 빠진 꿈은

질병에 걸리거나 관재구설에 휘말린다.

‖ 물을 긷다가 우물에 빠진 꿈은

욕심을 부리다 손해를 본다.

‖ 우물 안에서 사람이 나온 꿈은

다른 회사에 스카웃되거나 친한 사람을 추천한다.

‖ 우물에서 뱀이 나온 꿈은

사기사건에 휘말리거나 질병에 시달린다.

‖ 목이 말라 우물을 찾아 헤맨 꿈은

직장을 옮기고 싶어도 마땅치가 않고, 사업을 하고 싶어도 자금이 모자라는 등 주위 여건이 좋지 않다.

‖ 우물에 이끼가 낀 꿈은

방해자를 제거하기 위해 노력한다.

폭포 · 웅덩이 · 시냇물 · 샘 · 분수 · 도랑

 물에 대한 꿈은 재물, 사상, 언론, 사업기반, 기관, 소원 능을 나타낸다.

‖ 숲 속에서 폭포를 본 꿈은

사업이 크게 성공하고 명예도 높아진다.

‖ 폭포에서 물이 떨어진 꿈은

정열적으로 일을 추진하며 만사가 순조롭다.

‖ 폭포나 골짜기의 물을 먹은 꿈은

길몽으로 좋은 일이 생긴다.

‖ 웅덩이를 판 꿈은

재난이나 사고로 누군가가 죽는다.

‖ 웅덩이를 파도 파도 끝이 없었던 꿈은

현재 상황에서 벗어나기 힘들다는 암시다.

‖ 웅덩이를 파다가 묻어버린 꿈은

재난이나 사고를 당해도 무사하다.

‖ 웅덩이에 맑은 물이 고인 꿈은

뜻밖의 행운으로 재물이 들어온다.

‖ 웅덩이에 흙탕물이 고인 꿈은

현재 진행 중인 사업이 불투명하다.

‖ 시냇물이 계속 흐른 꿈은

사업이 계속 번창한다.

‖ 시냇물이 마른 꿈은

자금이 고갈되는 등 어려움에 처한다.

‖ 약수를 마신 꿈은

건강이 매우 좋아지며 환자는 병이 완쾌된다.

‖ 맑은 샘물을 찾은 꿈은

재물이 들어오는 등 하는 일이 크게 발전한다.

‖ 맑은 샘물로 목욕한 꿈은

환자는 질병이 완쾌된다.

‖ **샘물이 솟아오른 꿈은**

길몽으로 모든 일을 이룰 수 있다.

‖ **옹달샘에서 물이 솟아나온 꿈은**

만사가 순조롭게 진행된다.

‖ **모래에서 샘물이 솟은 꿈은**

길몽으로 행운이 찾아온다.

‖ **분수에서 물이 솟구친 꿈은**

길몽으로 사업이 크게 번창한다.

‖ **분수에서 물이 나오지 않은 꿈은**

만사가 꽉 막힐 징조다.

‖ **도랑을 치다가 가재를 잡은 꿈은**

생각지도 않은 재물이 들어온다.

‖ **도랑이 가로질러 있었던 꿈은**

하는 일에 장애가 생길 징조다.

‖ **도랑을 가볍게 뛰어넘은 꿈은**

장애가 생겨도 무난하게 해결한다.

‖ **도랑을 건너뛰다가 물에 빠진 꿈은**

장애가 생겨 재물이 나갈 징조다.

12장. 불·빛·열에 관한 꿈

불

불에 대한 꿈은 사업방법, 사업자금, 일의 성공여부, 흥망성쇠, 소원충족, 욕정, 정력, 세력 등을 나타낸다.

‖ 불이 났는데 꼼짝하지 못하고 누워 있었던 꿈은

법이나 규칙을 위반하여 사회적으로 제재를 받는다.

‖ 집에 난 불을 소방관이 끈 꿈은

순조롭던 일이 장애에 부딪힌다.

‖ 불이 나 집이 타버린 꿈은

하는 일이 날로 번창한다.

‖ 1층과 2층에 각각 불이 난 꿈은

상하 두 계층의 사업체에서 일이 성사되어 큰 소득을

얻는다.

‖ 천정에 붙은 불이 거세게 번진 꿈은

자신에 관한 나쁜 소문이 순식간에 퍼진다.

‖ 자신의 몸이 불에 탄 꿈은

명예와 지위가 올라간다.

‖ 다른 사람의 몸에 불이 붙은 꿈은

경쟁자나 방해자의 도움으로 사업이 번창한다.

‖ 불이 나 재만 남은 꿈은

순조롭던 일이 뜻밖의 일로 실패와 좌절을 겪는다.

‖ 온 세상이 불바다가 된 꿈은

오래도록 부귀와 영화를 누린다.

‖ 불길이 하늘로 치솟은 꿈은

명예와 지위가 최고로 올라간다.

‖ 불 속에서 사람을 구한 꿈은

인기인은 명성을 널리 알린다.

‖ 대형건물에 불이 난 꿈은

크게 성공하며 명예와 지위가 올라간다.

‖ 산불을 본 꿈은

길몽으로 큰 부자가 된다.

‖ 산불이 났는데 비가 온 꿈은

목표가 이루어질듯 하다가 실패한다.

‖ 숲에 불이 난 꿈은

숲이 타다가 남으면 재물손실이 있고, 모두 타버리면
재물이 들어오는 등 크게 번창한다.

‖ **창고에 불이 난 꿈은**

많은 재물이 들어온다.

‖ **창고에 불이 났는데 끈 꿈은**

많은 재물이 들어올 수 있는 기회를 놓치기 쉽다.

‖ **건물이 모두 타버리고 재만 남은 꿈은**

길몽으로 경제적인 횡재수가 있다.

‖ **건물에 불이 났는데 소방관이 끈 꿈은**

번창하던 사업이 관의 제재로 슬럼프에 빠진다.

‖ **불이 여기 저기 옮겨 붙은 꿈은**

여러 방면에서 능력을 발휘하여 인정받는다.

‖ **풀밭에 불이 붙어 번진 꿈은**

사업이 순조롭게 진행된다.

‖ **불이 풀밭이나 길가로 번져간 꿈은**

추진하는 일이 잘된다.

‖ **우물에서 불길이 솟은 꿈은**

집안에 우환이 생길 징조다.

‖ **굴뚝에서 불이 솟아나온 꿈은**

길몽으로 목적을 이룰 기회가 온다.

‖ **부엌에서 불이 난 꿈은**

집안에 우환이 생긴다.

‖ **아궁이에 불을 땐 꿈은**

새로운 일을 시작한다.

‖ **전기누전으로 불이 난 꿈은**

돌발적인 사고로 자금난에 부딪혀 사업이 힘들어진다.

‖ 다른 집에 난 불을 구경한 꿈은

사업이 번창한다.

‖ 다른 집에 난 불이 자기집으로 옮겨 붙은 꿈은

다른 사람의 도움으로 재물을 모은다.

‖ 불을 끄지 못한 꿈은

가정에 재난이 생기거나 하는 일이 어려워진다.

‖ 불과 연기가 함께 타오른 꿈은

하는 일이 막혀 정신적인 고통을 겪는다.

‖ 불이 났는데 연기만 난 꿈은

투자한 곳에서 이익이 생길 것이라고 기대하나, 이익은
생기지 않고 헛소문 때문에 불쾌해진다.

‖ 땅 속에서 불이 솟아오른 꿈은

재물을 크게 잃고 질병에 걸릴 수도 있다.

‖ 마당의 흙 속에서 한 가닥의 불길이 솟아오른 꿈은

한 번쯤 신문광고를 한다.

‖ 불이 옷으로 옮겨 붙은 꿈은

길몽으로 축하받을 일이 생긴다.

‖ 불을 여러 군데로 옮겨 붙인 꿈은

추진하는 일을 여러 곳에 광고한다.

‖ 타오르는 불을 끈 꿈은

순조롭던 일들이 막혀 하루아침에 곤경에 빠진다.

‖ 불이 났는데 도망간 꿈은

재난으로 정신적인 고통을 받는 등 불길한 일이 생길
징조다.

‖ 불 속에 있었는데도 타죽지 않은 꿈은

철저한 계획과 충분한 자금이 있어도 이루기 어렵다.

‖ 하늘에서 불덩어리가 떨어진 꿈은

획기적인 아이디어가 떠오른다.

‖ 구름 속에서 불덩어리가 떨어진 꿈은

태몽이면 큰 인물이나 고급관리가 될 후손이 태어난다.

‖ 두 여자가 불덩어리를 들고 있었던 꿈은

사회적으로 큰 이변이 일어난다.

‖ 치마 속으로 불덩어리가 들어온 꿈은

태몽으로 귀한 자손이 태어난다.

‖ 몸에 화상을 입은 꿈은

길몽으로 취직이나 입학, 승진 등이 성사된다.

‖ 모닥불에 둘러앉은 꿈은

여러 사람의 도움으로 만사가 순조롭게 진행된다.

‖ 횃불을 들고 밤길을 간 꿈은

전문가의 도움을 받아 순조롭게 목적을 이룬다.

‖ 횃불이나 촛불을 들고 가는 사람을 따라간 꿈은

길몽으로 귀인을 만나게 된다.

‖ 들고가던 횃불이 꺼진 꿈은

부탁한 일이 성사되지 않는다.

‖ 초롱불을 들고 밤길을 간 꿈은

동업자나 직원들의 도움으로 순조롭게 목적을 이룬다.

‖ 성화대에 불을 붙인 꿈은

세상에 진리와 교리를 전한다.

∥ 성화대의 불이 잘 타고 있었던 꿈은

사업이 크게 번창한다.

∥ 성화를 들고 달린 꿈은

진리를 탐구하거나 종교적인 지도자가 된다.

∥ 전기불이 깜빡거린 꿈은

단조로운 일을 반복한다.

∥ 촛불을 켠 꿈은

부탁한 일이 성사된다.

∥ 촛불이 꺼진 꿈은

기다리는 소식은 오지 않고 사업은 어려움에 처한다.

∥ 조용한 커피숍에서 촛불을 바라본 꿈은

멋진 애인이 생긴다.

∥ 방 안에 촛불이 환하게 켜져 있는 꿈은

근심 걱정이 사라지며 소원하는 일이 모두 이루어진다.

∥ 촛불에 손을 쪼인 꿈은

의지하고 싶어하는 심정을 나타내는 꿈이다.

∥ 성냥불을 켠 꿈은

수입이 생기거나 수입이 올라간다.

∥ 성냥불에 데인 꿈은

서두르다 실패할 수 있으니 조심하도록.

∥ 성냥갑을 구하거나 본 꿈은

사업이 날로 번창한다.

∥ 물에 젖은 성냥갑을 말린 꿈은

어떤 기관에 부탁할 일이 생긴다.

‖ **불꽃놀이를 본 꿈은**

축하받을 일이 생기거나 기쁜 소식을 듣는다.

‖ **난로를 본 꿈은**

생활이 안정된다.

‖ **난로의 불이 잘 탄 꿈은**

하는 일이 원하는대로 이루어진다.

‖ **난로에 불이 잘 붙은 꿈은**

모든 일이 순조롭게 진행된다.

‖ **난로에 불이 잘 붙지 않은 꿈은**

무엇인가를 시작하고 싶지만 기반이 조성되지 않는다.

‖ **가스가 폭발한 꿈은**

사업이 매우 번창한다.

‖ **벽에서 가스가 새어나온 꿈은**

기다리는 소식이 온다.

‖ **부탄가스를 마시고 취한 꿈은**

달콤한 유혹에 빠져 실패할 징조다.

‖ **화로를 본 꿈은**

서로의 주장이나 의견이 일치된다.

‖ **연기가 방 안으로 새들어온 꿈은**

사기에 걸릴 수 있으니 조심하도록.

‖ **연기 속으로 걸어간 꿈은**

당분간은 어렵다는 암시이니 때를 기다리도록.

‖ **연기에 질식한 꿈은**

정보와 비밀이 유출되어 실패한다.

‖ 정전이 된 꿈은
갑자기 어려워질 징조다.

빛 · 열

 빛에 대한 꿈은 영광, 희망, 명예, 세력, 진리, 소식, 자극, 정력 등을 나타내고, 열에 대한 꿈은 사업자금, 권력, 열정, 애정, 자비, 방법, 변화 등을 나타낸다.

‖ 빛이 너무 강렬해서 눈을 뜰 수 없었던 꿈은
상대방에게 압도되어 자신의 능력을 발휘하지 못한다.

‖ 하늘에서 내려온 광채가 온 몸을 비춘 꿈은
소원하는 일이 모두 이루어진다.

‖ 오로라 섬광을 본 꿈은
진리에 대한 설교를 듣거나 서적을 접한다.

‖ 공중에서 지상으로 강한 광선이 비친 꿈은
세상을 감동시킨다.

‖ 창문을 통해 자주빛 광선이 자신의 몸이나 침대에 비친 꿈은
진리를 깨닫게 된다.

‖ 강한 빛이 방 안으로 비친 꿈은
귀인이나 권력자의 도움으로 명예와 지위를 얻는다.

‖ 밝은 불빛이 있는 곳으로 간 꿈은
만사가 순조롭고 귀인의 도움도 받는다.

‖ 밝은 곳이나 점점 밝아지는 곳으로 나간 꿈은

모든 고난이 사라지고 점점 좋아진다.

‖ 밝은 불빛을 보고 따라간 꿈은

능력과 실력을 인정받아 새로운 희망이 전개된다.

‖ 어두운 곳에서 밝은 곳으로 나온 꿈은

어려운 상황에서 벗어난다.

‖ 캄캄한 밤을 본 꿈은

만사가 어려워질 징조다.

‖ 어두운 곳에서 무언가를 찾은 꿈은

연구나 탐사를 하게 되나 성과가 부진하다.

‖ 어두운 곳으로 간 꿈은

사업이나 추진하는 일이 점점 쇠퇴한다.

‖ 캄캄한 어둠 속을 걸어간 꿈은

당분간은 어렵다는 암시다.

‖ 낮이 희미하거나 밤이 으시시하게 어두웠던 꿈은

만사가 막혀 어려움에 시달린다.

‖ 방바닥이 따뜻해진 꿈은

가정이 화목하고 편안해진다.

‖ 방바닥이 뜨거워 앉지 못한 꿈은

욕심을 부리다 실패한다.

‖ 열기구가 뜨지 않은 꿈은

마음은 있으나 뜻대로 되지 않는다.

‖ 열기구를 타고 하늘 높이 올라간 꿈은

지위가 올라가는 등 만사가 순조롭다.

‖ **열기구를 타고가다 내린 꿈은**

목적을 이룬다.

‖ **열기구를 타고가다 떨어진 꿈은**

순조롭던 일이 한순간에 몰락한다.

‖ **이성과 열기구를 탄 꿈은**

미혼자는 결혼한다.

‖ **날아가는 열기구를 쏘아서 맞힌 꿈은**

경쟁자를 이긴다.

13장. 건물에 관한 꿈

건물

 건물에 대한 꿈은 권력, 사업자금, 단체 · 기관의 세력, 회사, 조직체, 인격, 희망, 소원, 재물 등을 나타낸다.

‖ 성 안으로 밝은 햇빛이 비친 꿈은

가정이 화목해지며 하는 일마다 순조롭다.

‖ 성 안이 어두웠던 꿈은

하는 일이 어려워지고 있다는 암시다.

‖ 성 안으로 들어간 꿈은

공무원 시험에 합격하거나 공무원이 된다.

‖ 성 밖으로 나온 꿈은

퇴직하거나 좌천될 징조다.

‖ 성 안으로 들어가서 사람을 만난 꿈은

귀인의 도움으로 크게 성공한다.

‖ 성 밖으로 나오려다 다시 들어간 꿈은

일단은 위기에서 벗어난다.

‖ 성 안이 텅텅 비어 있었던 꿈은

부탁한 일이 순조롭게 이루어진다.

‖ 성 안에 군사가 가득 있었던 꿈은

단체나 모임에 참석한다.

‖ 성 안에 장군이 버티고 서 있는 꿈은

부탁한 일이 성사되지 않는다.

‖ 매우 큰 궁전을 본 꿈은

관의 제재로 어려움에 처한다.

‖ 아름다운 궁전을 본 꿈은

만사가 순조롭게 진행된다.

‖ 안개 속에서 크고 웅장한 궁전을 본 꿈은

머지않아 신분이 고귀해진다.

‖ 궁전에서 즐겁게 놀았던 꿈은

고귀한 신분이 된다.

‖ 궁전이 불에 탄 꿈은

최고의 길몽으로 명예와 부귀를 누린다.

‖ 궁전 위로 소나기가 내린 꿈은

하는 일이 장애에 부딪힐 징조다.

‖ 궁전이나 청와대에서 놀았던 꿈은

정치계에서 크게 출세할 것을 암시하는 꿈이다.

‖ 높은 누각에서 놀았던 꿈은

부귀를 누리게 된다.

‖ 높은 누각에서 기생들과 논 꿈은

파티나 모임에 참석한다.

‖ 오래된 정자에서 술을 마신 꿈은

길몽으로 부귀와 명예를 얻고, 신분의 고하를 막론하고
친분을 쌓으며 많은 사람들에게 선망의 대상이 된다.

‖ 사원이나 박물관 등의 대리석 기둥이 인상적인 꿈은

위인의 업적을 연구하거나 자신이 업적을 남긴다.

‖ 정부청사나 관청의 문을 열고 들어간 꿈은

고위직에 오른다.

‖ 유흥업소에 드나든 꿈은

사교모임에 초대받거나 사업상 접대할 일이 생긴다.

‖ 숙박업소에 들어간 꿈은

임시로 취직되거나 만사가 풀리지 않는다.

‖ 여관을 드나든 꿈은

사업이 침체되며 이성문제로 고통을 겪는다.

‖ 여자와 여관에 들어간 꿈은

남자는 이성문제로 다툰다.

‖ 여관에서 잠을 잔 꿈은

밀월여행을 떠나게 된다.

‖ 여관에서 도박을 한 꿈은

사기에 휘말리기 쉬우니 조심하도록.

‖ 커피숍에 들어간 꿈은

약속을 하거나 이성을 사귄다.

‖ 커피숍에서 나온 꿈은

약속을 어기게 된다.

‖ 커피숍에서 이성과 데이트한 꿈은

새로운 이성을 사귄다.

‖ 은행에 들어간 꿈은

자금난으로 고전하다가 자금을 융통한다.

‖ 은행에 갔는데 아무도 없었던 꿈은

사업 등 모든 기반이 한꺼번에 몰락할 징조다.

‖ 고아원에 간 꿈은

단체나 모임에 참석한다.

‖ 고아가 되어 고아원에 있는 꿈은

도움을 받기 힘들다.

‖ 경찰서에 들어간 꿈은

시비와 다툼이 벌어진다.

‖ 경찰서에서 나온 꿈은

경쟁자와 화해한다.

‖ 감옥에 갇힌 꿈은

관의 제재로 어려움에 처하는 등 만사불통이다.

‖ 감옥에서 나온 꿈은

관공서에 드나들게 된다.

‖ 독방에 갇힌 꿈은

자신의 주장을 너무 고집하면 좋은 친구들이 떠나간다.

‖ **감옥으로 면회를 간 꿈은**

사업문제로 관공서를 출입한다.

‖ **백화점에서 엘리베이터를 타고 올라간 꿈은**

사업이 번창하거나 승진한다.

‖ **백화점에서 엘리베이터를 타고 오르내린 꿈은**

불안한 상태를 나타내는 꿈이다.

‖ **백화점에서 싸운 꿈은**

단체나 모임에서 다툰다.

‖ **화장실을 찾다가 찾지 못한 꿈은**

부탁한 일이 성사되지 않는다.

‖ **지하실로 들어간 꿈은**

스스로 일을 어렵게 만들어가고 있다는 암시다.

‖ **창고로 들어간 꿈은**

재물이 들어온다.

‖ **창고가 텅텅 비어 있는 꿈은**

생활이 점점 어려워질 징조다.

‖ **창고에 불이 난 꿈은**

재산이 몰락할 징조다.

‖ **창고에서 논 꿈은**

사업이 번창한다.

‖ **창고를 지은 꿈은**

날이 갈수록 번창한다.

‖ **창고문을 잠근 꿈은**

다른 사람에게 간섭을 받거나 충고를 듣는다.

‖ **창고가 무너진 꿈은**

집안이 몰락할 징조다.

‖ **손님이 없는 빈 점포를 지킨 꿈은**

결혼하고 싶어도 자꾸 늦어진다.

‖ **음식점에 들어간 꿈은**

다른 사람을 접대한다.

‖ **카페나 레스토랑에 들어간 꿈은**

직장을 구하거나 노력한 결과가 나타난다.

‖ **이발소에 간 꿈은**

여자는 이성문제로 망신을 당하거나 고통받는다.

‖ **미용실에 간 꿈은**

여자는 맞선을 보거나 멋진 남자와 데이트를 한다.

‖ **세탁소에 간 꿈은**

집안이 편안해진다.

‖ **세탁소에서 옷을 찾아온 꿈은**

파티나 모임에 참석한다.

‖ **건물 위에서 누군가가 불러 올라간 꿈은**

상사의 노움으로 지위가 올라가거나, 선배나 스승의 도움으로 어려운 문제를 해결한다.

‖ **건물 주위를 순찰한 꿈은**

외근이나 파견근무를 한다.

‖ **빌딩을 짓는 것을 본 꿈은**

단체를 만들거나 새로운 사업을 시작한다.

‖ **건물에 깔린 꿈은**

단체나 기관의 제재로 하고 싶은 일을 하지 못하고, 사업도 진퇴양난에 빠진다.

‖ **건물을 부순 꿈은**

새로운 계획이나 사업을 구상한다.

‖ **건물을 모두 부순 꿈은**

사업체나 업적이 새로워진다.

‖ **건물이 무너진 꿈은**

한순간에 사업이 실패할 수 있다는 예고다.

‖ **건물이 저절로 부숴진 꿈은**

사업이 자연스럽게 이루어진다.

‖ **건물이 갑자기 사라진 꿈은**

재난이 닥칠 징조다.

‖ **건물이 홍수에 잠긴 꿈은**

막강한 세력 때문에 어려워진다.

‖ **큰 건물 앞에서 자신이 작게 느껴진 꿈은**

계획은 방대하나 재능이나 능력이 부족하다는 뜻이다.

‖ **큰 건물 앞에서 운 꿈은**

건물이 팔리거나 경매되어 손해를 본다.

‖ **건물을 산 꿈은**

큰 재물이 들어온다.

‖ **건물을 판 꿈은**

새로운 자금이 들어온다.

‖ 건물에 불이 난 꿈은

길몽으로 만사가 순조롭게 진행된다.

‖ 불이 난 건물을 부순 꿈은

누군가의 방해로 번창하던 사업이 어려움에 처한다.

‖ 벽을 뚫고 들어간 꿈은

경쟁자를 물리치고 시험에서 좋은 성적을 얻는 등 만사
가 순조롭다.

‖ 돌계단을 올라간 꿈은

하는 일마다 장애가 따를 징조다.

‖ 돌계단의 정상에 오른 꿈은

자신의 공적을 사람들에게 알린다.

‖ 돌계단을 올라가다 굴러떨어진 꿈은

다른 사람들보다 뒤쳐지고 사업도 부진해진다.

‖ 돌계단을 내려온 꿈은

장애가 사라지고 계획대로 일이 진행된다.

‖ 축대를 쌓은 꿈은

길몽으로 사업은 번창하고 업적은 쌓인다.

‖ 돌로 축대를 쌓은 꿈은

재물을 모을 수 있는 능력이 생긴다.

‖ 축대가 무너진 꿈은

협조자가 떠난다는 암시다.

‖ 축대가 왕창 무너져내린 꿈은

사업을 새롭게 단장한다.

‖ **돌로 울타리를 쌓은 꿈은**

기관이나 단체의 힘으로 신분이나 사업이 견고해진다.

‖ **건축자재를 사온 꿈은**

집을 짓거나 구입한다.

‖ **건축자재를 판 꿈은**

재물이 들어온다.

‖ **건축자재가 많이 쌓여 있었던 꿈은**

사업자금이 융통되는 등 하는 일이 순조롭게 진행된다.

‖ **상량식을 한 꿈은**

소원이 이루어지고 장남이 출세한다.

집

건물에 대한 꿈은 권력, 사업자금, 단체 · 기관의 세력, 회사, 조직체, 인격, 희망, 소원, 재물 등을 나타낸다.

‖ **문패를 옮겨단 꿈은**

지위나 권력 등의 이동이 따른다.

‖ **검은 손이 문패를 떼어간 꿈은**

문패의 주인에게 나쁜 일이 생긴다.

‖ **집을 판 꿈은**

가까운 사람과 헤어질 징조다.

‖ **집을 산 꿈은**

결혼하거나 큰 재물이 들어온다.

‖ **돌집을 지은 꿈은**

주식회사, 학교, 학원, 연구소 등을 설립한다.

‖ **집을 짓는 것을 본 꿈은**

어떤 일에서 책임자가 된다.

‖ **땀을 뻘뻘 흘리며 집은 지은 꿈은**

머지않아 최선을 다한 일의 결과가 나타난다.

‖ **집을 증축한 꿈은**

사업을 확장한다.

‖ **집을 새로 단장한 꿈은**

질병에 걸리나 미혼자는 결혼한다.

‖ **집을 수리한 꿈은**

장수할 꿈이다.

‖ **집을 수리하는 것을 본 꿈은**

더욱더 완벽한 계획으로 하는 일이 안정된다.

‖ **집 안을 장식한 꿈은**

사업을 시작하기 전에 세밀한 계획을 세운다.

‖ **벽지를 바른 꿈은**

미혼자는 결혼한다.

‖ **벽지를 뜯어낸 꿈은**

부부간에 불화가 생길 징조다.

‖ **집 안을 대청소한 꿈은**

귀한 손님이 찾아온다.

∥ 집 안이 지저분하다고 생각한 꿈은

이사를 한다.

∥ 집이 저절로 무너진 꿈은

노력하지 않아도 저절로 이익이 생긴다.

∥ 이사하기 전후에 집이 폭삭 내려앉은 꿈은

큰 행운이 찾아온다.

∥ 대들보가 부러지거나 집의 일부가 부숴진 꿈은

집안에 우환이 생길 징조다.

∥ 난간이 부숴진 꿈은

무모한 계획을 세우고 있다는 경고다.

∥ 천정에 금이 가거나 부숴진 꿈은

가까운 사람 때문에 어려움에 처한다.

∥ 발코니가 무너지거나 위험해 보인 꿈은

집안에 우환이 생길 징조다.

∥ 자기집을 부순 꿈은

계획하고 추진하던 일을 미련없이 포기한다.

∥ 집이 무너지는데 사람이 없었던 꿈은

질병이 오래갈 징조다.

∥ 집에 혼자 있었던 꿈은

계약이나 혼담이 쉽게 이루어지지 않는다.

∥ 빈 집에 혼자 누워 있었던 꿈은

만사가 지체될 징조다.

∥ 집에 혼자 있거나 잠을 자다 깬 꿈은

경제적 · 사회적으로 어려움에 빠져 좌절한다.

‖ 집에서 신나게 웃으며 논 꿈은

가정이 행복하고 행운이 찾아온다.

‖ 집 안에서 울음소리가 들린 꿈은

집안에 우환이 생길 징조다.

‖ 새 집으로 들어간 꿈은

환자는 곧 죽음에 이른다는 암시다.

‖ 집으로 다른 사람이 들어온 꿈은

자신의 비밀을 알려고 하는 사람이 있다는 암시다.

‖ 자신의 집으로 많은 사람들이 몰려온 꿈은

작품이나 능력을 평가받는다.

‖ 남의 집으로 들어간 꿈은

손님이 찾아온다.

‖ 다른 사람이 집에서 나간 꿈은

동업자나 협조자가 떠날 징조다.

‖ 집 밖으로 나간 꿈은

새로운 일을 시작한다.

‖ 집 밖으로 나가는데 누군가가 붙잡은 꿈은

귀인의 도움으로 어려운 일이 해결된다.

‖ 자기집 주위에서 사람들이 웅성댄 꿈은

친척 중에 누군가가 죽는다는 암시다.

‖ 집에 찾아온 사람이 서 있다가 돌아간 꿈은

그 사람과 헤어지거나 사소한 일로 다툰다.

‖ 살고 있는 집 한가운데로 큰 길이 있었던 꿈은

부동산에 투자하여 큰 재물을 모은다.

‖ **살고 있는 집의 소유권을 두고 다툰 꿈은**

저작권이나 영업권으로 시비가 생기고, 오해로 인하여
동료들에게 따돌림을 당한다.

‖ **집 안에 풀이 난 꿈은**

재산을 탕진할 징조다.

‖ **집 안의 풀을 뽑은 꿈은**

주변을 정리한다.

‖ **집 안이 매우 가난해 보인 꿈은**

길몽으로 만사가 순조롭게 진행된다.

‖ **전통한옥을 본 꿈은**

고적지로 여행을 하거나 옛 서적 등을 구입한다.

‖ **크고 호화로운 집에 들어간 꿈은**

명예와 지위가 올라가고 실직자는 좋은 일자리를 구한
다는 암시다.

‖ **휘황찬란한 집을 본 꿈은**

상상하기 어려울 정도로 이상한 일이 생긴다.

‖ **아파트 계단을 올라간 꿈은**

올라간 계단의 숫자만큼의 세월 동안 어려움을 겪는다.

‖ **아파트 계단을 내려온 꿈은**

내려온 계단의 숫자만큼의 세월 동안 사업이 잘 된다.

‖ **아파트 사이를 걸어간 꿈은**

어떤 단체나 기관의 간섭으로 고통을 겪는다.

‖ **움막집에 들어간 꿈은**

질병에 걸릴 징조다.

‖ 움막집에 누워 있었던 꿈은

병원에 입원할 징조다.

‖ 외딴 곳에서 초가집을 본 꿈은

혼자서 결정해야 할 일이 생긴다.

‖ 오두막집을 본 꿈은

이성문제로 구설수에 휘말릴 징조다.

‖ 오두막집에서 소꿉놀이를 한 꿈은

미혼자는 결혼한다.

‖ 원두막에서 논 꿈은

야외로 놀러간다.

‖ 원두막에서 이성을 만난 꿈은

새로운 이성을 사귄다.

‖ 고향집에서 논 꿈은

어린시절 친구를 만난다.

‖ 고향집이 멀리 보인 꿈은

고향과 관계된 일이 생긴다.

‖ 고향집이 폐허로 보인 꿈은

크게 출세하여 금의환향한다.

‖ 시집에서 친정으로 간 꿈은

친정에 신경쓸 일이 생긴다.

‖ 친정에서 시집으로 간 꿈은

먼 곳으로 여행을 떠나게 된다.

‖ 외출했다가 집으로 돌아온 꿈은

퇴직하거나 하는 일을 정리한다.

방 · 마루

건물에 대한 꿈은 권력, 사업자금, 단체 · 기관의 세력, 회사, 조직체, 인격, 희망, 소원, 재물 등을 나타낸다.

‖ **방문을 열고 들어간 꿈은**
본격적으로 업무를 추진한다는 암시다.

‖ **잠긴 방문을 열고 들어간 꿈은**
막혔던 일이 풀리고 사업이 번창한다.

‖ **잠긴 방문을 부수고 들어간 꿈은**
동업자나 직원과 마찰이 생겨 다툰다.

‖ **방 안을 들여다 본 꿈은**
부탁할 일이 생긴다.

‖ **큰 방을 본 꿈은**
사업을 크게 확장한다.

‖ **방문이 열려 있는 꿈은**
개방, 공개, 전시, 광고 등을 한다.

‖ **이 방 저 방 문을 열어본 꿈은**
이곳 저곳에 부탁을 하거나 영업을 한다.

‖ **긴 복도를 지나가면서 이 방 저 방을 들여다 본 꿈은**
사업장, 대리점, 산하단체 등을 돌아본다.

‖ **작은방 문을 열어본 꿈은**
사업이 약간 축소된다는 암시다.

‖ 방에서 세수한 꿈은

아무도 모르게 혼자 해결할 일이 생긴다.

‖ 방 안에서 소꿉놀이를 한 꿈은

미혼자는 결혼한다.

‖ 방 안에서 슬프게 운 꿈은

어려운 일에 직면한다.

‖ 방 안에서 여자를 안고 있었던 꿈은

이성문제로 시달린다.

‖ 방 안에 서 있었던 꿈은

곧 일을 추진한다.

‖ 혼자서 조용히 방에 누워 있었던 꿈은

새로운 계획을 세운다.

‖ 방 안에 엎드려 있었던 꿈은

만사가 어려움에 직면할 징조다.

‖ 방 안에서 누군가와 나란히 누워 있었던 꿈은

동업자나 협조자가 나타난다.

‖ 방 안에 누워 있다가 밖으로 나간 꿈은

계약이나 취직 등이 성사된다.

‖ 방 안으로 먼 곳에 있는 사람이 들어온 꿈은

먼 곳에서 반가운 사람이 찾아오거나 소식이 온다.

‖ 가족 모두가 한 방에 같이 누워 있었던 꿈은

동업을 하거나 많은 사람들에게 도움을 받는다.

‖ 낯선 방에 있었던 꿈은

계획한 일이 다른 사람의 방해로 중단된다.

‖ 나무로 된 마루바닥을 본 꿈은

자신의 주장이나 의견에 동조하는 사람이 나타난다.

‖ 마루에서 잠을 잔 꿈은

부부간에 불화가 생길 징조다.

‖ 넓은 대청마루에 혼자 앉아 있었던 꿈은

사업을 크게 벌리나 도와주는 사람은 없고 고생한다.

‖ 마루에서 서성거린 꿈은

부탁을 해야 하는데 망설이고 있다는 뜻이다.

‖ 신발을 벗고 마루로 올라간 꿈은

승진하거나 사업이 크게 번창한다.

‖ 마루 위에 올라간 꿈은

지위가 오르고 많은 사람들에게 선망의 대상이 된다.

‖ 앞마루에 올라간 꿈은

계획한 일을 공개적으로 추진한다.

‖ 뒷마루에 올라간 꿈은

동업자도 모르게 비밀리에 일을 추진한다.

벽 · 부엌 · 목욕탕 · 화장실

건물에 대한 꿈은 권력, 사업자금, 단체 · 기관의 세력,
회사, 조직체, 인격, 희망, 소원, 재물 등을 나타낸다.

‖ **벽에 물건이 많이 걸려 있었던 꿈은**

작품이나 능력을 과시한다.

‖ **벽에 액자를 건 꿈은**

자신의 실력이나 업적을 과시한다.

‖ **벽에 걸린 액자가 떨어진 꿈은**

작품을 발표할 기회를 얻기 힘들다.

‖ **부엌이 밝고 깨끗했던 꿈은**

가정이 행복하고 안정되었다는 뜻이다.

‖ **부엌에서 서성거린 꿈은**

새로운 도약을 위한 기반을 조성한다.

‖ **부엌에서 요리를 만든 꿈은**

반가운 손님이 찾아온다.

‖ **목욕탕에 간 꿈은**

지난 일을 모두 잊고 새출발을 한다.

‖ **목욕탕에 들어간 꿈은**

현재의 상황에서 벗어난다.

‖ **목욕탕에서 샤워한 꿈은**

주변을 깨끗하게 정리한다.

‖ **목욕탕에서 이성과 함께 샤워한 꿈은**

이성문제로 다툰다.

‖ **화장실에서 넘어진 꿈은**

재수없는 일이 생긴다.

‖ **화장실로 숨은 꿈은**

나쁜 소문에 시달릴 징조다.

‖ **화장실 냄새가 고약했던 꿈은**

소문이 좋게 나 사업이 크게 번창한다.

‖ **화장실을 청소한 꿈은**

근심은 사라지나 재물이 나간다.

‖ **화장실을 찾다가 찾지 못한 꿈은**

취직과 사업이 모두 마땅치 않다.

‖ **화장실을 찾지 못해 쩔쩔맸던 꿈은**

부족한 자금을 융통하려고 하나 잘 되지 않는다.

‖ **급한데 화장실 문이 열리지 않은 꿈은**

자금회전이나 부탁한 일이 성사되지 않는다.

‖ **변기에 빠졌다가 나온 꿈은**

명예와 권위가 높아지고 출세길이 열린다.

‖ **변기에 빠졌는데 나오지 못한 꿈은**

건강에 이상이 있다는 암시다.

‖ **남녀가 같은 화장실에 들어간 꿈은**

이성에 대한 소문으로 시달리거나 경찰서를 드나든다.

지붕 · 옥상

건물에 대한 꿈은 권력, 사업자금, 단체 · 기관의 세력, 회사, 조직체, 인격, 희망, 소원, 재물 등을 나타낸다.

‖ **혼자 지붕 위에 올라간 꿈은**

퇴직이나 은퇴하고 외로워진다.

‖ **지붕이 무너진 꿈은**

질병에 시달릴 징조다.

‖ **자신이 지붕과 함께 무너진 꿈은**

한순간에 명예와 재물이 몰락할 징조다.

‖ **지붕 위에 서 있는데 지붕이 무너진 꿈은**

집안에 우환이 생기거나 사업기반을 잃는다.

‖ **지붕 위에서 떨어진 꿈은**

집안에 우환이 생길 징조다.

‖ **지붕 위에서 뛰어내린 꿈은**

모험에 도전한다는 암시다.

‖ **옥상에 올라간 꿈은**

자신의 주장이나 계획대로 일을 추진한다.

‖ **옥상에서 논 꿈은**

위험한 일을 한다.

‖ **옥상에 누각을 지은 꿈은**

모는 시험운이 좋고, 사업가는 최고의 경영으로 사업이 번창하고, 직장인은 부서에서 최고 책임자가 되어 유감없이 능력을 발휘한다.

‖ **아파트 옥상에 서 있었던 꿈은**

마음먹은 일은 모두 이루어지고, 학생은 성적이 매우 우수해지고 수험생은 시험에 합격한다.

‖ 아파트 옥상에서 뛰어내린 꿈은

뜻밖의 어려움에 처한다.

마당 · 정원 · 문 · 담

건물에 대한 꿈은 권력, 사업자금, 단체 · 기관의 세력, 회사, 조직체, 인격, 희망, 소원, 재물 등을 나타낸다.

‖ 집이나 마당에 예쁜 정원을 꾸민 꿈은

부부사이가 좋아지고 미혼자는 결혼한다.

‖ 마당이나 정원에 잡초가 무성하게 있었던 꿈은

부부간에는 불화가 생기고, 이성간에는 애정이 식는다.

‖ 마당이나 정원의 풀을 뽑은 꿈은

주변을 정리한다.

‖ 마당이나 정원의 흙을 손질한 꿈은

사업기반이 튼튼해져 번창한다.

‖ 크고 웅장한 대문을 본 꿈은

명예와 부귀가 따르고 많은 사람들에게 존경과 선망의 대상이 된다.

‖ 대문을 열고 들어간 꿈은

이웃이나 다른 회사를 방문한다.

‖ 대문이 잠겨 들어가지 못한 꿈은

부부간에 불화가 생길 징조다.

‖ 집집마다 대문을 잠근 꿈은

주위 사람들과 의견이 맞지 않아 따돌림을 당한다.

‖ 대문이 활짝 열려 있는 꿈은

재물이 들어오며 가정에 경사가 생긴다.

‖ 대문이 엉성하거나 무너진 꿈은

도둑을 맞거나 뭉돈이 나간다.

‖ 문이 저절로 부숴진 꿈은

부탁한 일은 성사되지 않고 경쟁자의 방해 때문에 어려움에 처한다.

‖ 문이 불에 탄 꿈은

집안에 우환이 생길 징조나.

‖ 창문을 열어본 꿈은

새로운 일을 시작하는데 만사가 순조롭다.

‖ 창 밖을 물끄러미 바라본 꿈은

여행을 떠나게 된다.

‖ 창문이 깨진 꿈은

도둑을 맞거나 물건을 잃어버린다.

‖ 누군가가 창문을 두드린 꿈은

누군가를 도와주게 된다.

‖ 창문 밖에 누군가가 서 있는 꿈은

위험에 처해 있다는 암시다.

‖ 문구멍으로 안을 들여다 본 꿈은

정보나 자료를 수집한다.

‖ 문을 열고 들어간 꿈은

새로운 일을 시작한다.

‖ 문을 들락날락한 꿈은

부탁을 여러 번 한다.

‖ 담장이 무너진 꿈은

가정에 우환이 생길 징조다.

‖ 무너진 담 사이로 밖이 보인 꿈은

하는 일마다 순조롭게 이루어진다.

‖ 남의 집 담장 안을 들여다 본 꿈은

다른 사람의 학문이나 자료를 활용한다.

‖ 돌담을 쌓은 꿈은

하는 일에 울타리를 치는 격이니 만사가 견고해진다.

이사

‖ 이사센터에 전화를 건 꿈은

새로운 계획에 필요한 정보를 수집한다.

‖ 새로 지은 집으로 이사한 꿈은

이사를 하거나 새로운 일을 시작한다.

‖ 이사할 집이 없어진 꿈은

새로운 일을 시작하려면 많은 시간이 걸린다는 암시다.

‖ 이사할 집이 부숴진 꿈은

길몽으로 큰 행운이 찾아온다.

‖ 이사할 준비를 한 꿈은

직장이나 사업을 바꾸려고 여러 곳에 부탁한다.

‖ 이삿짐을 꾸린 꿈은

새로운 일을 하고 싶어하는 마음을 나타내는 꿈이다.

‖ 이삿짐을 꾸리는 사람을 본 꿈은

다른 사람의 도움으로 어려운 일을 쉽게 해결한다.

‖ 이삿짐이 매우 많았던 꿈은

걱정할 일이 많이 생긴다.

‖ 이삿짐을 도둑맞은 꿈은

도둑을 맞거나 물건을 잃어버린다.

‖ 이삿짐을 차에 실은 꿈은

새로운 일을 시작한다.

‖ 이삿짐을 내린 꿈은

현재 하는 일을 정리한다.

‖ 이삿짐을 다시 들여놓은 꿈은

추진하는 일을 중도에 포기할 징조다.

‖ 이삿짐을 싣고 떠난 꿈은

새로운 마음으로 새출발을 한다는 암시다.

‖ 이사한 집으로 짐을 들여놓은 꿈은

사업이 번창하고 재물이 계속 들어온다.

‖ 낡고 초라한 집으로 이사한 꿈은

퇴직이나 사업의 실패로 경제적인 어려움을 겪는다.

14장. 먹거리에 관한 꿈

음식

 음식에 대한 꿈은 정신적·물질적인 재산, 일거리, 사업결과, 작품 등을 나타낸다.

‖ **식탁 위에 음식이 차려져 있는 꿈은**
가정이 화목해진다.

‖ **냉장고에 음식이 가득 있는 꿈은**
생활이 풍족해지고 재물이 들어온다.

‖ **냉장고에 음식이 얼마 남아 있지 않은 꿈은**
사업자금이 바닥날 징조다.

‖ **냉장고가 텅텅비어 있는 꿈은**
생활이 점점 어려워질 징조다.

‖ 냉장고의 음식이 썩은 꿈은

계획이나 희망이 수포로 돌아가거나 믿었던 자금이 들어오지 않는다.

‖ 김장을 한 꿈은

새로운 일이나 사업에 투자해서 이익을 얻는다.

‖ 다른 집의 김장을 해준 꿈은

공동으로 투자하여 이익을 얻는다.

‖ 음식을 만든 꿈은

새로운 아이디어로 신상품을 만든다.

‖ 부엌에서 요리나 설겆이를 한 꿈은

목적을 위하여 열심히 노력한다.

‖ 음식에 조미료를 넣은 꿈은

능력을 최대한 발휘하여 인정을 받는다.

‖ 음식에 설탕을 넣은 꿈은

무슨 일이든지 기분좋게 하고 결과가 매우 만족스럽다.

‖ 갖은 양념을 넣어 음식을 만든 꿈은

세밀한 계획으로 새로운 사업을 시작하고, 미혼자는 새로운 이성을 사귄다.

‖ 튀기거나 볶음 음식을 만든 꿈은

마음에 변화가 있거나 업종을 바꾼다.

‖ 찌게를 끓이려고 준비한 꿈은

새로운 계획을 세우거나 일을 추진한다.

‖ 찌게가 끓고 있었던 꿈은

사랑을 고백하지 못하고 있다는 것을 나타내는 꿈이다.

‖ **음식을 대접받은 꿈은**

승진하거나 다른 회사로부터 스카웃 제안을 받는다.

‖ **다른 사람에게 음식을 대접한 꿈은**

협력자를 초대하거나 다른 사람에게 부탁을 한다.

‖ **진수성찬을 대접받은 꿈은**

큰 고난이 닥칠 징조다.

‖ **음식을 먹은 꿈은**

질병에 걸릴 징조다.

‖ **음식을 맛있게 먹은 꿈은**

비중있는 일을 맡게 된다.

‖ **날음식을 먹은 꿈은**

어려운 일이나 환경에 처한다.

‖ **서서 음식을 먹은 꿈은**

여건이나 기회가 되지 않는데도 성급하게 시작한다는
암시이니 다시 한 번 생각해 보도록.

‖ **누워서 음식을 먹은 꿈은**

마음에 들지 않거나 하기 싫은 일을 억지로 한다.

‖ **숨어서 음식을 먹은 꿈은**

비밀이 생긴다.

‖ **혼자 음식을 먹은 꿈은**

계획대로 추진해서 목적을 이룬다.

‖ **여러 사람이 함께 음식을 먹은 꿈은**

구설수에 휘말릴 징조다.

‖ 이웃에게 음식을 나누어 준 꿈은

집안에 경사가 생긴다.

‖ 음식을 다른 사람에게 권한 꿈은

부탁한 일이 성사된다.

‖ 두 사람이 같이 식사한 꿈은

의견대립이 생긴다.

‖ 한 상에서 두 사람이 음식을 먹은 꿈은

혼담이 있거나 결혼한다.

‖ 여러 사람이 음식을 나누어 먹은 꿈은

여러 사람이 힘을 합쳐 일을 처리한다.

‖ 다른 사람이 음식을 먹는 것을 본 꿈은

누군가에게 대접을 받는다.

‖ 음식을 먹는 여자를 본 꿈은

데이트 신청이나 청혼을 한다.

‖ 음식를 먹다가 돌을 씹은 꿈은

방해자로 인하여 실패와 좌절에 빠진다.

‖ 음식을 꼭꼭 씹어먹은 꿈은

철저한 계획으로 적절한 시기에 투자하거나, 사업을 시

작해서 큰 이익을 본다.

‖ 음식을 씹지 않고 먹은 꿈은

무모한 계획이나 투자로 손해를 본다.

‖ 배가 너무 고파 허겁지겁 음식을 먹은 꿈은

급하게 서두르다 실패한다는 경고다.

‖ 음식을 많이 먹었는데도 배가 고팠던 꿈은

최선을 다해도 결과가 나타나지 않는다.

‖ 음식을 먹고 배가 불렀던 꿈은

사업이나 투자한 곳에서 만족한 이익을 얻는다.

‖ 음식이 가득한데 배가 불러 먹지 못한 꿈은

계획과 능력은 있으나 여건이 따라주지 않는다.

‖ 음식을 차려놓고 먹지 않은 꿈은

쉬고 싶은 마음이며 질병에 걸릴 수도 있다.

‖ 식사를 하는데 음식이 남은 꿈은

경제적으로 안정된다.

‖ 식사를 하는데 음식이 많이 모자란 꿈은

모든 것이 부족한 상태라는 뜻이다.

‖ 잔치 음식을 잘 먹은 꿈은

일의 결과에 만족한다.

‖ 상한 음식을 먹은 꿈은

질병에 걸리는 등 불길한 일이 생긴다.

‖ 음식을 먹고 체한 꿈은

능력 밖의 일을 맡아 고생한다.

‖ 음식을 먹고 배가 아팠던 꿈은

부정하게 재물을 모으거나 질병에 걸린다.

‖ 먹은 음식을 토한 꿈은

받은 물건을 되돌려 준다.

‖ 가공식품을 먹고 토한 꿈은

명예나 권력을 잃는다.

‖ **밥은 없고 반찬만 있었던 꿈은**

중요한 일은 해결되지 않고 자질구레한 일만 생긴다.

‖ **고깃국에 고기가 없어 국물만 먹은 꿈은**

최선을 다해 노력하지만 큰 소득이 없다.

‖ **음식을 가리지 않고 먹은 꿈은**

능력을 최대한 발휘하여 무슨 일이든지 척척해낸다.

‖ **도시락을 갖고 소풍을 간 꿈은**

과거의 일로 어려움을 겪는다.

‖ **야외에서 음식을 먹은 꿈은**

부부싸움을 하거나 이성과 헤어진다.

‖ **야외에서 자리마다 사람들이 앉아 음식을 먹은 꿈은**

파티에 초대되거나 회담 등에 참석한다.

‖ **놀이터나 산 등에서 음식을 만들어 먹은 꿈은**

영업직이나 지방으로 발령받는다.

‖ **접시에 음식이 가득 담겨 있는 꿈은**

길몽으로 모든 것이 풍족해진다.

‖ **화려한 그릇에 음식을 담아 먹은 꿈은**

신분이 높아진다.

‖ **떡을 먹은 꿈은**

축하받을 일이 생기거나 재물이 들어온다.

‖ **떡을 얻어 먹은 꿈은**

다른 사람에게 도움을 받는다.

‖ **떡장사에게 떡을 사먹은 꿈은**

중개인에게 연락이 오거나 중매가 들어온다.

‖ **떡을 나누어 준 꿈은**

어려운 사람을 돕는 등 봉사활동을 한다.

‖ **시루에 있는 떡이나 큰 솥에 있는 밥을 혼자서 다 먹은 꿈은**

기업가가 되어 직원을 많이 거느리거나 단체나 기관에서 자신의 능력을 유감없이 발휘한다.

‖ **삼겹살을 먹은 꿈은**

술을 마실 일이 생긴다.

‖ **바베큐를 만든 꿈은**

욕심을 부리다가 재물을 잃는다는 경고다.

‖ **돼지 등을 통구이 해먹은 꿈은**

뜻밖의 행운으로 큰 재물이 들어온다.

‖ **레스토랑에서 양식을 먹은 꿈은**

유명인사의 파티나 모임에 참석한다.

‖ **레스토랑에서 중국음식을 주문한 꿈은**

계획에 없는 일을 한다.

‖ **여자와 중국집에서 음식을 먹은 꿈은**

혼담이 있거나 이성을 사귄다.

‖ **고추가루를 넣은 음식을 먹은 꿈은**

활동적이고 추진력이 있는 직업을 선택한다.

‖ **밀가루로 빵이나 수제비를 만들어 먹은 꿈은**

능력이나 실력, 업적 등을 인정받는다.

‖ **국수를 먹은 꿈은**

많은 사람들에게 도움을 받는다.

‖ **냉면을 먹은 꿈은**

일이 뜻대로 되지 않아 다른 사람의 도움을 기다린다.

‖ **스파게티를 먹은 꿈은**

미팅에 나가거나 축하받을 일이 생긴다.

‖ **미역국을 먹은 꿈은**

원하는 일이 모두 무산될 징조다.

‖ **된장찌게를 구수하게 먹은 꿈은**

고향친구를 만난다.

‖ **버섯찌게를 먹은 꿈은**

환자는 질병이 완쾌된다.

‖ **튀긴 음식을 먹은 꿈은**

애인과 멀어질 징조다.

‖ **가리비조개를 먹은 꿈은**

건강에 이상이 있다는 것을 암시하는 꿈이다.

‖ **북어국을 먹은 꿈은**

좋은 일이 생긴다.

‖ **뜨거운 수프를 먹은 꿈은**

만사가 순조롭고 재물도 많이 들어온다.

‖ **밥을 지으려고 솥에 불을 땐 꿈은**

계획대로 사업을 시작하면 성공할 수 있다.

‖ **솥에 밥을 한 꿈은**

새로운 일을 시작한다.

‖ **밥이 다된 꿈은**

일이 마무리 단계라는 뜻으로 곧 결과가 나타난다.

‖ **솥에 밥이 그득하게 있는 꿈은**

지나치게 사업을 확장하다 고전한다.

‖ **솥에 밥이 넘친 꿈은**

사업을 지나치게 확장하고 있다는 경고다.

‖ **솥에 있는 밥을 푼 꿈은**

이익을 여러 곳으로 분배하거나 사람을 많이 채용한다.

‖ **잡곡밥을 먹은 꿈은**

하기 싫은 일을 억지로 하거나 어려움에 처한다.

‖ **콩이 섞인 밥을 먹은 꿈은**

관공서에 드나든다.

‖ **콩을 먹은 꿈은**

질병이나 전염병에 걸릴 징조다.

‖ **탕수육을 먹은 꿈은**

이성과 데이트를 한다.

‖ **혼자서 아이스크림이나 잼을 먹은 꿈은**

애인과 이별하고 그 스트레스 때문에 주위 사람들과도
사이가 나빠진다.

‖ **아이스크림을 사거나 판 꿈은**

대인관계가 원만하며 재물도 들어온다.

‖ **사탕을 먹은 꿈은**

달콤한 유혹에 빠져 손해를 본다.

‖ **사탕을 맛있게 먹은 꿈은**

사랑이 점점 깊어져 달콤한 결혼을 하고, 애인이 없는
사람은 교제가 시작된다.

‖ **빵을 만든 꿈은**

먼 곳에 있는 친구에게서 소식이 온다.

‖ **빵을 먹은 꿈은**

부부사이에 갈등이 생긴다.

‖ **검은 빵을 본 꿈은**

불길한 일이 생길 징조다.

‖ **붕어빵을 사먹은 꿈은**

실속없는 파티에 초대받게 된다.

‖ **붕어빵을 먹는데 붕어가 들어 있는 꿈은**

뜻밖의 행운이 찾아온다.

‖ **소시지를 먹거나 본 꿈은**

새로운 이성을 사귀는 등 즐거운 일이 생긴다.

‖ **피자집에 가거나 피자를 먹은 꿈은**

미팅에 나가거나 새로운 이성을 사귄다.

‖ **피자를 배달한 꿈은**

아르바이트를 한다.

‖ **초콜릿을 먹은 꿈은**

애인과 더욱더 가까워지고 행복감을 느낀다. 그러나 재
물이 나갈 수도 있으니 조심하도록.

‖ **과자를 먹은 꿈은**

축하받을 일이 생긴다.

‖ **샐러드를 먹은 꿈은**

건강이 매우 좋아지며 능력도 인정받는다.

‖ **쌀통에 쌀이 없었던 꿈은**

재산이 몰락할 징조다.

‖ **장바구니가 가득차 있었던 꿈은**

가정이 경제적으로 안정된다.

‖ **장바구니가 텅텅비어 있었던 꿈은**

가정 형편이 어려워지고 사업도 침체상태에 빠진다.

‖ **부엌에 반찬거리가 가득 있었던 꿈은**

자금이 융통되어 막혔던 일들이 풀리기 시작한다.

‖ **양념통마다 양념이 가득차 있었던 꿈은**

가정이 경제적으로 풍부해진다.

‖ **식초를 먹은 꿈은**

영양부족으로 건강이 좋지 않거나, 가까운 사람에게 배
신을 당한다.

‖ **집 안에 식초 냄새가 진동한 꿈은**

뜬 소문에 시달린다.

‖ **정육점에서 고기를 산 꿈은**

계획을 크게 세우나 뜻대로 되지 않는다.

‖ **참기름을 산 꿈은**

미혼자는 결혼하고, 기혼자는 기쁜 일이 생긴다.

‖ **소금을 먹은 꿈은**

질병이 완쾌된다.

‖ 소금을 훔친 꿈은

모든 재난이 사라진다.

‖ 배추를 소금에 절인 꿈은

사업이 축소되거나 좌천된다.

‖ 소금을 뿌린 꿈은

모든 액을 물리치고 소원하는 일을 이룬다.

‖ 소금을 문 앞에 뿌린 꿈은

좋지 않은 일로 구설수에 오른다.

‖ 소금이 산처럼 많이 쌓여 있었던 꿈은

계획보다 사업을 크게 벌려 어려움을 겪는다.

‖ 소금을 가마니로 들여온 꿈은

가정에 재물이 가득 쌓인다.

‖ 소금이 창고에 가득 있었던 꿈은

자금이 융통되거나 재물이 들어온다.

‖ 소금이 녹아내린 꿈은

재물이 나가고 빚 때문에 시달린다.

‖ 단지에 고추장이 가득차 있었던 꿈은

자금이 곧 융통되어 사업을 시작한다.

‖ 된장독을 훔친 꿈은

사업이 크게 번창하여 많은 재물을 모은다.

‖ 된장독을 열어본 꿈은

환자는 질병이 완쾌된다.

‖ 된장에 구더기가 우글거린 꿈은

예상보다 많은 이익을 얻는다.

‖ **간장을 다른 사람에게 준 꿈은**

다른 사람으로 인하여 재물이 나간다.

‖ **간장단지에 물을 부은 꿈은**

하는 일이 뜻대로 되지 않는다.

‖ **파를 본 꿈은**

헤어진 애인이 찾아오거나 소식이 온다.

‖ **양파를 벗긴 꿈은**

이별의 눈물을 흘린다.

‖ **옥수수가 썩은 꿈은**

가족 중에 누군가가 질병에 시달린다.

‖ **옥수수가 흩어진 꿈은**

가족 중에 누군가가 객지로 떠난다.

‖ **땅콩을 본 꿈은**

인기와 관계있는 사람은 인기를 많이 얻는다.

‖ **김, 미역, 파래 등을 가져온 꿈은**

건강하고 재물이 들어온다.

‖ **지붕 위에 미역을 말린 꿈은**

정신적인 고통을 겪는다.

‖ **밀가루가 바람에 날린 꿈은**

모든 일이 수포로 돌아갈 징조다.

과일

 과일에 대한 꿈은 사업, 일거리, 작품, 소망, 업적, 결실, 재물 등을 나타낸다. 붉은 과일은 일의 성숙단계를 나타낸다.

‖ 과일이 잘 익은 꿈은

목표에 이르렀음을 나타내는 꿈이다.

‖ 과일이 주렁주렁 열려 있는 꿈은

만사가 순조롭고 기대 이상의 좋은 결과가 나타난다.

‖ 과일을 치마 속에 감춘 꿈은

태몽이거나 새로운 이성을 사귄다.

‖ 과수원 안에 서 있었던 꿈은

편안한 마음을 나타내는 꿈이며 재물이 풍부해진다.

‖ 과일밭을 산책한 꿈은

재물이 풍부해진다.

‖ 과일을 딴 꿈은

하는 일이 순조롭고 재물이 계속 들어온다.

‖ 숲 속에서 과일을 딴 꿈은

재물을 모은다.

‖ 과일을 따먹은 꿈은

사과같은 여자와 데이트를 한다.

‖ 잘 익은 과일을 직접 따먹은 꿈은

부서의 책임자가 되거나 중요한 직책을 맡는다.

‖ 과일을 통째로 먹은 꿈은

지나친 욕심 때문에 재물을 잃는다.

‖ 덜 익은 과일을 먹은 꿈은

만사가 막히며 퇴직, 퇴학, 좌천 등이 따른다.

‖ 풋과일을 따먹은 꿈은

시험은 무조건 떨어지는운이다.

‖ 벌레먹은 과일을 먹은 꿈은

질병에 걸리며 유산이 되는 경우도 있다.

‖ 입을 크게 벌려 과일을 먹은 꿈은

승진하거나 중요한 직책을 맡게 된다.

‖ 과일을 다른 사람과 나눠 먹은 꿈은

공통으로 투자한 이익금을 분배하거나 자신의 업적을
다른 사람에게 양보한다.

‖ 과일껍질을 벗긴 꿈은

경쟁자의 약점을 잡게 된다.

‖ 집주인이 과일을 따준 꿈은

좋은 일거리를 찾는다.

‖ 밤을 본 꿈은

가까운 사람과 헤어질 징조다.

‖ 탐스럽게 익은 밤송이를 본 꿈은

소원하는 일이 모두 이루어진다.

‖ 잘 익은 밤송이가 벌어진 꿈은

결혼한다는 암시다.

∥ 떨어진 밤을 주운 꿈은

구설수에 휘말리고 다툼이 벌어진다.

∥ 밤을 구워먹은 꿈은

믿었던 사람에게 이용당할 염려가 있다.

∥ 잘 익은 복숭아를 가진 꿈은

사귀던 사람과 결혼한다.

∥ 탐스런 복숭아를 가진 꿈은

밝고 건강한 배우자를 만난다.

∥ 복숭아를 사거나 먹은 꿈은

길몽으로 소원하는 일이 모두 이루어진다.

∥ 썩은 복숭아를 먹은 꿈은

애인과 이성문제로 다투거나 헤어진다.

∥ 뽕을 딴 꿈은

미혼자는 혼담이 있거나 결혼한다.

∥ 뽕을 따먹은 꿈은

애인과 이성문제로 다툰다.

∥ 은행을 많이 딴 꿈은

하는 일이 번창하고 재물도 모은다.

∥ 덜 익은 감을 먹은 꿈은

이성에게 쓴맛을 보거나 망신당할 징조다.

∥ 곶감을 먹은 꿈은

달콤한 유혹에 빠져 재물을 잃는다.

∥ 배가 주렁주렁 열려 있는 꿈은

기대 이상의 성과를 거두고 재물도 모은다.

‖ **포도가 많이 열려 있는 꿈은**

재물이 들어오는 등 만사가 순조롭다.

‖ **포도송이가 탐스럽게 열린 꿈은**

단체의 장이 되거나 부하직원을 많이 둔다.

‖ **포도를 먹은 꿈은**

쓸데없는 일로 시간을 낭비한다는 경고다.

‖ **잘 익은 사과를 먹은 꿈은**

아름다운 여성과 사랑에 빠진다.

‖ **대추를 산 꿈은**

사업자금을 융통한다.

‖ **대추를 많이 가진 꿈은**

사업자금이 풍부해진다.

‖ **바나나를 사거나 먹은 꿈은**

작은 실수로 결과나 지위가 한순간에 몰락할 수 있다.

‖ **레몬을 빨아먹은 꿈은**

신상에 대한 나쁜 소문으로 망신을 당한다.

‖ **오렌지나 귤이 많이 열리거나 상자에 가득 있는 꿈은**

많은 재물이 들어오는 등 만사가 안정되고 순조롭다.

‖ **귤을 선물받은 꿈은**

반가운 사람을 만난다.

‖ **딸기를 산 꿈은**

이성을 소개받는다.

‖ **딸기를 품에 안은 꿈은**

태몽이면 예쁜 딸을 낳는다.

‖ **딸기를 따거나 먹은 꿈은**

경제적으로 안정된다.

‖ **잘 익은 딸기를 따먹은 꿈은**

애인과의 관계가 더욱더 열렬해진다.

‖ **무화과를 본 꿈은**

애인과 사소한 다툼으로 멀어진다.

‖ **매실을 먹은 꿈은**

많은 사람들에게 자신의 능력을 인정받는다.

‖ **수박을 선물받은 꿈은**

반가운 사람을 만난다.

‖ **수박을 먹은 꿈은**

여행을 하거나 새로운 이성을 사귄다.

‖ **수박을 떨어트려 깨진 꿈은**

이성과 다툴 징조다.

‖ **파인애플을 선물받은 꿈은**

경사스런 일이 생긴다.

‖ **파인애플을 먹은 꿈은**

사회적으로 성공한다는 암시다.

채소

채소에 대한 꿈은 일거리, 작품, 결실, 업적, 재물 등을
나타낸다.

‖ 채소밭에 꽃이 만발했던 꿈은

축하받을 일이 생기거나 기쁜 소식을 듣는다.

‖ 채소밭이 엉망이 된 꿈은

계획대로 잘 되지 않는다.

‖ 채소를 산 꿈은

새로운 사업을 시작하고 재물이 들어온다.

‖ 채소가 잘 자란 꿈은

사업, 계약, 혼담, 취직 등이 성사된다.

‖ 채소에 새순이 돋아난 꿈은

새로운 일이 순조롭게 진행된다.

‖ 채소를 한아름 안고 다닌 꿈은

생각지도 않은 재물이 들어온다.

‖ 채소를 가득 실은 차를 운전한 꿈은

사업이 크게 번창한다.

‖ 채소를 씻은 꿈은

새로운 일거리가 생긴다.

‖ 채소의 껍질을 벗긴 꿈은

나쁜 소식을 듣거나 불길한 일이 생긴다.

‖ 나물을 캔 꿈은

길몽으로 가정이 경제적으로 안정된다.

‖ 감자를 본 꿈은

태몽으로 귀한 자손이 태어난다.

‖ 감자를 다른 사람에게 나눠준 꿈은

만일 돈을 빌려주면 받지 못한다.

‖ **큰 호박을 본 꿈은**

뜻밖의 큰 행운이 찾아온다.

‖ **장식용 호박을 산 꿈은**

주변 사람 때문에 재물을 잃는다.

‖ **호박이나 오이를 본 꿈은**

이성과 데이트를 하다가 말다툼이 벌어질 수도 있다.

‖ **오이를 만진 꿈은**

애인과 이성문제로 다툰다.

‖ **오이를 먹은 꿈은**

이성간에 섹스를 한다.

‖ **배추를 소금에 절인 꿈은**

집안에 우환이 생길 징조다.

‖ **무를 본 꿈은**

머지않아 일의 결과가 나타난다.

‖ **홍당무를 본 꿈은**

행운의 꿈으로 생각지도 않은 재물이 들어온다.

‖ **고추를 말린 꿈은**

태몽이면 아들을 낳고, 미혼여성은 결혼한다.

‖ **파란고추를 본 꿈은**

이성과 데이트를 한다.

‖ **죽순을 꺾어 가지고 온 꿈은**

자식이 태어난다.

‖ **도라지를 보거나 다듬은 꿈은**

입지가 흔들리며 사람들에게 외면당한다.

‖ **잘 익은 가지를 따먹은 꿈은**

만사가 순조롭게 진행된다.

‖ **가지를 다른 사람에게 나눠준 꿈은**

명예와 지위가 떨어지고 사업은 실패한다.

‖ **마늘이나 파를 날로 먹은 꿈은**

다른 사람 때문에 손해를 볼 수 있으니 조심하도록.

‖ **생강을 보거나 먹은 꿈은**

애인과 더욱더 가까워진다.

‖ **부추를 먹은 꿈은**

취직이나 승진 등이 이루어진다.

‖ **파슬리를 먹은 꿈은**

능력을 인정받을 기회를 잡는다.

‖ **양송이를 먹은 꿈은**

귀인의 도움으로 취직이나 승진이 성사된다.

‖ **양배추를 먹은 꿈은**

만사가 불안하다는 뜻이니 다시 점검한 뒤 진행하도록.

‖ **양파를 본 꿈은**

오래도록 고생하다 성공한다는 암시다.

음료 · 술

음료와 술에 대한 꿈은 재물, 언론, 세력, 사업기반, 생활기반, 희망 등을 나타낸다.

‖ **차를 마신 꿈은**

부탁을 하거나 받게 된다.

‖ **뜨겁거나 미지근한 차를 마신 꿈은**

명예나 지위가 떨어지고 재물을 잃는다.

‖ **우유를 마신 꿈은**

하는 일에 최선을 다하여 목적을 이룬다.

‖ **상한 우유를 마신 꿈은**

질병에 시달리거나 슬럼프에 빠진다.

‖ **술을 적당히 마신 꿈은**

원하는 일이 이루어진다.

‖ **술을 많이 마신 꿈은**

주위 사람과 사소한 일로 다투고 불길한 일이 겹친다.

‖ **혼자서 술을 마신 꿈은**

사랑하는 사람과 헤어질 징조다.

‖ **친구와 술을 마신 꿈은**

그 친구와 더욱더 가까워진다.

‖ **여러 사람과 술을 마신 꿈은**

파티나 모임에 참석한다.

‖ **다른 사람이 준 술을 마신 꿈은**

경쟁자의 계략에 빠지거나 사기로 큰 손해를 본다.

‖ **포장마차에서 술을 마신 꿈은**

반가운 친구를 만난다.

‖ **상대방의 술잔에 술이 더 많았던 꿈은**

상대방보다 유리한 입장이 된다.

‖ 술을 마시다가 다툰 꿈은

가까운 사람과 의견이 일치되지 않는다.

‖ 막걸리나 동동주를 마신 꿈은

옛 친구를 만난다.

‖ 맥주를 마신 꿈은

재물을 잃을 징조다.

‖ 김빠진 맥주를 마신 꿈은

신상에 관한 나쁜 소문 때문에 고통을 겪는다.

‖ 달콤한 포도주나 와인을 마신 꿈은

행복함을 나타내는 꿈으로 축하받을 일이 생기고 미혼
자는 이성과 데이트를 한다.

‖ 술집에서 술을 마신 꿈은

능력이나 실력을 인정받는다.

‖ 술주정을 한 꿈은

주위 사람들과 사소한 말다툼이 벌어진다.

‖ 고급 양주를 사거나 선물받은 꿈은

해결하기 힘든 일을 다른 사람에게 부탁하여 해결한다.

‖ 고급 양주를 마신 꿈은

상류층의 파티나 모임에 참석한다.

15장. 교통과 통신에 관한 꿈

자동차

 교통수단에 대한 꿈은 협조기관, 권력기관, 회사, 사업체, 직장, 단체세력, 방법 등을 나타낸다.

‖ 자신의 차고에 아름다운 차가 있었던 꿈은

미혼자는 결혼한다.

‖ 차고에 새 차가 있었던 꿈은

선배나 상사의 도움으로 어려운 문제를 해결한다.

‖ 차고에 헌 차가 있었던 꿈은

하는 일이 뜻대로 되지 않는다.

‖ 자동차를 탄 꿈은

단체에 가입하거나 모임에 참석한다.

‖ 드라이브를 즐긴 꿈은

자신의 주장과 판단으로 많은 사람을 이끌어간다.

‖ 멋진 여자와 드라이브를 한 꿈은

애인과 이성문제로 다툰다.

‖ 차를 타고 하늘을 날아간 꿈은

자신이 하는 일에 많은 사람들이 관심을 기울이며 부러움과 선망의 대상이 된다.

‖ 차를 타고 하늘을 날다가 떨어진 꿈은

자신의 능력을 과대평가하다가 실패한다.

‖ 차를 타고 하늘을 난다고 생각했는데 도로 위에 있었던 꿈은

계획은 크게 세우나 뜻대로 되지 않는다.

‖ 차를 타고 어둠 속을 질주한 꿈은

어려움에서 쉽게 벗어난다.

‖ 차를 타고 신나게 달리다가 막힌 꿈은

시작은 순조로우나 중간에 장애가 생긴다.

‖ 차를 몰고 가다가 막다른 골목에서 막힌 꿈은

순조롭던 사업이 장애에 부딪힌다.

‖ 차를 타고 맞선을 보려다가 타이어가 펑크난 꿈은

결혼하면 불행해진다는 암시다.

‖ 차에 지위가 높은 사람을 태우고 간 꿈은

귀인의 도움으로 사업이 번창한다.

‖ 차를 몰고 가다가 남자를 태운 꿈은

남자는 경쟁자가 생기고, 여자는 맞선을 보거나 이성을 사귄다.

‖ 차를 몰고 가다가 여자를 태운 꿈은

남자는 맞선을 보거나 이성을 사귄다.

‖ 차를 몰고 가다가 여자를 태운 꿈은

여자는 애인을 뺏기거나 에인과 다툰다.

‖ 차 주변에 한 사람이 있었던 꿈은

가까운 사람이 떠난다.

‖ 차 주변에 많은 사람들이 있었던 꿈은

어떤 단체로부터 압력을 받거나 시비가 생긴다.

‖ 승차거부를 당한 꿈은

취직, 승진, 시험, 청탁 등이 모두 무산된다.

‖ 장애물 때문에 차가 빠진 꿈은

사업이 운영난에 빠지고 자금도 막힌다.

‖ 장애물을 만났는데도 신나게 달린 꿈은

어떤 고난과 역경도 극복한다.

‖ 차가 전복된 꿈은

하는 일이 중도에서 좌절된다.

‖ 차가 전복된 것 같았는데 그냥 간 꿈은

일시적인 어려움에 부딪히나 곧 회복한다.

‖ 운행 중에 브레이크를 밟은 꿈은

업무의 비중이 더 커진다.

‖ 운행 중에 브레이크를 밟았으나 정지하지 않은 꿈은

자신의 주장이 관철되지 않거나 하는 일이 생각과 다르게 진행된다.

‖ **다른 사람이 차를 타고 집 안으로 들어온 꿈은**

누군가가 부탁이나 의논을 하기 위해 찾아온다.

‖ **자신의 방에 검은 차가 있었던 꿈은**

집안에 우환이 생기나, 미혼여성은 결혼한다.

‖ **마당에 여러 대의 승용차가 주차해 있었던 꿈은**

차 안에 사람이 없으면 집안에 초상이 나고, 사람이 있으면 여러 사람의 도움으로 사업이 번창한다.

‖ **차가 떠나 타지 못한 꿈은**

최선의 노력을 기울이나 중도에 실패하고 다음 기회를 기다려야 한다는 것을 암시다.

‖ **놓친 차를 세우려고 소리쳤던 꿈은**

급한 일로 부탁할 일이 생긴다.

‖ **놓친 차를 소리쳐 세운 꿈은**

부탁한 일이 이루어진다.

‖ **차가 강물에 빠진 꿈은**

하는 일이 슬럼프에 빠져 다른 큰 사업체로 흡수된다.

‖ **차가 강물에 떠내려간 꿈은**

강한 세력에 밀려 사업기반을 잃는다.

‖ **차가 밖으로 향해 있었던 꿈은**

노력의 결과가 빨리 나타난다.

‖ **차가 안으로 향해 있었던 꿈은**

자신의 주장과 계획을 반대하는 세력이 있다는 암시다.

‖ **차에 기름을 넣은 꿈은**

자금이 원활하며 투자액이 많아진다.

‖ 중간에 차를 탄 꿈은

동업자로서 사업에 참여하거나 단체에 가입한다.

‖ 차를 타고 가다가 모르는 곳에 사람을 내려준 꿈은

그 사람에게 죽음이 다가오고 있다는 암시다.

‖ 부상당한 사람을 태우고 달린 꿈은

도와야 할 사람이 생기고 그것 때문에 고통을 겪는다.

‖ 차를 쳐다만 보고 타지 않은 꿈은

계획이 미비하거나 자금이 완벽하지 않아 망설인다.

‖ 차 안을 들여다보기만 하고 타지 않은 꿈은

어떤 일을 결정하지 못하고 망설인다.

‖ 혼자 목적지도 없이 차를 타고 간 꿈은

죽음이 다가오고 있다는 암시다.

‖ 여러 사람과 함께 차를 타고 간 꿈은

여러 사람이 힘을 합쳐 일을 한다.

‖ 여러 사람이 차를 타고 가는데 자신이 운전한 꿈은

단체의 장이 되거나 자신의 주장이 관철된다.

‖ 여러 사람과 차를 타고 가다가 혼자 내린 꿈은

어떤 모임이나 단체에서 나온다.

‖ 차가 불에 탄 꿈은

뜻밖의 행운으로 기회를 잡아 사업이 크게 번창한다.

‖ 잘 달리던 차가 빠진 꿈은

순조롭던 사업이 장애에 부딪힌다.

‖ 절벽 위에서 자동차를 운전한 꿈은

하는 일이 위태롭다는 암시다.

‖ **차가 절벽으로 떨어진 꿈은**

사업실패, 퇴직, 명예와 권위 하락 등이 따른다.

‖ **차가 절벽에서 떨어졌는데도 계속해서 달린 꿈은**

길몽으로 사업이 크게 번창한다.

‖ **다른 사람의 차가 수렁에 빠졌는데 끌어내준 꿈은**

어려운 사람을 돕다가 용기와 희망을 갖게 된다.

‖ **혼자서 택시를 타고 간 꿈은**

경제적으로 안정되어 간다는 암시다.

‖ **두 사람이 택시를 타고 간 꿈은**

동업자나 협조가가 나타난다.

‖ **차 뒤에 매달려서 간 꿈은**

만사가 위태롭고 정신적으로도 불안하다는 뜻이다.

‖ **차가 언덕 위로 올라간 꿈은**

모든 일이 힘들고 고통스럽다는 암시다.

‖ **차가 언덕 아래로 내려간 꿈은**

막혔던 일들이 순식간에 풀려 순조로워진다.

‖ **차가 뒤로 간 꿈은**

사업이 점점 쇠퇴한다.

‖ **차를 몰고 가다가 고장이 난 꿈은**

사업이 일시에 중단되는 등 짜증나는 일이 생긴다.

‖ **차를 몰고 가는데 시동이 꺼진 꿈은**

모든 계획이 중도에 좌절되거나 미루어진다.

‖ **차가 고장나서 자신이 밀고간 꿈은**

모든 일을 스스로 해결해야 한다는 암시다.

∥ **차가 고장이 났는데 다른 사람이 밀어준 꿈은**

귀인의 도움으로 어려운 문제를 해결한다.

∥ **다른 사람의 차를 밀어준 꿈은**

다른 사람의 사업을 도와준다.

∥ **차와 차가 충돌한 꿈은**

상대방과 의견일치를 보기 어렵다.

∥ **자동차끼리 충돌했는데 옆에서 여자가 웃은 꿈은**

누군가와 크게 다툴 징조다.

∥ **자동차 충돌사고로 코피가 난 꿈은**

자존심 상하는 일이 생긴다.

∥ **충돌사고로 자동차가 부숴진 꿈은**

새로운 사업을 시작한다.

∥ **자동차 충돌로 담이 무너진 꿈은**

다른 사람의 도움을 받는다.

∥ **자신이 탄 자동차가 충돌한 꿈은**

가정이나 직장에 변동이 생긴다.

∥ **자동차와 부딪힌 꿈은**

추진하는 일이 단체나 기관의 세새로 어려움에 처한나.

∥ **자신이 탄 차에 사람이 치여 죽은 꿈은**

원하는 것을 이룬다.

∥ **자농차에 치인 꿈은**

뜻밖의 행운으로 큰 재물이 들어온다.

∥ **차에 치여 죽은 꿈은**

권력있는 사람의 도움을 받아 만사를 이룬다.

‖ **차를 몰고 가다가 사람을 친 꿈은**

교통사고가 일어날 수 있으니 조심하도록.

‖ **사람을 치었는데 그 사람이 죽은 꿈은**

자신도 크게 다칠 수 있다는 것을 암시하는 꿈이다.

‖ **사람을 치어 죽었는데 그 사람이 피를 흘린 꿈은**

재물이 들어오는 등 행운이 찾아온다.

‖ **사람을 쳤는데 부상만 입힌 꿈은**

하는 일에 장애가 생겨 정신적인 고통을 겪는다.

‖ **길을 가다가 교통사고가 난 꿈은**

재난과 질병이 생긴다. 특히 교통사고를 조심하도록.

‖ **교통사고로 다친 꿈은**

경쟁에서 떨어지며 정신적 · 물질적으로 피해가 많다.

‖ **자동차 사고로 목발을 짚고 다닌 꿈은**

귀인의 도움으로 어려운 난관을 극복한다.

‖ **자동차를 타고 가다가 떨어진 꿈은**

단체나 모임에서 탈퇴하고 명예도 떨어진다.

‖ **자동차 문을 닫다가 손가락 등을 다친 꿈은**

계획의 미비로 장애가 부딪히는데 그 여파가 오래간다.

‖ **차를 기다리는데 비가 온 꿈은**

계획한 사업이 방해자 때문에 어려움에 처한다. 만일 비가 그치면 어려운 가운데서도 기회를 잡을 수 있다.

‖ **운전을 하는데 비가 온 꿈은**

하는 일이 어려움에 처한다.

‖ **승용차를 훔친 꿈은**

경쟁자의 참모를 스카웃한다.

‖ **승용차를 잃어버린 꿈은**

유능한 직원이 떠나간다.

‖ **타이어가 빠진 꿈은**

동업자가 독립해 나가거나 동조세력의 일부를 잃는다.

‖ **타이어가 펑크난 꿈은**

하는 일이 중도에 실패하여 좌절을 느낀다.

‖ **펑크난 타이어를 곧바로 수리한 꿈은**

일시적인 슬럼프에 빠지나 곧 정상으로 회복한다.

‖ **타이어를 갈아끼운 꿈은**

추진하는 일이나 사업의 방향을 바꾼다.

‖ **차에 연료를 가득 싣고 간 꿈은**

많은 재물이 들어온다.

버스 · 트럭

교통수단에 대한 꿈은 협조기관, 권력기관, 회사, 사업체, 직장, 단체세력, 방법 등을 나타낸다.

‖ **버스의 탑승 시간에 쫓겨 허둥댄 꿈은**

경제적으로 불안하며 일이 계획대로 추진되지 않는다.

‖ 버스에 아무도 없었던 꿈은

주위 사람들이 모두 떠나고 외로워진다.

‖ 혼자 버스를 타고 간 꿈은

자신의 죽음을 예고하는 꿈이다.

‖ 버스를 타고 가는데 기사와 자신밖에 없었던 꿈은

권한과 능력을 최대한 발휘한다.

‖ 버스를 타고 가다가 창 밖을 본 꿈은

사회문제나 다른 사람의 일에 관심을 갖게 된다.

‖ 버스에서 내려주는 물건을 받은 꿈은

단체나 회사 등에서 하청, 권리, 이익 등을 얻는다.

‖ 버스에서 앉아서 가다가 서서 간 꿈은

안일한 생각으로 일을 처리하다가 곤경에 빠진다.

‖ 버스에서 서서 가다가 앉은 꿈은

책임의 비중이 높은 자리에 오른다.

‖ 버스가 불에 탄 꿈은

길몽으로 사업이 크게 번창하고 재물도 많이 들어온다.

‖ 버스가 방 안으로 들어온 꿈은

단체나 기관의 압력에 대항한다.

‖ 버스를 타고 가다가 사람을 내려주고 간 꿈은

버스에서 내린 사람이 죽는다는 암시다.

‖ 버스와 버스가 충돌한 꿈은

생사가 달린 문제로 크게 다툰다.

‖ 버스에 노인들만 타고 있었던 꿈은

집안에 우환이 생길 징조다.

‖ 장의 버스를 본 꿈은

행운의 꿈으로 사업이 번창한다.

‖ 장의 차를 탄 꿈은

명예와 지위가 올라간다.

‖ 장의 버스가 사고난 꿈은

행운이 찾아와도 기회를 놓친다.

‖ 장의 버스에 불이 난 꿈은

길몽으로 만사가 순조로워진다.

‖ 버스에 매달려 간 꿈은

재난을 당하여 생사의 기로에 서게 된다.

‖ 물건을 가득 실은 트럭이 집 안으로 들어온 꿈은

사업의 성과가 크고 많은 재물을 모은다.

‖ 물건을 가득 실은 트럭이 집 밖으로 나간 꿈은

새로운 사업에 많은 투자를 한다.

‖ 곡물을 실은 트럭이 집 안으로 들어온 꿈은

재물이 많이 들어온다.

‖ 빈 트럭이 집 안으로 들어온 꿈은

노력을 기울이나 결과가 신통치 못하다.

‖ 트럭에 이삿짐을 실은 꿈은

하는 일의 업종을 바꾸거나 새로운 사업을 시작한다.

‖ 트럭에서 이삿짐을 내린 꿈은

사업기반이 튼튼해지며 생활도 안정된다.

기차 · 전철

 교통수단에 대한 꿈은 협조기관, 권력기관, 회사, 사업체, 직장, 단체세력, 방법 등을 나타낸다.

‖ 기차여행을 한 꿈은

결혼하거나 여행을 떠난다.

‖ 직접 기차를 운전한 꿈은

단체의 장이나 리더가 된다.

‖ 기차가 날아다닌 꿈은

단체나 조직이 사회적으로 크게 부각된다.

‖ 철길이 여러 갈래였던 꿈은

계획이나 사업이 뜻대로 되지 않고 재물도 흩어진다.

‖ 기차가 철길 위를 달리다 폭파한 꿈은

추진하는 일이 장애에 부딪힌다.

‖ 기차가 철길 위로 지나간 꿈은

여행을 떠난다.

‖ 기차가 철길 위로 빠르게 달린 꿈은

만사가 순조로워 원하는 일을 이룬다.

‖ 기차가 철길이 아닌 곳으로 달린 꿈은

단체나 기관의 간섭에서 벗어나 자신의 능력을 충분히 발휘한다.

‖ 철길이 없는데도 기차가 달린 꿈은

자유로운 직업에 종사한다는 암시다.

‖ **기차가 전복된 꿈은**

단체나 기관의 기능이 마비된다는 암시다.

‖ **기차에 치여 죽은 꿈은**

정신적인 일이나 작품 등이 언론사나 출판사 등에 의해
이루어진다.

‖ **자신에게 기차의 불빛이 비친 꿈은**

단체나 기관에 의해 명예와 지위가 빛난다.

‖ **달리는 기차에서 뛰어내린 꿈은**

억울한 누명이나 범죄로 구속된다.

‖ **멀리서 기적소리가 들린 꿈은**

반가운 사람이 찾아온다.

‖ **기적소리가 구슬프게 들린 꿈은**

애인과 헤어질 징조다.

‖ **기적소리에 놀란 꿈은**

단체나 기관의 제재나 감사를 받는다.

‖ **전철이나 기차의 탑승시간에 쫓겨 허둥댄 꿈은**

경제적으로 불안하고 일이 계획대로 추진되지 않는다.

‖ **기차를 놓쳐 타지 못한 꿈은**

단체나 기관에 부탁한 일이 무산된다.

‖ **대합실에서 지루하게 기차를 기다린 꿈은**

단체나 기관에 부탁한 일이 보류된다.

‖ **전철을 타고 끝없이 간 꿈은**

하기 싫은 일을 계속한다.

‖ **전철에서 물건을 산 꿈은**

물건을 구입한다.

‖ **전철에서 물건을 판 꿈은**

자금회전이 어려워진다.

‖ **전철 안에 혼자 있었던 꿈은**

다른 사람의 도움을 기대하지 말고 홀로서기를 해야 한다는 암시다.

‖ **전철에서 옛 애인을 만난 꿈은**

이성문제로 다툴 징조다.

‖ **전철에서 혼자 있는 여자를 본 꿈은**

애인과 이성문제로 다툰다.

‖ **전철에서 임산부를 본 꿈은**

천생배필의 배우자를 만난다.

‖ **전철에서 거지를 본 꿈은**

어려움에 처한다.

‖ **전철에서 누군가와 다툰 꿈은**

소매치기를 당할 징조다.

‖ **전철에서 소매치기를 당한 꿈은**

강제로 다른 사람을 돕는다.

‖ **전철에서 발등을 밟힌 꿈은**

상사에게 질책을 받는다.

‖ **전철에서 신문이나 잡지를 본 꿈은**

중요한 정보를 입수한다.

‖ **전철에서 꽃다발을 본 꿈은**

축하받을 일이 생기고, 미혼자는 이성을 사귄다.

‖ **전철에서 음악소리를 들은 꿈은**

멋진 데이트를 한다.

‖ **전철이 내려야 할 역에서 서지 않은 꿈은**

열심히 노력하여 기회가 왔으나 잡지 못한다.

‖ **전철을 타러 가다 넘어진 꿈은**

취직, 입학, 시험 등이 모두 깨진다.

‖ **전철을 기다려도 오지 않은 꿈은**

상대방이 약속을 지키지 않는다.

‖ **전철을 잘못 탄 꿈은**

생각과 다른 일을 한다는 암시다.

자전거 · 수레 · 가마 · 엘리베이터

교통수단에 대한 꿈은 협조기관, 권력기관, 회사, 사업체, 직장, 단체세력, 방법 등을 나타낸다.

‖ **자전거쇼를 본 꿈은**

허황된 계획을 세우고 있다는 것을 나타내는 꿈이다.

‖ **자전거를 타고 달린 꿈은**

만사가 순조롭게 풀려나간다.

‖ 자전거를 타기도 전에 넘어진 꿈은

일을 시작하기도 전에 장애에 부딪힌다.

‖ 자전거를 서투르게 탄 꿈은

누군가에게 도움을 청한다.

‖ 외줄 위에서 자전거를 탄 꿈은

현재하는 일이 위태롭거나 모험을 한다는 암시다.

‖ 다른 사람 자전거의 앞에 탄 꿈은

다른 사람의 강요에 이끌려 하기 싫은 일을 한다.

‖ 다른 사람 자전거의 뒤에 탄 꿈은

귀인의 도움으로 만사가 순조롭게 진행된다.

‖ 자전거를 타고 언덕을 올라간 꿈은

계획의 미비로 많은 어려움을 겪는다.

‖ 자전거를 타고 언덕을 내려간 꿈은

만사가 순조롭게 진행된다.

‖ 자전거를 타고 가다가 넘어진 꿈은

순조롭던 사업이 장애에 부딪힌다.

‖ 자전거가 뒤로 달린 꿈은

사업이 점점 어려워진다는 암시다.

‖ 바퀴가 없는 자전거를 본 꿈은

사업자금이 고갈되었다는 암시다.

‖ 손수레에 과일이 가득있었던 꿈은

다른 사람의 도움을 받거나 재물이 들어온다.

‖ 수레를 타고 가는 노인이나 환자를 본 꿈은

집안에 우환이 생길 징조다.

‖ 두 사람이 들것을 들고 있었던 꿈은

사소한 일로 다툼이 벌어진다.

‖ 들것을 타고 간 꿈은

다른 사람의 도움으로 승진한다.

‖ 사람이 타지 않은 가마를 본 꿈은

기다리는 귀인은 오지 않고 이성과는 헤어진다.

‖ 문을 열어놓고 가마를 타고 간 꿈은

길몽으로 운세가 매우 좋다.

‖ 가마를 타고 가는데 수행원이 따른 꿈은

신분이 매우 고귀해진다.

‖ 케이블카나 엘리베이터를 타고 오르내린 꿈은

열심히 노력하나 성과가 미약하다.

‖ 엘리베이터를 타고 올라간 꿈은

승진하거나 직장을 구한다.

‖ 엘리베이터를 타고 내려간 꿈은

좌천되거나 실직당한다.

‖ 엘리베이터 안에서 아름다운 여자를 본 꿈은

새로운 이성을 사귄다.

비행기

교통수단에 대한 꿈은 협조기관, 권력기관, 회사, 사업체, 직장, 단체세력, 방법 등을 나타낸다.

‖ 비행기를 탄 꿈은

단체에 가입하거나 모임에 참석한다.

‖ 비행기의 탑승 시간에 쫓겨 허둥댄 꿈은

경제적으로 불안하고 일이 계획대로 추진되지 않는다.

‖ 비행기를 놓쳐 타지 못한 꿈은

단체나 모임에서 탈퇴한다.

‖ 비행기를 타고 날아간 꿈은

행운의 꿈으로 명예와 지위를 얻는다.

‖ 비행기가 제멋대로 날아간 꿈은

만사가 뜻대로 되지 않는다.

‖ 비행기가 하늘로 날아간 꿈은

사업이 날로 번창한다.

‖ 비행기가 구름 위로 날아간 꿈은

명예와 신분이 높아진다.

‖ 많은 비행기가 계속 날아간 꿈은

계획대로 사업을 추진하면 성공할 수 있다.

‖ 비행기 조종사가 되어 비행기를 조종한 꿈은

행운의 꿈으로 명예와 지위, 권력을 얻는다.

‖ 비행기에 오른 꿈은

지위나 사업이 점점 번창하는 등 만사가 순조롭다.

‖ 비행기에서 내린 꿈은

지위나 사업이 쇠퇴하고 만사가 어렵다.

‖ 비행기에서 뛰어내린 꿈은

모임이나 단체에서 탈퇴한다.

‖ 비행기에서 다른 사람이 뛰어내린 꿈은

귀인의 도움을 받는다.

‖ 비행기에서 낙하산을 잡고 뛰어내린 꿈은

단체나 기관의 도움으로 명예와 지위를 얻는다.

‖ 비행기에 올라가다 넘어진 꿈은

일시적인 어려움에 처한다.

‖ 비행기에서 내리다가 넘어진 꿈은

어려운 중에 재난까지 만나 실패한다.

‖ 비행기가 이륙한 꿈은

성공을 향해 순조롭게 달린다.

‖ 비행기가 안전하게 착륙한 꿈은

모든 일의 결과가 좋다.

‖ 비행기가 정찰한 꿈은

비밀스런 일을 하거나 맡게 된다.

‖ 편대가 비행한 꿈은

추진하는 일이나 사업이 점점 발전한다.

‖ 많은 비행기가 싸운 꿈은

질병에 시달리거나 복잡한 일에 부딪힌다.

‖ 비행기가 승용차로 바뀐 꿈은

국영기업이 민영기업으로 바뀐다는 암시다.

‖ 비행기가 폭파된 꿈은

귀인이나 동업자의 신상에 변화가 생긴다.

‖ 자신이 비행기로 폭격한 꿈은

만사가 뜻대로 이루어지지 않는다.

‖ 비행기가 추락한 꿈은

가족 중에서 누군가가 사고를 당한다.

‖ 비행기가 폭격한 꿈은

추진하는 일이 변경되거나 계획을 수정한다.

‖ 비행기가 큰 건물을 폭파한 꿈은

단체나 기관을 상대로 하는 사업이나 일이 성사된다.

‖ 비행기가 폭격해 사람들이 도망간 꿈은

신규, 허가, 부탁, 출품 등이 모두 무산된다.

‖ 비행기를 보고 지상에 있는 기관총을 난사한 꿈은

길몽으로 복권이나 상품권 등에 당첨될 확률이 높다.

‖ 비행기 안에서 발사한 탄피를 주운 꿈은

지상에 발표된 작품을 수집하거나 복권이나 상품권 등
에 당첨되기도 한다.

‖ 비행기가 사라진 꿈은

기대했던 일이 물거품이 된다.

‖ 비행기에서 스튜디어스와 대화를 나눈 꿈은

신혼여행이나 밀월여행을 떠나게 된다.

‖ 비행기에서 스튜디어스의 서비스를 받은 꿈은

외국여행을 떠나게 된다.

‖ 비행기에서 괴한을 만난 꿈은

권력기관의 사찰이나 세무조사를 받는다.

‖ 비행기에서 섹스한 꿈은

이성문제로 다툴 징조다.

‖ 비행기에서 식사한 꿈은

신분이 높은 사람에게 초대받는다.

‖ 비행기가 공중에서 폭발한 꿈은

횡재수로 큰 재물이 들어온다.

‖ 비행기에서 전화통화를 한 꿈은

기다리던 소식이 온다.

‖ 비행기 안에 비둘기가 있었던 꿈은

생활이 안정되고 주위 사람들과 좋은 관계를 맺는다.

‖ 비행기가 물건을 실어다 준 꿈은

길몽으로 명예와 재물을 얻는다.

‖ 비행기에서 물건이 떨어진 꿈은

귀인의 도움으로 많은 재물을 모은다.

‖ 비행기가 불에 탄 꿈은

사회와 개인에게 재난이 닥친다는 암시다.

‖ 인공위성을 탄 꿈은

신분이 고귀해진다.

‖ 인공위성이 달이나 화성에 도착한 꿈은

최고의 자리에 오른다.

‖ 인공위성이 폭발한 꿈은

많은 재물이 들어온다.

‖ 로케트가 힘차게 하늘로 날아간 꿈은

최고의 길몽으로 출세길을 순조롭게 달린다.

‖ 땅 속에서 인공위성이나 로케트가 나온 꿈은

PC방이나 게임방에 간다.

배

 교통수단에 대한 꿈은 협조기관, 권력기관, 회사, 사업
체, 직장, 단체세력, 방법 등을 나타낸다.

‖ 뱃고동 소리를 들은 꿈은

가까운 사람이 떠난다.

‖ 배를 탄 꿈은

단체에 가입하거나 모임에 참석한다.

‖ 배를 타고 순항한 꿈은

모든 일이 순조롭게 이루어진다.

‖ 배를 타고 바다를 건너간 꿈은

모든 일이 순조롭게 진행되어 목적을 이루나, 환자는
죽을 때가 되었다는 암시다.

‖ 배를 타지 못한 꿈은

모든 일이 좌절되어 실의에 빠진다.

‖ 나룻배를 타려고 하다가 타지 못한 꿈은

목적을 이루기 어렵다.

‖ 배를 빌리려고 했는데 빌리지 못한 꿈은

기회를 모르고 놓친다.

‖ 빈 배를 혼자 타고 간 꿈은

동업자와 협조자가 모두 떠나버려 사업이 어려워진다.

‖ 혼자 탄 배가 떠내려간 꿈은

사업이 난관에 부딪혀 수습하기 힘들다는 암시다.

‖ 배를 타고 가는데 물이 없었던 꿈은

순조롭던 사업이 한순간에 중단된다.

‖ 바다 위에 작은 배가 떠있었던 꿈은

모든 일이 순조롭게 진행된다.

‖ 바다 위로 배가 떠다닌 꿈은

만사가 불투명해 결정을 내리기 어렵다는 암시다.

‖ 배 안으로 물고기가 뛰어든 꿈은

사람의 목숨을 구하고 재물도 모은다.

‖ 배에 고기가 가득차 있었던 꿈은

사업이 점점 번창하여 재물이 많이 들어온다.

‖ 배 위에서 고래를 잡아올린 꿈은

길몽으로 복권이나 상품권 등에 당첨될 확률이 높다.

‖ 배 안에서 불이 난 꿈은

하는 일이나 사업, 가정생활 등이 점점 좋아진다.

‖ 배에서 많은 사람이 내린 꿈은

단체의 모임이나 집회장소에 가게 된다.

‖ 배 안에 물이 고여 있는 꿈은

계획대로 일이 추진되지 않아 계획을 다시 세운다.

‖ 배에 의해 구조된 꿈은

다른 사람의 도움으로 하는 일이 활성화된다.

‖ 배 위에서 술을 마시며 즐거워 한 꿈은

만사가 순조롭게 진행되는 등 좋은 일이 생긴다.

‖ 배 위에서 춤을 추며 노래부른 꿈은

사업적인 다툼이 벌어진다.

‖ 배 위에서 도박을 한 꿈은

투기성 사업에 투자한다.

‖ 배 위에 누워 있었던 꿈은

일이 손에 잡히지 않는 등 방향을 잡지 못한다.

‖ 선실 안에 누워 있었던 꿈은

집안에 우환이 생기거나 질병에 걸린다.

‖ 혼자 탄 뱃머리에 청기와 홍기가 꽂혀 있었던 꿈은

집안에 우환이 생길 징조다.

‖ 엎어진 배를 바로 세운 꿈은

포기했던 일을 새로운 각오로 다시 시작한다.

‖ 갯벌에 엎어져 있는 보트를 바로 세운 꿈은

포기했던 일을 다시 시작한다.

‖ 배가 수평선으로 사라진 꿈은

노력의 결과를 기다리거나 여행을 한다.

‖ 배 위에서 물건을 내린 꿈은

행운의 꿈으로 많은 재물을 모은다.

‖ 배에 승객이 가득찼던 꿈은

동업자나 협조자가 나타난다.

‖ 배를 저어간 꿈은

맡은 직책에서 최선을 다한다.

‖ 뱃사공이 되어 노를 저은 꿈은

단체의 장이 된다.

‖ 노를 놓치거나 저을 수 없었던 꿈은

사업이 정상적인 궤도에서 벗어나 어려워진다.

‖ 부두에서 짐을 가득 실은 배를 본 꿈은

뜻밖에 사업자금이 생기고 큰 재물이 들어온다.

‖ 배가 항구를 떠난 꿈은

새로운 계획을 세우고, 미혼자는 이성과 헤어진다.

‖ 배를 타고 항구로 들어간 꿈은

모든 일이 정상으로 진입하고 실직자는 직장을 구한다.

‖ 배가 부두에 정착한 꿈은

해외여행을 떠나게 된다.

‖ 자신이 탄 배가 충돌한 꿈은

가정이나 직장에 변동이 생긴다.

‖ 배가 침몰한 꿈은

만사가 수포로 돌아갈 징조다.

‖ 배가 날아다닌 꿈은

사회적으로 단체나 조직 등이 크게 부각된다.

‖ 배가 공중을 날아다닌 꿈은

길몽으로 행운이 찾아온다.

‖ 작은 배에서 큰 배로 옮긴 꿈은

작은 사업을 큰 사업으로 확장한다.

‖ 배 위에서 갈매기를 본 꿈은

기다리던 반가운 소식을 듣는다.

‖ 배가 산으로 올라간 꿈은

회의에 참석한 사람들이 의견대립으로 다툰다.

‖ 강가로 가던 배가 다시 중앙으로 간 꿈은

사업주의 판단착오로 사업이 어렵게 되다가 사업주의

과감한 투자로 정상회복한다.

‖ **배가 뒤집힌 채 공중을 떠다닌 꿈은**

사업이 부도위기에 몰리고 집안에 우환이 생긴다.

‖ **돛단배가 바람에 잘 간 꿈은**

강력한 세력을 등에 업고 사업을 추진한다.

‖ **배가 풍랑을 만난 꿈은**

머지않아 재난이 닥친다는 암시다.

‖ **배를 타고 가다가 다른 배를 만난 꿈은**

동업자나 반가운 사람을 만난다.

‖ **배 위에서 바다로 뛰어내린 꿈은**

단체에서의 탈퇴, 동업자의 독립, 직장에서의 퇴직 등
이 따른다.

‖ **배를 타고 가다가 하늘을 날아다닌 꿈은**

부서에서 최고 책임자가 되어 능력을 발휘한다.

‖ **가족이 한 배를 타고 항해한 꿈은**

직장이나 직업에 변동이 생기거나 이사를 한다.

‖ **닻을 끌어올린 꿈은**

길몽으로 재물이 들어온다.

‖ **닻이 부러진 꿈은**

최고 책임자나 부서의 장에게 나쁜 일이 생긴다.

‖ **구명보트를 탄 꿈은**

재산이나 사업이 몰락하여 겨우 명맥만 유지한다.

‖ **선실 안에 있었던 꿈은**

가정에 불화가 생길 징조다.

∥ 애인과 보트놀이를 한 꿈은

이성과 데이트를 하거나 동업자를 만난다.

∥ 강물 위를 보트를 타고 달린 꿈은

만사가 순조롭게 진행된다.

∥ 요트경기를 한 꿈은

승부를 겨루게 된다.

∥ 페리호를 탄 꿈은

노력한 만큼의 댓가가 돌아온다.

∥ 호화로운 요트를 탄 꿈은

명예와 부귀가 따른다.

∥ 돛단배가 순풍에 잘 나간 꿈은

매사가 순조롭게 진행된다.

편지 · 우표 · 전보 · 소포

∥ 편지 심부름을 한 꿈은

다른 사람을 도와순다.

∥ 편지를 쓴 꿈은

만사가 뜻대로 이루어진다.

∥ 연애편지를 쓴 꿈은

자신의 잘못을 인정하게 되고, 미혼자는 새로운 이성을
사귄다.

‖ 연애편지를 받은 꿈은

이성과 사소한 문제로 다툰다.

‖ 편지를 다 쓰고 겉봉투를 붙인 꿈은

성실한 노력과 치밀한 계획으로 만사를 성사시킨다.

‖ 우체국에서 편지를 부친 꿈은

부탁한 일이 성사된다.

‖ 파란도장이 찍힌 편지봉투를 본 꿈은

등기우편으로 돈이 온다.

‖ 누런 편지봉투를 받은 꿈은

청첩장, 부고, 관보 등을 받는다.

‖ 편지봉투가 비어 있었던 꿈은

기다리는 소식이 오지 않아 답답할 뿐이다.

‖ 편지 안에 돈이 들어 있었던 꿈은

가까운 사람과 금전문제로 다툰다.

‖ 편지봉투에 파묻혔던 꿈은

축하받을 소식이 온다.

‖ 다른 사람에게 편지를 전해준 꿈은

계획이나 성실한 노력을 인정받는다.

‖ 집배원에게 편지를 받은 꿈은

먼 곳에 있는 사람에게서 소식이 온다.

‖ 우표를 사거나 모은 꿈은

앞으로 크게 발전한다는 암시다.

‖ 희귀하고 진귀한 우표를 본 꿈은

길몽으로 지위가 상승하고 많은 이익이 생긴다.

‖ **전보를 친 꿈은**

다른 사람을 축하해준다.

‖ **전보를 받은 꿈은**

축하받을 일이 생긴다.

‖ **사람이 죽었다는 전보를 친 꿈은**

행운의 꿈으로 재물이 들어온다.

‖ **소포를 받은 꿈은**

중요한 직책을 맡거나 약간의 재물이 들어온다.

‖ **소포를 보낸 꿈은**

마음의 부담을 덜게 된다.

‖ **소포를 들고 걸어간 꿈은**

다른 사람의 문제를 책임지게 된다.

‖ **초대장을 받은 꿈은**

불길한 일이 생긴다.

전화

‖ **전화를 가설한 꿈은**

만사가 순조롭게 진행된다.

‖ **전화기를 새로 산 꿈은**

미혼자는 이성을 사귀고, 기혼자는 부부싸움을 한다.

‖ **전화기가 여러 대 있었던 꿈은**

전화기의 숫자만큼 결과를 얻는다.

‖ **전화통화를 하면서 웃거나 짜증낸 꿈은**

경쟁자를 제압하고 사업을 성공으로 이끈다.

‖ **전화벨 소리에 잠을 깬 꿈은**

반가운 친구가 찾아오거나 소식이 온다.

‖ **전화기가 고장난 꿈은**

하고 싶은 말을 다하지 못하여 답답해진다.

‖ **공중전화가 고장난 꿈은**

부탁한 일이 성사되지 않는다.

‖ **전화가 불통된 꿈은**

작은 일로 가까운 사람과 다투는 등 좋지 않은 일이 생긴다.

‖ **전화기를 부숴버린 꿈은**

부부간에는 대화가 단절되고, 연인간에는 이성문제로 다툰다.

‖ **전화기를 떠나지 못한 꿈은**

상대방과 타협이 되지 않는다.

‖ **수화기에서 여자의 예쁜 목소리가 들린 꿈은**

이성문제로 구설수에 휘말릴 징조다.

‖ **전화로 누군가를 불러낸 꿈은**

다른 사람에게 부탁을 한다.

‖ **공중전화로 전화를 건 꿈은**

제삼자를 통해서 청탁을 한다.

‖ **전화를 하는데 상대방이 말을 알아듣지 못한 꿈은**

부탁한 일이 수포로 돌아가는 등 사회적인 여건이 따라

주지 않는다.

‖ 전화로 대화를 나눈 꿈은

다른 사람에게 부탁을 받는다.

‖ 전화통화 내용이 불확실했던 꿈은

주위 사람과 사소한 일로 말다툼을 한다.

‖ 협박전화를 받은 꿈은

위험에 처한다.

라디오 · 텔레비전 · 컴퓨터 · 전선 · 전신주

‖ 라디오를 새로 산 꿈은

단체나 기관에 부탁한 일이 순조롭게 이루어진다.

‖ 라디오를 들은 꿈은

사소한 일로 말다툼을 한다.

‖ 라디오에서 연설을 들은 꿈은

상사에게 꾸지람을 듣는다.

‖ 라디오 소리가 시끄러웠던 꿈은

정신적으로 피곤하다는 것을 나타내는 꿈이다.

‖ 텔레비전을 새로 산 꿈은

광고를 한다.

‖ 텔레비젼 드라마를 본 꿈은

데이트 신청을 받는다.

‖ 자신이 텔레비전에 나온 꿈은

인기인이 되거나 남에게 과시할 일이 생긴다.

‖ 텔레비전을 부순 꿈은

정신적인 고통을 겪을 징조다.

‖ 컴퓨터 키판을 정확하게 친 꿈은

만사가 순조롭고 재물이 들어온다.

‖ 컴퓨터 키판을 한 손가락으로 어설프게 친 꿈은

계획에 차질이 생기거나 금전적인 문제가 발생한다.

‖ 컴퓨터 대화방에서 대화를 한 꿈은

새로운 이성을 사귄다.

‖ 컴퓨터 게임방에 간 꿈은

새로운 계획과 포부를 갖고 있다는 뜻이다.

‖ 컴퓨터 게임방에서 바둑을 둔 꿈은

경쟁자나 경쟁업체가 생긴다.

‖ 컴퓨터 게임을 한 꿈은

다른 사람들이 생각하지 못한 일에 과감하게 도전한다.

‖ 컴퓨터 게임에서 이긴 꿈은

만사가 뜻대로 이루어진다.

‖ 컴퓨터 게임에서 진 꿈은

경쟁자에게 뒤떨어진다는 암시다.

‖ 컴퓨터 게임을 하는데 정전이 된 꿈은

이성과 다툴 징조다.

‖ 컴퓨터가 갑자기 폭발한 꿈은

재난이 닥칠 징조다.

‖ 집에 전선을 설치한 꿈은

지위가 올라가고 기쁜 소식을 듣는다.

‖ 전선이 끊어진 꿈은

사회적으로 대인관계가 단절되어 외톨이가 되고, 딸의
결혼을 앞둔 사람은 딸의 결혼생활이 불행해진다는 암
시다.

‖ 집 안에 있는 전선이 끊어진 꿈은

가족 중에서 누군가가 사고를 당한다.

‖ 전신주에 올라간 꿈은

명예와 지위가 올라간다.

‖ 전신주에서 내려온 꿈은

좌천되거나 사업이 부진해질 징조다.

‖ 전신주에 올라가다가 떨어진 꿈은

과욕을 부리다 실패한다.

‖ 전신주가 쓰러진 꿈은

기대했던 일이 수포로 돌아간다.

16장. 의상과 화장에 관한 꿈

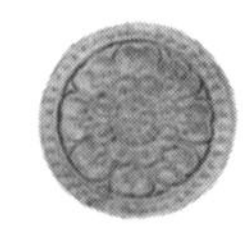

옷

옷에 대한 꿈은 빈부, 귀천, 협조자, 보호자, 명예, 권력, 직장, 집, 은혜, 과시, 일거리, 재물 등을 나타낸다.

‖ **많은 옷을 본 꿈은**
미혼자는 결혼한다.

‖ **옷을 새로 맞춘 꿈은**
미혼자는 결혼하고, 기혼자는 기쁜 일이 생긴다.

‖ **헌 옷을 수선한 꿈은**
과거에 하던 일을 다시 한다.

‖ **새 옷을 만든 꿈은**
혼담이 오고간다.

‖ **새 옷을 입은 꿈은**

하는 일이 번창하는 등 좋은 일이 생긴다.

‖ **옷을 단정하게 입은 꿈은**

직장을 구하거나 신분이나 지위가 올라간다.

‖ **계절에 맞지 않는 옷을 입은 꿈은**

계획하거나 추진하는 일이 시행착오로 어려워진다.

‖ **나뭇잎이나 풀잎으로 엉성한 옷을 만들어 입은 꿈은**

계획이나 기초작업이 탄탄하지 못해 만사가 엉성하고
아슬아슬하다는 암시이니 철저한 점검이 필요하다.

‖ **화려한 옷을 입은 꿈은**

축하받을 일이 생기거나 행운이 찾아온다.

‖ **초라한 옷을 입은 꿈은**

계속해서 불길한 일이 생긴다.

‖ **관복을 입은 꿈은**

귀인의 도움으로 출세길이 열려 지위가 올라간다.

‖ **제복을 입은 꿈은**

취직이나 입학 등이 성사되고 직장인은 승진한다.

‖ **예복을 입은 꿈은**

미혼자는 결혼한다.

‖ **잠옷을 입은 꿈은**

정착할 곳이 마련되고 미혼자는 결혼한다.

‖ **삼베옷을 입은 꿈은**

만사가 시원하게 해결된다.

‖ 웨딩드레스를 입은 꿈은

미혼자는 결혼하고, 실직자는 직장을 구한다.

‖ 웨딩드레스를 입고 결혼식장에 들어간 꿈은

입학, 취직, 계약 등이 이루어진다.

‖ 풀로 만든 옷을 입은 꿈은

귀인의 도움을 받는다.

‖ 흰옷을 입은 꿈은

집안에 우환이 생기고 환자는 죽음에 이른다.

‖ 검은옷을 입은 꿈은

불행한 일이 생기고 환자는 죽음에 이른다.

‖ 붉은옷을 입은 꿈은

길몽으로 명예와 지위를 얻는다.

‖ 푸른옷을 입은 꿈은

하는 일이 크게 번창한다.

‖ 노란옷을 입은 꿈은

즐거운 일이 생기는 등 행운이 찾아온다.

‖ 미니스커트를 입은 꿈은

이성문제로 구설수에 휘말린다.

‖ 우아한 잠옷을 입은 꿈은

명문가의 배우자를 만난다.

‖ 간호사복을 입은 꿈은

남자는 집안에 환자가 생긴다.

‖ 모피옷을 입은 꿈은

부동산의 임대나 매매 등이 성사된다.

‖ **속옷만 입은 꿈은**

누군가에게 진심을 털어놓고 의논하고 싶어하는 마음
을 나타내는 꿈이다.

‖ **속옷만 입고 행동한 꿈은**

외롭고 고독해진다.

‖ **브레지어를 입은 꿈은**

새로운 출발을 한다.

‖ **레인코트를 입은 꿈은**

어려운 일에 직면하거나 애인과 이별한다.

‖ **팬티를 본 꿈은**

길몽으로 모든 일이 뜻대로 이루어진다.

‖ **자켓을 본 꿈은**

위험한 상황에 처해 있다는 암시다.

‖ **반소매 옷을 본 꿈은**

실망할 일이 생긴다.

‖ **긴소매 옷을 본 꿈은**

노력의 결과가 나타난다.

‖ **아름다운 드레스를 본 꿈은**

대인관계가 매우 좋아지며 사업도 번창한다.

‖ **여자의 치마나 속옷을 본 꿈은**

남자는 애인이나 배우자와 이성문제로 다툰다.

‖ **어린이 잠옷을 본 꿈은**

이성과의 이별을 암시한다.

‖ 잠옷을 선물받은 꿈은

미혼자는 결혼한다.

‖ 브레지어를 선물받은 꿈은

이성문제로 다툴 징조다.

‖ 드레스를 선물받은 꿈은

모르는 남자에게 도움을 받는다.

‖ 비단옷을 선물받은 꿈은

미혼자는 결혼한다.

‖ 옷을 사고 돈을 지불한 꿈은

지불한 액수만큼 재물이 들어온다.

‖ 백화점에서 쇼핑을 하다가 옷을 산 꿈은

혼담이 오고간다.

‖ 브래지어를 산 꿈은

멋진 남자를 만난다.

‖ 모피옷을 산 꿈은

재물이 나갈 징조다.

‖ 모피옷을 판 꿈은

생활이 어려워지거나 도난이나 사기 등을 당한다.

‖ 갑옷을 입은 꿈은

새로운 일을 시작한다는 암시다.

‖ 유니폼을 입은 꿈은

업무상의 계약이 깨진다.

‖ 옷이 찢어진 꿈은

명예가 떨어질 징조다.

‖ 옷이 어딘가에 걸려 찢어진 꿈은

경쟁자의 방해 때문에 일이 차질이 생긴다.

‖ 옷을 일부러 찢은 꿈은

직장의 변동이 생긴다.

‖ 옷을 보자기에 싼 꿈은

많은 사람을 모집한다.

‖ 옷고름이 떨어진 꿈은

교제 중인 이성과 헤어진다.

‖ 옷을 태운 꿈은

명예롭지 못한 일로 곤욕을 치른다.

‖ 옷에 흙이 묻은 꿈은

불명예스러운 일이 생기거나 질병에 시달린다.

‖ 흰옷이 더러워진 꿈은

여자는 순결을 잃는다는 암시다.

‖ 옷이 매우 더러워진 꿈은

귀인이 떠나가게 된다.

‖ 더러운 옷을 입고 사람들 앞에 나선 꿈은

나쁜 소문에 시달리고 사업은 실패하기 쉽다.

‖ 사람들 앞에 떨어진 옷을 입고 초라하게 나선 꿈은

경제적으로 어려움에 직면하고, 당당하지 못한 일을 본의 아니게 맡는다.

‖ 옷에 물감이나 잉크가 묻은 꿈은

의식주가 어려워지고, 직장이나 직업에 변화가 생긴다.

‖ 옷소매에 오물이 묻은 꿈은

급한 성격 때문에 실수하고 동료들에게 비난을 받는다.

‖ 다른 사람의 옷에 더러운 피가 묻은 꿈은

그 사람의 죽음을 암시하는 꿈이다.

‖ 가위로 옷을 자른 꿈은

부부간에 갈등이 생기고 애인과 이별하거나 파혼한다.

‖ 옷소매가 바람에 나부낀 꿈은

추진하는 일이나 사업이 한 차례 어려움을 겪는다.

‖ 치마가 바람에 날려 당황했던 꿈은

애인과 더욱더 가까워진다.

‖ 빨간옷을 입은 사람이 여러 명 있었던 꿈은

겉으로는 동료인 것 같으나 경쟁자 관계이니 정신을 바짝차려야 한다는 암시다.

‖ 옷을 도둑맞은 꿈은

자신만이 알고 있는 계획이나 비밀이 누설된다.

‖ 옷을 잃어버린 꿈은

도둑이나 소매치기를 당한다.

‖ 옷을 세탁소에 맡긴 꿈은

자신이 처리할 수 없는 일을 다른 사람에게 부탁한다.

‖ 옷을 세탁한 꿈은

기쁜 소식이 오고 새로운 아이디어가 떠오른다.

‖ 검정옷을 세탁하여 널어놓은 꿈은

가정에 우환이 생길 징조다.

‖ 팬티를 세탁한 꿈은

남자는 머지않아 애인과 헤어진다.

‖ 다른 사람에게 옷을 준 꿈은

어려운 사람에게 온정을 베풀고 좋은 일이 생긴다.

‖ 옷에 금줄을 달거나 금으로 장식한 꿈은

고위층 사람의 도움으로 지위와 명예가 높아진다.

‖ 옷을 염색한 꿈은

사업계획을 변경하거나 직장을 옮기게 된다.

‖ 옷을 염색하러 간 꿈은

단체에 가입하거나 관재구설에 시달린다.

‖ 낯선 사람이 옷을 입혀준 꿈은

많은 사람의 도움을 받아 경제적으로 풍족해진다.

‖ 벽에 옷이 나란히 걸린 꿈은

많은 사람의 도움으로 업무를 처리한다.

‖ 여러 벌의 옷을 벗어 걸어둔 꿈은

취직할 곳이 여러 군데 생긴다.

‖ 옷을 옷장이나 트렁크에 차곡차곡 넣은 꿈은

사업이나 생활을 정리한다는 암시다.

‖ 다른 사람에게 바바리코트를 입혀준 꿈은

채권자에게 빚독촉을 받는다.

‖ 바바리코트를 빌려준 꿈은

새로운 친구나 동업자가 생긴다.

‖ 바바리코트가 낡은 꿈은

재물운이 나빠지는 등 경제적으로 어려움에 처한다.

‖ **옷을 기운 꿈은**

어떤 조직을 보완하거나 구성한다.

‖ **옷을 기워서 입은 꿈은**

여러 사람의 도움을 받아 겨우 명맥만을 유지한다.

‖ **옷을 벗은 꿈은**

어려웠던 일이 풀리는 등 좋은 일이 생긴다.

‖ **거울 앞에서 옷을 벗은 꿈은**

친척이나 친한 친구가 찾아온다.

‖ **옷을 벗고 일한 꿈은**

여기저기 도움을 청하지만 도움을 받지 못한다.

‖ **상반신을 벗고 일한 꿈은**

윗사람의 도움을 받기 어렵다는 암시다.

‖ **하반신을 벗고 일한 꿈은**

아랫사람의 도움을 받지 못하거나 치부가 드러난다.

‖ **옷을 입은 채 샤워한 꿈은**

하기 싫은 일을 억지로 한다.

‖ **옷의 일부를 벗은 꿈은**

직장을 옮기거나 외출을 한다.

‖ **목욕을 하려고 옷을 벗은 꿈은**

새로운 이성을 사귄다.

‖ **옷을 벗어던진 꿈은**

모든 구속과 속박에서 벗어나 여유있는 시간을 갖는다.

‖ **옷이 저절로 벗겨진 꿈은**

만사가 좋아진다.

‖ **옷이 벗겨지거나 헤쳐져서 몸의 일부가 보인 꿈은**

비밀이나 사업이 공개된다.

‖ **바지가 자꾸 흘러내린 꿈은**

이성문제로 망신을 당한다.

‖ **옷을 벗고 다른 옷으로 갈아입은 꿈은**

직장이나 직업 등에 변화가 생긴다.

‖ **속옷이나 바지를 갈아입은 꿈은**

애인과의 관계가 더욱더 깊어진다.

‖ **옷을 모두 벗고 나체로 다닌 꿈은**

현직에서 물러나며 의지할데가 없다는 암시다.

‖ **여자의 옷을 하나씩 벗긴 꿈은**

어떤 문제를 세심하게 분석한다.

신발

 신발에 대한 꿈은 이성과의 관계, 현재의 상황 등을 나타낸다.

‖ **신발을 얻은 꿈은**

귀인의 도움을 받는다.

‖ **신발을 잃어버린 꿈은**

만일 이 꿈을 꾼 후에 결혼하면 조만간에 배우자와 생사이별한다.

‖ 신발이 꼭 맞은 꿈은

사업이 번창하는 등 하는 일마다 순조롭게 이루어진다.

‖ 신발이 맞지 않은 꿈은

자신이 하는 일이나 사귀는 이성이 마음에 들지 않는다
는 뜻이다.

‖ 다른 사람의 신발을 신은 꿈은

다른 사람의 도움으로 큰 재물을 모은다.

‖ 다른 사람이 자신의 신발을 신은 꿈은

다른 사람 때문에 사업이 어려워지고 재물도 잃는다.

‖ 신발을 신지 않고 어딘가를 간 꿈은

이성간의 이별을 암시하는 꿈이다.

‖ 신발이 여러 켤레 널려져 있었던 꿈은

많은 사람이 힘을 합쳐 일을 추진한다.

‖ 신발이 낡은 꿈은

가까운 사람과 헤어질 징조다.

‖ 신발이 더러운 꿈은

다른 사람에게 모욕을 당한다.

‖ 많은 신발 중에서 자신의 신발을 찾지 못한 꿈은

물건을 잃어버릴 징조다.

‖ 신발을 잃어버린 꿈은

결혼을 앞둔 사람은 파혼되기 쉽다.

‖ 신발 한 짝을 잃어버린 꿈은

이성과 헤어질 징조다.

‖ 신발 두 짝을 모두 잃어버린 꿈은

부부간이나 이성간에 큰 싸움이 벌어진다.

‖ 신발에 물이 가득차 있었던 꿈은

경쟁자나 방해자 때문에 계획에 차질이 생긴다.

‖ 구두를 선물하거나 받은 꿈은

애인과 헤어질 징조다.

‖ 구두를 직접 닦은 꿈은

다른 사람의 도움을 받기 어렵다.

‖ 다른 사람이 구두를 닦아준 꿈은

귀인의 도움을 받는다.

‖ 많은 구두를 본 꿈은

어떤 모임이나 단체에 참석한다.

‖ 구두가 낡아서 자꾸 벗겨진 꿈은

친구나 애인과 의견차이로 다투게 된다.

‖ 실내에서 슬리퍼를 신고 다닌 꿈은

이성문제로 다툴 징조다.

‖ 샌들을 신고 밖으로 나간 꿈은

새로운 계획을 세우거나 새로운 분야를 개척한다.

‖ 하이힐 뒷굽이 부러진 꿈은

이성과 헤어지고 혼담도 깨진다.

‖ 꽃신을 신어본 꿈은

청혼하거나 청혼을 받는다.

‖ 짚신을 신은 꿈은

집안에 우환이 생길 징조다.

손수건·양말·장갑

손수건에 대한 꿈은 슬픔, 이성 등을 나타낸다.

‖ **손수건을 새로 산 꿈은**

종업원이 들어오거나 계약서를 쓴다.

‖ **빨간손수건을 선물받은 꿈은**

새로운 이성을 사귄다.

‖ **다른 사람이 손수건을 준 꿈은**

도움을 준 사람의 뜻대로 움직인다.

‖ **다른 사람에게 손수건을 준 꿈은**

부부나 애인과 불화가 생긴다.

‖ **큰 손수건이나 큰 수건을 받은 꿈은**

중병에 시달리거나 병원에 간다.

‖ **손수건이 더러워진 꿈은**

여자는 순결을 잃는다.

‖ **손수건에 피를 묻힌 꿈은**

취직이나 계약 등이 성사된다.

‖ **수건을 쓴 여자를 본 꿈은**

자신의 주장이 관철되지 않고 이성문제로 다툰다.

‖ **양말을 선물받은 꿈은**

축하받을 일이 생긴다.

‖ **새 양말을 신은 꿈은**

새로운 일을 시작하는데 순조롭게 진행된다.

‖ **양말이 찢어진 꿈은**

집안에 우환이 생길 징조다.

‖ **검은 양말을 신은 꿈은**

불길한 일이 생길 징조다.

‖ **여자 양말이나 스타킹을 신은 꿈은**

미혼남자는 새로운 이성을 사귄다.

‖ **새 버선을 신은 꿈은**

이사를 한다.

‖ **떨어진 버선을 신은 꿈은**

아내가 질병에 걸릴 징조다.

‖ **양말이나 버선을 벗은 꿈은**

현재의 인연이 끊어진다.

‖ **장갑을 선물하거나 받은 꿈은**

청혼하거나 받는다.

‖ **좋은 장갑을 낀 꿈은**

가까운 사람과 더욱더 사이가 돈독해지고 도움을 줄 사
람을 만난다.

가방 · 모자 · 허리띠

가방, 모자, 허리띠 등에 대한 꿈은 일거리, 사람, 능력
등을 나타낸다.

‖ 하늘에서 가방이 떨어진 꿈은

뜻밖의 재물이 들어온다.

‖ 가방을 수선한 꿈은

다음 계획이나 사업을 위해 자금을 모으라는 암시다.

‖ 가방을 잃어어린 꿈은

계획이나 상사의 지시를 무시하고 업무를 처리하다 엉
망이 되고, 경쟁자에게 정보를 빼앗긴다.

‖ 가방이 무겁게 느껴진 꿈은

감당하기 힘든 일을 맡는다.

‖ 무거운 가방을 들고간 꿈은

곧 근심이 생기고 하는 일도 풀리지 않아 제자리 걸음
을 하게 된다는 암시다.

‖ 무거운 가방을 내려놓은 꿈은

곧 근심이 사라지고 사업이 잘 풀려 재물을 모은다.

‖ 가방 속에서 무엇인가를 찾거나 들여다 본 꿈은

능력 밖의 일이 생겨 여기저기 도움을 청한다.

‖ 가방 속에 서류가 가득차 있었던 꿈은

하는 일이 계획대로 잘 진행된다.

‖ 가방에 물건을 넣은 꿈은

재물이 들어오거나 여행을 한다.

‖ 핸드백을 선물하거나 받은 꿈은

미혼자는 결혼한다.

‖ 핸드백에 금은보석이 가득 들어 있는 꿈은

뜻밖의 행운이 찾아온다.

‖ 핸드백이 비어 있었던 꿈은

이성을 사귀고 싶어하는 마음을 나타내는 꿈이다.

‖ 금관을 썼던 꿈은

귀인의 도움으로 출세한다.

‖ 금관을 만진 꿈은

뜻밖의 일로 재물이 들어온다.

‖ 금관을 훔친 꿈은

태몽이면 훌륭한 후손이 태어난다.

‖ 모자를 쓴 꿈은

실직자는 직장을 구한다.

‖ 모자를 벗어서 과일이나 돈 등을 담은 꿈은

정신적인 노력으로 이익을 본다.

‖ 모자를 찢어버리거나 바람에 날아간 꿈은

명예나 지위가 떨어질 징조다.

‖ 띠를 두르고 갓을 썼던 꿈은

명예와 지위가 올라간다.

‖ 삿갓을 쓰고 걸어간 꿈은

신분을 감추어야 할 일이 생긴다.

‖ 허리띠를 맨 꿈은

매사에 조심하라는 암시다.

‖ 허리띠가 없어 매지 못한 꿈은

능력이나 실력을 발휘할 기회를 잡지 못한다.

‖ 허리띠가 끊어진 꿈은

동업이나 계약이 깨지고 부도, 좌천, 탈락 등이 따른다.

‖ 허리띠가 저절로 풀어진 꿈은

불길한 일이 생긴다.

화장품 · 거울 · 빗

화장품, 거울, 빗 등에 대한 꿈은 이성과의 관계, 여성
의 미모, 일거리, 재물 등을 나타낸다.

‖ 향수를 선물하거나 받은 꿈은

새로운 이성을 사귄다.

‖ 향수냄새가 난 꿈은

어려운 일들이 모두 해결된다.

‖ 화장품을 산 꿈은

새로운 이성을 사귄다.

‖ 화장품을 본 꿈은

남자는 파트너를 바꾸거나 바꾸고 싶어 하는 마음을 나
타내는 꿈이다.

‖ 화장품을 선물받은 꿈은

미혼자는 이성을 사귄다.

‖ 화장품을 선물한 꿈은

남자는 예쁜 여자와 결혼한다.

‖ 화장품을 떨어트려 깨진 꿈은

애인과 헤어질 징조다.

‖ 예쁘게 화장한 꿈은

애인과 이성문제로 다툴 징조다.

‖ 아침에 화장한 꿈은

파티나 모임에 참석한다.

‖ 저녁에 화장한 꿈은

여자는 이성문제로 다툰다.

‖ 화장이 지워진 꿈은

다른 사람에게 미움을 받는다.

‖ 화장이 엉망이 된 꿈은

이성에게 거절당한다.

‖ 화장독이 오른 꿈은

성병에 걸릴 징조다.

‖ 거울을 본 꿈은

계획이나 지난 일을 뒤돌아본다.

‖ 거울을 얻은 꿈은

태몽이면 귀하고 훌륭한 자식이 태어난다.

‖ 거울을 선물받은 꿈은

자신을 비평하거나 간섭할 사람이 나타난다.

‖ 거울을 주운 꿈은

남자는 예쁜 여자를 사귄다.

‖ 길에서 거울을 주운 꿈은

기쁜 소식이 있고, 미혼여성은 배우자가 나타난다.

‖ 거울에 비친 얼굴이 예뻐 보인 꿈은

이성을 사귄다.

‖ **거울에 비친 얼굴이 검게 보인 꿈은**

만나지 말아야 될 사람을 만난다.

‖ **거울이 흐리게 보인 꿈은**

사기로 재물을 잃고 질병에 걸린다.

‖ **거울을 보면서 화장한 꿈은**

여자는 결혼하고, 남자는 애인과 이성문제로 다툰다.

‖ **거울에 아무 것도 비치지 않은 꿈은**

먼 곳에서 반가운 사람이 찾아오거나 소식이 온다.

‖ **거울이 깨지거나 떨어진 꿈은**

가까운 사람과 멀어진다.

‖ **다른 사람이 거울로 희롱한 꿈은**

아내나 애인이 다른 남자와 어울린다.

‖ **거울 속에서 사람이 걸어나온 꿈은**

새로운 이성을 사귄다.

‖ **거울에 다른 사람의 얼굴이 있는 꿈은**

유혹에 빠져 사기를 당할 징조다.

‖ **빗을 본 꿈은**

좋은 일이 생긴다.

‖ **깨끗한 빗을 본 꿈은**

마음이 편안해지는 등 만사가 순조롭다.

‖ **빗을 산 꿈은**

아름다운 여성을 만난다.

‖ **금으로 된 빗을 얻은 꿈은**

태몽으로 귀한 후손이 태어난다.

‖ 빗이 부러진 꿈은
부부싸움을 할 징조다.

옷감 · 실 · 바늘 · 재봉틀 · 뜨게질

 옷감, 실, 바늘, 재봉틀 등에 대한 꿈은 일거리, 과정,
집안에서의 일 등을 나타낸다.

‖ 옷감이 많이 쌓여 있는 꿈은
재물을 많이 모은다.
‖ 옷감을 짠 꿈은
장수할 꿈이다.
‖ 옷감을 산 꿈은
열심히 재물을 모은다는 뜻이다.
‖ 옷감을 훔친 꿈은
흉몽으로 만사가 부진해질 징조다.
‖ 옷감을 선물받거나 들여온 꿈은
미혼자는 중매로 결혼한다.
‖ 옷감을 많이 들여오거나 수북하게 쌓아놓은 꿈은
세속해서 부동산을 사거나 재물을 모은다.
‖ 검은천으로 몸을 가리거나 덮은 꿈은
부상이나 사망 등을 암시하는 꿈이다.

‖ **가위로 옷감을 자른 꿈은**

부부간에는 갈등이 있고 애인과는 헤어진다.

‖ **옷감이 불에 타 없어진 꿈은**

재물운이 크게 일어난다.

‖ **솜, 털, 고치 등에서 실이 만들어지는 것을 본 꿈은**

근심 걱정이 오래간다.

‖ **실타래를 산 꿈은**

정신적인 고통에 시달릴 징조다.

‖ **실타래를 다른 사람에게 준 꿈은**

미혼자는 결혼하고 환자는 완쾌한다.

‖ **다른 사람이 실타래를 갖고 있었던 꿈은**

계획한 일은 진행되지 않고 질병에 걸리면 오래간다.

‖ **실타래가 잘 풀린 꿈은**

하는 일이 뜻대로 잘 풀려나간다.

‖ **실타래가 엉켜서 풀리지 않은 꿈은**

하는 일이 풀리지 않아 정신적인 고통을 겪는다.

‖ **바늘에 실을 꿴 꿈은**

어려운 시험에 합격하고 난관을 헤쳐나간다.

‖ **바늘에 실이 꿰어 있었던 꿈은**

단체에 가입하거나 미혼자는 결혼한다.

‖ **바늘로 옷을 기운 꿈은**

지점이나 대리점이 늘어나는 등 사업이 확장된다.

‖ **바늘에 손가락을 찔린 꿈은**

뜻하지 않은 일로 다툼이 벌어지고 재물도 잃는다.

‖ **옷에 붙은 바늘에 찔린 꿈은**

아내가 마음 속에 다른 남자를 두고 있다는 뜻이다.

‖ **바늘을 잃어버렸는데 찾지 못한 꿈은**

일이 뜻대로 되지 않아 좌절한다.

‖ **바늘을 다른 사람에게 준 꿈은**

이성과 헤어질 징조다.

‖ **바늘을 먹은 꿈은**

진퇴양난에 빠져 고통받을 징조다.

‖ **재봉질을 한 꿈은**

하는 일이 잘 풀려 크게 번창한다.

‖ **재봉질하는 사람을 바라본 꿈은**

미혼자는 결혼한다.

‖ **재봉틀을 사거나 들여온 꿈은**

새로운 사업으로 재물이 많이 들어온다.

‖ **재봉틀을 잃어버린 꿈은**

하는 일이 중간에 막힐 징조다.

‖ **재봉틀이 고장난 꿈은**

일이 낭분간 정체될 징조다.

‖ **뜨게질을 하는데 코를 많이 빠뜨린 꿈은**

계획에 많은 차질이 생긴다는 암시다.

‖ **뜨게질을 빈틈없이 잘한 꿈은**

만사가 계획대로 순조롭게 진행된다.

‖ **색실로 수를 놓은 꿈은**

혼담이 있거나 이성에게 데이트 신청을 받는다.

17장. 책과 문구류에 관한 꿈

책

책에 대한 꿈은 정신, 스승, 교리, 진리, 지침, 방법 등을 나타낸다. 책에 대한 태몽은 학자나 관직에 오를 후손이 태어난다.

‖ **시를 낭독한 꿈은**
사랑을 고백한다.

‖ **책을 읽은 꿈은**
시험에 합격하거나 직장을 구한다.

‖ **소리내어 책을 읽은 꿈은**
다른 사람의 소문을 낸다.

‖ 소리내지 않고 책을 읽은 꿈은

긍정적인 생각으로 다른 사람의 의견을 따른다.

‖ 읽고 있던 책이 갑자기 없어진 꿈은

학생은 퇴학당한다.

‖ 책을 읽으면서 눈물을 흘린 꿈은

집안에 우환이 생기거나 입학이나 취직이 되지 않는다.

‖ 책을 사거나 얻은 꿈은

입학하거나 직장을 구한다.

‖ 다른 사람에게 책을 받은 꿈은

귀인의 도움으로 직장을 얻거나 학문을 발표한다.

‖ 책을 빌린 꿈은

다른 사람의 부탁을 들어준다.

‖ 책을 빌리러 간 꿈은

다른 사람의 지시에 따라 노력한다.

‖ 도서관에서 책을 빌려온 꿈은

관공서에 청탁을 한다.

‖ 책을 훔친 꿈은

다른 사람의 비밀이나 정보를 알게 된다.

‖ 책을 찢거나 버린 꿈은

입학이나 취직 등이 되지 않고 불쾌한 일이 생긴다.

‖ 책을 정리한 꿈은

오래된 문서를 정리한다.

‖ 오래된 책을 정리한 꿈은

문서나 서류 등을 정리한다.

‖ 책에 있는 글씨가 잘 보이지 않은 꿈은
계약 등이 성사되지 않고 학생은 성적이 떨어진다.

‖ 쌓아놓은 책이 무너진 꿈은
계획한 일이 난관에 부딪히고 학생은 성적이 떨어진다.

‖ 책에서 벌레가 기어나온 꿈은
연구결과가 좋지 않고 학생은 성적이 떨어진다.

‖ 책이 돈으로 변한 꿈은
학문을 연구하는 기관에 취직한다.

‖ 책이 빙그레 웃은 꿈은
직장을 구하거나 승진하고 학생은 성적이 좋아진다.

‖ 책상 위에 책이 쌓여 있었던 꿈은
지위나 신분이 올라간다.

‖ 책장에 책이 가득 있는 꿈은
서점이나 도서관에 간다.

‖ 책이 날아다닌 꿈은
최고의 명예를 얻는다.

‖ 책이 물에 젖은 꿈은
입학시험에 떨어지고 성적 때문에 고통받는다.

‖ 책장에 불이 난 꿈은
하는 일이 매우 번창하고 명예와 지위가 올라간다.

‖ 책을 훔쳐본 꿈은
경쟁자의 비밀이나 정보를 빼낸다.

‖ 다른 사람이 책을 읽는데 옆에서 훔쳐본 꿈은
상대방의 생각이나 계획을 알아보려고 한다.

‖ 전철이나 버스에서 옆 사람이 보는 책이나 신문을 엿본 꿈은

경쟁자의 정보를 알 수 있는 기회가 생긴다.

‖ 그림책을 본 꿈은

새로운 일을 시작하거나 좋은 일이 생긴다.

‖ 만화책을 본 꿈은

학생은 성적이 떨어진다.

‖ 만화책의 주인공이 된 꿈은

만사를 자신의 주장대로 하고 다른 사람에게 도움을 받는다.

‖ 만화책을 보는데 그림이 튀어나온 꿈은

뜻하지 않은 일로 곤란한 입장에 처한다.

‖ 책에서 용이나 봉황이 튀어나온 꿈은

단체나 기관 등에서 최고의 위치에 오르고, 명예도 최고에 이른다.

‖ 지도책을 사거나 본 꿈은

머지않아 여행을 떠나게 된다.

‖ 사전을 본 꿈은

가까운 사람과 사소한 문제로 다툰다.

‖ 사전에서 무엇인가를 찾은 꿈은

학문을 연구할 자료를 찾거나 도움을 받을 수 있는 덕망있는 사람을 찾는다.

‖ 소설책을 사거나 읽은 꿈은

대인관계가 원만하고 하는 일도 순조롭게 성사된다.

‖ **잡지를 본 꿈은**

복잡한 일을 해결하기 위해 여러 가지 방법을 모색한다
는 암시다.

‖ **색인표를 만든 꿈은**

능력을 인정받고 승진한다.

‖ **소설을 쓴 꿈은**

현재 진행 중인 일에 말썽이 생길 수 있다는 암시다.

‖ **출판하려고 했던 꿈은**

직장, 사업, 계획 등에 변화가 생긴다.

종이 · 노트 및 문구류

문구류에 대한 꿈은 정신, 스승, 교리, 진리, 지침, 방
법 등을 나타낸다.

‖ **오색종이를 본 꿈은**

축하받을 일이 생긴다.

‖ **백지를 받은 꿈은**

새로운 분야를 개척한다.

‖ **종이로 얼굴을 가린 꿈은**

가까운 사람이 행방불명된다.

‖ **종이로 예쁘게 포장한 꿈은**

애인에게 선물을 받는다.

‖ 글씨를 쓴 꿈은

새로운 계획을 세운다.

‖ 깨끗한 종이에 글씨를 쓴 꿈은

목적을 이루려면 계획을 세워야 한다는 뜻이다.

‖ 노트를 빌린 꿈은

다른 사람의 부탁을 들어준다.

‖ 가까운 사람에게 노트를 빌린 꿈은

그 사람과 더욱더 가까워진다.

‖ 노트를 잃어버린 꿈은

방황할 징조다.

‖ 글씨가 엉망으로 써진 꿈은

계획이 현실과 전혀 맞지 않는다는 것을 뜻이다.

‖ 깨끗한 종이에 잉크를 엎지른 꿈은

해결되지 않았던 일들이 풀려나간다.

‖ 원고지에 무언가를 썼던 꿈은

자신의 과오와 잘못을 반성한다.

‖ 필기도구를 손에 쥐고 있었던 꿈은

능력이나 실력을 발휘할 기회를 잡는다.

‖ 문방구에서 필기도구를 산 꿈은

능력을 인정받게 되고 학생은 성적이 올라간다.

‖ 다른 사람에게 필기도구를 준 꿈은

일거리를 빼앗길 징조다.

‖ 잉크가 쏟아진 꿈은

단체가 해산되거나 협조하던 사람들이 떠난다.

‖ 잉크를 마신 꿈은

새로운 학문을 연구한다.

붓·벼루

 문구류에 대한 꿈은 정신, 스승, 교리, 진리, 지침, 방
법 등을 나타낸다.

‖ 붓으로 글씨를 쓴 꿈은

새로운 일을 시작한다.

‖ 붓을 잡은 꿈은

먼 곳에 있는 반가운 사람에게서 소식이 온다.

‖ 붓을 놓은 꿈은

신규허가나 부탁한 일이 성사되지 않는다.

‖ 붓을 잡다가 놓친 꿈은

계약이나 결혼이 깨질 징조다.

‖ 붓을 선물받은 꿈은

귀인의 도움으로 명예를 얻게 된다.

‖ 큰 붓을 얻은 꿈은

능력을 최대한 발휘하고 새로운 아이디어가 떠오른다.

‖ 붓이 많이 걸려 있었던 꿈은

무슨 시험이든 합격할 운이다.

‖ 붓대가 꺾어진 꿈은

부탁한 일은 성사되지 않고 문서 때문에 다툰다.

‖ 붓에 꽃이 핀 꿈은

서예가나 문인으로 명성을 떨친다.

‖ 벼루를 본 꿈은

장수할 꿈이다.

‖ 황금으로 된 벼루를 선물받은 꿈은

경사가 생긴다.

‖ 벼루에 먹을 간 꿈은

계획이 철저하나 재점검이 필요하다는 암시다.

‖ 벼루에 금이 간 꿈은

동업자가 독립해서 나가거나 사업체가 둘로 갈라진다.

18장. 재물과 문서에 관한 꿈

재물

 재물에 대한 꿈은 사업기반, 생활기반, 재산의 정도 등
을 나타낸다.

‖ **금고의 다이얼을 돌린 꿈은**
부모에게 돈을 요구한다.

‖ **재물을 많이 모은 꿈은**
사업이 번창한다.

‖ **집안의 재물을 나눈 꿈은**
가족이 뿔뿔이 흩어진다.

‖ **유산을 상속받은 꿈은**
조상의 일로 돈을 쓴다.

‖ 유산상속 때문에 다툰 꿈은

재물이 흩어질 징조다.

‖ 파산한 꿈은

자금회전이 잘 되며 하는 일이 더욱더 번창한다.

‖ 다른 사람이 파산한 꿈은

다른 사람 때문에 어려워지고 재물도 나간다.

‖ 재벌이 되거나 재벌을 만난 꿈은

큰 재물을 얻을 수 있는 기회를 잡을 수 있으나 성급한 행동 때문에 놓칠 확률이 많다는 경고다.

돈

 돈에 대한 꿈은 사업기반, 생활기반, 재물, 소원 등을 나타낸다.

‖ 비상금을 감춘 꿈은

비밀스런 일을 한다.

‖ 돈을 만진 꿈은

불길한 일이 생기고 돈이 나간다.

‖ 돈을 먹은 꿈은

채권이나 채무관계로 시비와 다툼이 벌어진다.

‖ 돈을 먹다가 체한 꿈은

과욕을 부리나 실패한다.

‖ 돈에 파묻혔던 꿈은

큰 재물이 들어온다.

‖ 돈을 태워버린 꿈은

큰 욕심을 버리게 된다.

‖ 동전을 얻은 꿈은

재물이 많이 들어온다.

‖ 동전을 산더미처럼 쌓아놓은 꿈은

재물을 많이 모은다.

‖ 하늘에서 돈이 떨어진 꿈은

귀인의 도움으로 큰 재물을 모은다.

‖ 돈이 하늘로 날아간 꿈은

사업이 날로 번창한다.

‖ 돈이 바람이나 태풍에 날아간 꿈은

사기를 당할 징조다.

‖ 돈이 선풍기 바람에 날아간 꿈은

다른 사람으로 인하여 재물을 잃는다.

‖ 동전을 한 보따리 들고간 꿈은

자금융통이 어렵거나 노력을 많이 해도 소득이 적다.

‖ 길에서 돈을 주운 꿈은

경제적으로 어려워져 현실에 불만이 많아진다.

‖ 길을 가다가 돈을 주운 꿈은

금전문제로 다투거나 재물이 나간다.

‖ 땅 위에 떨어진 동전이나 지폐를 주운 꿈은

길몽으로 좋은 일이 생긴다.

‖ **땅에 떨어진 지폐 몇 장을 얼른 주운 꿈은**

기쁜 소식이 온다.

‖ **지폐가 가득 들어 있는 지갑을 주운 꿈은**

행운의 꿈으로 많은 재물이 들어온다.

‖ **수표를 주웠는데 동그라미가 너무 많아 액수를 알 수 없었던 꿈은**

복권에 당첨되거나 셀 수 없을 정도로 많은 재물이 들어온다.

‖ **10원짜리 동전을 몇 개 주운 꿈은**

경제적인 어려움에 처한다.

‖ **금화를 주운 꿈은**

소원하는 일이 이루어지는 등 행운이 찾아온다.

‖ **곗돈이나 적금을 타서 기분이 좋았던 꿈은**

몫돈이 들어온다.

‖ **돈을 잃어버린 꿈은**

재물이 나갈 징조다.

‖ **돈을 빌린 꿈은**

자금이 원활하게 융통된다.

‖ **돈을 빌리러 다닌 꿈은**

곧 사업이 슬럼프에 빠져 자금난으로 고전한다.

‖ **돈을 빌려준 꿈은**

다른 사람에게 어려운 부탁을 받는다.

‖ **빌린 돈을 갚은 꿈은**

막히고 답답했던 일이 서서히 풀리기 시작한다.

‖ **돈을 준 꿈은**

모든 면에서 안정된다는 암시다.

‖ **돈을 받은 꿈은**

돈 때문에 구설수에 오를 수 있으니 과욕을 부리지 말라는 경고다.

‖ **돈을 훔친 꿈은**

경쟁자나 경쟁업체의 기밀서류나 정보를 얻는다.

‖ **돈을 발견한 꿈은**

새로운 상품이나 아이디어, 계획 등을 개발해서 많은 이익을 얻는다.

‖ **냄비 속에 돈이 들어 있는 꿈은**

비상금을 만든다.

‖ **위자료를 준 꿈은**

애인이나 부부간에 이별이나 불화가 생긴다.

‖ **위조지폐나 수표를 만든 꿈은**

부정한 방법으로 돈을 벌게 된다.

‖ **동냥을 하거나 돈을 기부한 꿈은**

남에게 베풀게 되고 좋은 일이 생긴다.

‖ **월급이나 임금을 지불한 꿈은**

가정이 경제적으로 안정되는 등 행운이 찾아온다.

‖ **월급이나 임금을 받은 꿈은**

도난이나 분실 등이 따르고 돈이 나간다.

‖ **월급을 올려달라고 요구한 꿈은**

돈을 빌리러 다닌다.

‖ 임대료를 받은 꿈은

자금회전이 어려워진다.

‖ 임대료를 지불한 꿈은

사업이 정상궤도에 진입하는 등 좋은 일이 생긴다.

‖ 경비나 비용 등을 지출한 꿈은

재물을 잃게 되고 가족간에도 불화가 생긴다.

‖ 보너스를 받은 꿈은

뜻밖의 재물이 들어오거나 우연하게 귀인을 만난다.

‖ 보험료를 지불한 꿈은

경제적 · 사회적으로 안정된다.

‖ 뇌물을 주거나 받은 꿈은

도박이나 투기성이 있는 게임으로 경찰서를 드나든다.

‖ 돈을 받고 물건을 판 꿈은

재물이 나갈 징조다.

‖ 물건을 팔고 돈을 받은 꿈은

도둑이나 소매치기를 당한다.

‖ 물건을 팔고 돈을 받지 않은 꿈은

칭덕한 일이나 맡긴 일의 결과가 좋지 않다는 암시다.

‖ 물건을 사고 돈을 지불하지 않은 꿈은

길몽으로 직장인은 포상휴가를 받는다.

‖ 물건값을 치르려고 하는데 돈이 없었던 꿈은

자금난으로 고통을 겪는다.

‖ 돈이 없어서 사고 싶은 물건을 사지 못한 꿈은

자금부속으로 차질이 많이 생겨 사업을 축소한다.

‖ 세금 때문에 신경을 썼던 꿈은

지출을 해야 하는데 돈이 없어 답답하다.

‖ 세금을 많이 낸 꿈은

재물을 많이 모은다.

‖ 세금을 조금 낸 꿈은

사업이 어려워질 징조다.

‖ 약간의 돈이 생긴 꿈은

자금이 회전되지 않아 고통을 겪는다.

‖ 여러 곳에서 현금이 들어온 꿈은

보증이나 빚 때문에 고통을 받고 사업도 부진하여 진퇴
양난에 놓인다.

‖ 지폐가 산처럼 쌓여 있었던 꿈은

잠에서 깨었을 때 상쾌했으면 엄청난 재물이 들어오나,
불안하고 기분이 나빴으면 생각지도 않은 일로 사업이
위기에 몰리고 부도나 보증 등으로 재물을 잃는다.

‖ 지갑에 돈이 많이 있었던 꿈은

머지않아 뜻밖의 재물이 들어온다.

‖ 빈 지갑을 받은 꿈은

감언이설에 속아 재산을 탕진한다.

‖ 지갑을 잃어버린 꿈은

재물을 잃을 징조다.

‖ 지갑에 지폐가 가득했던 꿈은

길몽으로 재물이 많이 들어온다.

‖ **지갑이 텅비어 있는 꿈은**

큰 손해를 볼 징조다.

‖ **지갑을 잃어버린 꿈은**

자금융통이 꽉 막힌다.

‖ **지갑을 물에 빠트린 꿈은**

추진하는 일의 결과가 신통치 못하다.

‖ **동전지갑을 주운 꿈은**

나쁜 소문에 시달리고 명예에도 영향을 끼친다.

‖ **은행에 간 꿈은**

자금이 회전되지 않아 고통을 겪는다.

‖ **융자받으려고 은행에 간 꿈은**

자금회전이 원활해진다.

‖ **은행에 갔는데 아무도 없었던 꿈은**

자금이 전혀 융통되지 않고 사업 등 모든 기반이 한꺼
번에 몰락한다.

‖ **은행에 돈을 저금한 꿈은**

돈이 차곡차곡 모여 경제적으로 안정된다.

‖ **은행에서 돈을 찾은 꿈은**

막혔던 자금이 융통된다.

‖ **은행에서 돈을 찾으려고 기다린 꿈은**

자금회전이 늦어질 징조다.

‖ **예금통장에 돈이 하나도 없는 꿈은**

자금이 바닥나고 사업도 몰락한다.

‖ **예금통장에 잔액이 많은 꿈은**

행운의 꿈으로 복권이나 상품권에 당첨될 확률이 높다.

보석 · 보물

보석이나 보물에 대한 꿈은 재물, 사업기반, 행운, 소원 등을 나타낸다.

‖ **금은보석을 취급한 꿈은**

사업이 번창하는 등 큰 재물이 들어온다.

‖ **보석비가 내린 꿈은**

허황된 생각을 하고 있다는 것을 나타내는 꿈이다.

‖ **금은방이나 보석 전시회 등을 둘러본 꿈은**

여러 명의 결혼상대를 두고 결정하지 못한다.

‖ **몸에 보석이 주렁주렁 달린 꿈은**

유혹에 빠져 재물을 잃고 고통을 겪는다.

‖ **보석이 산처럼 쌓여 있는 꿈은**

만사가 실패로 돌아갈 징조다.

‖ **황금을 자루에 가득 담아온 꿈은**

사업이 번창하여 많은 재물이 들어온다.

‖ **조개에서 진주를 찾은 꿈은**

뜻밖의 행운으로 횡재를 한다.

‖ **보물상자를 얻은 꿈은**

특별한 일을 맡는다.

‖ **보물이 산처럼 쌓여 있었던 꿈은**

잠에서 깨었을 때 상쾌하면 엄청난 재물이 들어오나,
불쾌하고 불안하면 생각하지도 않은 일로 사업이 위기
에 몰리고 부도나 보증 등으로 재물을 잃는다.

‖ **다른 사람이 자신의 보석을 탐낸 꿈은**

비밀이나 계획이 누설될 징조다.

‖ **보석이나 패물을 잃어버린 꿈은**

계획이나 정보가 유출되어 업무에 많은 타격을 받아 난
처한 입장이 되고, 권력 있는 사람은 명예와 지위가 급
격히 몰락한다.

‖ **금은보석을 도둑맞은 꿈은**

뜻밖의 횡재를 한다.

‖ **잃어버린 보석을 찾은 꿈은**

잊고 있던 친구를 만난다.

‖ **보석이나 패물을 다른 사람에게 준 꿈은**

가까운 사람이나 이성과 재물 때문에 다투게 되고, 도
난이나 분실 등도 조심해야 한다.

‖ **보석의 색이 변한 꿈은**

신변에 변화가 생기거나 사업이 부진해진다.

‖ **보석을 금고에 넣은 꿈은**

재물을 모으고 미혼자는 이성을 사귀게 된다.

‖ **보석을 금고에서 꺼낸 꿈은**

자금을 융자받게 되고 명예와 지위도 올라간다.

‖ **보석을 밀수한 꿈은**

법을 위반한다.

‖ **광맥을 탐색한 꿈은**

목적을 이루기 위하여 많은 노력을 한다는 암시다.

‖ **금덩어리를 캔 꿈은**

행운의 꿈으로 큰 돈이 들어온다.

‖ **땅을 파는데 보석이 나온 꿈은**

행운의 꿈으로 횡재수가 있다.

‖ **모래밭에서 보석을 캔 꿈은**

뜻밖의 행운을 잡는다.

‖ **투명한 구슬이나 보석을 얻은 꿈은**

행운의 꿈으로 뜻밖의 재물이 들어온다.

‖ **금이나 은으로 그릇을 만든 꿈은**

집안이 날로 풍족해지고 신분과 명예도 고귀해진다.

‖ **입에서 보석을 토해 낸 꿈은**

하는 일마다 성공하여 많은 재물이 들어온다.

‖ **보석이 돌로 변한 꿈은**

뜻밖의 일로 재물이 나갈 징조다.

‖ **보석을 아무렇게나 둔 꿈은**

기회를 모르고 지나간다.

‖ **에머랄드를 사거나 판 꿈은**

애인과의 이별을 암시하는 꿈이다.

‖ 에머랄드를 가진던 꿈은

이성과의 교제가 원만하다.

‖ 오팔을 본 꿈은

길몽으로 행운이 찾아온다.

‖ 금송아지를 얻은 꿈은

뜻밖의 횡재를 한다. 태몽이면 귀한 후손이 태어난다.

반지 · 팔찌 · 귀걸이 · 목걸이

반지, 팔찌, 귀걸이, 목걸이 등에 대한 꿈은 사업기반, 재물, 이성, 결혼, 소원 등을 나타낸다.

‖ 반지나 팔찌를 잃어버린 꿈은

애인과 헤어질 징조다.

‖ 반지를 끼거나 선물받은 꿈은

결혼하거나 결혼식에 참석한다.

‖ 금반지를 선물받은 꿈은

미혼자는 결혼한다.

‖ 구리반지가 보석반지로 변한 꿈은

기대하지 않았던 일로 큰 이익을 얻는다.

‖ 팔찌를 선물받은 꿈은

청혼을 받는다.

‖ **다른 사람이 팔찌를 끼워준 꿈은**

머지않아 결혼하게 된다는 암시다.

‖ **팔찌를 빼버린 꿈은**

약혼이나 결혼약속이 깨질 징조다.

‖ **금귀걸이를 본 꿈은**

사업이 일시적으로 슬럼프에 빠진다.

‖ **귀걸이를 한 꿈은**

데이트 신청을 받는다.

‖ **귀걸이가 무거워서 아팠던 꿈은**

능력이 미치지 못하는 일을 한다.

‖ **귀걸이를 잃어버린 꿈은**

경제적으로 어려움에 처한다.

‖ **잃어버린 귀걸이를 찾은 꿈은**

투기나 도박 등을 삼가하라는 암시다.

‖ **목걸이를 선물받은 꿈은**

새로운 이성을 사귀게 된다.

‖ **목걸이를 착용했던 꿈은**

직장인은 승진하고, 사업가는 번창하고, 미혼자는 결혼
한다는 예고다.

‖ **목걸이가 끊어진 꿈은**

가족간에 불화가 생길 징조다.

‖ **목걸이를 잃어버린 꿈은**

모든 일이 침체상태에 빠지고 직장을 잃을 수도 있다.

문서 · 서류 · 도장 · 명함

 문서, 서류, 도장, 명함에 대한 꿈은 청구서, 계약, 욕구불만, 방법, 책임전가, 명령서, 임명장 등을 나타낸다. 그리고 문서에 관한 태몽은 훌륭한 학자나 높은 관직에 오를 후손이 태어난다.

‖ 고문서를 본 꿈은

뜻밖의 일로 소송이나 분쟁이 일어난다.

‖ 문서를 받은 꿈은

새로운 업무를 맡는다.

‖ 공문서를 받은 꿈은

관공서에 드나들게 된다.

‖ 계약서를 주고받은 꿈은

계약이 성사되거나 새로운 일을 시작한다.

‖ 문서를 태워버린 꿈은

성립된 계약이 깨질 징조다.

‖ 부동산 등기를 한 꿈은

세력을 과시한다.

‖ 다른 사람에게 각서나 시말서를 써준 꿈은

모든 일을 상대방의 지시대로 처리한다.

‖ 다른 사람에게 각서나 시말서를 받은 꿈은

명령권이 생기거나 심사를 한다.

‖ 쌓여 있는 문서에 불이 난 꿈은

하루아침에 신분과 명예가 몰락할 징조다.

‖ 무거운 문서를 들고 있는 꿈은

능력이 미치지 못하는 일을 맡는다.

‖ 문서가 날아다닌 꿈은

명예와 지위가 최고에 오른다.

‖ 문서를 찢어버린 꿈은

신분, 권리, 일거리, 책임 등을 잃는다.

‖ 문서를 받고 눈물을 흘린 꿈은

가까운 사람이 죽거나 사업이 실패로 끝나기 쉽다.

‖ 문서를 받고 즐거워한 꿈은

승진, 입학, 취직 등이 성사된다.

‖ 다른 사람의 등기부에 저당권을 설정한 꿈은

어려운 일이 풀려 경제적인 안정을 찾고 빌려준 돈도
받는다.

‖ 서류를 머리에 이고간 꿈은

명예와 지위가 올라간다.

‖ 서류를 잃어버린 꿈은

문서에 착오가 생기거나 상사에게 질책을 받는다.

‖ 잃어버린 서류를 찾은 꿈은

능력을 인정받아 실추된 명예를 다시 찾는다.

‖ 서류파일을 본 꿈은

복잡한 마음을 정리하거나 계획을 재정비한다.

∥ 서류가방에 서류가 가득차 있는 꿈은
사생활이 문란하다는 뜻이다.

∥ 서류가방이 비어 있는 꿈은
만사가 순조롭게 진행된다.

∥ 도장을 새로 만든 꿈은
신분이 새로워지고 새로운 사업을 시작한다.

∥ 상사에게 결재도장을 받은 꿈은
귀인의 도움으로 하는 일이 순조롭게 풀린다.

∥ 상사가 결재도장을 찍어주지 않은 꿈은
부탁한 일이 성사되기 어렵다.

∥ 계약서에 도장을 찍은 꿈은
하기 싫은 일을 맡는다.

∥ 도장을 얻거나 서류에 도장을 찍은 꿈은
미혼자는 결혼한다.

∥ 도장을 많이 갖고 있었던 꿈은
명예와 지위가 올라간다.

∥ 도장을 잃어버린 꿈은
계약이 깨지거나 보증문제로 말썽이 생긴다.

∥ 매매계약서에 도장을 찍은 꿈은
미혼자는 결혼한다.

∥ 매매계약서에 도장을 찍지 않은 꿈은
결혼, 예매, 계약 등이 미루어진다.

∥ 다른 사람에게 자신의 명함을 준 꿈은
다른 사람에게 자신의 지위나 권리를 물려준다.

‖ **다른 사람의 명함을 받은 꿈은**

상대방의 권리와 지위를 인수한다.

‖ **꽃명함을 받은 꿈은**

새로운 이성을 만난다.

‖ **명함을 새로 만든 꿈은**

새로운 지위와 신분을 갖게 된다.

‖ **명함을 잃어버린 꿈은**

현재의 지위와 신분을 잃는다.

‖ **찢어진 명함을 받은 꿈은**

퇴직이나 좌천될 징조다.

‖ **명함을 버린 꿈은**

직장이나 직업을 바꾸게 된다.

‖ **명함을 주었는데 상대방이 버린 꿈은**

다른 사람에게 무시를 당한다.

‖ **누군가가 명함이나 명패를 훔쳐간 꿈은**

명예가 추락하고 재물이 나간다.

‖ **명패를 새긴 꿈은**

명예와 지위가 올라간다.

‖ **졸업장이나 상장을 받은 꿈은**

축하받을 일이 생긴다.

‖ **신분증을 발급받은 꿈은**

그 신분증대로 된다.

‖ **운전면허나 기능면허를 받은 꿈은**

증서에 맞는 업무를 맡는다.

‖ **임명장을 받은 꿈은**

새로운 직책이 주어진다.

‖ **전단지를 주문한 꿈은**

새로운 사업을 시작한다.

‖ **자격증을 받은 꿈은**

자격증을 취득한다.

19장. 일반적인 사물에 관한 꿈

사물

사물에 대한 꿈은 재물, 결과, 사업계획, 대인관계 등을 나타낸다.

‖ 하늘에서 물건을 가져온 꿈은

다른 사람에게 부탁한 일이 성사된다.

‖ 자신의 물건이 하늘로 올라간 꿈은

작품이나 어떤 일의 결과로 명성을 얻는다.

‖ 다른 사람의 물건이 하늘로 올라간 꿈은

그 사람이 작품이나 어떤 일의 결과로 명성을 얻는다.

‖ 물건이 공중에 떠 있었던 꿈은

자신의 사업이나 업적을 공개해야 할 일이 생긴다.

‖ 허공에서 물체가 사라진 꿈은

가까운 사람이 죽거나 행방불명되고 하는 일에 큰 타격
이 생긴다.

‖ 새 물건을 가진 꿈은

새로운 아이디어가 떠오르거나 새로운 계획을 세운다.

‖ 헌 물건을 가진 꿈은

실패와 좌절의 이유를 반성한다.

‖ 다른 사람에게 물건을 주기 싫었던 꿈은

사람을 만나는 일이나 모임 등을 싫어한다.

‖ 사용할 수 없는 물건을 얻은 꿈은

하는 일이 실패하거나 망신낭할 싱소다.

‖ 연하고 부드러운 물건을 만진 꿈은

새로운 일이 순조롭고 미혼자는 이성을 사귄다.

‖ 물건을 통째로 삼킨 꿈은

자신의 능력을 최대한 발휘하여 결과를 얻는다.

‖ 물건을 엎어놓은 꿈은

일이 중단되거나 반대가 따른다.

‖ 물건을 던진 꿈은

사업의 진로를 바꿀 징조다.

‖ 물건을 박살낸 꿈은

원하는 것을 이룰 수는 있으나 재물이 나간다.

‖ 물건을 깨트린 꿈은

좌절이나 실패가 따르고 인연이 단절된다.

‖ 쌓아놓은 물건이 무너지거나 흐트러진 꿈은

만사가 이루어지지 않는다.

‖ 쌓여 있는 물건을 무너뜨린 꿈은

사업이 실패하는 등 원하는 것을 이룰 수 없다.

‖ 물건이 없어진 꿈은

하는 일을 정리하고 싶어한다는 뜻이다.

‖ 소지품을 잃어버린 꿈은

교제 중인 이성과 헤어진다는 암시다.

‖ 소지품을 잃어버렸는데도 행복하게 웃은 꿈은

주변을 정리하고 홀가분해진다는 암시다.

‖ 가보로 내려오는 물건을 잃어버린 꿈은

명예와 지위가 크게 떨어지고 구설수에 시달린다.

‖ 아름다운 꽃병이나 귀중한 도자기를 훔친 꿈은

원하던 일을 이루고 재물도 들어온다.

‖ 어항의 물이 마르거나 깨진 꿈은

가정에 불화가 생기며 재물이 흩어질 징조다.

‖ 맷돌이 잘 돌아가지 않은 꿈은

만사가 순조롭지 못하다는 암시다. 특히 관공서와 연관
된 업무는 더 풀리지 않는다.

‖ 물레방아가 돌고 있었던 꿈은

이성문제로 나쁜 소문에 시달릴 징조다.

가구

 가구에 대한 꿈은 경제적인 안정, 사업기반, 재물, 결혼, 이성, 소원 등을 나타낸다.

‖ **가구를 판 꿈은**

금전적으로 타격을 입는다.

‖ **장농문을 연 꿈은**

새로운 일이나 사업을 시작한다.

‖ **장농문을 닫은 꿈은**

가까운 사람에게 부탁한 일이 거절당한다.

‖ **장농이 방에 가득차 보인 꿈은**

재물이 들어오고 미혼자는 결혼한다.

‖ **장농에서 물건을 꺼낸 꿈은**

재물이 들어오는 등 좋은 일이 생긴다.

‖ **장농에 물건을 넣은 꿈은**

재물을 모으게 된다.

‖ **장농이 텅 비어 있는 꿈은**

자금난으로 사업이 어려워져 고전한다.

‖ **찬장을 새로 산 꿈은**

길몽으로 재물이 들어온다.

‖ **찬장문을 연 꿈은**

기다리던 편지가 온다.

‖ **찬장에 물건이 가득 들어 있는 꿈은**
재물이 들어온다.

‖ **찬장이 텅 비어 있는 꿈은**
새살림을 꾸리게 된다.

‖ **다른 사람보다 넓은 테이블에 앉아 있었던 꿈은**
신분이나 지위가 높아진다.

‖ **테이블에 혼자 앉아 있었던 꿈은**
다른 사람의 도움을 받기 어렵다.

‖ **테이블을 사이에 두고 마주 앉은 꿈은**
단체나 거래관계에서 냉전상태가 오래 지속된다.

‖ **테이블을 사이에 두고 마주 서 있었던 꿈은**
두 사람 사이에 의견이 대립되거나 시비가 벌어진다.

‖ **집 안의 가구들을 들어낸 꿈은**
부부간에 불화가 생길 징조다.

책상

책상에 대한 꿈은 사업기반, 책임부서, 지위, 세력 등을 나타낸다.

‖ **책상을 새로 산 꿈은**
지위나 자리의 이동이 있는데 상승하는 경우가 많다.

‖ **책상이 넘어지거나 부숴진 꿈은**

퇴직이나 좌천당할 징조다.

‖ **책상 앞에 앉은 꿈은**

직장을 원하는 사람은 취직하고 직장인은 승진한다.

‖ **새 책상 앞에 앉은 꿈은**

새로운 업무나 직책이 주어진다.

‖ **책상 앞에 의자를 끌어다 놓고 앉은 꿈은**

부서나 지위가 결정된다.

‖ **자신의 책상이 다른 사람의 책상보다 컸던 꿈은**

책임자나 우두머리가 된다.

‖ **책상 앞에 앉아 근무한 꿈은**

맡은 책임을 다한다.

‖ **책상 사이를 왔다 갔다한 꿈은**

지금 하는 일이 마음에 들지 않는다는 뜻이다.

‖ **책상을 떠난 꿈은**

현재의 위치에서 떠나게 된다.

‖ **책상 위가 지저분한 꿈은**

상사에게 실책을 받거나 책임추궁을 받는다.

‖ **책상 위에 걸터앉은 꿈은**

직장이 마음에 들지 않거나 사표를 제출한다.

‖ **책상이 갑자기 없어진 꿈은**

하는 일에 차질이 생기고 직장인은 퇴출당한다.

‖ **책상 서랍이 열려 있었던 꿈은**

결정을 할 때는 신중을 기하라는 암시다.

‖ **책상 서랍이 닫혀 있었던 꿈은**

상대방의 마음을 열지 못했다는 뜻이다.

‖ **책상 서랍이 모두 닫혀 있었던 꿈은**

애인과 의견대립으로 다툼이 벌어진다.

의자

 의자에 대한 꿈은 지위, 권리, 안식처, 책임부서, 협조자, 남편, 집 등을 나타낸다.

‖ **용상에 앉은 꿈은**

최고의 권력과 지위를 얻는다.

‖ **용상에 앉았다가 내려온 꿈은**

최고의 권력과 지위를 얻어도 금방 몰락한다.

‖ **누군가가 용상에 손을 댄 꿈은**

야당성이 강한 사람을 만난다.

‖ **하늘에서 용상이 내려오면서 수많은 시녀도 함께 내려와 뱃속으로 들어간 꿈은**

최고의 명예와 권리를 얻거나 추종자나 제자를 많이 두게 된다는 암시다.

‖ **다른 사람의 의자에 손을 댄 꿈은**

머지않아 그 자리에 앉는다.

‖ 누군가가 자신의 의자에 손을 댄 꿈은

자신의 지위를 탐내는 사람이 있다는 암시다.

‖ 누군가가 고위관리의 의자에 손을 댄 꿈은

배신자나 승진을 노리는 자가 있다는 암시다.

‖ 의자에 앉아 있었던 꿈은

취직, 입학, 승진 등이 성사된다.

‖ 의자가 없어 앉지 못한 꿈은

세력의 쇠퇴, 좌천, 퇴직, 시험의 불합격 등이 따른다.

‖ 자신의 의자에 앉은 꿈은

막혔던 일들이 풀려나가기 시작한다.

‖ 자신의 의자에 앉지 못한 꿈은

세력을 잃거나 사랑하는 사람을 빼앗긴다.

‖ 다른 사람의 의자에 앉은 꿈은

직장, 지위, 업종 등이 모두 바뀔 징조다.

‖ 여러 사람이 의자에 앉아 있는 꿈은

어떤 단체나 모임에 참석한다.

‖ 의자가 비어 있는 꿈은

뜻밖에 반가운 소식을 듣는다.

‖ 의자가 쓰러진 꿈은

현재의 위치가 위태롭다는 뜻이다.

‖ 의자에 앉으려고 하는데 의자가 부숴진 꿈은

좌천, 실직, 사업실패 등이 따른다.

‖ 작고 초라하거나 부숴진 의자에 앉은 꿈은

애인의 조건이 마음에 들지 않는다는 뜻이다.

‖ 흔들의자에 앉은 꿈은

다른 사람으로 인하여 뜻하지 않은 이익을 얻는다.

‖ 팔걸이 의자에 앉은 꿈은

소원하는 일이 이루어진다.

‖ 회전의자에 앉은 꿈은

단체의 장이 되거나 사업체를 인수한다.

‖ 회전의자에 앉았다가 넘어진 꿈은

지위와 세력, 사업 등이 하루아침에 몰락한다.

‖ 안락의자에 앉아서 맑은 하늘을 본 꿈은

생활이 안정되고 하는 일이 매우 번창한다.

‖ 혼자 공원에 있는 의자에 앉아 있었던 꿈은

외롭고 고독하다는 것을 나타내는 꿈이다.

‖ 쇼파에서 잠을 잔 꿈은

부부간에 불화가 생길 징조다.

‖ 쇼파에 앉은 꿈은

부탁한 일이 늦어진다.

‖ 쇼파에 앉아 누군가를 기다린 꿈은

마음에 꼭 드는 배우자를 만난다.

‖ 여러 사람이 쇼파에 앉아 있었던 꿈은

동업자나 직원들과 회의를 하거나 학자는 최고의 학문을 연구할 자리로 옮긴다.

‖ 쇼파가 더러운 꿈은

부탁한 일이 무산되고 기다리는 사람은 오지 않는다.

‖ 쇼파를 밖으로 들어낸 꿈은

이사를 한다.

침대

침대에 대한 꿈은 사업기반, 세력, 이성, 결혼, 재물 등
을 나타낸다.

‖ 침대에 앉은 꿈은

다른 사람의 도움으로 어려운 문제가 해결되고, 미혼자
는 혼담이 있다.

‖ 두 사람이 침대에 앉아 있는 꿈은

동업자나 협조자가 생긴다.

‖ 침대에 걸터앉은 꿈은

취직이 되거나 직책이 주어진다.

‖ 야전용 침대에 누운 꿈은

질병에 시달린다.

‖ 야전용 침대에 앉은 꿈은

질병에 걸려 오래도록 낫지 않는다.

‖ 침대를 산 꿈은

미혼자는 결혼한다.

‖ 침대를 교환한 꿈은

좋은 배우자를 만난다.

‖ 침대를 방으로 들여온 꿈은

사업기반이 마련되거나 결혼한다.

‖ 침대를 밖으로 내놓은 꿈은

이혼을 하거나 이성간에 헤어진다.

‖ 침대 다리가 부러진 꿈은

계획에 차질이 생기는 등 어려움에 처한다.

‖ 침대에 개미가 있는 꿈은

다른 사람의 방해로 사업에 장애가 생긴다.

‖ 침대에 개미가 많이 있는 꿈은

불길한 일이 생긴다.

‖ 침대 위에 뱀이 도사리고 있는 꿈은

중매장이의 거짓말로 사기결혼에 휘말리는 등 이성문
제로 시끄러워진다.

‖ 침대 위에서 떨어진 꿈은

한순간에 모든 일이 쇠퇴한다.

‖ 침대 위로 올라간 꿈은

새로운 일을 시작하거나 이성을 사귄다.

‖ 환자가 되어 침대에 누운 꿈은

많은 업무에 시달린다.

‖ 침대에서 편안하게 잠을 잔 꿈은

만사가 순조롭게 진행된다.

‖ 침대 밑에서 잠을 잔 꿈은

부부간에 불화가 생길 징조다.

‖ 침대에서 낯선 여자와 잠을 잔 꿈은

이성문제로 다툰다.

‖ 다른 사람의 침대에서 잔 꿈은

간통죄 등 이성문제로 정신적인 고통을 겪는다.

‖ 낯선 사람이 자신의 침대에서 잔 꿈은

애인과 다툴 징조다.

‖ 침대에서 자다가 떨어진 꿈은

부부간에 불화가 생길 징조다.

‖ 침대의 장식이 떨어지거나 부숴진 꿈은

가족 중에서 한 명이 질병에 시달린다.

‖ 침대에 불이 나 타버린 꿈은

미혼자는 결혼한다.

‖ 침대 위에서 소꿉장난을 한 꿈은

미혼자는 결혼을 한다.

‖ 아기 침대에 누운 꿈은

길몽으로 좋은 일이 생긴다.

‖ 아기 침대가 어지러져 있거나 부숴진 꿈은

가까운 사람에게 배신을 당한다.

‖ 침대 매트리스만 본 꿈은

추진하는 일이 장애에 부딪힌다.

‖ 매트리스 위에서 잠을 잔 꿈은

질병이 걸릴 징조다.

이불 · 베게 · 방석 · 쿠션

 침구류에 대한 꿈은 사업기반, 세력, 이성, 결혼, 재물,
일거리 등을 나타낸다.

‖ **이불을 덮고 누운 꿈은**

사업을 계획하거나 시작한다.

‖ **이불을 뒤집어 쓰고 누운 꿈은**

집안에 우환이 생기거나 질병에 걸린다.

‖ **이불을 깔고 누운 꿈은**

질병에 걸려 오래간다.

‖ **화려하고 고급스런 이불을 덮고 잔 꿈은**

결혼이 성사되어 행복한 신혼생활을 한다.

‖ **이불을 펴고 누울 준비를 했던 꿈은**

새로운 사업을 시작한다.

‖ **이불을 정리정돈한 꿈은**

모든 것을 정리하고 새롭게 다시 시작한다.

‖ **깨끗한 이불을 본 꿈은**

가까운 사람이 죽는다는 암시다.

‖ **깨끗한 비단이불을 본 꿈은**

미혼자는 결혼하고 기혼자는 부부간에 갈등이 생긴다.

‖ **더러운 이불을 본 꿈은**

하는 일이나 사귀는 사람이 마음에 들지 않는다.

‖ 한 이불 속에서 여러 사람이 잔 꿈은

동업자나 직원들의 협조로 사업이 순조롭게 진행된다.

‖ 잠을 자려고 하는데 이불이 없었던 꿈은

가까운 사람에게 도움을 요청해도 냉정하다는 뜻이다.

‖ 이불에 불이 난 꿈은

사업이 크게 번창하여 재물이 많이 들어온다.

‖ 이성과 함께 이불 속에 있었던 꿈은

이성문제로 애인과 말다툼이 벌어진다.

‖ 이불 위에 물건이 놓여 있었던 꿈은

새로운 일을 시작한다.

‖ 이불 위에 동물이나 물건이 있었던 꿈은

새로운 사업을 시작한다.

‖ 이불 속에서 동물이 나오거나 물건을 꺼낸 꿈은

오래도록 연구한 결과가 나타난다.

‖ 이불을 걷었는데 그 속에서 보석이 나온 꿈은

잃어버린 사람이나 물건을 찾고, 퇴직한 직장인이나 대기 중인 사람은 보직을 받는다.

‖ 이불이 어지러져 있었던 꿈은

부부간에 갈등이 생길 징조다.

‖ 가위로 이불을 싹둑 자른 꿈은

기혼자는 부부갈등이 생기고, 미혼자는 애인과 이별하거나 파혼 등이 따른다.

‖ 베게를 본 꿈은

동업자가 생기거나 다른 사람의 도움을 받는다.

‖ 베게를 안고 잔 꿈은

이성을 사귄다.

‖ 베게 하나를 둘이서 같이 벤 꿈은

의견의 일치를 보게 되고, 미혼자는 결혼한다.

‖ 더러운 베게를 본 꿈은

이성과 다툴 징조다.

‖ 방석에 앉은 꿈은

직장을 구한다.

‖ 꽃방석을 선물받은 꿈은

신분이나 지위가 올라간다.

‖ 꽃방석에 앉은 꿈은

미혼자는 결혼한다.

‖ 주인이 내주는 방석에 앉은 꿈은

직장을 구하거나 직책이 주어진다.

‖ 쿠션을 본 꿈은

어려운 문제에 부딪힐 징조다.

‖ 쿠션에 편안하게 기대고 있었던 꿈은

만사가 순조롭게 풀린다.

병풍 · 커텐 · 발 · 모기장 · 천막 · 카페트

병풍, 커텐, 발, 모기장, 천막 등에 대한 꿈은 차단, 비
밀, 한계, 시작과 끝, 공개와 폐쇄, 인연, 집, 결혼, 애정

등을 나타낸다.

‖ **병풍을 산 꿈은**

미혼자는 결혼한다.

‖ **병풍이 둘러쳐 있는 꿈은**

귀인의 도움으로 실력을 발휘한다.

‖ **병풍이 펼쳐져 있는 꿈은**

집안에 우환이 생길 징조다.

‖ **병풍이 포개져 있는 꿈은**

많은 사람들의 도움을 받는다.

‖ **커텐이 열려 있는 꿈은**

방해자가 나타날 징조다.

‖ **침실에 분홍색 커튼을 친 꿈은**

애인과의 사랑이 무르익거나 결혼생활이 행복해진다.

‖ **발을 새로 사온 꿈은**

현모양처를 맞이한다.

‖ **아름다운 그림이 있는 발을 본 꿈은**

옛 애인을 만나거나 현재의 애인과 더욱더 가까워진다.

‖ **방문에 걸려 있는 발을 떼어버린 꿈은**

가정에 불화가 생길 징조다.

‖ **모기장을 친 꿈은**

철저한 계획을 세우게 된다.

‖ **모기장 안에 있었던 꿈은**

자기를 방어할 준비를 완벽하게 갖춘다.

‖ **천막을 친 꿈은**

임시직으로 들어가거나 일시적인 일에 참여한다.

‖ **천막이 많이 쳐져 있는 꿈은**

여행이나 등산을 한다.

‖ **붉은 양탄자 위를 걸은 꿈은**

명예와 부귀를 얻는다.

‖ **카페트를 청소한 꿈은**

반가운 소식을 듣는다.

‖ **카페트를 새로 깐 꿈은**

새 집으로 이사한다.

‖ **카페트를 걷어낸 꿈은**

하는 일이 뜻대로 되지 않을 징조다.

‖ **카페트 위에 누워 잠을 잔 꿈은**

부부간에 불화가 생길 징조다.

그릇·용기류

그릇이나 용기류에 대한 꿈은 결혼, 사업, 명예, 재물 등을 나타낸다.

‖ **그릇세트를 선물받은 꿈은**

미혼자는 결혼을 한다.

‖ **미혼여성이 그릇을 장만한 꿈은**

교제 중인 사람과 결혼하게 되고, 애인이 없는 사람은
애인이 생긴다.

‖ **금으로 냄비나 그릇을 만든 꿈은**

길몽으로 큰 부자가 될 꿈이다.

‖ **고급스런 식기를 산 꿈은**

명예나 지위가 올라가는 등 행운이 찾아온다.

‖ **그릇 등 주방기구를 산 꿈은**

새 집으로 이사하거나 미혼자는 행복한 결혼을 한다.

‖ **식당에 그릇이 많이 쌓여 있었던 꿈은**

많은 사람을 고용하거나 사업의 결과가 나타난다.

‖ **이사를 하려고 그릇을 상자에 포장한 꿈은**

생활의 변화를 기대하지만 마음대로 되지 않는다.

‖ **뚜껑이 열린 그릇을 얻거나 바라본 꿈은**

연기되던 계약이 성사되는 등 하는 일이 순조로워진다.

‖ **그릇뚜껑이나 마개를 닫은 꿈은**

원하는 일이 이루어지기도 전에 단절된다는 암시다.

‖ **그릇 등의 뚜껑이 꽉 막혀 있는 꿈은**

추진하는 일이나 사업에 대한 여건이 아직 성숙하지 않
았다는 것을 암시하는 꿈이다.

‖ **그릇을 닦은 꿈은**

새로운 일이나 사업이 순조롭게 성사된다.

‖ **그릇을 엎어놓은 꿈은**

하는 일이 중단되거나 반대가 따른다.

‖ 그릇을 깨트린 꿈은

좌절이나 실패가 따르고 인연이 단절된다.

‖ 부엌에서 그릇을 깨트린 꿈은

집안에 우환이 생길 징조다.

‖ 깨진 그릇을 사용한 꿈은

가정에 불화가 생기고 계약 등이 깨진다.

‖ 깨진 그릇을 쓸어담은 꿈은

일을 어렵게 마무리한다.

‖ 그릇에 물이 넘친 꿈은

많은 재물이 들어오는 등 소원하는 일이 이루어진다.

‖ 수저를 입에 문 꿈은

새로운 일을 시작한다.

‖ 수저를 얻은 꿈은

길몽으로 새로운 일을 시작하면 순조롭게 성사된다.

‖ 은수저를 선물받은 꿈은

축하받을 일이 생긴다.

‖ 수저를 잃어버린 꿈은

집안에 우환이 생길 징조다.

‖ 수저가 많이 있었던 꿈은

식구가 늘어난다.

‖ 빈 접시를 본 꿈은

만사가 어려워질 징조다.

‖ 접시같은 것이 많이 있었던 꿈은

재물이 들어온다.

‖ **접시가 깨진 꿈은**

계약, 거래, 혼담 등이 모두 성사되지 않는다.

‖ **큰 밥통을 본 꿈은**

불길한 일이 생길 징조다.

‖ **크거나 고급스러운 솥을 본 꿈은**

사업체나 기관 등의 재력이 든든하다는 암시다.

‖ **솥이 깨진 꿈은**

사업실패로 생계조차 어려워질 징조다.

‖ **솥에서 물이 끓어 넘친 꿈은**

모든 것이 풍족해진다는 암시다.

‖ **냄비를 엎어놓은 꿈은**

가정이나 정든 직장을 떠난다.

‖ **구리로 만든 냄비를 본 꿈은**

구설수에 휘말릴 징조다.

‖ **냄비가 깨진 꿈은**

집안에 우환이 생길 징조다.

‖ **쟁반을 본 꿈은**

가구나 십기 등을 구입한다.

‖ **큰 쟁반을 본 꿈은**

좋은 집안에서 혼담이 들어온다.

‖ **주전자에 물이 없는 꿈은**

자금문제로 고통을 겪으나 도움을 받기 어렵다.

‖ **바가지로 물을 마신 꿈은**

소원하는 일이 이루어진다.

‖ 바가지가 깨진 꿈은

사랑하는 사람과 헤어질 징조다.

‖ 컵에 물이 넘친 꿈은

재물이 많이 들어오는 등 소원하는 일이 이루어진다.

‖ 술잔이 깨진 꿈은

동업이나 거래관계가 깨지거나 애인과 헤어진다.

‖ 방 안에 빈병이 가득하게 있었던 꿈은

경험은 많이 얻으나 빚을 많이 지게 된다.

‖ 액체가 들어 있는 병을 사오거나 얻은 꿈은

그 액체의 분량만큼 재물이 들어온다.

‖ 수레에 독이 가득 실려 있는 꿈은

편안하고 쉽게 재물을 모은다.

‖ 장독대에 독이 많았던 꿈은

가문, 살림, 사업 등이 모두 번창한다.

‖ 장독대의 독이 모두 비어 있는 꿈은

사업이나 하는 일이 겉으로는 좋아보이나 실속이 없다.

‖ 장독대의 독이 모두 깨진 꿈은

흉몽으로 완전히 몰락하여 큰 고통을 겪는다.

‖ 돌맹이가 날아와 장독이 깨진 꿈은

다른 사람 때문에 이성과 다툰다.

‖ 독 뚜껑을 열어놓은 꿈은

재물이 들어온다.

안경

안경은 지식인, 전문가, 협조자 등을 나타낸다.

‖ 안경을 새로 산 꿈은

동업자가 생기거나 직원을 채용한다.

‖ 안경을 나누어준 꿈은

다른 사람을 돕거나 지식이나 지혜를 알려준다.

‖ 안경낀 사람을 본 꿈은

지식인을 만나거나 다른 사람 때문에 사기를 당한다.

‖ 안경낀 사람과 마주본 꿈은

다른 사람의 의사대로 끌려가는 등 하기 싫은 일을 억지로 한다.

‖ 안경낀 사람과 대화를 나눈 꿈은

누군가 당신을 이용하기 위해 접근하고 있다는 암시다.

‖ 안경낀 사람과 다툰 꿈은

부탁한 일이 성사되기 어렵다.

‖ 금테 안경을 산 꿈은

명예와 지위가 올라간다.

‖ 안경을 자랑한 꿈은

작품이나 하는 일이 널리 알려진다.

‖ 안경을 벗은 꿈은

다른 사람에게 지식이나 학문을 알려준다.

‖ 벗어놓은 안경을 다시 쓴 꿈은

동업자를 만나거나 학식있는 사람의 도움을 받는다.

‖ 안경이 부숴진 꿈은

동업관계가 깨지거나 종업원과 시비가 벌어진다.

‖ 안경에 오물이나 서리 등이 끼어 보이지 않은 꿈은

모든 일이 막히고 자금을 융통하기 어렵다.

‖ 안경의 한 쪽 알이 깨진 꿈은

이성과 헤어질 징조다.

‖ 외눈 안경을 본 꿈은

자존심이나 허세를 부리다 구설수에 오른다.

‖ 선그라스를 써본 꿈은

좋지 않은 일을 계획하고 있다는 뜻이다.

‖ 선그라스를 낀 사람을 본 꿈은

음흉한 사람을 만난다는 암시다.

시계

시계는 계획, 행동, 이성, 결혼 등을 나타낸다.

‖ 시계를 새로 산 꿈은

새로운 일을 시작하거나 새로운 직장을 구한다.

‖ 시계를 선물한 꿈은

사업이나 재산 등을 위탁관리하게 한다.

‖ **시계를 선물받은 꿈은**

다른 사람의 도움으로 좋은 일과 직장이 생긴다.

‖ **금시계를 선물하거나 받은 꿈은**

미혼자는 결혼한다.

‖ **소포로 시계를 받은 꿈은**

어떤 권리나 임무를 부여받는다.

‖ **시계를 쳐다본 꿈은**

부탁한 일의 결과를 기다리고 있다는 뜻이다.

‖ **시계를 버린 꿈은**

이성과 헤어질 징조다.

‖ **시계를 벗어놓은 꿈은**

쉬고 싶은 마음으로 여행을 하게 된다는 암시다.

‖ **시계가 부숴진 꿈은**

집안에 우환이 생길 징조다.

‖ **시계가 고장난 꿈은**

가족이 질병에 걸리거나 교통사고, 사업부진 등이 따른다는 암시다.

‖ **시계가 멈춘 꿈은**

하는 일이 어려워질 징조다.

‖ **시계를 잃어버린 꿈은**

가까운 친구나 애인이 떠난다.

‖ **시계가 물 속에 잠긴 꿈은**

부탁한 일이 성사되기 어렵다.

‖ **벽에 걸어놓은 시계가 떨어진 꿈은**

계약이나 혼담 등이 깨지는 등 모든 계획이 무산된다.

‖ **시계를 고친 꿈은**

막혔던 일이 풀리고 환자는 치료를 받아 좋아진다.

‖ **금시계를 손목에 차거나 벽에 걸어둔 꿈은**

신분이 고귀해지는 등 소원하는 일이 모두 이루어진다.

‖ **시계추가 왔다 갔다 하는 것을 본 꿈은**

직장이나 주택 등에 변화가 생긴다.

‖ **새로 산 시계가 더러웠던 꿈은**

과거가 깨끗하지 못한 사람을 사귄다.

‖ **모래시계를 본 꿈은**

계획대로 일의 성과가 나타나지 않아 초조해진다.

‖ **해시계를 본 꿈은**

소원하는 일이 이루어진다.

‖ **자명종 소리를 들은 꿈은**

하고 싶은 일을 한다.

우산 · 지팡이 · 부채

 우산과 지팡이에 대한 꿈은 사업기반, 재물, 협조자, 동업자 등을 나타낸다. 부채에 대한 꿈은 운세, 상황 등을 나타낸다.

‖ 우산을 새로 산 꿈은

자금이 원활하게 회전되는 등 경제사정이 원만해진다.

‖ 우산을 잃어버린 꿈은

하는 일이나 업무가 어려움에 처한다.

‖ 우산을 쓰고 빗 속을 걸어간 꿈은

많은 사람들의 도움을 받아 그 영광이 오래간다.

‖ 비가 오는데 우산이 없었던 꿈은

권위있는 사람에게 부탁을 한다.

‖ 우산을 둘이서 같이 쓴 꿈은

동업자가 생기거나 이성과 다정한 관계가 된다.

‖ 우산이 작아서 비를 맞은 꿈은

계획에 차질이 생겨 손해를 본다.

‖ 바람에 우산이 날아간 꿈은

은인이나 협조자가 떠난다.

‖ 찢어진 우산을 쓴 꿈은

부탁한 일이나 관공서의 허가 등이 무산되기 쉽다.

‖ 지팡이를 짚고 걸은 꿈은

동업자나 협조자가 떠나거나 교통사고로 부상을 당할 징조다.

‖ 지팡이를 짚고 걸은 꿈은

다른 사람의 도움으로 모든 일이 순조롭게 진행된다.

‖ 쌍지팡이를 짚고 다닌 꿈은

두 사람의 협조자를 만난다.

‖ **지팡이로 사람을 때린 꿈은**

외부의 압력을 받거나 다툼이 생긴다.

‖ **지팡이로 때리거나 맞은 꿈은**

당분간은 사업을 확장하거나 이전하는 것이 좋지 않다
는 암시다.

‖ **지팡이를 선물받거나 주운 꿈은**

귀인이나 선배의 도움으로 어려운 일이 해결된다.

‖ **황금으로 된 지팡이를 선물받은 꿈은**

귀인을 만나고 신분이 높아진다.

‖ **지팡이를 휘두른 꿈은**

위험이 닥칠 징조다.

‖ **지팡이를 버린 꿈은**

믿고 의지하던 사람이 떠나간다.

‖ **부채를 얻은 꿈은**

길몽으로 행운이 찾아온다.

‖ **길에서 부채를 주운 꿈은**

뜻밖의 행운이 찾아온다.

‖ **부채를 잃어버린 꿈은**

가족과 헤어질 징조다.

‖ **부채를 버린 꿈은**

다른 사람의 도움을 거절한다.

담배 · 파이프 · 재털이 · 라이터

담배, 파이프, 재털이, 라이터 등에 대한 꿈은 정신적인 안정, 이성, 결혼, 희망, 소원 등을 나타낸다.

‖ 담배를 산 꿈은

직장을 구하거나 새로운 일을 시작한다.

‖ 담배를 피운 꿈은

주위에서 심상치 않은 일이 벌어지고 있다는 암시다.

‖ 혼자서 쓸쓸하게 담배를 피운 꿈은

애인이나 가까운 사람과 헤어진다.

‖ 파이프 담배를 피운 꿈은

모든 일을 스스로 처리해야 한다는 뜻이다.

‖ 담배를 얻어 피운 꿈은

하는 일이 부진하고 생활이 어려워진다.

‖ 마리화나를 피운 꿈은

유흥이나 향락에 빠질 징조다.

‖ 마리화나를 피우다 경찰에 구속된 꿈은

유혹에 빠져 관공서에 출입한다.

‖ 다른 사람에게 담배를 권한 꿈은

다른 사람에게 사업적인 일이나 취직 등을 부탁한다.

‖ 담배에 불이 붙지 않은 꿈은

노력해도 잘 되지 않아 정신적인 고통을 겪는다.

‖ 피우던 담뱃불이 꺼진 꿈은

흉몽으로 사업적인 실패와 좌절이 따르고, 건강에 이상
이 생기고, 뜻밖의 사고로 생명이 위태로워진다.

‖ 담뱃불에 덴 꿈은

집안에 우환이 생길 징조다.

‖ 담배를 거꾸로 문 꿈은

일은 계획대로 되지 않고 방심하다 재물을 잃는다.

‖ 담배꽁초를 주워 피운 꿈은

자금이나 취직 등 부탁한 일이 성사되지 않는다.

‖ 담배가 물에 젖은 꿈은

눈물을 흘릴 일이 생긴다.

‖ 담배를 끊은 꿈은

환자는 질병이 완쾌된다.

‖ 상아 파이프를 선물받은 꿈은

귀인을 만난다.

‖ 상아 파이프를 선물한 꿈은

부탁할 일이 생긴다.

‖ 상아 파이프를 가진 꿈은

명예와 지위 등이 올라간다.

‖ 상아 파이프를 잃어버린 꿈은

가까운 사람과 헤어진다.

‖ 담배를 버린 곳에서 불이 난 꿈은

어렵고 막혔던 일이 풀리기 시작한다.

‖ 담배가 가득 쌓여 있었던 꿈은

행운의 꿈으로 쌓인 담배만큼 재물이 들어온다.

‖ 재털이를 선물받은 꿈은

능력있는 사람에게 조언과 도움을 받는다.

‖ 재털이를 가진 꿈은

미혼여성은 자신을 이해하고 사랑해주는 남자와 결혼
한다.

‖ 재털이가 깨진 꿈은

계약, 약속, 혼담 등이 모두 깨진다.

‖ 재털이에 담배꽁초가 가득차 있었던 꿈은

최선을 다하지만 재물만 나갈 뿐 성과가 미약하다.

‖ 유리 재털이를 본 꿈은

애인의 행동이 마음에 들지 않는다는 뜻이다.

‖ 라이터를 선물받은 꿈은

계획대로 일이 진행된다.

‖ 라이터를 준 꿈은

계획한 일이 뜻대로 되지 않는다.

‖ 라이터를 버린 꿈은

가까운 사람과 오해 때문에 다툰다.

연장

 연장에 대한 꿈은 경쟁자, 방해자, 방법, 계획 등을 나타낸다.

‖ **연장으로 무언가를 뚫은 꿈은**

만사가 계획대로 이루어진다.

‖ **낫에 손을 벤 꿈은**

가까운 사람으로 인하여 다툼이 벌어진다.

‖ **낫으로 누군가를 위협한 꿈은**

강제로 일을 추진하나 일은 되지 않고 다툼만 생긴다.

‖ **낫을 든 사람에게 위협받은 꿈은**

경쟁자와 시비가 생기거나 교통사고가 난다.

‖ **도끼를 본 꿈은**

길몽으로 크게 출세할 꿈이다.

‖ **도끼로 나무를 찍은 꿈은**

능력을 최대한 발휘하여 인정받는다.

‖ **도끼로 통나무를 쪼갠 꿈은**

동업자와 헤어지거나 사업체가 갈라진다.

‖ **도끼로 나무를 쪼개다가 발등을 찍은 꿈은**

믿고 있던 사람에게 배신당한다.

‖ **도끼가 빗나간 꿈은**

하는 일이 모두 뜻대로 되지 않고 제자리 걸음을 한다.

‖ **도끼에 녹이 잔뜩 슬어있는 꿈은**

능력을 발휘할 기회를 잡기 힘들다.

‖ **도끼를 든 사람에게 쫓긴 꿈은**

권력기관의 압력에 시달린다.

‖ **톱을 본 꿈은**

불길한 일이 생길 징조다.

‖ **톱으로 나무를 자른 꿈은**

자신의 능력을 최대한 발휘한다.

‖ **톱으로 장난한 꿈은**

위험한 일에 도전한다.

‖ **드라이버로 나사못을 뽑은 꿈은**

답답한 일이 해결되어 순조롭게 진행된다.

‖ **송곳에 목을 찔린 꿈은**

할 말이 있어도 할 수 없는 상황이 되거나 목감기에 걸
릴 염려가 있다.

‖ **송곳으로 무언가를 뚫은 꿈은**

계획대로 일을 추진한다.

‖ **상자에 못을 박은 꿈은**

가까운 사람과 헤어질 징조다.

‖ **벽에 못을 박은 꿈은**

새로운 일을 시작한다.

‖ **못을 박다가 망치에 손가락을 다친 꿈은**

방심하다 큰 손해를 본다.

∥ 끌을 본 꿈은

일을 추진하나 이득은 커녕 손해만 본다.

열쇠 · 저울 · 나침반

열쇠에 대한 꿈은 개방, 폐쇄, 고정, 단절, 학문, 어려운 문제, 발견, 개척, 성공, 제거하거나 통과시키는 방법, 협조자 등을 나타낸다. 저울이나 나침반은 업무의 영역, 능력 등을 나타낸다.

∥ **열쇠로 자물쇠를 연 꿈은**

목적을 이루게 된다.

∥ **방문 자물쇠를 열지 못해 애태운 꿈은**

자금회전이 어려워 고전한다.

∥ **열쇠를 주운 꿈은**

어렵고 힘든 일이 서서히 풀리기 시작한다.

∥ **행운의 열쇠를 받은 꿈은**

귀인의 도움으로 명예와 지위가 올라간다.

∥ **열쇠를 잃어버린 꿈은**

도움을 청하려 했던 사람이 죽거나 멀리 떠나 일이 꽉 막힐 징조다.

∥ **다른 사람에게 열쇠를 맡긴 꿈은**

관리 책임자에게 경영과 금전을 위탁한다.

‖ **저울을 본 꿈은**

사업가에게는 길몽으로 운세가 매우 좋아진다.

‖ **금으로 된 저울을 얻은 꿈은**

태몽으로 훌륭한 후손이 태어난다.

‖ **저울에 몸무게를 달아본 꿈은**

자신의 능력을 가늠해 본다.

‖ **남에게 이끌려 몸무게를 달아본 꿈은**

자신의 능력을 평가받는다.

‖ **저울 눈금이 움직이지 않은 꿈은**

자금회전이 어려워질 징조다.

‖ **저울에 단 물건이 예상보다 가벼웠던 꿈은**

자금은 많이 투자했으나 결과가 기대에 미치지 못한다.

‖ **나침반을 본 꿈은**

날이 갈수록 복잡한 일에 시달리고, 심신이 피로하여
여행을 떠나고 싶은 심정을 나타내는 꿈이다.

‖ **나침반을 버린 꿈은**

여행이나 계획을 포기한다.

종 · 줄 · 빗자루

 종, 줄, 빗자루 등에 대한 꿈은 동업자, 희망, 소원 등
을 나타낸다.

‖ **새벽 종소리를 들은 꿈은**

새로운 일을 시작한다.

‖ **종이 저절로 울린 꿈은**

먼 곳에서 소식이 온다.

‖ **자신이 종을 친 꿈은**

길몽으로 대인관계가 원만하며 동업자나 거래처와 좋은 관계가 오래도록 유지된다.

‖ **종을 쳐도 소리가 나지 않은 꿈은**

부탁한 일이 성사되기 어렵다.

‖ **종을 쳤는데 종이 깨진 꿈은**

부탁한 일이 이루어지지 않는다.

‖ **빨랫줄이 끊어진 꿈은**

협조나 동업관계가 깨지고 사업은 실패한다.

‖ **새끼줄을 꼰 꿈은**

많은 사람들과 인연을 맺게 된다.

‖ **새끼줄을 끊은 꿈은**

추진하는 일이 순조롭게 진행되나 마지막 단계에서 실패할 수도 있다는 암시이니 조심하도록.

‖ **노끈으로 무언가를 묶은 꿈은**

노력의 결과가 나타나는 등 원하는 것을 얻는다.

‖ **노끈을 푼 꿈은**

이사를 한다.

‖ **공중에서 줄이 내려와 타고 올라간 꿈은**

지위가 높은 사람의 도움을 받아 크게 출세한다.

‖ **빗자루로 청소한 꿈은**

착실하고 유능한 직원이 들어온다.

‖ **빗자루가 풀어지거나 갈라진 꿈은**

흉몽으로 가난해질 꿈이다.

‖ **다른 사람이 빗자루를 주운 꿈은**

가정이 풍족해지고 미혼자는 결혼한다.

‖ **빗자루를 타고 날은 꿈은**

정당하지 못한 일로 이익을 얻는다.

20장. 스포츠 · 예술 · 오락에 관한 꿈

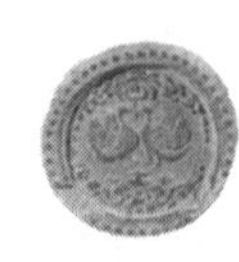

스포츠

스포츠에 대한 꿈은 정신적인 갈등, 사업의 성패, 이념의 선택, 경제의 전망 등을 나타낸다.

‖ 경기를 관람한 꿈은

머지않아 성공의 대열에 선다.

‖ 경기장으로 간 꿈은

새로운 일을 시작한다는 암시다.

‖ 경기에서 득점한 꿈은

새로운 친구를 사귀거나 새로운 일을 시작한다.

‖ 메달, 우승컵, 우승기, 상금 등을 탄 꿈은

어려운 여건에서도 계획대로 추진하여 목적을 이룬다.

‖ **참피언이 된 꿈은**

하는 일을 중도에 포기할 징조다.

‖ **상대방 선수를 응원한 꿈은**

경쟁자와 협조관계가 이루어진다.

‖ **자신이 권투를 한 꿈은**

속전속결의 사업을 한다.

‖ **권투선수가 K.O.를 당한 꿈은**

경쟁자에게 완패당한다는 암시다.

‖ **공을 찬 꿈은**

막혔던 일들이 서서히 풀리고 승진도 기대할 수 있다.

‖ **공을 주고받은 꿈은**

의견충돌로 시비가 벌어질 징조다.

‖ **자신이 찬 공이 멀리 날아간 꿈은**

공로를 치하받거나 능력을 인정받는다.

‖ **공을 찼는데 신발만 날아간 꿈은**

노력의 결과가 신통치 않다.

‖ **상대편 코트로 공을 넘긴 꿈은**

맡은 임무를 완수한다.

‖ **공을 상대편 코트로 넘기지 못한 꿈은**

일에 대한 자신감을 잃는다.

‖ **마라톤에서 일등한 꿈은**

명예와 지위가 올라가는 등 좋은 일이 생긴다.

‖ **마라톤에서 꼴찌한 꿈은**

만사가 막혀 풀리지 않을 징조다.

‖ **자기편 선수가 홈런을 친 꿈은**

만사가 막힘없이 진행된다.

‖ **상대편 선수가 홈런을 친 꿈은**

경쟁자에게 뒤떨어지고 사업이 부진해진다.

‖ **우승을 해서 많은 사람들에게 박수를 받은 꿈은**

대기업에 입사하거나 좋은 자리로 옮긴다.

‖ **축구경기에서 우리나라 선수가 이긴 꿈은**

계획에 무리가 있어도 극복한 후 목적을 이룬다.

‖ **축구경기에서 한 꼴을 넣은 꿈은**

원하는 것을 이룬다.

‖ **목표물에 공을 골인시킨 꿈은**

당첨, 합격, 목표 등이 이루어진다.

‖ **경기장에 관중이 많았던 꿈은**

하는 일이 뜻대로 풀리지 않는다.

‖ **경기장에 관중이 하나도 없었던 꿈은**

모든 것을 혼자 판단하고 해결해야 한다는 암시다.

‖ **경기장 스탠드에 관중이 있었던 꿈은**

관중의 숫자와 어려움의 정도가 비례한다.

‖ **경기장 스탠드에 관중이 없었던 꿈은**

복잡한 문제에 얽매이지 않고 판단하거나 독자적인 권
리를 얻는다.

‖ **씨름에서 우승한 꿈은**

경쟁에서 힘겹게 이긴다는 암시다.

‖ **씨름에서 진 꿈은**

계획이나 능력의 부족으로 사업이 난관에 부딪힌다.

‖ **유도경기에서 이긴 꿈은**

소원하는 일이 모두 이루어진다.

‖ **유도경기에서 진 꿈은**

경쟁자의 힘에 밀려 사업을 포기한다.

‖ **농구경기를 구경한 꿈은**

농구경기장에 가게 된다.

‖ **농구골대에 골을 넣은 꿈은**

큰 경쟁에서 승리한다는 암시다.

‖ **농구경기에서 3점 슛을 성공시킨 꿈은**

뜻밖의 재물이 생기고 명예와 지위가 높아진다.

‖ **매번 농구골대에 공을 넣지 못한 꿈은**

하는 일마다 실패할 징조다.

‖ **기계체조를 한 꿈은**

재주나 능력, 기술 등을 발표한다.

‖ **기계체조경기를 본 꿈은**

많은 사람들에게 도움을 받는다.

‖ **검도나 펜싱시합을 한 꿈은**

사소한 일로 다툼이 벌어진다.

‖ **골프경기를 본 꿈은**

지위나 명예가 높은 사람을 만난다.

‖ **번지점프를 한 꿈은**

갑작스런 경영난으로 어려움을 겪으나 곧 풀린다.

‖ 강에서 수상스키를 타다가 빠진 꿈은

순조롭던 일이 어려움에 처한다.

‖ 카누경기를 하다가 물에 빠진 꿈은

쉽게 풀리던 일들이 한순간에 실패한다는 암시다.

‖ 투우경기를 구경한 꿈은

투기성 사업이나 경쟁사업에 뛰어든다.

‖ 투우경기를 구경하다 소한테 받힌 꿈은

과욕을 부리다 실패한다.

‖ 투우경기에서 소를 잡은 꿈은

힘겨운 노력 끝에 큰 재물을 얻는다.

‖ 투우경기를 하다가 소뿔에 받힌 꿈은

무리한 계획이나 욕심을 부리다 실패한다.

‖ 양궁시합에서 과녁을 정통으로 맞춘 꿈은

승진이나 시험 등이 성사되는 등 목적을 이룬다.

‖ 양궁시합에서 화살이 날아갔는데 찾지 못한 꿈은

기다리는 소식이나 부탁한 일이 성사되지 않는다.

‖ 릴레이 바톤을 받아쥐고 열심히 뛴 꿈은

후계자나 문하생이 되어 사업을 인수받고 잘 운영한다.

‖ 달리기를 하다가 날아간 꿈은

모든 일이 순조롭고 하는 일마다 성공한다.

‖ 달리기를 하다가 웅덩이에 빠진 꿈은

성급한 성격이나 무모한 계획을 세우다 실패한다.

‖ 다른 사람이 일등으로 달린 꿈은

다른 사람을 도와준다.

‖ 여러 명이 달리기를 했는데 우승한 꿈은

출품작이 우승한다.

‖ 일등으로 달리다가 넘어진 꿈은

잘 나가던 사업이 갑자기 중단될 징조다.

‖ 달리기에서 꼴찌한 꿈은

능력을 인정받기 힘들다는 암시다.

‖ 달리기를 하다 앉아서 논 꿈은

당분간 슬럼프에 빠질 징조다.

‖ 넓이뛰기를 한 꿈은

직장의 변동이 따르거나 이사를 한다.

‖ 줄다리기에서 진 꿈은

기관이나 단체의 제재로 사업이 위기에 봉착한다.

‖ 수영을 해도 제자리인 꿈은

만사가 침체상태에 이른다.

‖ 급류에서 수영한 꿈은

하는 일이 위험에 처하거나 사기에 휘말릴 징조다.

‖ 옷을 입고 수영한 꿈은

자신의 고집내로 업무를 처리한다.

‖ 발가벗고 수영한 꿈은

현실에서 벗어나 자유로워진다는 암시다.

‖ 넓은 바다에서 수영한 꿈은

넓은 무대로 진출한다.

‖ 고요한 물에서 수영한 꿈은

모든 일이 편안하고 순조롭게 진행된다.

‖ 더러운 물에서 수영한 꿈은

질병에 시달리거나 모함에 빠진다.

‖ 물에 앉아 있거나 유유히 헤엄친 꿈은

‖ 엉뚱한 장소에서 수영한 꿈은

생각지도 않은 곳에서 일을 한다.

‖ 길이 수영장이나 강이 되어 수영한 꿈은

뜻밖의 행운으로 재물이 들어온다.

‖ 여러 사람과 함께 수영한 꿈은

동업자가 생기거나 경쟁적인 사업에 뛰어든다.

‖ 이성과 함께 수영한 꿈은

불길한 일이 일어날 징조다.

‖ 수영을 하다가 물에 빠진 꿈은

자신의 능력을 믿고 무리하게 일을 추진하다 어려움에
빠진다는 경고다.

‖ 당구를 친 꿈은

법적인 문제로 경찰서에 드나든다.

‖ 내기 당구를 친 꿈은

법적인 문제로 경찰서에 드나든다.

‖ 롤러스케이트장에 간 꿈은

믿었던 친구에게 실망한다.

‖ 롤러스케이트장에서 신나게 놀았던 꿈은

하는 일이 순조롭게 진행된다.

‖ 테니스 연습을 한 꿈은

사업계획을 세운다.

‖ 테니스경기에서 진 꿈은

경쟁자에게 뒤떨어질 징조다.

‖ 다른 사람이 테니스하는 것을 본 꿈은

사업이 번창하거나 승진한다.

‖ 헹글라이더를 타고 하늘 높이 날은 꿈은

능력을 인정받는 등 최고의 행운이 찾아온다.

‖ 헹글라이더를 타고 가다가 불시착한 꿈은

행운의 기회를 놓치게 된다는 암시다.

‖ 눈 위에서 스키를 탄 꿈은

협조자의 도움으로 어려운 문제를 해결한다.

‖ 많은 사람들이 단체로 맨손체조를 한 꿈은

자신의 주장이나 학문에 동조하는 사람이 많다.

‖ 자신의 구령에 맞춰 많은 사람들이 운동한 꿈은

자신의 지휘나 교화사업이 잘 이루어진다.

‖ 경기에서 반칙이나 폭력을 쓴 꿈은

심판의 제재를 받았으면 소원이 충족되기 어렵고, 그렇
지 않으면 원하는 일이 이루어진다.

‖ 응원단의 응원소리를 들은 꿈은

함성소리와 어려움의 정도가 비례한다.

‖ 응원단장이 되어 응원한 꿈은

단체의 장이나 리더가 된다.

사진

 사진에 대한 꿈은 사업계획, 기록물, 능력, 이성, 결혼
등을 나타낸다.

‖ **사진첩을 선물받은 꿈은**

컴퓨터 프로그램이나 도서목록, 이력서 등을 받는다.

‖ **사진첩을 선물한 꿈은**

이성에게 책이나 그림을 선물한다.

‖ **사진첩을 펼쳐본 꿈은**

잊었던 사람이 찾아오거나 새 프로그램을 개발한다.

‖ **카메라를 선물받은 꿈은**

역사책이나 고문헌을 접한다.

‖ **카메라를 새로 산 꿈은**

새로운 계획과 희망을 갖고 다시 시작한다.

‖ **카메라를 버리거나 부순 꿈은**

현재의 상황을 포기한다는 암시다.

‖ **카메라를 메고 길을 간 꿈은**

여행을 떠나게 된다.

‖ **사진을 찍으려고 하는데 필름이 없었던 꿈은**

계획은 원대하고 좋으나 기초가 미약하다는 암시다.

‖ **필름은 있는데 카메라가 없었던 꿈은**

계획은 무성하나 실속이 없다.

‖ **빈 카메라로 사진을 찍은 꿈은**

실속없는 일을 한다.

‖ **동물을 찍은 꿈은**

계획대로 일을 추진한다.

‖ **풍경을 찍은 꿈은**

오래 기억될 즐거운 일이 생긴다.

‖ **결혼사진을 찍은 꿈은**

단체나 기관의 초대를 받는 등 좋은 일이 생긴다.

‖ **가족사진을 찍은 꿈은**

가정이 화목해지고 먼 곳에 사는 친척이 찾아오거나 소
식이 온다.

‖ **가족사진에서 자신이 빠진 꿈은**

객지로 떠나게 된다는 암시다.

‖ **사진 속에서 자신이 웃은 꿈은**

슬픈 일을 당할 징조다.

‖ **다른 사람이 사진을 찍어준 꿈은**

다른 사람이 자신을 평가하거나 자신의 문제를 다룬다.

‖ **다른 사람의 사진을 찍어준 꿈은**

그 사람를 평가하거나 신상에 대한 문제를 다룬다.

‖ **밝은 조명 아래에서 사진을 찍은 꿈은**

사업이 크게 번창한다.

‖ **어둠 속에서 사진을 찍은 꿈은**

지금은 만사가 절망적이나 곧 풀린다.

‖ 사진을 찍으려고 하는데 비가 온 꿈은

뜻밖의 일로 계획한 일이 시작하기도 전에 좌절된다.

미술

미술에 대한 꿈은 연구, 진리탐구, 인기작품, 미인, 명예, 공적 등을 나타낸다.

‖ 그림을 그린 꿈은

화가는 쓸데없는 일로 시간을 낭비한다.

‖ 벽에 그림을 그린 꿈은

작품이나 업적이 공개된다.

‖ 종이에 그림을 그린 꿈은

새로운 계획을 세운다.

‖ 사진을 찍었다고 생각했는데 그림을 그린 꿈은

생각지도 못할 일을 한다.

‖ 그림이 잘 그려지지 않은 꿈은

계획한 일이나 하는 일이 뜻대로 되지 않는다.

‖ 그림을 그리고 있는데 비가 온 꿈은

계획한 일이나 추진하는 일이 꽉 막힌다.

‖ 자신이 그린 그림이 만족스럽지 못한 꿈은

원하는 일이나 계획이 중도에 좌절된다.

‖ 선생님의 그림을 따라 그린 꿈은

지위나 부임지를 배정받는다.

‖ 학생들에게 그림을 따라 그리도록 한 꿈은

직장의 변동이 따른다.

‖ 그림을 그리고 있는 화가를 본 꿈은

창작이나 기록 등을 한다.

‖ 다른 사람이 그림을 그려준 꿈은

다른 사람에게 도움을 받아 업무를 처리한다.

‖ 그림을 새로 산 꿈은

새로운 이성을 사귀는 등 좋은 일이 생긴다.

‖ 그림을 선물받은 꿈은

다른 사람에게 부탁한 일이 성사된다.

‖ 세종대왕이 있는 그림을 본 꿈은

뜻밖의 재물이 들어온다.

‖ 모나리자를 그린 꿈은

헤어진 애인을 그리워한다는 뜻이다.

‖ 누드를 그린 꿈은

경쟁자의 정보를 알게 된다.

‖ 사생화나 풍경화를 그린 꿈은

사업, 소원, 결혼 등을 결정한다.

‖ 풍경화를 감상한 꿈은

계획한 일이나 추진하는 일을 재검토하라는 암시다.

‖ 추상화를 그린 꿈은

꿈과 계획은 원만하나 뜻대로 되지 않는다.

‖ **다른 사람의 그림을 감상한 꿈은**

다른 사람에게 부탁을 받거나 일을 처리해준다.

‖ **유명한 명작을 감상한 꿈은**

명예나 지위가 높은 사람에게 초대받는다.

‖ **조각품을 본 꿈은**

만사가 흩어진다는 것을 암시하는 꿈이니 투기나 도박을 삼가하도록.

‖ **직접 조각품을 만든 꿈은**

새로운 상품이나 작품을 만든다.

‖ **화랑에 그림이 진열되어 있었던 꿈은**

먼 곳에 있는 친구에게서 소식이 온다.

‖ **다른 사람이 자신의 초상화를 그린 꿈은**

많은 사람에게 존경과 신임을 받으나, 나이가 많은 사람은 건강을 조심해야 한다.

‖ **그림이 불에 타다가 꺼진 꿈은**

사업이 중도에서 좌절된다.

‖ **그림이 불에 모두 타버린 꿈은**

사업이 날로 번창하여 목적을 이룬다.

‖ **그림을 갈기갈기 찢어버린 꿈은**

모든 계획을 포기한다.

‖ **모나리자 그림이 불에 탄 꿈은**

애인과 헤어질 징조다.

‖ **그림 속의 인물이 움직인 꿈은**

뜻하지 않은 일로 정신적인 고통을 겪는다.

‖ 그림이 허공을 날아다닌 꿈은

허황된 꿈을 빨리 버리라는 경고다.

‖ 그림 속에 자신이 있었던 꿈은

행운의 꿈으로 원하는 것을 이룬다.

‖ 별모양을 그린 꿈은

아름다운 사랑을 한다.

‖ 호랑이를 그렸는데 고양이로 변한 꿈은

계획은 크게 세우나 결과는 미약하다.

‖ 고양이를 그렸는데 호랑이로 변한 꿈은

계획보다 결과가 크다.

‖ 계속해서 도형을 그린 꿈은

새로운 안식처를 마련한다는 암시다.

‖ 계속해서 원을 겹쳐 그린 꿈은

직장을 옮기거나 이사를 한다.

‖ 다른 사람의 그림을 보고 그린 꿈은

다른 사람의 작품이나 아이디어를 모방한다.

음악

음악에 대한 꿈은 소식, 소문, 명성, 경고, 감동 등을 나타낸다.

‖ **작곡가에게 노래 테스트를 받은 꿈은**

전문가에게 작품에 대한 평가를 받는다.

‖ **음악에 도취되었던 꿈은**

달콤한 유혹에 빠져 재물을 잃게 된다.

‖ **작곡을 한 꿈은**

모든 계획을 꼼꼼하고 세밀하게 챙긴다는 암시다.

‖ **축하 음악을 들은 꿈은**

축하받을 일이나 축하해 줄 일이 생긴다.

‖ **슬픈 음악을 들은 꿈은**

애인과 헤어질 징조다.

‖ **음악을 듣고 눈물을 흘린 꿈은**

애인과의 헤어짐이 충격이라는 뜻이다.

‖ **시끄러운 음악을 들은 꿈은**

짜증나는 일이 생긴다는 암시다.

‖ **즐거운 노래를 들은 꿈은**

하는 일마다 성공하며 마음이 안정된다.

‖ **슬픈 노래를 들은 꿈은**

가까운 사람과 헤어지고 그 아픔이 오래간다.

‖ **다른 사람이 노래를 부른 꿈은**

다른 사람이 자신을 비웃거나 해를 끼친다.

‖ **다른 사람의 노래를 들은 꿈은**

다른 사람의 하소연을 듣고 도와준다.

‖ **다른 사람이 신나게 노래한 꿈은**

그 사람과 의견충돌로 다툰다.

‖ 신나는 노래소리를 들은 꿈은

즐거운 일이 생긴다는 암시다.

‖ 다른 사람이 노래하는데 장단을 맞춘 꿈은

자신에게 동조하는 사람이 있거나 누군가의 대변자 역할을 한다.

‖ 다른 사람이 노래를 부르는데 손뼉을 친 꿈은

많은 사람들이 자신의 주장에 동조하고 협조해준다.

‖ 다른 사람의 노래를 들을 수 없었던 꿈은

다른 사람이나 전문가의 조언을 듣기 힘들다.

‖ 합창단의 노래를 들은 꿈은

단체나 기관의 압력으로 장애에 부딪힌다.

‖ 합창단에서 노래하는데 혼자만 틀린 꿈은

독자적인 길을 가게 된다.

‖ 노랫소리가 희미하게 들린 꿈은

기다리는 소식은 오지 않고 사소한 일로 다툰다.

‖ 혼자 노래를 부른 꿈은

초지일관으로 자신의 주장을 관철시킨다.

‖ 사람들 앞에서 노래를 부른 꿈은

작품을 발표하거나 많은 사람들 앞에서 자신의 의견을 설명한다.

‖ 노래를 부르는데 관중이 없었던 꿈은

도움을 기다리나 도와주는 사람이 없고, 자신의 수장이나 의견에 동조하는 사람도 없다.

‖ 반주에 맞춰 노래를 부른 꿈은

단체의 장이 되거나 주도권을 잡는다.

‖ 노래를 부르는데 반주가 맞지 않거나 가사를 잊어버린 꿈은

단체나 기관의 압력으로 어려움에 처한다.

‖ 노래를 부르는데 소리가 나오지 않은 꿈은

노력한 만큼 댓가가 나타나지 않고 부탁한 일도 성사되
지 않는다.

‖ 노래를 부르다 중간에 그친 꿈은

하는 일이 중도에 좌절될 징조다.

‖ 산 위에서 유쾌하게 노래를 부른 꿈은

능력과 재능을 과시하고 명예와 지위도 올라간다.

‖ 산 아래에서 노래를 부른 꿈은

부모에게 재난이 닥친다는 암시다.

‖ 산 위에서 발성연습을 한 꿈은

목적을 이루게 된다.

‖ 악기를 연주한 꿈은

자신의 계획이나 주장으로 목적을 이룬다.

‖ 연주를 하다가 악기의 줄이 끊어진 꿈은

추진하는 일이 중도에 실패할 징조다.

‖ 피아노를 연주한 꿈은

원하는 일이 모두 이루어진다.

‖ 피아노를 힘차게 연주한 꿈은

만사가 뜻대로 이루어진다.

‖ **우아한 옷을 입고 피아노를 연주한 꿈은**

멋진 남자를 사귀고 결혼한다.

‖ **피아노 건반을 두드리자 소리가 난 꿈은**

상대방의 마음을 움직여 목적을 이룬다.

‖ **피아노 소리가 이상하게 들린 꿈은**

대인관계나 사업에 문제가 있다는 암시다.

‖ **피리를 분 꿈은**

상대방의 마음을 움직이거나 나쁜 소문에 시달린다.

‖ **나팔을 분 꿈은**

많은 사람들의 마음을 움직여 명예와 부귀를 얻는다.

‖ **플루트 소리를 들은 꿈은**

즐거운 일이 생긴다.

‖ **트럼펫을 보거나 연주한 꿈은**

기대하지 않은 일로 이익을 얻는다.

‖ **트럼펫 소리를 들은 꿈은**

기대하지 않은 일로 이익을 얻는다.

‖ **드럼을 보거나 연주한 꿈은**

사업이 크게 번창하는 등 만사가 순조롭다.

‖ **드럼 소리를 들은 꿈은**

사업이 크게 번창하는 등 만사가 순조롭다.

‖ **백 파이프를 본 꿈은**

재물이 나갈 징조다.

‖ **팀파니를 본 꿈은**

부절제한 생활을 조심하라는 경고다.

‖ **하프 소리를 들은 꿈은**

남자는 아름다운 여성과 데이트를 한다.

‖ **아름다운 하프 연주를 들은 꿈은**

연회나 파티에 초대받는다.

‖ **섹스폰 소리를 들은 꿈은**

먼 곳에서 좋은 소식이 온다.

‖ **전자오르간을 연주한 꿈은**

오랫동안 고민하던 문제가 해결된다.

‖ **하모니카를 불거나 산 꿈은**

재물이 들어온다.

‖ **하모니카 소리를 들은 꿈은**

가정에 불화가 생길 징조다.

‖ **실로폰 소리를 들은 꿈은**

중요한 소식을 듣는다.

‖ **바이올린 소리가 싫었던 꿈은**

애인과 사소한 일로 다툰다.

‖ **기타 소리를 들은 꿈은**

머지않아 신경쓸 일이 생긴다는 암시다.

‖ **북이 크게 울린 꿈은**

의식주가 풍부해지고 지위가 올라간다.

‖ **현악기를 쓰다듬은 꿈은**

새로운 이성을 사귄다.

‖ **현악 4중주를 들은 꿈은**

가정이 화목하고 행복해진다.

‖ 록 콘서트를 관람한 꿈은

나쁜 소문으로 정신적인 고통을 겪는다.

‖ 오페라를 즐겁게 관람한 꿈은

다른 사람을 속이고 있거나 속이려고 한다는 뜻이다.

‖ 왈츠를 들은 꿈은

가까운 사람과 헤어질 징조다.

‖ 크리스마스 캐롤을 들은 꿈은

행복한 생활이 오래도록 지속된다.

‖ 카드 속에서 흘러나오는 캐롤송을 들은 꿈은

선물을 받는다.

영화 · 연극 · 드라마 · 춤

 영화, 연극, 드라마, 춤 등에 대한 꿈은 사업운, 소망, 명예 등을 나타낸다.

‖ 자신이 연기한 꿈은

계획대로 성공하기 어렵다는 꿈이니 더욱 노력하도록.

‖ 연기 테스트를 받은 꿈은

자신의 직품이나 능력을 평가받는다.

‖ 영화관이 텅 비어 있었던 꿈은

구설수에 올라 정신적인 고통을 겪는다.

‖ 많은 사람들이 야외촬영을 구경한 꿈은

많은 사람들이 자신의 사업에 관심을 갖고 있다는 것을
나타내는 꿈이다.

‖ 같은 영상을 여러 번 본 꿈은

같은 일을 여러 번 반복한다.

‖ 영화가 끝나지 않고 계속된 꿈은

원하는 일이 오래도록 이루어지지 않는다.

‖ 영화를 보고 나온 꿈은

하는 일이 갈수록 번창한다.

‖ 영화를 보다가 중간에 나온 꿈은

아름답고 즐거운 일이 중간에 깨진다.

‖ 영화를 보는데 화면이 멈춘 꿈은

번창하던 사업이 일시에 멈춘다.

‖ 연극티켓을 받은 꿈은

새로운 이성을 사귄다.

‖ 연극을 본 꿈은

경쟁자를 이기려고 새로운 계략을 꾸민다.

‖ 연극을 보는데 중간에 막이 내린 꿈은

부탁한 일이 중간에 막힌다.

‖ 연극을 보는데 관객이 없었던 꿈은

하고 싶은 일이 있으나 여건이 따라주지 않는다.

‖ 연극의 주인공이 되어 많은 박수를 받은 꿈은

명예와 지위가 높아지고 많은 사람에게 도움을 받는다.

‖ 드라마의 주인공이 된 꿈은

많은 사람에게 도움을 받고, 단체의 장이 되거나 세력을 얻는다.

‖ 드라마를 보면서 눈물을 흘린 꿈은

집안에 우환이 생길 징조다.

‖ 드라마를 보면서 화를 낸 꿈은

주위 사람과 사소한 일로 다툰다.

‖ 드라마를 보면서 즐거웠던 꿈은

모든 일이 순조롭게 풀리고 가정이 편안해진다.

‖ 드라마에서 사람이 죽은 꿈은

소원하는 일이 모두 이루어진다.

‖ 역사드라마를 본 꿈은

고적지를 탐사하거나 여행한다.

‖ 드라마의 인물이 갑자기 텔레비전에서 튀어나온 꿈은

생각지도 않은 사람을 만난다.

‖ 신나게 춤을 춘 꿈은

축하받을 일이 생긴다.

‖ 음악에 맞춰 춤을 춘 꿈은

열심히 노력하나 남의 장단에 춤추는 꼴이 된다.

‖ 춤을 추다가 넘어진 꿈은

기다리는 소식이 오지 않는다.

‖ 다른 사람이 춤을 춘 꿈은

달콤한 유혹에 빠져 실패와 좌절을 겪는다.

‖ 캬바레에서 춤을 춘 꿈은

이성문제로 크게 다툴 징조다.

‖ 사교춤을 배운 꿈은

새로운 것을 배운다는 암시다.

‖ 발레하는 아름다운 여성을 본 꿈은

애정관계에 이상이 생긴다는 암시다.

마술 · 서커스 · 쇼

 마술, 서커스, 쇼 등에 대한 꿈은 사업운, 소망, 명예
등을 나타낸다.

‖ 자신이 마술을 한 꿈은

계략을 세워 상대를 이긴다.

‖ 마술을 본 꿈은

사기로 인하여 재물이 나간다.

‖ 마술사의 연기에 빠진 꿈은

다른 사람의 말솜씨에 빠져 계획에 차질이 생긴다.

‖ 자신이 서커스를 한 꿈은

능력을 발휘할 기회가 온다는 암시다.

‖ 서커스를 구경한 꿈은

사업이나 하는 일이 어려운 것 같지만 잘 된다.

‖ **서커스 공연 중에 실수하는 것을 본 꿈은**

사업이나 추진하는 일에 일시적인 장애가 생긴다.

‖ **스트립쇼를 본 꿈은**

친구의 이성문제를 해결해준다.

‖ **자신이 스트립쇼를 한 꿈은**

자신의 작품을 발표한다.

‖ **스트립걸을 본 꿈은**

이성문제로 다툰다.

장기 · 바둑

장기나 바둑은 새로운 계획이나 경쟁자를 나타낸다.

‖ **장기알이나 바둑알을 만지작거린 꿈은**

마음이 불안하다는 것을 나타내는 꿈이다.

‖ **장기나 바둑을 둔 꿈은**

세력다툼이 벌어지거나 구설수에 휘말린다.

‖ **바둑 유단자와 바둑을 둔 꿈은**

힘겨운 경쟁자를 만난다.

‖ **같은 또래와 장기를 둔 꿈은**

새로운 경쟁자가 나타날 징조다.

‖ **장기나 바둑에서 이긴 꿈은**

경생사를 물리치고 사업을 성상에 올려놓는다.

‖ 장기나 바둑에서 진 꿈은
경쟁자에게 뒤떨어져 수세에 몰린다.

‖ 자신보다 급수가 높은 사람과 장기나 바둑을 두어 이긴 꿈은
어떤 단체에서 주도권이나 세력을 잡는다.

‖ 어린아이와 장기나 바둑을 둔 꿈은
상대를 무시하거나 자기꾀에 자기가 넘어가 손해를 본다는 경고다.

‖ 장기나 바둑을 두다가 엎어버린 꿈은
사소한 시비나 다툼이 법정싸움으로까지 번진다.

‖ 장기나 바둑을 두는데 다른 사람이 훈수한 꿈은
다른 사람의 방해로 합작이나 동업이 성사되지 않는다.

‖ 다른 사람의 장기나 바둑을 훈수한 꿈은
상관없는 일에 간섭하다가 다툼이 벌어진다.

‖ 장기나 바둑을 두는데 비바람이 몰아친 꿈은
경쟁자와 화합하여 어려운 문제를 해결한다.

여행 · 낚시

여행에 대한 꿈은 변화, 일거리 등을 상징하고, 낚시에 대한 꿈은 사업기반, 사업자금, 계획, 소원, 재물 등을 나타낸다.

‖ 여행을 한 꿈은

직장이나 사업에 변화가 생긴다.

‖ 해외여행을 한 꿈은

큰 이익을 얻는다.

‖ 베낭여행을 한 꿈은

어려운 난관에 부딪힐 징조다.

‖ 외국여행을 떠난 꿈은

잘 모르는 분야에 도전한다.

‖ 다른 사람과 해외여행을 하거나 준비한 꿈은

현재의 위치가 흔들리고 있다는 암시다.

‖ 여행을 하다가 돌아온 꿈은

진행 중인 사업이 중단되거나 목적을 포기한다.

‖ 여행 중에 고생을 많이 한 꿈은

하는 일이 여러 차례 어려운 난관에 부딪히나 최선을
다하여 매우 만족한 결과를 얻는다.

‖ 낯선 여자와 여행한 꿈은

이성과 사소한 문제로 다툰다.

‖ 자동차로 여행을 떠난 꿈은

만사가 순조롭게 진행된다.

‖ 여행을 하다가 교통사고가 난 꿈은

순조롭던 일이 한순간에 중단될 징조다.

‖ 낚시도구를 얻은 꿈은

좋은 협조자를 만난다.

‖ 낚시도구를 잃어버린 꿈은
계획이나 비밀이 유출되어 사업을 포기한다.

‖ 낚싯줄이 길게 늘어진 꿈은
계획한 일을 추진하면 좋은 결과가 나타난다.

‖ 산에서 낚시한 꿈은
흉몽으로 만사가 막힐 징조다.

‖ 배를 타고 낚시한 꿈은
요행을 바라고 있다는 뜻이니 욕심을 버리도록.

‖ 낚시를 하다가 물에 빠진 꿈은
욕심을 부리다 실패한다.

놀이

 놀이에 대한 꿈은 즐거운 일, 경사스러운 일, 소원, 희
망 등을 나타낸다.

‖ 신나게 놀았던 꿈은
만사가 순조롭게 진행된다.

‖ 손뼉치며 즐겁게 논 꿈은
사기나 도박에 빠져 재산을 탕진한다는 경고다.

‖ 신나게 놀다가 잔소리를 들은 꿈은
순조롭던 일이 경쟁자의 방해로 구설수에 오른다.

‖ 재미있게 그네를 탄 꿈은

소원하는 일이 이루어진다.

‖ 둘이서 그네를 탄 꿈은

동업자가 생기고 의견이 잘 맞는다.

‖ 그네에서 떨어진 꿈은

만사가 실패로 돌아간다는 암시다.

‖ 윷을 보거나 윷놀이를 한 꿈은

재물이 들어온다.

‖ 술래잡기에서 술래가 된 꿈은

추진하는 일이 장애에 부딪힐 징조다.

‖ 술래잡기에서 술래에게 잡힌 꿈은

몰래하던 일을 들킨다.

‖ 보물찾기에서 보물을 찾은 꿈은

길몽으로 명예와 부귀를 얻는다.

‖ 장난감을 갖고 논 꿈은

새로운 이성을 사귄다.

‖ 장난감이 부숴진 꿈은

하는 일이 부실하다는 암시다.

‖ 꼭두각시 인형을 조종한 꿈은

최고의 조직을 갖추어 능력을 최대한으로 활용한다.

‖ 말하는 인형을 본 꿈은

가까운 사람들과 말다툼이 벌어진다.

‖ 종이비행기를 날린 꿈은

허황된 생각과 계획으로 무모한 일을 벌린다는 경고다.

‖ 종이인형을 본 꿈은

이성문제로 심각한 고민에 빠진다.

‖ 회전목마를 보거나 탄 꿈은

지금은 불안해도 머지않아 행복해진다는 암시다.

‖ 눈 위에서 썰매를 신나게 탄 꿈은

하는 일이 순조롭게 번창한다.

‖ 오락실에 간 꿈은

달콤한 유혹에 빠져 실패할 징조다.

‖ 오락실에 가다가 돌아온 꿈은

유혹의 함정에서 빠져나온다.

‖ 놀이동산에서 신나게 놀았던 꿈은

많은 사람들의 도움으로 사업이 크게 번창한다.

‖ 놀이기구를 타고 신나게 놀았던 꿈은

만사가 순조롭고 좋은 일이 생긴다.

‖ 놀이기구에서 떨어진 꿈은

달콤한 유혹에 빠져 실패한다.

‖ 놀이동산에서 혼자 놀았던 꿈은

어려운 일을 혼자 해결해야 된다는 뜻이다.

‖ 놀이동산에서 길을 잃어버린 꿈은

새로운 계획을 세우거나 사업을 해야 하는데 업종을 선택하지 못하여 갈등한다는 뜻이다.

‖ 유원지에 간 꿈은

대인관계가 넓어진다는 암시다.

‖ 유원지에서 사람을 잃어버린 꿈은

동업자나 협조자가 떠나간다.

‖ 간이 야구장에서 놀았던 꿈은

계획의 미비로 사업이 실패한다.

21장. 전쟁과 무기에 관한 꿈

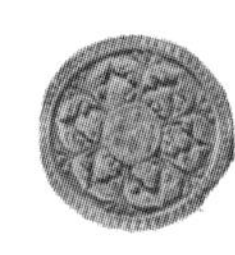

전쟁

 전쟁에 대한 꿈은 어려운 난관, 체험, 경쟁자, 협조자,
권력, 자본, 위험의 소지, 명성 등을 나타낸다.

‖ 비밀임무를 부여받은 꿈은
특별한 업무를 맡는다.

‖ 전쟁을 한 꿈은
심신이 불안할 때 잘 꾸는 꿈으로, 관재구설에 휘말릴
수 있고, 쓸데없는 일로 봉변을 당하기도 한다.

‖ 적군과 친하게 지낸 꿈은
친구나 동료의 도움으로 어려운 문제를 해결한다.

‖ **적군에게 쫓긴 꿈은**

일을 성취하기 어렵다는 암시다.

‖ **적군과 대치한 꿈은**

단체나 모임 등에서 자신의 의견을 발표한다.

‖ **전쟁터에서 죽은 꿈은**

약한 마음을 나타내는 꿈이며 질병에 걸리기 쉽다.

‖ **적을 무찌른 꿈은**

경쟁자를 물리치고 사업에 성공한다.

‖ **적을 무찌르지 못한 꿈은**

경쟁에서 뒤떨어지고 잘못하면 실패와 좌절을 겪는다.

‖ **전쟁이 일어나 피난간 꿈은**

하는 일이 뜻대로 되지 않는다.

‖ **전쟁이 치열해진 꿈은**

갈수록 복잡하고 어려운 일에 직면한다.

‖ **전쟁이 오래 계속된 꿈은**

지금의 경제적인 여건이 오래 지속된다.

‖ **부대가 전쟁터로 이동한 꿈은**

계획한 일을 뜻대로 추진해 나간다.

‖ **전쟁에서 패배한 꿈은**

하는 일마다 실패와 좌절을 겪는다.

‖ **전쟁터에서 부상당한 꿈은**

부서에서 최고의 자리에 올라 능력을 인정받는다.

‖ **전쟁터에서 죽은 시체에 박힌 총알을 뺀 꿈은**

경쟁자나 경쟁업체의 비밀을 입수하여 출세의 기회로

잡는다.

‖ 적기를 격추시킨 꿈은

주위의 도움으로 계획한 일이나 소원이 이루어진다.

‖ 함장이 공격명령을 내린 꿈은

경쟁자와 다투게 된다.

‖ 함장의 공격명령을 듣지 않은 꿈은

일을 자신의 소신대로 처리한다.

‖ 적함을 침몰시킨 꿈은

아무리 어려운 난관이라도 극복하여 목적을 이룬다.

‖ 전쟁터에서 자신이 전사한 꿈은

어려운 고비를 여러 번 넘긴 후 목적을 이룬다.

‖ 적군을 하나하나 총살한 꿈은

계획한 일이 서서히 풀려나간다.

‖ 기관총으로 적군을 사살한 꿈은

하는 일이 크게 번창한다.

‖ 창으로 적을 찌른 꿈은

소원하는 일이 이루어진다.

‖ 창으로 적을 찔렀는데 창이 빠지지 않은 꿈은

성공을 눈 앞에 두고 일이 꼬여 목적을 이루기 어렵다.

‖ 적군을 무참하게 살해한 꿈은

근심 걱정이 모두 사라진다.

‖ 적군의 머리를 자른 꿈은

만사가 뜻대로 이루어지고 큰 행운이 찾아온다.

‖ **잘라진 적장의 머리를 가진 꿈은**

정치적인 승리와 명예가 따른다.

‖ **잘려진 적장의 머리를 본 꿈은**

명예와 지위가 올라간다.

‖ **적군을 죽였는데 다시 살아난 꿈은**

순조롭던 일이 어려움에 처한다.

‖ **적을 공격하려 했으나 몸을 움직일 수 없었던 꿈은**

계획이나 추진하는 일이 좌절되어 벗어나기 어렵다.

‖ **적군에게 잡혀 포로가 된 꿈은**

능력 밖의 일을 맡아 고생할 징조다.

‖ **전쟁포로가 된 꿈은**

하는 일이 침체에 빠질 징조다.

‖ **적군을 포로로 잡은 꿈은**

경쟁자를 물리치고 승리한다.

‖ **전쟁에서 폭사당한 꿈은**

부탁한 일이나 소원하는 일이 이루어진다.

‖ **전쟁터에서 대포를 쏜 꿈은**

답답했던 마음을 시원하게 딜어놓게 되고, 막혔던 일이
점점 풀려나간다.

활

 무기는 어려운 난관, 체험, 경쟁자, 협조자, 권력, 자
본, 위험의 소지, 명성 등을 나타낸다.

‖ **활을 쏘아 표적을 맞춘 꿈은**

원하는 것이 이루어진다.

‖ **활을 쏘아 표적을 맞추지 못한 꿈은**

일이 생각대로 이루어지지 않는다.

‖ **활에 맞은 꿈은**

먼 곳에서 반가운 사람이 찾아온다.

‖ **다른 사람에게 활을 쏜 꿈은**

여행을 떠나게 된다.

‖ **다른 사람이 자신에게 활을 쏜 꿈은**

먼 곳에서 반가운 사람이 찾아온다.

‖ **활로 용을 맞춘 꿈은**

행운의 꿈으로 최고의 자리에 오르고 복권이나 상품권
등에 당첨될 확률이 높다.

‖ **활로 태양이나 달을 맞춘 꿈은**

명예와 지위가 올라가고 태몽이면 훌륭한 후손을 둔다.

‖ **활로 허수아비를 쏜 꿈은**

무모한 일에 투자하고 있다는 뜻이다.

‖ **활과 화살을 가져온 꿈은**

모든 일이 순조롭게 진행된다.

‖ **활시위가 끊어진 꿈은**

형제나 가족이 흩어질 징조다.

‖ **화살이 부러진 꿈은**

하는 일이 막히고 사업은 실패로 끝난다.

‖ **날아오는 화살을 손으로 잡은 꿈은**

어떤 고난이나 제재를 받아도 극복해 나간다.

‖ **활쏘기에 정신이 없었던 꿈은**

한 가지 목적을 이루기 위해 최선을 다한다.

‖ **화살이 비오듯 쏟아진 꿈은**

사업이 크게 번창하고 행운이 찾아온다.

칼

 무기에 대한 꿈은 어려운 난관, 체험, 경쟁자, 협조자, 권력, 자본, 위험의 소지, 명성 등을 나타낸다.

‖ **검을 얻은 꿈은**

자금을 융자받고 지위가 올라간다.

‖ **검으로 물건을 자른 꿈은**

모든 거래관계를 명확하게 한다는 암시나.

‖ **검으로 적을 벤 꿈은**

경쟁자를 물리치고 목적을 이룬다.

‖ 적과 검으로 싸운 꿈은

경쟁자가 나타난다.

‖ 검을 차고 밖으로 나간 꿈은

길몽으로 만사가 성사된다.

‖ 검이 물 속으로 빠진 꿈은

남자는 아내가 질병에 걸린다.

‖ 긴 검을 본 꿈은

아내와 사소한 일로 다툰다.

‖ 검이 머리맡에 놓여 있었던 꿈은

하는 일이 잘 풀린다.

‖ 검을 차고 있는 여자를 본 꿈은

좋은 일이 생긴다.

‖ 검객이 싸운 꿈은

가까운 사람과 이권문제로 다툰다.

‖ 검객이 싸우다 죽은 꿈은

경쟁에서 뒤떨어지거나 굴복한다.

‖ 검무를 춘 꿈은

권력을 얻고 그 권력을 최대한으로 이용한다.

‖ 큰 칼로 사람의 목을 친 꿈은

경쟁자를 물리치고 목적을 이룬다.

‖ 칼을 갖고 다닌 꿈은

모든 일을 완벽하게 처리할 마음으로 업무에 임한다.

‖ 칼을 차거나 받은 꿈은

미혼여성은 결혼한다.

‖ **칼을 다른 사람에게 준 꿈은**

하는 일이나 사업이 다른 사람을 통해서 정리된다.

‖ **물 속에 칼이 있었던 꿈은**

계획으로는 성공할 수 있으나 주위의 여건이 따라주지
않는다는 암시다.

‖ **칼을 갖고 놀다 다친 꿈은**

방심하다 큰 봉변을 당한다.

‖ **단도에 가슴이 찔린 꿈은**

질병에 시달릴 징조다.

‖ **은장도를 얻은 꿈은**

미혼자는 결혼한다.

‖ **은장도를 처녀에게 준 꿈은**

미혼자는 맞선을 보거나 결혼한다.

‖ **은장도나 칼을 잃어버린 꿈은**

애인과 헤어질 징조다.

총

무기에 대한 꿈은 어려운 난관, 체험, 경쟁자, 협조자,
권력, 자본, 위험의 소지, 명성 등을 나타낸다.

‖ **총으로 과녁을 명중한 꿈은**

사업가는 성공하고 미혼자는 결혼한다.

‖ 총을 쏘았는데 과녁을 명중하지 못한 꿈은

목적을 이루기 어렵다는 암시다.

‖ 사격장에서 백발백중한 꿈은

만사가 순조롭게 진행되어 목적을 이룬다.

‖ 사격장에서 한 발도 명중하지 못한 꿈은

의욕과 능력은 있으나 운이 따라주지 않는다.

‖ 사격장에서 다른 사람의 과녁을 맞춘 꿈은

뜻밖의 일로 재물이 들어온다.

‖ 미인에게 총을 쏜 꿈은

이성문제로 구설수에 휘말릴 징조다.

‖ 공기총으로 사람을 쏜 꿈은

무리한 일에 도전한다.

‖ 총으로 누군가를 위협한 꿈은

자신의 힘을 과시하게 된다.

‖ 총을 갖고 다닌 꿈은

모든 일을 완벽하게 처리할 마음으로 업무에 임한다.

‖ 총에 총알이 들어 있었던 꿈은

불길한 일이 생길 징조다.

‖ 총 앞에서 무서워 떨었던 꿈은

심신이 불안하다는 암시로 일이 잘 풀리지 않는다.

‖ 다른 사람의 총에 살해된 꿈은

암울한 시간은 지나고 내일을 향해 전진한다는 암시다.

‖ 총알세례를 받은 꿈은

어떤 단체나 기관의 제재로 하는 일이 중도에 막힌다.

∥ **총으로 적을 죽인 꿈은**

수단과 방법을 가리지 않고 목적을 이룬다.

∥ **총알이 몸에 박힌 꿈은**

집안에 우환이 생기거나 질병에 시달린다.

∥ **총을 쏘려고 했는데 방아쇠가 없었던 꿈은**

만사가 좌절되고 애인이 떠난다.

∥ **공기총을 산 꿈은**

가까운 사람이나 거래처에게 속고 있다는 암시다.

∥ **공기총을 선물받은 꿈은**

애인이 양다리를 걸치고 있다는 암시다.

∥ **적이 기관총을 쏘는데 피한 꿈은**

어렵게 난관을 벗어난다.

∥ **공중에서 기관총을 난사한 꿈은**

단체의 장이 되거나 사업이 크게 번창한다.

그 외의 무기

무기에 대한 꿈은 어려운 난관, 체험, 경쟁자, 협조자, 권력, 자본, 위험의 소지, 명성 등을 나타낸다.

∥ **무기를 들고 싸운 꿈은**

동업자나 협조자를 만난다.

‖ **무기를 잃어버린 꿈은**

기회를 놓치거나 협조자가 떠날 징조다.

‖ **다이나마이트가 폭발한 꿈은**

불길한 꿈으로 새로운 사업이나 일에 손대지 말 것.

‖ **다이나마이트를 던졌는데 폭발하지 않은 꿈은**

근심 걱정이 모두 해결된다.

‖ **폭탄을 약인 줄 알고 먹은 꿈은**

성공할 수 있는 직장이나 일을 맡는다.

‖ **폭탄이 터진 꿈은**

큰 다툼이 벌어진다.

‖ **수류탄을 던진 꿈은**

성급한 판단으로 손해를 보거나 망신을 당한다.

‖ **수류탄이 터진 꿈은**

명예와 권리가 주어진다.

‖ **대포를 쏜 꿈은**

하는 일이나 사업이 위기에 직면하거나 위험한 일을 시
작한다는 암시다.

‖ **대포알을 들고 있었던 꿈은**

위험한 상황이 해결된다.

‖ **방패를 얻거나 선물받은 꿈은**

귀인을 만나거나 문제를 해결할 방법이 생긴다.

‖ **방패를 선물한 꿈은**

누군가를 도와준다.

‖ **방패에서 광채가 난 꿈은**

명예와 지위가 올라간다.

‖ **지뢰를 밟은 꿈은**

위험한 상황에 처해 있다는 암시다.

‖ **지뢰가 터져 죽은 꿈은**

사업이 실패할 징조다.

‖ **지뢰가 터졌는데도 죽지 않은 꿈은**

어려운 난관에서 벗어난다.

‖ **창에 찔려 죽은 꿈은**

명예와 권리가 올라간다.

22장. 감정과 행동에 관한 꿈

희노애락

감정에 대한 꿈은 꿈의 상황이 현실에서 그대로 나타
나는 경우가 많다.

‖ **웃고 있는 사람을 본 꿈은**
애인과 다투거나 헤어진다.

‖ **환자가 웃은 꿈은**
재수없는 일이 생긴다.

‖ **욕을 해도 상대방이 웃은 꿈은**
여러 사람에게 나쁜 평가를 받고 불쾌한 일이 생긴다.

‖ **욕을 하니까 상대방도 같이 욕을 한 꿈은**
경쟁자와 다툰다.

‖ 상대방과 웃으면서 서 있었던 꿈은

의기투합하여 만사를 풀어나간다.

‖ 상대방과 마주보고 같이 웃었던 꿈은

대인관계가 매우 좋아진다.

‖ 상대방과 서로 빙그레 웃은 꿈은

상대방과 다투거나 냉대를 받는다.

‖ 상대방이 통쾌하게 웃은 꿈은

자기 꾀에 자기가 넘어가거나 질병에 시달린다.

‖ 상대방이 기분좋아 보인 꿈은

경쟁자나 동업자와 화합하여 일을 잘 풀어나간다.

‖ 자신은 웃는데 상대방은 웃지 않은 꿈은

부탁한 일이 성사되지 않는다.

‖ 상대방과 같이 웃다가 다툰 꿈은

동업이나 협조관계가 소원해진다.

‖ 상대방이 비웃은 꿈은

경쟁자나 동업자와 사소한 문제로 다툰다.

‖ 상대방이 크게 화를 내는데도 기분이 좋았던 꿈은

얄미운 사람으로 인하여 기쁜 일이 생긴다.

‖ 정체불명의 웃음소리를 들은 꿈은

비웃음거리가 되거나 질병에 시달린다.

‖ 남자의 유쾌한 웃음소리를 들은 꿈은

가정이 화목해지는 등 만사가 순조롭다.

‖ 여자의 간사스런 웃음소리를 들은 꿈은

대인관계가 어려워지는 등 불길한 일이 생긴다.

∥ **청중이 시끄럽게 웃은 꿈은**

여러 사람에게 비웃음거리가 된다.

∥ **청중과 함께 웃은 꿈은**

여러 사람이 힘을 합친다는 암시다.

∥ **하염없이 눈물을 흘린 꿈은**

기쁨이 오래 지속된다는 예고다.

∥ **눈물을 흘리면서 운 꿈은**

즐거운 일이 생기고 그 기쁨이 오래간다.

∥ **다른 사람이 눈물을 흘린 꿈은**

상대방에게 불쾌한 일을 한다.

∥ **흐느껴 운 꿈은**

목적을 이루나 비밀에 붙이고 싶어한다는 뜻이다.

∥ **대성통곡한 꿈은**

축하받을 일이 생긴다.

∥ **여자가 가슴에 안겨 운 꿈은**

사랑을 고백한다는 암시이며 사업가는 사업의 실패로
몰락한다.

∥ **여자의 가슴에 안겨 운 꿈은**

사랑을 고백한다.

∥ **남자의 가슴에 안겨 운 꿈은**

여자는 사랑하는 사람이 떠난다.

∥ **울음을 그쳤다가 다시 운 꿈은**

울음의 횟수만큼 즐거운 일이 생긴다.

‖ 시원하게 울고 싶은데 울지 못한 꿈은

하는 일이 풀릴듯 하면서 풀리지 않는다.

‖ 상대방이 불쌍해서 슬펐던 꿈은

상대방이 하는 일이 못마땅해 불만을 갖는다.

‖ 다른 사람이 운 꿈은

다른 사람이 자신을 비웃거나 해를 끼친다.

‖ 울고 있는 사람에게 화를 낸 꿈은

애인과 다투어도 다시 화해한다.

‖ 상대방이 흐느껴 운 꿈은

그 사람의 집안에 우환이 생긴다.

‖ 상대방이 대성통곡한 꿈은

상대방이 의도하는 대로 따라가고 불길한 일이 생긴다.

‖ 상대방이 슬퍼한 꿈은

그 사람의 신상에 불길한 일이 생긴다.

‖ 모르는 여자가 운 꿈은

집안에 우환이 생기거나 불길한 일이 일어난다.

‖ 상대방에게 공포를 느꼈던 꿈은

단체나 기관의 감사나 압력으로 큰 피해를 본다.

‖ 상대방이 냉정했던 꿈은

상대방의 도움으로 사업이 번창한다.

‖ 상대방이 화를 낸 꿈은

상대방에게 원망을 듣는다.

‖ 상대방이 크게 화를 낸 꿈은

상대방에게 끌려다니거나 상사에게 꾸지람을 듣는다.

‖ 상대방의 표정이 사나웠던 꿈은

난폭한 사람과 거래를 하거나 능력 밖의 일을 맡는다.

‖ 상대방이 꾸짖는데도 가만히 있었던 꿈은

상대방을 물리치고 어려운 난관을 극복한다.

‖ 상대방을 위로해준 꿈은

상대방이 실패와 좌절을 느낀다.

‖ 상대방을 위로하니까 그 사람이 갑자기 웃은 꿈은

다른 사람을 위해 봉사하고 기쁨을 얻는다.

‖ 상대방에게 동정심이 생긴 꿈은

어떤 일에 대한 책임감 때문에 고통을 당한다.

‖ 상대방이 연약다고 느낀 꿈은

우쭐한 마음으로 업무를 처리하다 구설수에 오른다.

‖ 상대방이 온순하다고 느낀 꿈은

만나는 사람이나 하는 일이 마음에 들지 않는다.

‖ 누군가를 부러워한 꿈은

패배의 쓴맛을 본다.

‖ 성공하거나 출세한 사람을 부러워한 꿈은

동료나 친구들보다 승진이나 성공이 늦어진다.

‖ 추하다고 생각한 꿈은

마음에 들지 않는 것을 본다.

‖ 상대방이 추하게 느껴진 꿈은

하기 싫은 일을 하거나 필요없는 물건을 구입한다.

‖ 상대방에게 적의를 느낀 꿈은

다른 사람이 한 일이 마음에 들지 않아 불평불만이 생

긴다는 암시다.

‖ **상대방을 미워한 꿈은**

상대방이 싫어하는 일을 해서 상대방이 불만을 갖는다.

‖ **상대방을 천시하거나 무시한 꿈은**

상대방에게 정면으로 불평불만을 터뜨린다.

‖ **목이 말랐던 꿈은**

모든 일이 뜻대로 이루어지지 않는다.

‖ **배가 고프다고 생각한 꿈은**

자금이 고갈되는데 융통할 길이 막막하다.

‖ **배가 부르다고 생각한 꿈은**

만사가 편안해신다.

‖ **배가 매우 고팠던 꿈은**

경제적인 어려움에 처한다.

‖ **배가 고파 먹을 것을 찾아 헤맨 꿈은**

경제사정이 나빠지는 등 모든 일이 막힌다.

‖ **배는 고픈데 음식점이 없었던 꿈은**

자금을 융통하기가 매우 어렵다.

‖ **황홀했던 꿈은**

감격할 일이 생기거나 욕구불만을 해소한다.

‖ **몹시 들뜨고 즐거웠던 꿈은**

축하받을 일이 생긴다.

‖ **기쁨을 느꼈던 꿈은**

기쁜 일이 생기고 만족감을 느낀다.

‖ **세상이 아름답다고 느낀 꿈은**

기쁜 일이 생기거나 기쁜 소식을 듣는다.

‖ **모든 것이 만족하다고 느낀 꿈은**

소원하는 일이 이루어지고 현실에 만족한다.

‖ **모든 일에 감사한 꿈은**

소원하는 일이 이루어지고 기쁜 소식을 듣는다.

‖ **신비스러움을 느꼈던 꿈은**

우아한 파티에 초대되거나 고귀한 사람을 사귄다.

‖ **사랑을 고백한 꿈은**

이성문제로 다툰다.

‖ **사랑을 고백받은 꿈은**

유혹에 빠져 큰 재물을 잃는다.

‖ **짝사랑하는 사람에게 사랑을 고백받은 꿈은**

그 사람이 멀리 떠나거나 하는 일이 잘 되지 않는다.

‖ **사랑을 고백하지 못해 애를 태운 꿈은**

일이 될듯 될듯 하면서 세월만 간다.

‖ **사랑을 고백하다 다툰 꿈은**

새로운 이성을 사귄다.

‖ **승리감에 도취된 꿈은**

추진하는 일이 성공한다.

‖ **승진하여 기분이 좋았던 꿈은**

실제로 승진한다.

‖ **질투를 느낀 꿈은**

친구나 애인의 문제로 망신을 당한다.

‖ **시기와 질투를 한 꿈은**

실패와 좌절을 느끼고 경쟁자에게 밀린다.

‖ **고생 끝에 마음이 편안해진 꿈은**

소원하는 일을 어렵게 이룬다.

‖ **패배감을 느꼈는데도 마음이 편안했던 꿈은**

재기의 힘이 솟구쳐 다시 시작한다는 암시다.

‖ **우울했던 꿈은**

모든 일이 막히는 등 근심 걱정이 생긴다.

‖ **고통스럽다고 느낀 꿈은**

하는 일마다 장애가 생겨 갈등이 따른다.

‖ **고통을 느껴야 하는데도 전혀 느끼지 못한 꿈은**

새로운 진리를 깨닫게 된다.

‖ **끝이 없다고 생각한 꿈은**

비현실적이거나 허망한 일을 접한다.

‖ **불쾌하다고 느낀 꿈은**

주위 사람들에게 따돌림을 당하거나 비웃음을 받는다.

‖ **매우 불만스럽다고 생각한 꿈은**

하는 일에 만족하지 못하고 결과가 기대에 미치지 못한
다는 암시다.

‖ **분노를 폭발시킨 꿈은**

경쟁자를 제압하고 복적을 이룬다.

‖ **분노를 폭발시키지 못한 꿈은**

어려운 난관에 부딪힐 징조다.

‖ 양심의 가책을 받은 꿈은

필요 이상으로 양보하고 상대방을 원망한다.

‖ 양심의 가책을 느끼지 않은 꿈은

과감한 결단력으로 초지일관한다.

‖ 죄가 탄로날까봐 두려웠던 꿈은

만사불통이 되어 하는 일마다 결과가 확실하지 않다.

‖ 비위가 상해서 분노한 꿈은

상대방이 하는 일에 불만을 느껴 다툼이 벌어진다.

‖ 패배감을 느낀 꿈은

모든 일에서 실패와 좌절을 겪는다.

‖ 절망감에 빠진 꿈은

어려움에 처할 징조다.

‖ 힘이 부족하다고 느낀 꿈은

자금이나 능력 밖의 사업을 벌려 중간에 포기한다.

‖ 신세타령을 한 꿈은

현실에 만족하지 못하며 불만이 쌓인다.

‖ 자신의 위치를 한탄한 꿈은

자신의 직업에 불만이 많다는 것을 나타내는 꿈이다.

‖ 무언가를 간절하게 원했던 꿈은

과욕을 부리다 실패와 좌절을 겪는다.

‖ 거짓말이라고 생각한 꿈은

위선적이고 왜곡된 일의 진실을 밝혀낸다.

‖ 상대방에게 거짓말을 한 꿈은

실제로 거짓말을 한다.

‖ 몸에 통증을 느낀 꿈은

일을 추진하는데 여러 가지 어려움이 따른다.

‖ 다른 사람에게 물건을 주기 싫었던 꿈은

사람을 만나거나 모임 등에 나가기 싫어한다.

‖ 승진에서 탈락해 억울했던 꿈은

뜻밖의 행운이 찾아온다.

‖ 누군가에게 쫓겨 불안했던 꿈은

불안한 상태를 나타내는 꿈이다.

‖ 딱딱하거나 굳었다고 생각한 꿈은

일이 잘 풀리지 않을 징조다.

‖ 아깝다고 생각한 꿈은

불만스런 일이 생긴다.

‖ 놀라서 탄성을 지른 꿈은

다른 사람에게 호소할 일이 생긴다.

‖ 무심하게 바라본 꿈은

전혀 상관없는 일에 부딪힌다.

‖ 상대방이 무표정했던 꿈은

근심걱정이 사라진다.

‖ 불의를 보고 마음이 상한 꿈은

누군가와 다툴 징조다.

‖ 고통 끝에 편안해진 꿈은

고생 끝에 낙이온다.

‖ 경쟁에서 진 꿈은

경쟁자에게 뒤떨어진다.

인사 · 악수 · 칭찬 · 박수

인사, 악수, 칭찬, 박수 등의 행동에 대한 꿈은 권력,
대인관계, 인기, 명예, 권위 등을 나타낸다.

‖ **큰 절을 한 꿈은**

미혼자는 혼담이 있고 사업가는 부탁할 일이 생긴다.

‖ **집안 어른에게 큰 절을 한 꿈은**

상을 받거나 부탁할 일이 생기고 미혼자는 결혼한다.

‖ **누군가에게 절을 한 꿈은**

그 사람에게 부탁을 한다.

‖ **절을 받은 꿈은**

중환자는 병이 더 악화되거나 머지않아 죽음에 이른다.

‖ **큰 절을 받은 꿈은**

중환자는 병이 더 악화되거나 머지않아 죽음에 이른다.

‖ **윗사람에게 절을 받은 꿈은**

상사의 부탁을 받는다.

‖ **모르는 사람에게 큰 절을 받은 꿈은**

속임수에 넘어가거나 뜻밖의 재난으로 고생한다.

‖ **서로 인사를 주고받은 꿈은**

새로운 친구를 사귄다.

‖ **인사를 했는데 상대방이 외면한 꿈은**

청탁한 일이 무산되는 등 주위 사람들의 도움을 전혀
받지 못한다.

‖ **인사를 했는데 상대방이 미소를 지은 꿈은**

그 사람에게 부탁을 하지만 이루어지지 않고 오히려 두 사람의 사이가 벌어진다.

‖ **먼 산을 보고 절한 꿈은**

도움을 요청할 일이 생긴다.

‖ **거수경례를 한 꿈은**

취직, 입학, 허가 등이 성사된다.

‖ **승진을 축하받은 꿈은**

직장인은 퇴직하고 사업가는 진퇴양난에 빠진다.

‖ **악수를 하는데 상대방의 손이 차가웠던 꿈은**

그 사람에게 푸대접을 받는다.

‖ **악수를 하는데 상대방의 손이 따뜻했던 꿈은**

그 사람에게 극진한 대우를 받는다.

‖ **손을 강하게 흔들면서 악수한 꿈은**

사업적인 거래나 대인관계에서 좋지 않은 일이 생긴다.

‖ **악수를 청했는데 거절당한 꿈은**

만사불성이고 주위 사람들에게 따돌림을 당한다.

‖ **상대방이 악수를 청했는데 거절한 꿈은**

만나기 싫은 사람을 만난다.

‖ **악수를 하다가 손이 미끄러져 빠진 꿈은**

농업이나 계약 등이 깨지고 부탁했던 일도 무산된다.

‖ **많은 사람과 한꺼번에 악수한 꿈은**

단체의 장이 되거나 다른 사람의 도움으로 사업이 크게 번창한다.

‖ 여러 사람과 반갑게 순서대로 악수한 꿈은

상대방의 손이 따뜻했으면 많은 사람에게 협조를 받고,
손이 차가웠으면 냉대를 받는다.

‖ 악수를 하는데 상대방이 자신의 손을 감싸쥔 꿈은

상대방의 부탁을 거절하지 못한다는 암시다.

‖ 악수를 하다가 상대방이 사라진 꿈은

동업자나 경쟁자와 가깝게 지내려고 노력하나 외면을
당한다는 암시다.

‖ 칭찬받은 꿈은

축하받을 일이 생기는 등 행운이 찾아온다.

‖ 다른 사람을 칭찬한 꿈은

결혼식 등에 초대받는다.

‖ 칭찬하기 싫은데 억지로 칭찬한 꿈은

가고 싶지 않은 행사에 간다.

‖ 관중이 박수를 보낸 꿈은

기쁜 일이 생기고, 인기인은 인기가 최고로 올라간다.

‖ 자신이 박수를 친 꿈은

축하받을 일이 생긴다.

‖ 박수를 치는데 손바닥이 아팠던 꿈은

하고 싶지 않은 일을 맡는다.

‖ 훈장을 받은 꿈은

명예와 지위가 올라간다.

포옹 · 키스 · 속삭임

 포옹, 키스, 속삭임 등의 행동에 대한 꿈은 이성교제, 사랑, 결혼, 정신적인 일 등을 나타낸다.

‖ 이성과 포옹한 꿈은
뜻밖의 일로 어려움에 처하여 정신적인 고통을 겪는다.

‖ 동성과 포옹한 꿈은
의기투합하여 어려운 일을 해결한다.

‖ 다른 사람이 안아준 꿈은
다른 사람의 도움을 기다리게 되고, 미혼자는 사랑하는 사람이 나타나길 원한다.

‖ 다른 사람이 힘껏 안아준 꿈은
힘들고 어려울 때 도와줄 사람이 나타난다.

‖ 다른 사람을 힘껏 안아준 꿈은
부탁할 일이 생긴다는 암시다.

‖ 상대방을 안으려고 하는데 거부당한 꿈은
계약이나 혼담 등이 깨지고 애인과도 헤어진다.

‖ 상대방이 안으려고 하는데 거부한 꿈은
다른 사람이 부탁하려고 찾아온다.

‖ 짧게 포옹한 꿈은
동업이나 협조관계가 오래가지 못한다.

‖ 길게 포옹한 꿈은
아름답고 좋은 관계가 오래도록 유지된다.

‖ **키스한 꿈은**

반가운 소식이 온다.

‖ **길게 키스한 꿈은**

만나서 대화하는 사람의 모든 것을 알게 된다.

‖ **형식적으로 키스한 꿈은**

상대방에게 끌려가게 되고 만사가 형식적으로 끝난다.

‖ **억지로 키스한 꿈은**

자백을 강요받거나 하기 싫은 일을 떠맡아 고생한다.

‖ **미인이 자신의 뺨에 입맞춤한 꿈은**

고귀하고 아름다운 여성에게 데이트 신청을 받는다.

‖ **못생긴 이성과 키스한 꿈은**

이성문제로 말썽이 생기고 불미스런 일이 생긴다.

‖ **처음 보는 흰 얼굴의 남자와 키스한 꿈은**

자신이 한 일에 만족감을 느낀다.

‖ **눈이 크고 시원하게 생긴 여자와 키스한 꿈은**

통쾌한 일이 생긴다.

‖ **키스가 불만스러웠던 꿈은**

잘못을 사과하고 용서를 구해도 들어주지 않는다.

‖ **달콤한 속삭임을 들은 꿈은**

달콤한 유혹에 빠져 큰 손해를 본다.

‖ **다른 사람들이 알아듣지 못하게 서로 속삭인 꿈은**

나쁜 소문에 시달린다.

‖ **다른 사람이 속삭이는 것을 알아듣지 못한 꿈은**

다른 사람들이 자신의 의견이나 주장을 이해하거나 동

조하지 않는다.

섹스

성에 대한 꿈은 일거리, 단체, 이성, 사랑, 정신적인 일
등을 나타낸다.

‖ 섹스한 꿈은
왕성한 정력으로 만사를 뜻대로 이룬다는 암시이며, 성
직자는 득도하거나 진리를 깨닫는다.
‖ 키스한 후에 섹스한 꿈은
축하받을 일이 생기거나 반가운 소식을 듣는다.
‖ 누드화를 보고 성적충동을 느낀 꿈은
이성문제로 말다툼이 벌어진다.
‖ 누드화를 보고 성적충동을 느끼지 못한 꿈은
의욕이 떨어질 징조다.
‖ 춘화도를 보고 성적충동을 느낀 꿈은
이성문제로 고통받을 징조다.
‖ 스트립쇼를 보고 성적충동을 느낀 꿈은
이성문제로 심하게 다툴 징조다.
‖ 이성에게 욕정을 느낀 꿈은
상대방에게 불만이 생기고 이성문제로 다툰다.
‖ 이성에게 욕정을 느끼지 않은 꿈은
어느 특정인에게 관심을 갖지 않거나 어떤 일을 당연하

게 생각한다.

∥ 성기가 발기되지 않은 꿈은

사업부진, 의기소침, 의욕상실 등이 따른다.

∥ 성기가 발기되지 않아 초조했던 꿈은

현실에 불만이 생기거나 의욕을 상실한다.

∥ 성기가 발기되었는데 해결할 수 없었던 꿈은

부하직원이나 자식과 의견충돌이 일어난다.

∥ 섹스하는 것이 부끄럽다고 느낀 꿈은

자신감이 없다는 암시로 정신적인 갈등을 겪는다.

∥ 섹스하는 것을 수치스럽다고 느낀 꿈은

만사가 중도에 그치고 자신감과 용기를 상실한다.

∥ 다른 사람이 섹스하는 것을 본 꿈은

어떤 단체나 기관, 사람에게 간섭이나 지시를 받는다.

∥ 섹스를 하려고 하다가 못한 꿈은

만사에 의욕이 없고 계획한 일은 곤경에 빠진다.

∥ 섹스를 하다가 중간에 그친 꿈은

하는 일이나 계획이 실패하기 쉽다.

∥ 다른 사람 때문에 섹스가 중단된 꿈은

무슨 일이든 방해자가 나타나 정신적인 고통을 받는다.

∥ 섹스하는 꿈을 꾸다가 잠에서 깨면

좋은 일이 생길듯 하다가도 허사가 된다.

∥ 애인을 속이고 다른 사람과 섹스한 꿈은

경영을 맡기거나 아무도 모르게 일을 추진한다.

‖ 모르는 사람이 섹스하는 것을 본 꿈은

경쟁자의 방해로 정신적인 고통을 받는다.

‖ 사람들이 보는데서 섹스한 꿈은

많은 사람들에게 인정받는다.

‖ 낯선 남자와 섹스한 꿈은

부부간에 사소한 일로 다투는 등 갈등이 따른다.

‖ 피부가 검은 남자와 섹스한 꿈은

섹스의 강도만큼 자신의 능력을 인정받는다.

‖ 강간당한 꿈은

하기 싫은 일이나 직책을 맡는다.

‖ 강간한 꿈은

계획한 일을 억지로 추진하나 결과가 만족스럽지 못해 정신적인 고통을 받는다. 여자는 꿈에서 본 남자와 실제로 섹스를 한다.

‖ 강간하려고 하는데 상대방이 완강하게 저항한 꿈은

경쟁자를 제압하기 위해 여러 가지 방법을 동원하나 통하지 않는다.

‖ 물 속에서 섹스한 꿈은

허황된 꿈과 계획을 세운다는 경고다.

‖ 여성의 위에서 섹스한 꿈은

재물이 들어오는 등 좋은 일이 생긴다.

‖ 여성의 뒤에서 섹스한 꿈은

정당하지 못한 일로 돈을 번다.

‖ 할머니와 섹스한 꿈은

오래도록 막혔던 일이 풀리기 시작한다.

‖ 유부녀와 섹스한 꿈은

경쟁자를 이기고 재물을 얻는다.

‖ 외국인과 섹스한 꿈은

외국의 이성을 사귀게 되거나 해외로 나간다.

‖ 많은 여자와 섹스한 꿈은

업무를 처리해도 갈수록 더 쌓이기만 한다.

‖ 변태적으로 섹스한 꿈은

정신적인 불안과 갈등을 나타내는 꿈이며 이성문제로
시끄러워진다.

‖ 한 여자를 두고 여러 남자가 윤간한 꿈은

여러 사람이 공동으로 일을 처리한다.

‖ 졸고 있는데 발기된 꿈은

열심히 노력해도 결과가 만족스럽지 못하다.

‖ 섹스하는 꿈을 꾸다가 실제로 사정을 하면

무리하게 육체노동이나 운동을 하다 다친다.

‖ 성욕을 강하게 느끼면서도 섹스를 하지 못한 꿈은

만사를 시도조차 해보지 못한다는 암시다.

‖ 욕정이 완전하게 해소된 꿈은

소원하는 일이 모두 이루어진다.

‖ 강렬한 오르가즘을 느꼈던 꿈은

재물을 잃을 징조다.

‖ 자위행위를 한 꿈은

도움을 전혀 받지 못하고 모든 일을 혼자서 해결해야
한다는 암시다.

‖ 섹스를 했는데 정액이 나오지 않은 꿈은

이성문제로 정신적인 고통을 겪는다.

‖ 생리 중에 섹스한 꿈은

성병에 걸릴 징조다.

‖ 키스하면서 애무한 꿈은

계획은 계획으로 끝나고 모든 일에 갈등이 생긴다.

‖ 외간 여자를 애무한 꿈은

명예와 부귀, 재물 등이 따른다.

‖ 이성간에 서로 성기를 애무한 꿈은

동업자나 동료와 좋은 관계를 유지하는 등 만사가 순조
롭다는 암시다.

‖ 상대방의 성기를 애무한 꿈은

계획은 있어도 마음 뿐 실천하지 못한다.

‖ 상대방이 자신의 성기를 애무한 꿈은

달콤한 유혹에 빠져 큰 손해를 본다.

‖ 알몸으로 섹스한 꿈은

일을 공개적으로 추진한다.

‖ 노력을 했는데도 섹스를 성공시키지 못한 꿈은

의욕은 있으나 일이 뜻대로 풀리지 않는다.

‖ 섹스한 후에 소변을 본 꿈은

일석이조의 이득이 생긴다.

앉고 · 서고 · 눕고 · 엎드리고 · 잠자고

 앉고, 서고, 눕고, 엎드리고, 잠자는 행동에 대한 꿈은
휴식, 휴직, 중단, 기다림, 직업이나 직장의 변화 등을
나타낸다.

‖ 아무 곳에나 앉은 꿈은

추진하는 일이 중단되거나 직장의 변동이 있다.

‖ 다소곳이 앉아 있었던 꿈은

마음이 편안하며 원하는 것을 이룬다.

‖ 두 사람이 나란히 앉아 있었던 꿈은

동업자나 마음이 통하는 사람을 만난다.

‖ 경사진 곳에 쪼그리고 앉았던 꿈은

고통스런 일이 닥칠 징조다.

‖ 앉을 수도 설 수도 없었던 꿈은

추진하는 일이나 사업이 침체에 빠질 징조다.

‖ 여러 사람이 함께 앉아 있었던 꿈은

여러 사람과 함께 일을 하는데 의견이 잘 맞는다.

‖ 앉아 있다가 일어선 꿈은

사업이 부진하다가 회복된다.

‖ 앉으려고 하다가 넘어진 꿈은

좌천, 실직, 사업실패 등이 따를 징조다.

‖ 상대방과 마주 서 있었던 꿈은

경쟁자와의 대립이 심각함을 나타내는 꿈이다.

∥ 자신이 내준 자리에 많은 사람이 앉은 꿈은

직원이나 종업원을 많이 거느리게 된다.

∥ 두 사람이 같이 누워 있었던 꿈은

동업자가 생기고 미혼자는 결혼이 성사된다.

∥ 가족이나 다른 사람들과 여럿이서 한 방에 누워 있었던 꿈은

여러 사람의 목적이 같다는 것을 암시하는 꿈이다.

∥ 서로 머리를 맞대고 누워 있었던 꿈은

의견의 일치를 본다.

∥ 누군가가 자신의 머리 위에 다리를 뻗고 누운 꿈은

경쟁에서 다른 사람에게 진다는 암시다.

∥ 아무 생각없이 반듯하게 누워 있었던 꿈은

환자는 치료기간이 길어지고 실직자는 직장을 구하기
어렵다는 암시다.

∥ 자리에 누워 있었던 꿈은

하는 일이 중단되거나 질병으로 고생할 징조다.

∥ 바닥에 누워 있었던 꿈은

모든 일을 스스로 해결해야 되고 자금도 바닥이 난다.

∥ 다른 사람이 자신의 무릎을 베고 누운 꿈은

누군가가 부탁이나 신세를 지려고 찾아온다는 암시다.

∥ 다른 사람의 무릎을 베고 누운 꿈은

상대방을 의지하는데 그 사람이 자신의 뜻을 따라준다.

∥ 누워 있는데 갑자기 바닥이 내려앉은 꿈은

하루아침에 명예와 지위가 몰락할 징조다.

‖ **누워 있는데 천정이 내려앉은 꿈은**

뜻밖의 재난으로 몸을 다친다.

‖ **누워 있다가 밖으로 나간 꿈은**

새로운 일을 시작한다.

‖ **엎드려 있었던 꿈은**

세력다툼이나 경쟁에서 진다.

‖ **땅에 죽은듯이 엎드려 있었던 꿈은**

신상에 관한 나쁜 소문을 듣고 슬퍼한다.

‖ **상대방이 엎드려 있었던 꿈은**

세력다툼이나 경쟁에서 주도권을 잡는다.

‖ **발치에 누군가가 앉아 있는 것 같았던 꿈은**

방해자가 많아 하는 일이 어려움에 빠진다.

‖ **다른 사람이 잠을 자는 것을 본 꿈은**

번창하던 사업이 한순간에 침체에 빠진다.

‖ **배우자가 아닌 사람과 잠을 잔 꿈은**

귀한 손님이 찾아온다.

‖ **대화를 나누거나 바라보던 사람이 잠을 잔 꿈은**

상대방이 늦장을 부리고 있다는 암시다.

‖ **처음 만난 사람과 잠을 잔 꿈은**

도둑맞을 우려가 있다는 암시다.

‖ **낯선 여자와 잠을 잔 꿈은**

이성문제로 다툴 징조다.

‖ **다른 동네에서 잠을 잔 꿈은**

외근을 하거나 출장을 간다.

‖ **잠을 자다가 벌떡 일어난 꿈은**

놀랄 일이 생긴다.

‖ **잠을 자면서 잠꼬대를 한 꿈은**

정신적으로 불안하다는 것을 나타내는 꿈이다.

걷고 · 뛰고 · 날고

걷고, 뛰고, 나는 행동에 대한 꿈은 운세, 장소의 이동, 직업의 변화, 일의 진행과정, 시간의 경과, 대화의 내용 등을 나타낸다.

‖ **걸음을 멈춘 꿈은**

일이 중단되거나 답답한 상황이 된다.

‖ **목적없이 걸은 꿈은**

일이 언제 끝날지 모르고 환자는 병이 오래간다.

‖ **그냥 길을 걸은 꿈은**

모든 일이 무의미하며 의욕도 희망도 없고 환자는 병이 언제 나을지 몰라 암담할 뿐이다.

‖ **한 쪽 방향으로만 끝없이 걸어간 꿈은**

어려운 상황이 오래도록 지속된다.

‖ **발자국을 남기며 걸은 꿈은**

노력한 만큼의 업적을 남긴다.

‖ 한정된 자리에서 왔다 갔다한 꿈은

만사가 침체되어 풀리지 않는다.

‖ 좁은 공간에서 서성거린 꿈은

계획이나 추진하는 일이 더 이상 진전되지 않는다.

‖ 혼자 쓸쓸하게 걸은 꿈은

가깝게 지내던 사람이 떠난다.

‖ 조급한 마음으로 걸은 꿈은

단체나 기관에 청탁한 일이 성사되지 않는다.

‖ 빨리 걸어야 하는데 걸어지지 않았던 꿈은

부탁한 일이 성사되지 않아 안타까울 뿐이다.

‖ 걸으려고 해도 걸을 수 없었던 꿈은

만사가 침체되고 추락할 징조다.

‖ 얼음 위를 조심스럽게 걸은 꿈은

하는 일이 활기를 찾게 되나 속도가 느리다.

‖ 짐을 들고 걸은 꿈은

짐의 무게와 고통의 무게가 비례한다.

‖ 앞에 가는 사람을 따라서 걸은 꿈은

적극적으로 협조할 사람이 나타난다.

‖ 걸어가다가 다른 사람을 앞지른 꿈은

단체의 장이 되거나 마음이 불안해진다.

‖ 똑바로 가다가 장애물을 만나 돌아간 꿈은

장애물에 부딪혀 다른 방법으로 진행한다는 암시다.

‖ 아무 곳이나 마구 돌아다닌 꿈은

뚜렷한 목표없이 이것 저것 닥치는 대로 해보지만 결과

가 신통치 않다.

‖ 상대방이 정면에서 걸어온 꿈은

상대방과 의견대립으로 소강상태에 빠진다.

‖ 서로 반대 방향으로 걸은 꿈은

동업관계가 깨지거나 의견이 대립된다.

‖ 상대방이 마주 걸어온 꿈은

만날 사람과 의견의 차이를 좁힐 수 있다.

‖ 따로따로 떨어져서 걸은 꿈은

동업자나 협조자가 떠날 징조다.

‖ 걸을 수 없는 사람이 걷는 것을 본 꿈은

원하는 것을 이루고 자랑할 일이 생긴다.

‖ 누군가와 함께 걸었는데 혼자였던 꿈은

이성이나 동업자와 헤어진다.

‖ 둘이서 손을 잡고 걸은 꿈은

동업자와 의견이 잘 맞고 미혼자는 이성을 사귄다.

‖ 집이나 고향을 향해 걸어간 꿈은

진행하는 일이 종결되어 당분간 할일이 없다는 암시다.

‖ 순찰을 돌았던 꿈은

외근을 하거나 좌천당할 징조다.

‖ 출발지로 되돌아온 꿈은

진행하는 일을 포기하고 새로운 일을 시작한다.

‖ 걷다가 갑자기 뛴 꿈은

추진하는 일이 어느 순간에 크게 발전한다.

‖ 껑충껑충 뛰어다닌 꿈은

뛰어오를듯이 기쁜 일이 생긴다는 암시다.

‖ 제자리에서 껑충껑충 뛴 꿈은

같은 직종이나 직장에서 이동을 많이 한다.

‖ 수평대 위로 뛰어오른 꿈은

소원을 이루고 명예와 지위도 높아진다.

‖ 다른 사람과 손을 잡고 뛴 꿈은

동업자를 만나 일을 추진하나 마음은 항상 불안하다.

‖ 혼자서 달린 꿈은

갈길은 바쁜데 도와주는 사람은 없다는 뜻이다.

‖ 달리다가 넘어진 꿈은

일을 서두르다 실패와 좌절을 겪는다.

‖ 누군가를 따돌리려고 열심히 달린 꿈은

경쟁자를 앞서려고 노력하지만 뜻대로 되지 않는다.

‖ 여러 사람이 달렸는데 혼자 남은 꿈은

선거에서 당선되거나 출품작이 최우수작으로 뽑힌다.

‖ 상대방을 잡으려고 뛰어간 꿈은

일을 급하게 추진하는데 결과가 신통치 않다.

‖ 달리고 있는 차를 타려고 달려간 꿈은

의욕과 용기는 있으나 기회를 잡기 힘들다.

‖ 높은 곳에서 뛰어내린 꿈은

어떤 단체나 기관의 지시를 거부하고 정신적 · 물질적
인 손해를 본다.

‖ 높은 곳으로 날아오른 꿈은

명예와 지위가 올라가고 모든 상황이 점점 좋아진다.

‖ 끝없이 날아간 꿈은

일의 결과가 늦게 나타나고 가까운 사람과 헤어진다.

‖ 아래 윗층으로 날아다닌 꿈은

만사가 순조롭게 이루어진다.

‖ 아주 낮게 날아다닌 꿈은

만사가 부진하고 불길한 일이 생기면 오래간다.

‖ 높은 곳에서 낮은 곳으로 날은 꿈은

명예와 지위가 몰락하고 사업도 부진해진다.

‖ 장애물을 피해 공중을 훌쩍 난 꿈은

위기일발에서 벗어나게 된다는 암시다.

놀람 · 기절 · 공격 · 협조

놀람, 기절, 공격, 협조 등에 대한 꿈은 경쟁자, 기관, 단체의 압력 등을 상징하며 현실에서도 그대로 나타는 경우가 많다.

‖ 깜짝 놀란 꿈은

기쁜 일이나 감동할 일이 생긴다.

‖ 크게 놀란 꿈은

뜻밖의 일로 감동을 받는다.

‖ **나쁜 일을 하다가 깜짝 놀란 꿈은**

추진하는 일이 재난으로 인하여 고통받는다.

‖ **전기충격으로 기절한 꿈은**

질병에 시달리게 되고 환자는 치료기간이 오래 걸린다.

‖ **사람한테 맞아 기절한 꿈은**

경쟁자나 거래처가 부도를 낸다는 암시다.

‖ **기절했는데 누군가가 물을 끼얹어 깨어난 꿈은**

귀인의 도움으로 사업이 실패단계에서 기사회생한다.

‖ **혼자서 공격한 꿈은**

혼자서 모든 일을 처리해야 한다는 암시다.

‖ **둘이서 공격한 꿈은**

동업자나 조언자의 도움으로 일을 풀어나간다.

‖ **집단으로 공격한 꿈은**

많은 사람들의 협조로 어려운 난관을 극복한다.

‖ **맹렬하게 공격한 꿈은**

끝까지 자신의 잘못이나 실수를 인정하지 않고 합리화
시키려고 한다는 뜻이다.

‖ **철저한 계획을 세워 공격한 꿈은**

계획대로 사업을 추진하면 큰 이익을 얻는다.

‖ **공격을 받아 무서웠던 꿈은**

잘못이 없으면서도 오해와 핀잔을 듣는다.

‖ **공격을 받다가 잠에서 깨면**

구타를 당하거나 재난을 당한다.

‖ **공격하다 오히려 공격받은 꿈은**

경쟁자나 방해자를 어설프게 제압하다 오히려 당한다.

‖ **공격하다 포기한 꿈은**

어려움이 닥치면 쉽게 포기한다.

‖ **공격하다 자신이 죽은 꿈은**

경쟁자나 방해자를 제거하려다 오히려 함정에 빠진다.

‖ **공격을 받았는데 이긴 꿈은**

처음에는 지는 것 같으나 나중에는 이긴다.

‖ **혼자 방어한 꿈은**

모든 일을 혼자 처리해야 한다는 암시다.

‖ **다른 사람을 도와준 꿈은**

어디선가 선물을 받는다.

‖ **다른 사람이 도와준 꿈은**

생각지도 않은 사람의 도움을 받는다.

‖ **다른 사람을 구해준 꿈은**

빠른 시간 내에 목적을 이룬다.

‖ **곤경에 처한 사람을 구해준 꿈은**

다른 사람의 일로 어려움을 겪는다.

‖ **다른 사람의 짐을 들어준 꿈은**

다른 사람의 사업이나 일을 도와준다.

‖ **다른 사람이 짐을 들어준 꿈은**

다른 사람의 도움으로 사업이나 일이 잘 풀려나간다.

‖ **방 안에 있는 사람을 손을 잡아 끌어낸 꿈은**

다른 사람의 의견이나 입장을 무시하고 자신의 입장만

생각한다는 경고다.

∥ **다른 사람이 손을 잡고 끌어준 꿈은**

다른 사람의 도움으로 어려운 난관을 극복한다.

∥ **난처한 입장에 있는 사람을 손을 잡아 끌어준 꿈은**

그 사람을 도와주거나 문제를 대신 해결해준다.

∥ **다른 사람의 안내를 받아 어딘가를 간 꿈은**

귀인의 도움으로 만사가 좋은 결과를 맺는다.

쫓기고 · 묶이고 · 갇히고

쫓기고, 묶이고, 갇히는 등의 행동에 대한 꿈은 단체나 기관의 권력, 불안한 심리, 정신적인 일 등을 나타낸다.

∥ **쫓긴 꿈은**

심리적으로 불안하다는 암시이니 안정을 취하도록.

∥ **불안에 떨면서 쫓긴 꿈은**

연속된 실패로 자신감이 떨어지고 정신적으로 불쾌감을 느낀다.

∥ **쫓기다가 숨은 꿈은**

경쟁을 포기한다.

∥ **무작정 도망간 꿈은**

만사에 실패하고 실망과 좌절의 아픔을 겪는다.

‖ 쫓아오는 여자를 밀어버린 꿈은

애인과 헤어질 징조다.

‖ 자신을 쫓아다니는 사람을 쓰러뜨린 꿈은

경쟁자를 물리치고 앞장선다.

‖ 감옥에 갇힌 꿈은

질병이나 불의의 재난으로 고생하는 등 만사가 막힌다.

‖ 감옥살이를 한 꿈은

사업이 어려움에 빠져 오래도록 고통을 겪는다.

‖ 결박된 채 고문당한 꿈은

이해관계가 얼키고 설켜 모든 업무가 마비된다.

‖ 꼼짝못하게 온 몸이 묶인 꿈은

미혼자는 결혼하고 싶은 마음이 생기고, 사업가는 자금
난으로 어려움을 겪고 되는 일이 없다.

‖ 움직일 수 없었던 꿈은

위험에 빠져 절망감을 느낀다.

‖ 난처한 입장에서 움직이지 못한 꿈은

자금이나 능력을 발휘할 수 없어 초조해진다.

‖ 위급한 상황인데도 움직일 수 없었던 꿈은

자신의 무능함을 실감하고 절망에 빠진다.

‖ 움직일 수도 없고 소리를 쳐도 소리가 나오지 않은 꿈은

매우 곤란한 입장에 처하나 도움을 청할 사람도 없다.

‖ 뛰려고 애를 써도 발이 떨어지지 않은 꿈은

의욕은 있는데 여건이 따라주지 않아 마음만 초조하다.

‖ 누군가를 묶어서 끌고다닌 꿈은
믿을 수 있는 사람을 고용한다.

싸우고 · 사과하고 · 용서하고 · 충고하고

 싸움 · 사과 · 용서 · 충고 등에 대한 꿈은 정신적인 갈
등, 기관이나 단체의 권력, 경쟁자와 의 협력 등을 나타
낸다.

‖ 다른 사람에게 함부로 욕을 한 꿈은
평소의 불만을 나타내는 꿈이다.
‖ 욕을 해도 상대방이 반응이 없었던 꿈은
부탁한 일이나 결과가 빨리 나타나지 않는다.
‖ 말다툼한 꿈은
동업자나 가까운 사람과 다툰다.
‖ 운전하는 사람과 말다툼한 꿈은
동업자나 동료 때문에 손해를 본다.
‖ 싸우다 상처를 입은 꿈은
선행이 알려져 신임과 존경을 받는다.
‖ 여자와 싸운 꿈은
이성과 다투거나 나쁜 소문에 시달리는 등 좋지 않은
일이 생긴다.

‖ 모르는 여자와 싸운 꿈은

교제 중인 이성과 사소한 일로 다툰다.

‖ 한 사람과 싸운 꿈은

경쟁자와 의논을 한다.

‖ 여러 사람과 싸운 꿈은

많은 사람들을 상대로 물건을 팔게 된다.

‖ 생사를 걸고 싸운 꿈은

자신에게 불만이 쌓이게 된다.

‖ 낯선 사람과 싸운 꿈은

사회에 대한 불평불만이 모두 해소된다.

‖ 두 사람이 싸우려고 한 꿈은

사소한 다툼이 크게 번질 수도 있다는 경고다.

‖ 두 사람이 싸울 준비를 한 꿈은

시비나 다툼이 벌어진다.

‖ 상대방을 발로 찬 꿈은

시비와 다툼이 벌어진다.

‖ 상대방을 때린 꿈은

경쟁자나 방해자를 물리치려다 시비가 일어난다.

‖ 상대방의 뺨을 때린 꿈은

기분 나쁜 일이 생긴다.

‖ 다른 사람의 뺨을 때린 꿈은

불길한 일이 생긴다.

‖ 매를 맞은 꿈은

경쟁자보다 능력이나 실력이 떨어진다는 암시다.

‖ **맞아서 상처가 생긴 꿈은**

정신적 · 물질적인 손해를 본다.

‖ **어둠 속에서 얻어맞거나 봉변당한 꿈은**

밤길을 조심하라는 경고이고, 욕심을 부리다 사기에 휘말릴 수 있으니 각별히 조심하도록.

‖ **죽도록 얻어 맞은 꿈은**

마음의 평화를 찾는다는 암시다.

‖ **여자에게 얻어 맞은 꿈은**

남자는 이성문제로 망신을 당하고 업무나 일이 모두 마비되는 등 신상에 좋지 않은 일이 생긴다.

‖ **남자에게 얻어 맞은 꿈은**

여자는 데이트 신청을 받는다.

‖ **여러 사람에게 폭행당한 꿈은**

많은 사람들에게 만족스런 평가를 받는다.

‖ **습격이나 폭행한 꿈은**

재물은 들어오나 구설수에 오르기 쉽다.

‖ **습격이나 폭격을 당한 꿈은**

기쁜 소식이 있고 주위 사람들에게 신임을 얻는다.

‖ **상대방을 충고한 꿈은**

직원이나 아랫사람을 지도한다.

‖ **상대방이 충고한 꿈은**

단체나 기관의 제재를 받는다는 암시다.

‖ **상대방이 자신을 호통친 꿈은**

상대방의 의도대로 끌려가고 하기 싫은 일을 떠맡는다.

‖ **무조건 호통친 꿈은**

묵었던 감정이 순간적으로 폭발하고, 경쟁자를 물리치
고 거침없이 전진한다.

‖ **다른 사람에게 사과한 꿈은**

사이가 좋지 않은 사람들과 화해한다.

‖ **사과받은 꿈은**

마음의 문을 열고 많은 사람들을 사귄다.

‖ **잘못을 뉘우치면서 운 꿈은**

만사가 용두사미가 되어 끝맺음이 좋지 않다.

‖ **상대방에게 살려달라고 빈 꿈은**

흉몽으로 재수없는 일이 생긴다.

‖ **다른 사람에게 잘못했다고 빈 꿈은**

되는 일이 없어 짜증만 난다는 뜻이다.

‖ **용서받은 꿈은**

많은 사람에게 실력이나 능력을 인정받는다.

‖ **죄인을 용서하고 풀어준 꿈은**

하는 일이 중단되는 등 어려움에 처한다.

‖ **상대방이 불쌍해서 용서해 준 꿈은**

주도권을 빼앗기는 등 만사가 불리해진다.

미끄러지고 · 빠지고 · 떨어지고 · 오르고

 미끄러지고, 빠지고, 떨어지고, 오르는 꿈은 현실에서도 그대로 나타나거나 반대현상으로 나타난다.

‖ **높은 곳에 올라가다 미끄러진 꿈은**

시험, 취직, 입학, 청탁 등이 모두 성사되지 않는다.

‖ **얼음 위에서 미끄러져 넘어진 꿈은**

하는 일이 한순간에 실패한다는 경고다.

‖ **달리다가 진흙탕에 빠진 꿈은**

순조롭던 일이 한순간에 슬럼프에 빠진다.

‖ **수렁에 빠진 꿈은**

질병에 걸리거나 나쁜 유혹에 빠진다는 암시다.

‖ **함정에 빠진 꿈은**

사기나 모략에 빠져 정신적 · 물질적인 고통을 겪는다.

‖ **다른 사람이 파놓은 함정에 빠진 꿈은**

모함을 받아 신분이나 재산이 몰락한다.

‖ **함정에 빠졌다가 나온 꿈은**

모함에 말려드나 구사일생으로 빠져나온다.

‖ **함정에 빠졌는데 구출된 꿈은**

위기에 몰리나 귀인의 도움으로 어렵게 벗어난다.

‖ **높은 곳에서 떨어진 꿈은**

하루아침에 명예와 지위가 떨어질 징조다.

‖ **높은 곳에서 떨어지는 꿈을 꾸다 잠에서 깨면**

이성과 헤어지거나 희망이 사라지고 질병에 시달린다.

‖ **높은 곳에서 떨어지다 중간에 걸린 꿈은**

명예나 지위, 사업 등이 몰락 직전에 소생한다.

‖ **높은 곳에서 떨어지다 구출된 꿈은**

귀인의 도움이나 후원으로 직장을 구하고 주위 사람들
에게 칭찬받는다.

‖ **높은 곳에서 떨어져 무서웠던 꿈은**

뜻밖의 일로 불안한 상황이 된다.

‖ **높은 곳에서 떨어져 부상을 당한 꿈은**

업무의 실수로 큰 손해를 본다.

‖ **높은 곳에서 떨어져 죽은 꿈은**

어려웠던 사업이 풀리기 시작하고, 새로운 아이디어로
새로운 계획을 세운다.

‖ **높은 곳에서 떨어졌는데 죽지 않은 꿈은**

어린아이는 키가 크고 성인은 직장을 구한다.

‖ **높은 곳에 올라간 꿈은**

승진하는 등 상부기관의 도움으로 만사가 순조롭다.

‖ **높은 곳을 올라가는데 매우 힘들고 위험했던 꿈은**

목적을 이루려면 노력과 고통을 감수하라는 뜻이다.

‖ **사다리를 타고 올라간 꿈은**

귀인의 도움으로 명예와 지위가 올라간다.

얻고·잃고·사고·팔고

 얻고, 잃고, 사고, 파는 행동에 대한 꿈은 현실에서도 그대로 나타나고 정신적인 문제가 따르는 경우가 많다.

‖ **새로운 것을 얻은 꿈은**

새로운 직장이나 지위를 얻고 새로운 사업을 시도한다.

‖ **무언가를 얻은 꿈은**

다른 사람의 도움으로 세력이나 재물을 얻는다.

‖ **물건을 잃어버린 꿈은**

한순간에 명예와 재물이 몰락한다.

‖ **물건을 잃어버렸는데 다시 있는 꿈은**

일시적으로 어려움에 처하나 곧 회복한다.

‖ **선물받은 상자에 물건이 가득 들어 있는 꿈은**

재물이 들어온다.

‖ **선물받은 상자에 아무 것도 없는 꿈은**

방대한 계획이나 사업을 벌리나 실속이 없다.

‖ **물건을 산 꿈은**

실제로 물건을 산다.

‖ **바겐세일에서 물건을 산 꿈은**

철저하게 계획하고 준비하고 있음을 나타내는 꿈이다.

‖ **자선바자회에서 물건을 산 꿈은**

다른 사람을 위해 일을 한다.

‖ **물건을 샀다고 생각한 꿈은**

계획은 있으나 실행하기 어렵다는 암시다.

‖ 물건을 속아서 산 꿈은

사기당할 징조로, 특히 물건거래를 조심하도록.

‖ 경매장에서 물건을 사거나 판 꿈은

가까운 사람이 당신을 이용하려고 한다는 암시다.

‖ 물건을 판 꿈은

하청업체에 일을 맡기고 결과를 기다린다.

‖ 손님이 물건을 팔았다고 생각한 꿈은

다른 사람을 돕게 된다.

‖ 세일즈맨이 되어 물건을 팔려고 애쓴 꿈은

많은 사람의 신임과 도움으로 모든 일이 순조롭다.

‖ 세일즈를 하려고 방문했다가 거절당한 꿈은

청탁한 일이 수포로 돌아갈 징조다.

‖ 정신없이 물건을 사러다닌 꿈은

쓸데없는 지출을 많이 하고 있다는 경고다.

‖ 물건을 사고 영수증을 받은 꿈은

무슨 일이든 반드시 반대급부가 있다는 암시다.

‖ 매매계약을 한 꿈은

동업이나 결혼, 약혼 등이 이루어진다.

‖ 매매계약이 깨진 꿈은

결혼이나 동업 등이 깨질 징조다.

‖ 바겐세일을 하는 곳에 간 꿈은

만사가 계획대로 이루어진다.

‖ 바겐세일 매장에 물건을 내놓은 꿈은

능력을 인정받아 승진한다.

좋은 일이 생기고 다른 사람에게도 도움을 준다.

감추고 · 숨기고 · 훔치고

감추고, 숨기고, 훔치는 행동에 대한 꿈은 불안한 심리, 정신적인 갈등, 비밀, 정보 등을 나타낸다.

∥ 감춘 물건이 발각된 꿈은
비밀이나 정보가 유출될 징조다.

∥ 옷 속에 물건을 감춘 꿈은
사업이 번창하여 재물을 모은다.

∥ 주운 물건을 감춘 꿈은
단체나 기관으로부터 멀리 떨어져 있고 싶은 심정을 나타내고, 다른 사람의 애인이나 직원 등을 가로챈다.

∥ 몸을 숨긴 꿈은
어려운 난관에 처하여 위치가 흔들린다.

∥ 물건을 훔친 꿈은
불안한 마음과 패배의식에 사로잡혀 새로운 일에 도전할 용기가 없다는 것을 나타내는 꿈이다.

∥ 훔친 물건을 다른 사람에게 준 꿈은
어렵게 잡은 기회를 놓친다.

‖ 물건을 훔치면서 두려움이나 가책을 느낀 꿈은

목적을 이루어도 패배감이나 불안감을 느낀다.

‖ 밀수를 한 꿈은

기족이나 친척이 수치스런 일을 당한다.

‖ 범죄조직을 만든 꿈은

자신의 능력으로는 감당할 수 없는 일이 생겨 다른 사
람에게 도움을 청한다.

‖ 범죄조직에 가담한 꿈은

단체나 기관의 힘을 빌려 어려운 문제를 해결한다.

‖ 범죄조직에게 납치된 꿈은

단체나 기관의 압력을 받는다.

‖ 악한 일을 모의한 꿈은

수단과 방법을 가리지 않고 목적을 이룬다는 암시다.

기타 행동

‖ 상대방이 눈으로 지시한 꿈은

뒷거래를 한다는 암시다.

‖ 윙크를 했더니 상대방이 따라온 꿈은

그 사람이 자신의 계략에 말려든다.

‖ 상대방이 윙크하는 것을 보고 마음이 설렌 꿈은

상대방이 원하는대로 따라가게 되고, 계략이나 모함에
빠져 명예가 떨어질 수 있으니 조심하도록.

‖ 다른 사람이 일하는 것을 쳐다본 꿈은

다른 사람의 일을 해결해 준다.

‖ 다른 사람이 자신을 쳐다 본 꿈은

자신에게 관심을 갖고 자신에 대해 알려고 하는 사람이
있다는 암시다.

‖ 다른 사람이 자신을 소름끼치게 쳐다본 꿈은

방해자로 인하여 사업이 어려워지고 질병에 걸린다.

‖ 무엇인가를 뚫어지게 바라본 꿈은

강한 의지로 일을 추진하여 확실한 결과가 나타나고 자
타가 인정하는 실력자가 된다.

‖ 다른 사람에게 글을 가르친 꿈은

후배나 아랫사람에게 충고를 한다.

‖ 사람을 문 꿈은

상대방에게 강제로 일을 맡긴다.

‖ 사람에게 물린 꿈은

여러 사람과 함께 일을 하는데 이익이 없다.

‖ 어딘가에 부딪힌 꿈은

정신적인 고통을 겪는다.

‖ 쌓아놓은 물건을 옮긴 꿈은

사업, 재산, 저축 등의 이동이 있다.

‖ 쌓아놓은 물건을 허물거나 흐트러트린 꿈은

재물이 나갈 징조다.

‖ 집 안에 있는 물건을 다른 곳으로 옮긴 꿈은

직장의 변동이 있거나 이사를 한다.

‖ 누군가를 누른 꿈은

상대방을 제압하고 목적을 이룬다.

‖ 잔치집에 사람들이 많이 모인 꿈은

많은 사람들에게 축하를 받는다.

‖ 누군가가 지도의 한 지점을 설명한 꿈은

그 지점으로 발령을 받든지 여행을 간다.

‖ 낯선 곳에서 그 지방의 지도를 얻은 꿈은

다른 사람의 도움으로 새로운 돌파구를 찾게 된다.

‖ 누군가를 만나려고 애를 썼지만 만나지 못한 꿈은

최선을 다하나 결과는 기대에 미치지 못한다.

‖ 어려운 상황에서 반가운 사람을 만난 꿈은

환자는 완쾌하고 사업가는 귀인의 도움으로 발전한다.

‖ 함정을 파고 위장한 꿈은

누군가를 몰락시키려고 한다는 암시다.

‖ 어딘가에서 빠져나오려고 애쓴 꿈은

불황을 벗어나려고 노력한다는 뜻이다.

‖ 어딘가에서 빠져나오려고 애를 썼지만 실패한 꿈은

불황이 오래 지속된다.

‖ 실수한 꿈은

능력을 인정받고 두각을 나타낸다.

‖ 기침한 꿈은

억제된 감정을 해소한다.

‖ 하품한 꿈은

만사에 짜증과 싫증을 느끼고 있음을 나타내는 꿈이다.

‖ 재채기를 많이 한 꿈은
사소한 일로 정신적인 고통을 겪는다.

‖ 상대방의 계략에 빠진 꿈은
실제로 계략에 빠지기 쉬우니 조심하도록.

‖ 속거나 속인 꿈은
행운이 찾아온다.

‖ 숨을 쉬기가 힘들거나 멈춘 꿈은
장애에 부딪혀 자신감을 잃는다.

‖ 어딘가에 도착한 꿈은
노력의 결실을 맺는다.

‖ 성공했다고 생각한 꿈은
실제로 성공하고 만사가 순조로워진다.

‖ 파티에 참석한 꿈은
상류사회의 모임이나 회의에 참석한다.

‖ 파티를 연 꿈은
사소한 일로 다툰다.

‖ 무언가를 발명한 꿈은
소원하는 일이 이루어진다.

‖ 놀림당한 꿈은
애인과 다투거나 헤어진다.

‖ 좋지 않은 행동을 했다고 생각한 꿈은
진행하는 일이 뜻대로 되지 않는다는 암시이니 다른 방
법을 모색해보도록.

‖ **산책한 꿈은**

휴식상태에서 다음 계획을 구상한 다음 일을 추진하면
순조롭게 진행된다.

‖ **고향으로 간 꿈은**

노력의 댓가가 나타난다.

‖ **고향집이나 자기집을 향해서 간 꿈은**

쉽게 목적을 이루고 노력한 결과가 나타난다.

‖ **고향으로 가다가 돌아온 꿈은**

중간에서 계획을 변경한다는 암시다.

‖ **상사가 친절하게 대해준 꿈은**

직원이나 동료와 사소한 일로 말다툼이 생긴다.

‖ **경쟁에서 이긴 꿈은**

경쟁자를 물리치고 사업을 더욱 확장시킨다.

‖ **전단지를 돌린 꿈은**

아르바이트를 한다.

‖ **전단지를 읽은 꿈은**

해결되지 않은 일이 풀린다.

‖ **전단지가 많이 쌓여 있는 꿈은**

새로운 사업을 시작한다.

‖ **반상회에서 많은 사람을 만난 꿈은**

종교 집회상이나 연설상에 산다.

‖ **반상회에서 얘기를 한 꿈은**

좌담회나 모임에 참석한다.

‖ 함정에 빠지지 않은 꿈은

어려운 상황을 지혜롭게 극복한다.

‖ 함정에 빠진 꿈은

신분이나 집안이 기울고 일이 뜻대로 되지 않는다.

‖ 멀리서 기다리던 사람이 온 꿈은

기다리는 사람이 많은 시간이 지난 뒤에 온다.

‖ 하던 일을 중단하고 다른 장면으로 넘어간 꿈은

직업에 변화나 변동이 따른다.

‖ 비누칠을 하거나 비누로 거품을 낸 꿈은

애인과 이성문제로 다툰다.

‖ 기합이나 구타를 당한 꿈은

중대한 일이나 업무를 맡는다.

‖ 자신의 옆을 지나가는 사람을 본 꿈은

반가운 사람을 만나다.

23장. 질병에 관한 꿈

질병

 질병에 대한 꿈은 정신적인 문제·갈등·감화, 자신의
업적과 경력, 나쁜 습관 등을 나타낸다.

‖ **질병에 대해서 문의한 꿈은**
새로운 계획을 세우거나 새로운 사업을 하기 전에 여기
저기 자문을 구한다.

‖ **질병에 시달린 꿈은**
일이나 사업 때문에 고통을 받는다.

‖ **질병에 시달리다 완쾌한 꿈은**
어려움을 극복하고 일어선다.

‖ **암에 관한 이야기를 들은 꿈은**

건강에 유의하라는 경고이니 조심하도록.

‖ **암선고를 받은 꿈은**

사업이 장애에 부딪혀 어려워지거나 부탁한 일이 성사
되지 않는다.

‖ **암치료를 받은 꿈은**

어려운 상황에서 벗어난다.

‖ **암환자를 본 꿈은**

경쟁자가 스스로 파멸의 길로 간다.

‖ **나병에 걸린 꿈은**

건강에 이상이 있다는 경고다.

‖ **나환자를 본 꿈은**

주위에 좋지 않은 계획을 세우고 있는 사람이 있다는
암시다.

‖ **나환자가 찾아온 꿈은**

누군가가 종교문제로 찾아온다.

‖ **나환자와 함께 있었던 꿈은**

특수한 업무를 맡는다.

‖ **나병이 완치된 사람을 본 꿈은**

만사가 순조롭게 진행된다.

‖ **간호를 받은 꿈은**

부진하던 사업이 다른 사람의 참여로 활기를 띤다.

‖ **문병이나 간병을 받은 꿈은**

환자는 곧 건강을 회복한다.

‖ **아는 사람의 병문안을 간 꿈은**

입원한 사람에게 칭찬이나 축하받을 일이 생긴다.

‖ **모르는 사람의 병문안을 가거나 간병한 꿈은**

장수할 꿈이다.

‖ **가슴에 병이 든 꿈은**

검토, 심사, 연구, 보완할 일이 있거나 마음의 상처를
입는다.

‖ **기관지에 병이 생긴 꿈은**

답답한 일이 생긴다.

‖ **기침을 한 꿈은**

화재, 침수, 도난 등의 재난이 일어난다.

‖ **편도선이 생긴 꿈은**

실망할 일이 생긴다.

‖ **몸에 상처를 입은 꿈은**

어떤 어려움도 극복할 수 있다는 암시다.

‖ **염증이 생긴 꿈은**

점점 발전한다.

‖ **정신이상이 된 꿈은**

기쁜 소식을 듣는다.

‖ **정상인데 의사가 정신질환이라고 한 꿈은**

자신의 계획이나 주장이 받아들여지지 않는다.

‖ **미쳐서 돌아다닌 꿈은**

계획한 일이 순조롭게 진행된다.

∥ 미친 사람이 돌아다닌 꿈은

다른 사람 때문에 정신적인 고통을 받는다.

∥ 환자가 슬프게 운 꿈은

먼 곳에서 친한 친구나 친척, 귀인 등이 찾아온다.

∥ 환자가 건강을 회복한 꿈은

모든 일이 뜻대로 이루어진다.

∥ 환자가 잘 걸은 꿈은

환자는 질병이 완쾌된다.

∥ 환자가 활기차게 걸어다닌 꿈은

막혔던 일들이 풀리고 환자는 완쾌한다.

∥ 건강한 사람이 질병에 걸린 꿈은

사소한 일로 다툼이 생겨 냉전상태가 오래간다.

∥ 병원옷으로 갈아입는 사람을 본 꿈은

환자는 질병이 더 깊어진다는 암시다.

∥ 병원옷을 벗은 꿈은

환자는 완쾌되어 퇴원한다.

∥ 흰옷으로 갈아입는 환자를 본 꿈은

환자는 죽음이 가까워졌다는 암시다.

∥ 병에 걸려 누워 있었던 꿈은

업무나 사업이 오래도록 고전한다.

∥ 치료를 중단한 꿈은

진행하는 일이 난관에 부딪힌다.

∥ 몸이 아파 고통스러웠던 꿈은

성공하기까지의 어려운 과정이 꿈으로 나타난 것으로

고통의 강도와 성공의 정도가 비례한다.

‖ 입가에 경련이 일어난 꿈은

언행의 실수로 구설수에 오른다.

‖ 식물인간이 되어 누워 있었던 꿈은

시간이 오래 걸리더라도 반드시 성공한다.

‖ 약을 먹고 전염병이 나은 꿈은

계획이나 진행하는 일을 점검하라는 암시다.

‖ 심리치료를 받은 꿈은

다른 사람에게 어려운 상황을 털어놓고 도움을 청한다.

병원

병원에 대한 꿈은 건강, 정신적인 문제와 갈등, 결과, 단체의 힘 등을 나타낸다.

‖ 병원에 치료받으러 간 꿈은

전문가의 도움을 받는다.

‖ 병원으로 들어간 꿈은

질병에 걸릴 징조다.

‖ 병원 밖으로 나온 꿈은

환자는 질병이 완쾌된다.

‖ 병원에서 의사나 간호원과 다툰 꿈은

환자는 질병이 완쾌된다.

‖ **종합진찰을 받으라고 한 꿈은**

작품이나 서류심사에 통과한다.

‖ **병원에서 진찰권을 받은 꿈은**

질병으로 입원하거나 새로운 사업을 시작한다.

‖ **의사에게 질병의 증세를 설명한 꿈은**

도움을 청하려고 자신의 일을 자세하게 설명한다.

‖ **입원한 꿈은**

새로운 일을 추진하기 위해 모든 활동을 중단하고 공백
기간을 갖는다.

‖ **퇴원한 꿈은**

모든 일이 순조롭게 진행된다.

‖ **입원실에 누워 있었던 꿈은**

질병에 걸릴 징조다.

‖ **입원실을 구하려고 뛰어다닌 꿈은**

자금을 융통하려고 동분서주한다.

‖ **퇴원하는 환자를 본 꿈은**

막히고 답답했던 일들이 서서히 풀려나간다.

‖ **청진기를 본 꿈은**

새로운 아이디어나 계획으로 좋은 평가를 받는다.

‖ **구급차를 본 꿈은**

갑자기 사고를 당하거나 입원할 징조다.

‖ **구급차를 운전한 꿈은**

위험에 처한 사람을 구한다.

‖ **주사기를 본 꿈은**

모든 스트레스가 해소된다.

‖ **주사를 맞은 꿈은**

스승이나 은사에게 조언을 듣고, 환자는 완쾌된다.

‖ **예방주사를 맞은 꿈은**

일시적인 어려움에 처하나 주위 사람의 도움으로 다시
정상궤도에 오른다.

‖ **엑스레이 촬영을 한 꿈은**

비밀이나 정보, 계획 등이 유출될 수 있다는 암시다.

‖ **의사가 준 약을 먹은 꿈은**

새로운 업무를 맡는다.

‖ **수술을 받은 꿈은**

곧 계약이 체결되거나 직장을 구한다.

‖ **간호원에게 수술받은 꿈은**

기다리는 소식은 오지 않고 엉뚱한 사람이 찾아온다.

‖ **수술을 받다가 죽은 꿈은**

매매, 결혼, 취직 등이 성사된다.

‖ **병원에서 수술을 받다가 죽은 꿈은**

계약 등이 성사되고 반가운 소식이 온다.

‖ **수술을 받는데 몸이 뻐근했던 꿈은**

상대방이 깊은 관심을 갖고 있다는 암시다.

‖ **머리수술을 받은 꿈은**

정신적으로 고통받던 일들이 깨끗하게 해결된다.

‖ 병원에서 영양제를 맞은 꿈은

자금이 원만하게 융통되고 환자는 완쾌된다.

‖ 영양제를 맞다가 죽은 꿈은

자금이 원만하게 융통되고 큰 재물이 들어온다.

‖ 병원에서 귀신을 본 꿈은

집안에 우환이 생길 징조다.

‖ 병원에서 귀신을 보고 쫓아버린 꿈은

집안의 우환이 사라지고 환자는 병이 완쾌되는 등 모든
일이 잘 풀린다.

‖ 조산원의 도움을 받은 꿈은

귀인의 도움으로 만사가 순조롭게 이루어진다.

‖ 조산원에서 아기를 낳은 꿈은

귀인을 만난다.

‖ 제왕절개수술을 시술한 꿈은

단체의 장이나 리더가 되어 업무를 개선한다.

‖ 제왕절개수술 하는 것을 본 꿈은

큰 고통과 시련을 겪은 뒤 성공한다는 암시다.

약

약에 대한 꿈은 방법, 능력, 자본, 결과, 영향, 임무 등
을 나타낸다.

‖ 약국이 많이 있었던 꿈은

자금융통이 잘 되는 등 일이 계획대로 추진된다.

‖ 약국 앞을 지나간 꿈은

기회를 모르고 지나친다.

‖ 약국에서 약을 산 꿈은

약속한 일이 이루어지거나 자금이 순조롭게 회전된다.

‖ 약국에서 논 꿈은

질병이 오래갈 징조다.

‖ 약국이 불에 타버린 꿈은

어려움에서 벗어나기 힘들다. 그러나 환자는 질병이 완
쾌된다.

‖ 약사가 아닌 사람이 약을 조제해 준 꿈은

비전문가의 도움을 받아 일을 해결한다.

‖ 다른 사람에게 약을 조제해 준 꿈은

자료를 수집하거나 다른 사람을 도와준다.

‖ 다른 사람에게 약을 준 꿈은

경쟁자를 물리친 후 미안한 마음으로 그를 위로해준다.

‖ 약병이 즐비하게 늘어서 있었던 꿈은

사업방법, 학문적인 자료, 생계비 등이 마련된다.

‖ 약병이 가득 들어 있는 상자를 얻은 꿈은

담배나 술을 충분히 얻게 된다.

‖ 약병의 약이 모두 쏟아진 꿈은

상황이 점점더 어려워질 징조다.

‖ 약을 꺼내려고 하는데 약병에 벌레가 가득 있었던 꿈은

지금 먹고 있는 약을 중지하라는 암시다.

‖ 약을 먹고 배탈이 난 꿈은

업무방법이 잘못되었다는 암시다.

‖ 약을 먹으려고 찾아도 없는 꿈은

현재 상황에서 벗어나기 힘들다.

‖ 약을 사러 갔다가 다른 것을 사온 꿈은

생각지도 않은 일을 한다.

‖ 하늘에서 약이 쏟아진 꿈은

귀인의 도움을 받는다.

‖ 아스피린을 먹은 꿈은

절대로 비밀이나 정보를 누설하면 안 된다는 암시다.

‖ 설사약을 먹은 꿈은

귀찮은 부탁을 받는다.

‖ 해독제를 먹은 꿈은

도움이 되지 않는 사람들과 단절된다.

‖ 독약을 먹은 꿈은

만일 화해를 해야 할 일이 있으면 지금이 기회다.

‖ 아편을 맞은 꿈은

좋지 않은 친구들과 어울리고 있다는 뜻이다.

‖ 아편을 먹은 꿈은

정신적인 고통을 겪게 된다.

‖ 아편을 놓으려고 하는데 뿌리친 꿈은

나쁜 친구나 일에서 벗어난다.

‖ **코카인을 먹은 꿈은**

슬픈 일이 생길 징조다.

‖ **히로뽕을 맞은 꿈은**

달콤한 유혹에 빠져 고통을 받는다.

24장. 죽음에 관한 꿈

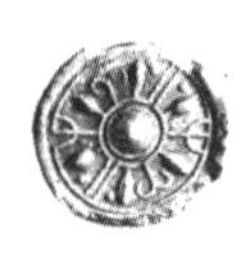

죽음

죽음에 대한 꿈은 진행 중인 일, 계획한 일, 힘든 일, 업무, 소원 등이 새로워지거나 이루어진다.

‖ **누군가가 몇월 몇일에 죽는다고 한 꿈은**
실제로 그런 상황이 벌어지거나 그 시간에 어떤 일이 일어난다.

‖ **가족이 죽어서 운 꿈은**
집안에 우환이 생기거나 유산을 상속받는다.

‖ **사람이 죽어서 슬퍼한 꿈은**
목적을 이루나 만족하지는 못한다.

‖ 누군가가 죽을 것이라고 느낀 꿈은

예상하지 않은 일이나 어려웠던 일이 성사된다.

‖ 누군가가 죽었다고 느낀 꿈은

추진하는 일이 잘 이루어진다.

‖ 초상이 난 꿈은

미혼자는 약혼, 결혼, 계약 등이 미루어진다.

‖ 집안에 초상이 난 꿈은

자신과 관계있는 일들이 쉽게 풀려나간다.

‖ 다른 집에 초상이 난 꿈은

파티나 즐거운 장소에 참석한다.

‖ 부고장을 받은 꿈은

편지나 서류를 받는다.

‖ 은사의 부고장을 받은 꿈은

신문이나 잡지 등에서 가까운 사람의 작품이나 프로필
을 본다.

‖ 상가에 문상을 간 꿈은

연회나 파티에 초대받는다.

‖ 상가에서 고스톱을 친 꿈은

뜻밖의 횡재수가 따른다.

‖ 자신이 죽은 꿈은

명예와 지위를 얻고 미혼자는 결혼한다.

‖ 자신이 자연사했다고 생각한 꿈은

크게 노력하지 않아도 많은 재물이 들어온다.

‖ **자신의 사망기사를 본 꿈은**

축하받을 일이 생긴다.

‖ **자신이 죽은 영혼이라고 생각한 꿈은**

정신적인 사업이 크게 성공한다.

‖ **사망기사를 읽은 꿈은**

좋은 소식을 듣는다.

‖ **편안하게 죽은 꿈은**

제출한 서류나 작품 등이 좋은 결과를 얻는다.

‖ **사람이 죽은 꿈은**

만사가 순조롭게 풀려나간다.

‖ **가까운 사람이 죽었다는 소식을 들은 꿈은**

모든 일이 뜻대로 풀린다.

‖ **가까운 사람이 죽어서 슬퍼했던 꿈은**

일의 결과가 만족스럽다.

‖ **죽은 사람이 살아난 꿈은**

좋은 일이 생긴다.

‖ **죽은 사람이 벌떡 일어선 꿈은**

집안에 우환이 생기는 등 불길한 일이 생긴다.

‖ **죽은 사람이 살아서 관에서 나온 꿈은**

소식이 끊긴 사람에게 소식이 온다.

‖ **죽은 사람이 집으로 들어온 꿈은**

행운이 저절로 굴러들어온다.

‖ **죽은 사람의 소지품이 배달된 꿈은**

텔레비전이나 라디오 등 공개석상에 나간다.

‖ 죽은 사람의 소지품을 가진 꿈은

능력보다 높은 대우와 댓가를 받는다.

‖ 죽은 사람이 말한 꿈은

좋은 소식을 듣는다.

‖ 죽은 사람과 대화를 나눈 꿈은

소원하는 일이 이루어진다.

‖ 죽은 사람이 웃은 꿈은

축하받을 일이 생긴다.

‖ 죽은 사람이 운 꿈은

억울한 일을 당하는 등 만사가 막힌다.

‖ 죽은 사람이 자신의 품에서 운 꿈은

축하받을 일이 생기고 만사가 순조롭다.

‖ 죽은 사람을 안은 꿈은

좋은 일이 생긴다.

‖ 죽은 사람을 안고 운 꿈은

질병에 시달리는 등 불길한 일이 생긴다.

‖ 죽은 사람을 만지거나 목욕시킨 꿈은

실몽으로 큰 행운이 찾아온나.

‖ 죽은 사람과 음식을 먹은 꿈은

재물이 들어오는 등 만사가 순조롭다.

‖ 목이 잘려 죽은 꿈은

길몽으로 반드시 성공한다.

‖ 높은 곳에서 떨어져 죽은 꿈은

정상에 오르려고 최선을 다하나 현재의 상태에 만족하

라는 암시다.

‖ **집이 무너져 사람이 죽은 꿈은**

뜻밖의 행운이 찾아온다.

‖ **수술받다가 죽은 꿈은**

집의 매매, 사업, 혼인 등이 성사된다.

‖ **사형수의 목을 밧줄에 매다는 꿈은**

어렵고 답답했던 일이 해결된다.

‖ **사형장에서 단칼에 목이 떨어져나간 꿈은**

크게 횡재할 운세다.

‖ **자신이 직접 사형을 집행한 꿈은**

전망이 밝은 대리점을 운영하거나 직장에서 중요한 위
치에 선다.

‖ **사형수를 직접 죽인 꿈은**

소원하는 일이 모두 이루어진다.

‖ **사형선고를 받은 꿈은**

모든 시험에 합격할 운으로 운세가 트인다.

‖ **사형되기 직전에 있었던 꿈은**

자신의 능력과 힘으로 벗어나기 힘든 상황에 처한다.

‖ **사형되기 직전에 구조된 꿈은**

추진하는 일이 최악의 상태에서 기사회생한다.

‖ **심장을 칼에 찔려 죽은 꿈은**

어떤 문제를 결정한다.

‖ **사람을 대량으로 학살한 꿈은**

재난, 강도, 도둑 등을 당한다.

자살 · 타살 · 살인

 자살 · 타살 · 살인 등에 대한 꿈은 극복과 난관, 계획, 소원 등의 변화와 과정을 나타낸다.

‖ **자살하거나 자살을 기도한 꿈은**

자신의 능력으로 해결할 수 없는 일에 직면할 징조다.

‖ **어떤 결심을 하고 자살한 꿈은**

모든 것을 과감하게 버리고 새로운 삶을 시작한다.

‖ **독약을 먹고 자살한 꿈은**

은사나 선배의 조언으로 어려운 난관을 극복한다.

‖ **분신자살한 꿈은**

길몽으로 사업 등이 크게 번창한다.

‖ **물에 빠져 자살한 꿈은**

하는 일이 부진하고 극복하기 어렵다.

‖ **목을 매 자살한 꿈은**

운세가 좋아지며 환자는 완쾌된다.

‖ **사약을 먹고 죽은 꿈은**

명예와 지위가 올라간다.

‖ **사람을 죽인 꿈은**

무슨 일이든지 빈틈없이 완벽하게 처리한다.

‖ **가까운 사람을 죽인 꿈은**

무슨 일이든지 속시원하게 처리된다.

‖ 모르는 사람을 죽인 꿈은

만사를 침착하게 처리한다.

‖ 사람을 함부로 죽인 꿈은

하는 일마다 결과가 만족스럽고 단체의 장이 되어 세력
이 강해진다.

‖ 자신을 죽이려고 덤비는 사람을 통쾌하게 죽인 꿈은

경쟁자의 방해나 주위의 악조건을 극복하고 힘차게 추
진한다.

‖ 사람을 죽였는데 다시 살아난 꿈은

목적이 완전하게 이루어지지 않아 고통받는다.

‖ 상대방을 죽였는데 다시 살아나 쫓아온 꿈은

만사가 성공하기 직전에 실패로 돌아가고 정신적인 고
통이 오래간다.

‖ 다른 사람이 살인하는 것을 본 꿈은

자신의 일이 성취된다는 암시다.

‖ 사람을 죽이고 정당방위라고 주장한 꿈은

열심히 노력해서 목적을 이루나 충분하지 못하다.

‖ 적을 죽일 수 있다는 자신감을 느꼈던 꿈은

만사를 무난하게 처리한다.

‖ 자신을 해치려고 하는 괴한을 죽인 꿈은

방해자나 처리하기 힘든 일을 극복하고 목적을 이룬다.

‖ 한 방의 총으로 두 사람을 죽인 꿈은

한 가지 일로 두 가지 이상의 이익을 얻는다.

‖ **한 칼에 두 사람을 죽인 꿈은**

한 가지 방법으로 두 가지를 성사시킨다.

‖ **사람을 죽이고 양심의 가책을 느낀 꿈은**

목적을 이루어도 개운치가 못하다는 뜻이다.

‖ **경쟁자나 미운 사람을 죽이고 양심의 가책을 느낀 꿈은**

최선을 다해도 결과가 신통치 않고 오히려 정신적인 고통에 시달리린다.

‖ **타살된 꿈은**

다른 사람의 도움으로 어려운 일을 해결한다.

‖ **살인자를 잡으러 다닌 꿈은**

청탁할 사람을 물색하거나 자신에게 도움을 준 사람을 찾아간다.

시체

시체에 대한 꿈은 성취된 일거리, 작품, 재물, 유산, 비밀, 빚, 증거물 등을 나타낸다.

‖ **시체를 본 꿈은**

불길한 일이 벌어질 징조다.

‖ **자신의 시체를 본 꿈은**

자신이 이룩한 결과를 많은 사람들에게 평가받는다.

‖ 시체를 먹은 꿈은

집안에 우환이 생기거나 질병에 걸린다.

‖ 시체 앞에서 큰 절을 한 꿈은

유산을 상속받는다.

‖ 뼈만 앙상하게 남은 시체를 본 꿈은

비밀이나 정보가 유출될까봐 고심한다.

‖ 많은 시체를 본 꿈은

많은 재물이 들어온다.

‖ 방 안에 시체가 가득 있었던 꿈은

사업이 크게 성공하거나 재물이 들어온다.

‖ 방 안에 있는 시체가 불어나 방을 가득 채운 꿈은

큰 부자가 되거나 일의 결과가 매우 크다.

‖ 시체를 들고 왔다 갔다한 꿈은

더 많은 노력을 해야 한다는 암시다.

‖ 시체를 차에 싣고 달린 꿈은

재물이 들어오는 등 행운이 찾아온다.

‖ 시체가 무서워서 도망간 꿈은

명예와 재물을 얻을 기회를 놓친다.

‖ 붕대로 감은 시체를 보고 도망간 꿈은

흉몽으로 큰 교통사고나 부상을 당할 징조다.

‖ 죽인 시체에서 소지품을 빼앗아 가진 꿈은

일이 성사되어 소득이 생긴다.

‖ 시체 앞에서 슬프게 울면서 절한 꿈은

유산을 상속받는다.

‖ 시체가 날아다닌 꿈은

행운이나 재물이 잡힐듯 잡힐듯 하면서 잡히지 않는다.

‖ 시체를 발로 차서 굴린 꿈은

자금을 융통한다.

‖ 시체에 구더기가 우글거린 꿈은

추진하는 일로 많은 재물이 들어온다.

‖ 시체가 썩는 냄새를 맡은 꿈은

집안에 우환이 생길 징조다.

‖ 시체가 썩은 물을 마신 꿈은

사업이 크게 번창한다.

‖ 시체 썩은 물이 많이 흘러내린 꿈은

사업이 날로 번창하고 재물도 많이 들어온다.

‖ 시체 썩은 물이 강물을 이룬 꿈은

많은 사람들에게 부러움과 존경을 받는다.

‖ 시체에서 피가 많이 흐른 꿈은

자신의 의견이나 작품이 채택되고 지위도 올라간다.

‖ 시체에서 피가 강물처럼 흐른 꿈은

길봉으로 행운이 찾아온다.

‖ 목욕탕 속에 있는 시체의 피로 물이 붉게 물든 꿈은

사업이나 추진하는 일이 크게 발전한다.

‖ 시체를 길가에 내놓은 꿈은

사업을 광고한다.

‖ 시체를 밖으로 내다버린 꿈은

한순간에 명예와 지위가 떨어지고 재물이 흩어진다.

‖ 시체를 운반한 꿈은

자신이 이룩한 결과를 다른 사람에게 빼앗긴다.

‖ 시체 앞에서 다소곳이 서 있었던 꿈은

승진하거나 재산을 상속받는다.

‖ 여자의 시체가 물에 떠내려온 꿈은

베스트셀러를 보게 된다.

‖ 물에 빠진 시체를 본 꿈은

재물을 잃을 징조다.

‖ 개천에 빠진 시체를 본 꿈은

작품이나 서류가 심사에 통과한다.

‖ 관 속에 있는 시체를 본 꿈은

만족한 결과를 얻고 중요한 직책을 맡는다.

‖ 관 속에 있는 어린아이 시체를 본 꿈은

일의 결과가 나타난다.

‖ 관 속에 있는 시체가 뼈만 앙상했던 꿈은

일은 많이 하나 결과는 신통치 못하다.

‖ 관 속에 있는 시체가 벌떡 일어난 꿈은

큰 횡재수가 따른다.

‖ 시체가 쫓아온 꿈은

채권자를 피해 도망다닐 징조다.

‖ 시체를 아무 곳에나 묻은 꿈은

금융기관에 자금을 예탁한다.

‖ 시체를 공동묘지에 묻은 꿈은

많은 사람의 도움을 받아 사업이 크게 번창하는 등 소

원하는 일이 이루어진다.

‖ **시체를 흙더미 속에 묻은 꿈은**

일, 사건, 재물 등을 감추게 된다.

‖ **시체를 엉성하게 묻은 꿈은**

공금을 횡령한 것이 발각되거나 비자금이 탄로나서 곤
경에 처한다.

‖ **시체를 화장한 꿈은**

귀인의 도움으로 크게 성공한다.

‖ **시체를 화장하는 불길이 활활탄 꿈은**

갈수록 사업이 크게 번창한다.

‖ **누군가가 유골을 가져온 꿈은**

길한 문서를 받게 된다.

‖ **해골을 안은 꿈은**

사기에 걸려 재물을 잃거나 나쁜 소식을 듣는다.

‖ **해골을 안았다가 놓은 꿈은**

나쁜 소식과 기쁜 소식을 함께 듣는다.

‖ **마루 밑에서 해골을 파낸 꿈은**

실한 문서를 잡거나 받게 된다.

‖ **밭을 가는데 해골이 나온 꿈은**

멋진 선물을 받는다.

장례·제사

 장례나 제사에 대한 꿈은 소원, 부탁, 운세 등을 나타
낸다.

‖ **상복을 입은 꿈은**

좋은 일이 생기고 소원하는 일이 모두 이루어진다.

‖ **상주가 되어 장례식을 주도한 꿈은**

단체의 장이 되거나 직장에서 최고 책임자가 된다.

‖ **상주에게 절을 받은 꿈은**

소원하는 일이 이루어진다.

‖ **상주에게 절을 하는데 상주가 맞절한 꿈은**

원하는 것을 이루기 어렵다는 뜻이다.

‖ **상주에게 절을 하는데 상주는 절을 하지 않은 꿈은**

부탁한 일이 성사된다.

‖ **장례식에 상주가 여러 명이었던 꿈은**

재산을 상속받지만 상속자가 너무 많다.

‖ **여러 명의 상주를 본 꿈은**

권리나 유산을 분배한다.

‖ **상주와 다툰 꿈은**

만사가 어려워질 징조다.

‖ **상주가 웃은 꿈은**

축하받을 일이 생긴다.

‖ **위패를 만들거나 만진 꿈은**

태몽으로 훌륭한 후손이 태어난다.

‖ **유골함을 본 꿈은**

계획이 완벽하지 않다는 경고다.

‖ **새 관을 본 꿈은**

정신적인 고통에서 벗어난다.

‖ **고급스러운 관을 본 꿈은**

부귀한 사람의 초대를 받는다.

‖ **부엌이나 헛간에 숨어서 관을 본 꿈은**

다른 사람의 행운을 가로챈다.

‖ **잔칫집에서 상복을 입은 상주를 본 꿈은**

교통사고와 재난이 따르는 등 집안에 우환이 생긴다.

‖ **남편을 잃은 여자가 상복을 입은 것을 본 꿈은**

만사가 성사되어 명예와 부귀를 얻는다.

‖ **장례식에서 운 꿈은**

집안에 우환이 생길 징조다.

‖ **장례식에서 웃은 꿈은**

나쁜 소문에 시달리거나 사기를 낭한다.

‖ **초상집에서 조의금을 낸 꿈은**

행정기관에 부탁을 한다.

‖ **상주와 고스톱을 친 꿈은**

게임이나 내기에서 이긴다.

‖ **초상집에서 돈을 딴 꿈은**

재물이 나갈 징조다.

‖ **초상집에서 돈을 잃은 꿈은**

길몽으로 행운이 찾아온다.

‖ **길을 가다가 장례식을 본 꿈은**

뜻밖의 기회로 재물이 들어온다.

‖ **길을 가다가 장례행렬을 본 꿈은**

길몽으로 재물이 들어온다.

‖ **국장행렬을 본 꿈은**

최고의 명예와 지위를 얻는다.

‖ **빈 관으로 장례식을 치른 꿈은**

거래처의 사기나 부도, 계약위반 등으로 손해를 본다.

‖ **안방에 꽃상여가 있었던 꿈은**

명예와 지위가 올라가는 등 최고의 부귀영화를 누린다.

‖ **마당에 꽃상여가 있었던 꿈은**

명예와 지위가 올라가고 최고의 부귀영화를 누린다.

‖ **다른 집 마당에 상여가 있었던 꿈은**

세상에 공개할 일이 생긴다.

‖ **많은 사람들이 상여를 따라간 꿈은**

많은 사람들에게 도움을 받는다.

‖ **상여 옆에 사람이 없었던 꿈은**

그 집에 초상이 난다.

‖ **제물이 잘 차려져 있는 꿈은**

부탁한 일이 성사되고 칭찬도 받는다.

‖ **제사를 지내며 축문이나 염불이나 찬송을 한 꿈은**

연설을 하거나 듣는다.

‖ **제삿상에 절을 한 꿈은**

만사가 순조워진다.

‖ **제삿상의 불이 밝았던 꿈은**

청탁한 일이 빨리 이루어진다.

‖ **제삿상에 술을 부어 올린 꿈은**

반드시 단체나 기관에서 일을 처리해준다.

‖ **제삿상에 술을 첨작한 꿈은**

부탁한 일을 성사시키기 위해 동분서주한다.

‖ **제삿상에서 술을 내려 퇴주한 꿈은**

부탁한 일을 취소한다.

‖ **제삿상 앞에서 슬피운 꿈은**

목적을 이루게 된다.

‖ **조상이 와서 제물을 먹은 꿈은**

부탁한 일이 성사된다.

묘지

묘지에 대한 꿈은 협조기관, 협조자, 음행, 금고, 비밀 장소, 집, 사업체 등을 나타낸다.

‖ **성묘한 꿈은**

협조자에게 부탁한 일이 성사된다.

‖ 능에 참배한 꿈은

고위층 사람에게 일을 부탁하여 목적을 이룬다.

‖ 능이나 무덤가에서 논 꿈은

좋은 직장에 들어가거나 사업을 시작한다.

‖ 새 묘지를 본 꿈은

정신적인 고통에서 벗어난다.

‖ 묘지를 선정한 꿈은

생활이 안정되고 새로운 일이나 직장을 구한다.

‖ 높이 솟은 무덤을 본 꿈은

명예나 지위가 올라간다.

‖ 봉우리가 큰 무덤을 본 꿈은

고위층과 친분관계를 맺고 지위가 높아진다.

‖ 큰 무덤 앞에 낭떠러지가 있었던 꿈은

협조자의 권력이 오래가지 못한다.

‖ 높은 곳에 있는 무덤을 본 꿈은

경쟁자보다 유리한 입장이 되고, 무덤의 높이와 출세의
정도가 비례한다는 암시다.

‖ 공원묘지나 큰 무덤을 본 꿈은

사업이 크게 번창하여 큰 이익을 얻는다.

‖ 넓은 묘지를 본 꿈은

귀인의 도움으로 명예와 지위가 올라간다.

‖ 묘지 주변에 비싼 보석이 널려 있었던 꿈은

귀인의 도움으로 자금난이 해결된다.

‖ 비석을 읽거나 본 꿈은

남의 책을 번역하거나 업적을 연구하고 찬양한다.

‖ 비석에 새겨진 글씨를 자세히 본 꿈은

원고를 청탁하거나 원고를 쓴다.

‖ 공동묘지에서 자기네 무덤이 가장 컸던 꿈은

다른 사람들보다 먼저 출세한다는 암시다.

‖ 여러 무덤 중에서 자기네 무덤을 찾지 못한 꿈은

능력있는 사람의 도움을 받기 어렵다.

‖ 공동묘지에 집은 지은 꿈은

진행하는 일은 소홀해지고 새로운 일을 시작한다.

‖ 오래된 무덤 옆에 집을 지은 꿈은

직장의 변동이 생길 징조다.

‖ 무덤에 불이 난 꿈은

사업이 크게 번창한다.

‖ 묘지에서 잠을 잔 꿈은

큰 이익을 얻는다.

‖ 무덤 위에 앉아 있었던 꿈은

상속받은 재산을 탕진한다.

‖ 무덤에서 보석이 나온 꿈은

유산을 상속받거나 가보를 얻는다.

‖ 무덤 위에 꽃이 피어 있었던 꿈은

머지않아 축하받을 일이 생긴다.

‖ 무덤 위에 나무가 서 있었던 꿈은

부모나 선배의 도움으로 어려운 일을 해결한다.

‖ 무덤에 햇빛이 밝게 비친 꿈은
명예와 지위가 높아지고 미혼자는 결혼한다.

‖ 무덤 위에 무지개가 뜬 꿈은
최고의 길몽으로 부귀와 명예를 얻는다.

‖ 무덤 위에 먹구름이 낀 꿈은
불길한 일이 생길 징조다.

‖ 무덤 앞에 상여나 정자가 있는 꿈은
태몽으로 훌륭한 후손이 태어난다.

‖ 무덤에서 피가 흐른 꿈은
단체나 기관에서 돈을 융통하거나 종교적인 교화를 받는다.

‖ 무덤을 파헤친 꿈은
고집과 자만 때문에 큰 손해를 본다.

‖ 파헤쳐져 있는 무덤을 본 꿈은
자신을 해치려고 계략을 꾸미는 사람이 있다는 암시다.

‖ 무덤에서 손이 나와 흔들거나 손짓한 꿈은
채무관계나 질병으로 시달릴 징조다.

‖ 무덤이 저절로 열리거나 반으로 갈라진 꿈은
소원하는 일이 모두 이루어진다.

‖ 무덤이 갑자기 사라진 꿈은
귀인이 떠난다.

‖ 무덤에서 관이 솟아오른 꿈은
길몽으로 명예와 부귀를 얻는다.

‖ 무덤에서 물이 솟아나온 꿈은

하는 일이 어려움에 처한다.

‖ 무덤에서 빛이 새어나온 꿈은

재물이 들어오거나 명예와 지위가 올라간다.

‖ 무덤 밖으로 관이 나와 있었던 꿈은

귀중한 물건을 선물받는다.

‖ 무덤 앞에 음식상이 차려져 있었던 꿈은

부탁한 일이 순조롭게 이루어진다.

‖ 무덤 속에 있는 시체를 본 꿈은

하는 일마다 순조롭게 진행된다.

‖ 무덤 속에 누워 있었던 꿈은

환자는 치료기간이 오래 걸린다.

‖ 무덤 속으로 걸어 들어간 꿈은

머지않아 죽는다는 암시다.

‖ 무덤 속에서 여러 사람이 앉아 놀고 있었던 꿈은

집안에 경사가 생긴다.

‖ 무덤 속이 불에 타고 있었던 꿈은

가문을 크게 일으킨다.

‖ 무덤에서 귀신이 나와 도망간 꿈은

불안한 마음을 나타내는 꿈으로 일이 뜻대로 풀리지 않
는다.

‖ 하관을 하고 무덤을 만드는 것을 본 꿈은

금고를 사거나 창고를 짓는다.

‖ 노인들이 무덤 속에 말없이 있는 꿈은
사업이 날로 번창한다.

‖ 아버지와 삼촌 무덤이 함께 있는 꿈은
동업자나 협조자를 만난다.

‖ 무덤이 갈라지면서 용이 튀어나온 꿈은
귀인의 도움으로 명예와 지위가 올라간다.

‖ 무덤 속에서 뱀이 나온 꿈은
사기를 당할 징조다.

25장. 영적인 존재와 종교에 관한 꿈

신·신화 속의 인물

신이나 신화 속의 인물에 대한 꿈은 군주, 통치자, 성직자, 백성, 은인, 부모, 절대적인 힘을 가진 사람 등을 나타낸다.

‖ 신화 속의 인물에게 빌었던 꿈은

소원하는 일이 모두 이루어진다.

‖ 신화 속의 인물을 보기만 한 꿈은

선물이나 뇌물을 주어야만 일이 해결된다는 암시다.

‖ 신선이 된 꿈은

최고의 명예와 지위를 얻는다.

‖ 제단을 본 꿈은

잃어버린 물건이나 돈을 찾는다.

‖ 제단에 엎드려 절한 꿈은

소원하는 일이 이루어진다.

‖ 제단 앞에서 통곡한 꿈은

귀인의 도움을 받는다.

‖ 신령스런 존재가 빛을 발산한 꿈은

위인의 진리나 책 등을 접한다.

‖ 신을 보고 절한 꿈은

소원하는 일이 모두 이루어진다.

‖ 신에게 매달린 꿈은

부탁한 일이 어렵게 성사된다.

‖ 신에게 용서를 빈 꿈은

자신의 잘못을 인정하고 새 출발을 한다.

‖ 신에게 욕을 한 꿈은

재난이 닥칠 징조다.

‖ 신이 자신을 부른 꿈은

노력과 인내의 결과가 나타나며 출세길이 열린다.

‖ 하늘에서 신이 부른 꿈은

죽음을 예고하는 꿈이다.

‖ 하늘에서 신의 소리가 들린 꿈은

길몽으로 신분이 새로워지고 귀인들과 어울린다.

‖ 신에게 제물을 바친 꿈은

단체나 기관에 뇌물을 주고 청탁한다.

‖ 신에게 제물을 바치고 절한 꿈은

제물 정도에 따라 명성과 복록이 따르고 능력이나 실력을 인정받는다.

‖ 신이 미래를 말해준 꿈은

신이 말한 내용의 일이 일어난다.

‖ 신이 길을 가르쳐준 꿈은

좋은 스승이나 선배를 만나 많은 조언을 듣는다.

‖ 신이 길을 안내해 준 꿈은

지위가 높은 사람을 만난다.

‖ 신선이 되어 자유롭게 날아다닌 꿈은

명예와 부귀를 얻는다.

‖ 신에게 꾸중들은 꿈은

다른 사람의 일이나 싸움에 휘말려 상처를 입거나 경찰서에 드나든다.

‖ 산에서 신령을 만나거나 기도한 꿈은

소원하는 일이 모두 이루어진다.

‖ 산신령이 옥동자를 안겨준 꿈은

그 상소에 보물이나 산삼이 있다는 암시다.

‖ 산신령에게 경고를 받은 꿈은

재난이 닥칠 징조다.

‖ 천신과 대화를 나눈 꿈은

부탁한 일이 성사된다.

‖ 신선과 장기나 바둑을 둔 꿈은

자신을 도와주려는 사람과 사소한 일로 시비가 생긴다.

‖ 신이 준 음식을 받은 꿈은

기쁜 소식을 듣고 귀인의 도움으로 만사가 해결된다.

‖ 신이 준 약을 먹은 꿈은

귀인의 도움이나 추천으로 좋은 일이 생긴다.

‖ 신령스런 존재가 약을 주거나 치료방법을 가르쳐준 꿈은

질병이 낫거나 추진하는 일을 재정비한다.

‖ 신이 어려움을 벗어날 수 있는 방법을 알려준 꿈은

귀인의 도움으로 감당하기 어려운 문제를 해결하고, 사
업이 점차 호전되어 부귀영화를 누린다.

‖ 신에게 보석을 받은 꿈은

귀인의 도움을 받고 태몽이면 훌륭한 자손이 태어난다.

‖ 신과 마주 앉아 있었던 꿈은

어렵고 답답한 일이 풀리는 등 만사가 순조롭다.

‖ 신의 전송을 받은 꿈은

자손들로 인하여 좋은 일이 생긴다.

‖ 신의 뒷모습을 본 꿈은

희망은 사라지고 좌절과 절망 뿐이라는 암시다.

‖ 신이 죽은 꿈은

자신을 도와주던 귀인이 떠난다.

‖ 신과 섹스한 꿈은

종교단체에 들어가거나 종교에 관한 책을 산다.

‖ 신과 한 이불을 덮고 잔 꿈은

태몽이면 가문을 일으킬 훌륭한 후손이 태어난다.

‖ 신의 손가락에서 난 피를 마신 꿈은

참된 지식을 얻는다는 암시다.

천사 · 선녀 · 요정

천사, 선녀, 요정 등에 대한 꿈은 고급관리, 비서, 학
자, 수제자, 배우, 여류작가, 선풍적인 사업, 작품 등을
나타낸다.

‖ 천사에게 청혼한 꿈은

신분이 고귀해진다.

‖ 천사가 하느님께 데려다 준 꿈은

공무원시험에 합격하거나 승진한다.

‖ 천사나 선녀가 자신을 보고 웃은 꿈은

남자는 고귀한 여성과 결혼하거나 사귄다.

‖ 천사가 나팔을 분 꿈은

축하받을 일이 생긴다.

‖ 천사가 웃은 꿈은

기쁜 소식을 듣는다.

‖ 천사가 슬프게 운 꿈은

집안에 우환이 생길 징조다.

‖ 천사가 하늘에서 떨어진 꿈은

추진하는 일이 중도에 좌절한다.

‖ 천사가 죽은 꿈은

자신을 도와주던 귀인이 떠난다.

‖ 천사를 따라간 꿈은

환자나 나이많은 사람은 죽음이 가까워졌다는 암시다.

‖ 선녀가 된 꿈은

최고의 명예와 지위를 얻는다.

‖ 하늘에서 선녀가 내려온 꿈은

귀인의 도움을 받고, 남자는 고귀한 여자를 사귄다.

‖ 선녀가 무지개를 타고 내려온 꿈은

소원하는 일이 이루어진다.

‖ 선녀와 결혼한 꿈은

계약으로 큰 이익을 얻고, 좋은 사람과 좋은 인연을 맺
는다는 암시다.

‖ 선녀와 섹스한 꿈은

명예와 지위를 얻는다.

‖ 선녀가 아이를 데려다 준 꿈은

태몽이면 최고의 학문을 연구하는 후손을 둔다.

‖ 선녀가 춤을 춘 꿈은

일확천금에 대한 유혹으로 재물이 나간다.

‖ 선녀가 아름답게 춤을 춘 꿈은

명문가의 여성을 아내로 맞이한다는 암시다.

‖ 꽃에서 요정이 나온 꿈은

하는 일이 크게 성공한다.

‖ 귀여운 요정과 데이트한 꿈은

아름답고 깜찍한 여자에게 연락을 받는다.

‖ 귀여운 요정을 꼭 껴안은 꿈은

애인과 이성문제로 다툴 징조다.

귀신 · 악마 · 도깨비 등

 귀신, 악마, 도깨비 등에 대한 꿈은 악한, 능력 밖의
일, 질병, 정신적인 산물 등을 나타낸다.

‖ 귀신이 나타나서 깜짝 놀란 꿈은

갑자기 뜻밖의 재난이 닥친다.

‖ 억울하게 죽은 사람이 귀신이 되어 나타난 꿈은

질병에 걸리거나 정신적인 고통을 받는다.

‖ 거울 속에서 귀신이 웃은 꿈은

놀림을 당한다.

‖ 붉은망또를 입은 귀신이 춤을 춘 꿈은

불량배에게 폭행을 당한다.

‖ 귀신을 죽인 꿈은

다른 사람의 도움으로 어렵고 힘든 일을 해결한다.

‖ 귀신이 걸어간 꿈은

경제적으로 어려워지고 실패와 좌절을 겪는다.

‖ **귀신과 싸운 꿈은**

주위 사람들과 엉뚱한 일로 다툰다.

‖ **귀신을 때려잡은 꿈은**

정신적으로 시달리던 일이 해결된다.

‖ **귀신과 싸워서 이긴 꿈은**

경쟁자를 물리치고 앞서간다.

‖ **귀신과 싸워서 진 꿈은**

경쟁에서 떨어지는 등 불길한 일이 생긴다.

‖ **귀신에게 잡혀간 꿈은**

자신의 죽음을 암시하는 꿈이다.

‖ **귀신에게 잡혀가다 도망친 꿈은**

어려운 상황에서 완전히 벗어난다.

‖ **귀신에게 맞거나 도망가다 다친 꿈은**

교통사고를 당하는 등 정신적인 고통이 따른다.

‖ **수영하다 물귀신에게 잡혀간 꿈은**

순조롭던 사업이 제3자의 방해로 어려움에 처하거나
경쟁자의 계략에 넘어가 경찰서를 드나든다.

‖ **도깨비 방망이를 얻은 꿈은**

원하는 것을 이룬다.

‖ **도깨비를 본 꿈은**

사업을 이루어 큰 이익을 얻는다.

‖ **도깨비와 논 꿈은**

많은 사람들의 도움으로 추진하는 일이 잘 된다.

‖ 도깨비가 춤을 춘 꿈은

길몽으로 행운이 찾아온다.

‖ 도깨비를 무서워하지 않은 꿈은

지위가 올라가고 재물운이 좋아진다.

‖ 도깨비에게 끌려간 꿈은

귀인이 시키는대로 해서 큰 이익을 얻는다.

‖ 도깨비와 싸운 꿈은

뜻하지 않은 일로 재물이 나간다.

‖ 도깨비와 싸워서 이긴 꿈은

재물이 많이 들어온다.

‖ 도깨비와 싸워서 진 꿈은

재물이 나갈 징조다.

‖ 도깨비가 서로 싸우는 것을 본 꿈은

집안에 우환이 생길 징조다.

‖ 도깨비를 놀린 꿈은

뛰어난 수단을 발휘하여 재물을 모은다.

‖ 도깨비가 웃으면서 도망간 꿈은

달콤한 유혹에 빠져 큰 손해를 본다.

‖ 도깨비가 약을 바짝 올린 꿈은

부탁한 일이 될듯 될듯 하면서 성사되지 않는다.

‖ 도깨비에게 몽둥이로 맞은 꿈은

하는 일마다 성공하여 엄청난 재물을 모은다.

‖ 도깨비에게 손이 발이 되도록 빈 꿈은

추진하는 일이나 사업이 위기에 봉착한다.

‖ 도깨비가 쫓아오거나 노려본 꿈은

능력 밖의 일이나 악한에게 시달린다.

‖ 마귀할멈을 본 꿈은

직장이나 직업에 불길한 변화가 생기는 등 어려움에 처
할 징조다.

‖ 괴물을 본 꿈은

만사가 불안함을 나타내는 꿈으로 불길한 일이 생긴다.

‖ 안개 속에서 괴물이 나타난 꿈은

뜻밖의 일로 놀라게 된다.

‖ 괴물에게 잡아먹힌 꿈은

단체나 관공서의 압력으로 실패와 좌절을 느낀다.

‖ 괴물을 사로잡은 꿈은

단체의 장이나 리더가 된다.

‖ 괴물이 입으로 불을 내뿜은 꿈은

사업이 크게 번창한다.

‖ 유령이 춤을 춘 꿈은

밤길에서 봉변을 당한다는 경고다.

‖ 악마와 악수한 꿈은

사기에 걸려 재물이 나간다.

‖ 악마와 싸워서 이긴 꿈은

초지일관하여 막강한 경쟁자나 장애물을 물리치고 목
적을 이룬다.

‖ 악마와 싸워서 진 꿈은

유혹에 휘말려 큰 손해를 본다.

‖ **흡혈귀를 본 꿈은**

사기에 휘말릴 징조다.

‖ **흡혈귀가 자신의 피를 빨아먹은 꿈은**

상대방의 계략이나 속임수에 넘어가 재물이 나간다.

‖ **흡혈귀가 죽은 꿈은**

길몽으로 근심이나 불안이 모두 해결된다.

천당 · 지옥

천당이나 지옥에 대한 꿈은 건강과 정신적인 일 등을
나타낸다.

‖ **영혼을 본 꿈은**

길몽이나 두려웠으면 건강에 이상이 있다는 암시다.

‖ **염라대왕에게 큰 절을 한 꿈은**

귀인을 만나고 신분이 높아진다.

‖ **지옥에서 염라대왕을 만난 꿈은**

고귀한 사람을 만난다.

‖ **천당에 가게 해달라고 기도한 꿈은**

소원하는 일이 이루어진다.

‖ **천당에 간 꿈은**

흉몽으로 불길한 일이 생긴다.

‖ 지옥에 간 꿈은

집안에 우환이 생기거나 질병에 걸린다.

‖ 천당에서 쫓겨난 꿈은

사업이 침체상태에 빠진다.

‖ 천당이 불에 탄 꿈은

불길한 일이 생길 징조다.

‖ 천당을 구경한 꿈은

아름다운 곳으로 여행을 떠난다.

‖ 천당에서 행복하다고 생각한 꿈은

만사가 순조롭게 진행된다.

‖ 천당에서 누군가를 만난 꿈은

그 사람에게 불길한 일이 생긴다.

‖ 지옥에 떨어진 꿈은

막히고 답답했던 일이 해결된다.

‖ 불지옥에 떨어진 꿈은

사업이 크게 번창하여 재물이 쌓인다.

‖ 지옥사자를 만난 꿈은

질병에 시달릴 징조다.

불교

불교에 대한 꿈은 불교인들에게 많이 나타나는데 양심, 진리, 우주법칙 등 관념적인 것을 나타낸다.

‖ **좌선하고 있는 석가모니를 본 꿈은**

한 가지 일에 몰두한다는 뜻이다.

‖ **관음보살께 소원을 빈 꿈은**

꿈 속에서 빈 소원이 이루어진다.

‖ **부처님께 분향과 참배한 꿈은**

만사가 순조롭게 풀려 목적을 이룬다.

‖ **부처님이 집 안으로 들어온 꿈은**

가까운 친척이 재난으로 죽는다는 암시다.

‖ **부처님께 공양할 음식을 차린 꿈은**

집안이 번영하고 행복을 누린다.

‖ **부처님께 공양한 꿈은**

소원하는 일이 이루어진다.

‖ **부처님께 음식을 받은 꿈은**

질병에 시달릴 징조다.

‖ **부처와 대화를 나눈 꿈은**

자신의 능력을 인정하는 사람에게 도움을 받는다.

‖ **부처님이 웃은 꿈은**

국가나 사회적으로 큰 행운이 찾아온다.

‖ **부처님이 운 꿈은**

국가나 사회적으로 엄청난 재난이 닥친다는 암시다.

‖ **부처님의 뒤를 따라간 꿈은**

질병이나 정신적인 고통에 시달린다.

‖ **길을 가다가 부처님을 만난 꿈은**

귀인이나 선배의 도움으로 행운을 얻는다.

‖ **부처님께 얻어맞은 꿈은**

질병에 걸리거나 집안에 우환이 생긴다.

‖ **부처님의 손가락에서 흐르는 피를 마신 꿈은**

참된 진리를 깨닫는다는 암시다.

‖ **절에서 부처님을 만나거나 불상을 본 꿈은**

태몽이면 가문을 빛낼 후손이 태어난다.

‖ **지옥에서 부처님을 본 꿈은**

귀인의 도움으로 최고의 명예와 지위를 얻는다.

‖ **불상을 껴안은 꿈은**

소원하는 일이 모두 이루어진다.

‖ **불상을 보고 절한 꿈은**

소원하는 일이 모두 이루어진다.

‖ **불상을 얻은 꿈은**

국보급의 예술품을 선물받는다.

‖ **금불상을 얻은 꿈은**

재물이 들어오는 등 큰 행운이 찾아온다.

‖ **많은 불상을 본 꿈은**

단체의 장이 되거나 그 단체와 일을 추진한다.

‖ **불상을 그리거나 바라본 꿈은**

최고의 명예와 지위를 얻는다.

‖ **불상 앞에서 염불을 하거나 참배한 꿈은**

소원하는 일이 모두 이루어진다.

‖ **절에서 참배한 꿈은**

큰 재물이 들어온다.

‖ **불경을 들은 꿈은**

좋은 일이 생긴다.

‖ **불경을 읽거나 설교한 꿈은**

질병에 시달리거나 쓸데없는 싸움에 휘말린다.

‖ **절이나 암자를 지은 꿈은**

길몽으로 경사스런 일이 생긴다.

‖ **멀리서 절을 바라본 꿈은**

소식이 끊긴 사람에게서 반가운 소식이 온다.

‖ **숲 속에서 절을 본 꿈은**

소원하는 일이 모두 이루어진다.

‖ **돌탑에 절을 한 꿈은**

소원하는 일이 이루어진다.

‖ **돌탑 위에 올라간 꿈은**

소원하는 일이 이루어진다.

‖ **돌탑에서 나온 사리나 금은보석을 얻은 꿈은**

명예와 신분이 고귀해진다.

‖ **수도승을 본 꿈은**

집안에 우환이 생기거나 질병에 시달린다.

‖ **스님이 된 꿈은**

현실에서 벗어나고 싶어하는 심정을 나타내는 꿈이다.

‖ **여승이 된 꿈은**

가정이 화목해지고 후손에게 좋은 일이 생긴다. 그러나 남자에게는 사회나 직장, 직업에 회의를 느끼고 휴식처를 찾는다는 암시다.

‖ 스님과 인사한 꿈은

귀인을 만난다.

‖ 절에서 여승과 대화를 나눈 꿈은

이성문제로 다툼이 생기고 재물이 나간다.

‖ 여승만 있는 절로 이사한 꿈은

질병에 시달릴 징조다.

‖ 울고 있는 승려를 본 꿈은

친척이나 가까운 사람이 죽는다는 암시다.

‖ 웃고 있는 승려를 본 꿈은

유산을 상속받거나 즐거운 일이 생긴다.

‖ 학식이 높거나 나이 많은 스님을 만난 꿈은

정신적인 고통에서 벗어나고 철학서적을 읽는다.

‖ 절이나 스님에게 시주한 꿈은

소원하는 일이 모두 이루어진다.

‖ 스님이 목욕하는 것을 본 꿈은

고귀한 사람을 만난다.

‖ 스님에게 무언가를 물어본 꿈은

부탁한 일이 성사된다.

‖ 스님과 식사한 꿈은

고급사교장에 초대받는다.

천주교

천주교에 대한 꿈은 천주교인들에게 많이 나타나는데 양심, 진리, 우주법칙 등 관념적인 것을 나타낸다.

‖ **성모마리아를 본 꿈은**

신용이 매우 하락하고 있다는 암시다.

‖ **성모마리아가 움직인 꿈은**

은혜로운 귀인을 만난다.

‖ **성모마리아상 앞에서 기도한 꿈은**

귀인의 도움으로 목적을 이룬다.

‖ **교황을 본 꿈은**

성공하여 최고의 자리에 오른다.

‖ **추기경을 본 꿈은**

귀인의 도움으로 만사를 성사시킨다.

‖ **수도원을 본 꿈은**

정신적으로 안정된다는 뜻이다.

‖ **큰 성당을 본 꿈은**

길몽으로 많은 사람의 도움을 받는다.

‖ **세례를 받은 꿈은**

귀인의 도움으로 목적을 이룬다.

‖ **신부를 만나거나 신부가 웃은 꿈은**

당분간 이성친구나 가족과 떨어진다.

‖ 구세군을 본 꿈은

정신적으로 만족감을 느낀다.

기독교

 기독교에 대한 꿈은 기독교인들에게 많이 나타나는데 양심, 진리, 우주법칙 등 관념적인 것을 나타낸다.

‖ 선악과를 따먹은 꿈은

확실하고 정확한 판단을 내린다.

‖ 아담이나 이브를 본 꿈은

소원하는 일이 모두 이루어진다.

‖ 하느님께 기도한 꿈은

기독교인은 진리를 깨닫고 과거의 잘못을 반성한다.

‖ 기도를 하는데 목소리가 나오지 않은 꿈은

부탁한 일이 성사되기 어렵다는 암시다.

‖ 교회에 예수님이 나타난 꿈은

종교와 관계된 지도자급 인사를 만난다.

‖ 예수님이 나타나 우러러본 꿈은

종교에 관한 책을 출판하거나 종교 지도자를 만난다.

‖ 예수님이 영세물을 입에 넣어준 꿈은

공공단체에 가입하거나 취직이나 입학 등이 성사된다.

‖ 걸어가는 예수님의 뒷모습을 본 꿈은

소원하는 일이 이루어진다.

‖ 예수님의 초상화나 조각상을 본 꿈은

소원하는 일이 이루어진다.

‖ 지옥에서 예수님을 본 꿈은

귀인의 도움으로 최고의 명예와 지위를 얻는다.

‖ 십자가를 본 꿈은

만사가 순조롭게 풀려나간다.

‖ 밖에서 교회를 바라본 꿈은

길몽으로 좋은 일이 생긴다.

‖ 교회 안으로 들어간 꿈은

정신적인 고통을 겪는다.

‖ 교회에서 설교를 들은 꿈은

세미나에 참석하거나 은사나 선배에게 충고를 듣는다.

‖ 힘들고 어려워서 하느님을 찾은 꿈은

협조자를 찾아 여기저기 헤맨다는 암시다.

‖ 교회가 불에 탄 꿈은

그 교회가 신도가 늘어나는 등 크게 번창한다.

‖ 교회에서 잠을 잔 꿈은

부흥회나 기도회에 참석한다.

‖ 목사가 죽은 꿈은

종교를 바꾼다는 암시다.

‖ 교회에서 합창소리를 들은 꿈은

교회에 나가거나 부흥회에 참석한다.

‖ **교회가 무너진 꿈은**

종교분쟁에 시달린다.

‖ **교회에서 추방당한 꿈은**

나쁜 소문에 시달리고 교인들과 다툰다.

‖ **선교사를 본 꿈은**

계획한 일을 추진하면 실패할 확률이 매우 높다는 암시
이니 철저하게 점검한 뒤 천천히 시작하는 것이 좋다.

무속 · 민간신앙

 무속에 대한 꿈은 정신적인 일, 사업, 운세 등을 나타
낸다.

‖ **점을 친 꿈은**

질병에 걸릴 징조다.

‖ **많은 사람들과 고사를 지낸 꿈은**

단체로 권력층에 건의하거나 협조를 요청한다.

‖ **성황당을 본 꿈은**

다른 사람에게 부탁을 하게 된다.

‖ **성황당에서 절한 꿈은**

소원이 이루어진다.

‖ **성황당에 불이 난 꿈은**

계획한 일이 뜻대로 되지 않는다.

∥ 무당과 결혼한 꿈은

어려운 상황에서 벗어난다.

∥ 무당집에서 굿을 한 꿈은

다른 사람에게 비밀이나 사업이 알려진다.

∥ 굿을 하고 있는 무당을 본 꿈은

도움을 청하게 되고 원하는 일이 이루어진다.

∥ 굿판에서 춤추는 무당을 본 꿈은

정신적인 고통에 시달릴 징조다.

∥ 작두 위에서 춤추는 무당을 본 꿈은

위험에 처해 있는 것을 모른다는 암시다.

∥ 굿판에서 춤을 추고 노래를 부른 꿈은

자신의 운명을 알아보는 곳을 찾아간다.

∥ 무당을 죽인 꿈은

소원하는 일이 이루어진다.

∥ 무당이 죽은 꿈은

정신적인 압박에서 벗어난다.

∥ 무당이 목을 매 죽은 꿈은

청탁한 일이 이루어진다.

∥ 물에 빠진 무당을 구해준 꿈은

어려운 사람을 위해 일한다.

26장. 그 외의 꿈

색상

색상에 대한 꿈은 특별한 이미지를 나타내기 위한 가공된 관념의 표상으로 다음과 같은 의미가 있다.

- 빨간색은 정열, 충성, 정조, 연정, 공격, 난폭함 등을 나타낸다.
- 파란색은 젊음, 패기, 정력, 방랑, 인내, 명랑함, 신선미 등을 나타낸다.
- 검은색은 불길함, 불쾌감, 암담함, 음란, 무의미, 비밀, 미개척, 죽음, 부도덕 등을 나타낸다.
- 흰색은 결백, 정의, 소박함, 처녀성, 항의, 신천지, 유산, 상속 등을 나타낸다.

■ 분홍색은 연애, 명예, 기쁨, 애착, 부귀, 공로, 선동, 호강 등을 나타낸다.

■ 갈색은 늙음, 완숙함, 교활함, 불신감, 미움 등을 나타낸다.

■ 회색은 이중성, 위선, 경멸, 미완성, 허약함 등을 나타낸다.

■ 보라색은 선동, 유혹, 수줍음, 겸손함, 아늑함, 존경 등을 나타낸다.

■ 혼합색은 다목적, 잡종, 잡념, 다재다능, 복잡, 협력, 인기 등을 나타낸다.

‖ 빨간색을 본 꿈은

새로운 일을 추진한다.

‖ 노란색 페인트를 칠한 꿈은

이성문제로 고통을 겪을 징조다.

‖ 온 세상이 하얗게 보인 꿈은

방심하면 큰 손해를 본다는 경고다.

‖ 무지개 색의 일곱색을 본 꿈은

길몽으로 신분이 고귀해지고 부귀영화를 누린다.

‖ 총천연색을 본 꿈은

매우 아름답고 황홀한 미래가 펼쳐진다는 암시다.

‖ 혼합색을 본 꿈은

여기저기 일을 많이 벌린다.

‖ **색을 칠한 꿈은**

계획한 일을 추진하면 목적을 이룬다.

‖ **색칠하는데 검정색만 있었던 꿈은**

만사가 침체되어 미래가 어둡다는 암시다.

‖ **색칠하는데 노란색만 있었던 꿈은**

애인과 이성문제로 다툴 징조다.

방향

방향에 대한 꿈은 결정, 지시, 계획 등을 나타낸다.

‖ **동서남북을 분간할 수 없었던 꿈은**

어떤 일을 결정하지 못하고 망설인다.

‖ **이쪽 저쪽 왔다 갔다한 꿈은**

마음이 불안하다는 뜻이다.

시간

시간에 대한 꿈은 약속, 믿음, 결과 등을 나타낸다.

‖ **약속시간을 정한 꿈은**

계약, 약혼, 결혼 등이 성사되고 빈틈없는 생활로 크게 발전한다.

‖ 약속시간을 지키기 위해 노력한 꿈은

열심히 노력하지만 기대만큼의 결과가 나타나지 않아
계획에 차질이 생긴다.

‖ 약속시간에 정확하게 도착한 꿈은

능력을 인정받고 신임을 얻어 성공의 기반을 마련한다.

‖ 약속시간에 늦어서 허둥댄 꿈은

능력을 과장되게 과시하다가 역효과가 나타난다.

‖ 약속한 날짜에 물건을 납품하지 못한 꿈은

지금의 계획이 처음부터 무리가 있었다는 뜻이다.

‖ 영업마감 시간이 다 되어가고 있었던 꿈은

노력의 결과가 나타난다.

‖ 오늘이라고 생각한 꿈은

오늘 현재를 상징한다.

‖ 어제라고 생각한 꿈은

과거의 일을 상징한다.

‖ 내일이라고 생각한 꿈은

내일이나 깨닫는 날 등을 상징한나.

‖ 오전에 무엇인가를 해야 된다고 생각한 꿈은

계획대로 사업을 시작한다.

‖ 오후에 무엇인가를 해야 된다고 생각한 꿈은

직장에서나 사업이 정상궤도에 오르는 등 생활이 안정
되고, 미혼자는 이성과 데이트를 한다.

‖ 일요일에 무엇인가를 해야 된다고 생각한 꿈은

정신적인 안정이 필요하다는 암시로 질병에 시달린다.

‖ 공휴일에 무엇인가를 해야 된다고 생각한 꿈은

낚시나 여행을 떠난다.

‖ 스케줄이 꽉 잡혀 있었던 꿈은

최대한의 능력으로 빈틈없이 추진하여 성공한다.

‖ 시간제 아르바이트를 한 꿈은

애인이 있으나 다른 사람을 사귀고 싶어하는 마음을 나타내는 꿈이다.

소리

소리에 대한 꿈은 다양한 소식, 연락망, 경고 등을 나타낸다.

‖ 하늘에서 하느님의 음성이 들린 꿈은

귀인이나 선배의 조언을 듣는다.

‖ 하늘에서 자신의 이름을 부른 꿈은

큰 재난이 닥치거나 생명이 위태로운 사고가 발생한다.

‖ 하늘에서 큰 소리가 들린 꿈은

큰 재난이 닥칠 징조다.

‖ 하늘을 향해 크게 소리친 꿈은

하는 일이 서서히 풀려나간다.

‖ 허공에서 말하는 소리가 들린 꿈은

먼 곳에서 소식이 온다.

‖ 목소리가 나오지 않아 안간힘을 쓴 꿈은

일이 계획대로 되지 않아 애를 먹게 된다.

‖ 폭발음을 들은 꿈은

흉몽으로 큰 재난이 닥칠 징조다.

‖ 비명소리를 들은 꿈은

슬픈 소식을 듣게 된다.

‖ 경보음을 들은 꿈은

진행 중인 일이 매우 위험하다는 암시다.

‖ 시간을 알리는 소리를 들은 꿈은

정신을 똑바로 차려야 한다는 경고다.

‖ 메아리를 들은 꿈은

자신의 의견이 관철되거나 결혼승낙을 받는다.

‖ 현관 벨소리를 들은 꿈은

뜻밖의 손님이 찾아온다.

‖ 확성기 소리를 들은 꿈은

머지않아 곤경에 처하게 된다는 암시나.

‖ 집 밖에서 찹쌀떡 장수의 소리가 들린 꿈은

옛 친구가 찾아오거나 소식을 듣는다.

‖ 집 밖에서 엿장수의 가위 소리가 들린 꿈은

고향을 찾아간다.

‖ 멀리서 종소리가 들린 꿈은

반가운 소식을 듣는다.

‖ 비밀을 엿들은 꿈은

구설수에 휘말릴 징조다.

‖ 소근대는 소리를 들은 꿈은

신상에 대한 나쁜 소문에 시달린다.

‖ 휘파람을 분 꿈은

구설수에 휘말릴 징조다.

‖ 휘파람을 부는데 잘 분다고 칭찬받은 꿈은

사기에 휘말릴 징조다.

‖ 다른 사람이 휘파람을 분 꿈은

경쟁자의 방해로 장애에 부딪힌다.

‖ 소음 때문에 뒤척인 꿈은

극복하기 힘든 일에 부딪히는 등 정신적으로 매우 혼란
해진다.

문자 · 숫자

 문자나 숫자에 대한 꿈은 숫자의 의미나 문장을 해석
해야 한다.

‖ 자신의 이름 세 글자가 선명하게 보인 꿈은

승진, 입학, 취직 등이 성사된다.

‖ 하늘에 큰 대(大) 자가 써 있었던 꿈은

큰 인물이 되거나 큰 업적을 쌓는다.

‖ 종이에 하늘 천(天) 자를 크게 쓴 꿈은
신분이 높은 사람을 만난다.

‖ 누군가가 붓으로 자신의 흰 옷에 글씨를 써준 꿈은
신분이 새로워지거나 간판을 달게 된다.

‖ 암호문을 본 꿈은
가까운 사람에게 배신당하거나 정보가 유출되어 큰 타
격을 입는다는 암시다.

‖ 숫자 7을 본 꿈은
좋은 일이 생긴다.

‖ 숫자 3을 본 꿈은
심각관계가 되거나 의견이 일치되지 않는다.

‖ 숫자 10을 본 꿈은
만족한 마음을 나타내는 꿈이다.

‖ 숫자를 세어본 꿈은
업무를 너무 많이 맡고 있다는 암시다.

‖ 숫자를 지우거나 바꿔쓴 꿈은
동업자가 바뀌거나 계획이 변경된다.

‖ 숫자를 끝까지 쓴 꿈은
반드시 목적을 이룬다.

‖ 누군가가 주산을 들고 방으로 들어온 꿈은
금전문제로 찾아오는 사람이 있다.

‖ 계산한 꿈은
사업계획이나 성과 등을 알아본다.

‖ **자신의 몸무게나 물건을 달아본 꿈은**

비밀이나 정보를 캐려는 사람이 있다는 뜻이다.

‖ **수량이 많은 물건을 가진 꿈은**

그 수량 만큼 재물이 쌓인다.

‖ **수량이 적은 물건을 가진 꿈은**

모든 것이 마음에 차지 않아 불만이 생긴다.

농사

농사에 대한 꿈은 일의 성패, 재물, 운세를 나타낸다.

‖ **밭에서 열심히 일하는 농부를 본 꿈은**

추진하는 일이 점점 발전한다.

‖ **씨앗을 뿌린 꿈은**

다른 사람에게 원망을 듣는다.

‖ **씨앗을 많이 만진 꿈은**

자금을 넉넉하게 융통한다.

‖ **씨앗을 매우 많이 갖고 다닌 꿈은**

돈놀이를 하거나 여러 곳에 사업자금을 대출해준다.

‖ **모내기를 한 꿈은**

새로운 일이나 사업을 한다.

‖ **모내기를 일부분만 한 꿈은**

모를 심은 만큼만 계획이 진전된다는 암시로, 어려움에

부딪혀 더 이상 나가지 못한다.

‖ **퇴비를 만든 꿈은**

사업자금을 융통한다.

‖ **퇴비가 산처럼 쌓여 있었던 꿈은**

재물을 많이 모은다.

‖ **비료구덩이를 판 꿈은**

사업의 기반을 닦는다.

‖ **호박 구덩이에 비료를 준 꿈은**

투자할 곳을 찾아 투자한다.

‖ **허수아비를 본 꿈은**

삶에 대한 회의를 느낀다.

‖ **허수아비가 쓰러진 꿈은**

희망하는 일이 모두 물거품이 된다.

‖ **곡식을 수확한 꿈은**

성과가 나타나고 재물도 들어온다.

‖ **벼베기 하는 것을 본 꿈은**

일의 결과가 나타난다.

‖ **볏단을 쌓거나 운반한 꿈은**

재물이 들어온다.

‖ **볏단을 훔쳐온 꿈은**

훔친 볏단과 소득이 비례한다.

‖ **볏단을 마차에 실은 꿈은**

실은 볏단과 들어오는 재물이 비례한다.

‖ **이삭을 주운 꿈은**

적은 재물이지만 꾸준하게 들어온다.

‖ **탈곡한 꿈은**

투자한 사업에서 이익을 얻는다.

‖ **멍석을 편 꿈은**

새로운 사업을 시작한다.

‖ **멍석을 만 꿈은**

하는 일이 중단될 징조다.

‖ **멍석에 곡식을 말린 꿈은**

작품을 발표하거나 사업을 공개한다는 암시다.

‖ **멍석에 곡식이 가득 있었던 꿈은**

많은 이익을 얻는다.

‖ **창고에 곡식이 가 있었던 꿈은**

큰 재물이 들어오고 재물을 모은다.

‖ **집 안 곳곳에 곡식이 가득 있었던 꿈은**

재물을 많이 모은다.

‖ **곡식을 창고 안으로 나른 꿈은**

재산을 많이 모으게 된다.

‖ **곡식을 창고 밖으로 나른 꿈은**

재물이 나가게 된다.

‖ **곡식을 집 안으로 들여온 꿈은**

재물을 모은다.

‖ **곡식을 집 밖으로 실어낸 꿈은**

재물을 잃을 징조다.

‖ 곡식을 도둑맞은 꿈은

가정에 재난이 생기거나 큰 재물이 나간다.

‖ 곡식을 휘저은 꿈은

재물을 잃거나 가정에 재난이 닥친다.

‖ 볏짚을 깔아놓은 곳에 들어간 꿈은

길몽이나 들어갔다 나왔으면 불길한 일이 생긴다.

‖ 짚단이 많이 쌓여 있었던 꿈은

길몽으로 재물을 많이 모은다.

학교

 학교에 대한 꿈은 직장, 회사, 사업체, 기관 등을 나타
낸다.

‖ 학교 운동장에서 운동을 하거나 서 있었던 꿈은

큰 사업을 벌리거나 대기업에 취직한다.

‖ 체육시간에 넓이뛰기를 한 꿈은

길몽으로 행운이 찾아온다.

‖ 칠판을 본 꿈은

새로운 소식을 듣는다.

‖ 교수의 강의를 들은 꿈은

자신도 모르는 능력을 다른 사람이 찾아주거나 연구모
임이나 세미나 등에 참석한다.

‖ **교실에 앉아 열심히 공부한 꿈은**

공부를 다시 하고 싶어하는 심정을 나타내는 꿈으로, 학문을 연구하거나 논문을 작성한다.

‖ **교실 맨 뒤에 있는 책상에 앉은 꿈은**

자유로운 일을 한다.

‖ **교실에서 자신의 책상을 찾거나 다른 사람 책상에 앉은 꿈은**

소원하는 일이 모두 이루어진다.

‖ **교실에서 자신의 자리를 찾지 못해 당황한 꿈은**

현재의 자리에서 밀려나고 대인관계도 어려워진다.

‖ **공부에 싫증이 나거나 하기 싫었던 꿈은**

현실에 대한 불만이 많아 새로운 것을 찾고 싶어하는 심정을 나타내는 꿈이다.

‖ **입학식을 보거나 참석한 꿈은**

길몽으로 새로운 기회가 생기고, 미혼자는 새로운 이성을 사귄다.

‖ **입학식이 끝났거나 졸업식을 본 꿈은**

만사가 끝을 향해 달리고 있으니 희망을 찾기 힘들다는 암시다. 새출발을 준비하도록.

‖ **졸업장을 받은 꿈은**

많은 사람들에게 능력을 인정받고 신임을 얻는다.

시험

 시험에 대한 꿈은 능력, 실력에 대한 평가, 자금융통 등을 나타낸다.

‖ **구술시험을 본 꿈은**
가까운 사람과 사소한 일로 말다툼을 한다.

‖ **합격자 명단에서 자신의 이름이 크게 보인 꿈은**
좋은 성적으로 합격한다.

‖ **감독관이 보는 앞에서 답안지를 작성한 꿈은**
신상에 대한 조회를 받거나 보증인을 세운다.

‖ **시험관 앞에서 답안지를 작성한 꿈은**
실력이나 능력을 평가받는다.

‖ **시험에서 일등한 꿈은**
축하받을 일이 생긴다.

‖ **답안지가 망가진 꿈은**
시험이란 시험은 모두 떨어진다.

‖ **답안지를 잘못 작성하여 애태운 꿈은**
시험에 합격하는 등 원하는 일이 모두 이루어진다.

‖ **필기도구가 없어 답안지를 작성하지 못한 꿈은**
시험에 떨어지는 등 만사가 막힌다.

‖ **답안지가 구겨지거나 더럽혀진 꿈은**
시험 등에 떨어질 징조다.

‖ 답안지를 작성하고 나온 꿈은
전근이나 이직이 따른다.

‖ 답안지를 제출한 꿈은
자신의 능력이나 실력을 평가받는다.

‖ 시험관에게 답안지를 제출한 꿈은
새로운 제품이나 작품을 평가받는다.

‖ 시험문제가 매우 어렵다고 느낀 꿈은
자신의 능력으로 해결할 수 없는 일에 직면한다.

‖ 학교시험 시간에 지각한 꿈은
시험점수가 미달된다.

‖ 입학이나 자격시험 시간에 지각한 꿈은
시험에 떨어질 징조다.

‖ 시험장에 늦게 도착한 꿈은
자신의 능력이나 실력을 인정받지 못한다.

‖ 컨닝으로 시험을 만족하게 본 꿈은
최선을 다하여 목적을 이룬다.

‖ 컨닝한 꿈은
작은 점수 차이로 떨어진다.

‖ 다른 사람의 답안지를 컨닝한 꿈은
다른 사람의 힘을 빌려 목적을 이룬다.

‖ 컨닝을 하다 들킨 꿈은
상사나 선생님께 칭찬을 듣는다.

‖ 다른 사람에게 정답을 가르쳐준 꿈은
다른 사람을 도와준다.

‖ 시험에 떨어진 것을 다른 사람에게 들은 꿈은
수석을 하거나 출품작이 당선된다.
‖ 시험에 떨어졌는데도 담담했던 꿈은
아슬아슬하게 시험에 합격한다.
‖ 시험에 떨어져서 슬퍼한 꿈은
시험에 합격하는 등 모든 일이 순조롭게 진행된다.
‖ 합격자 번호나 자신의 이름이 뚜렷하게 밝혀진 꿈은
시험 등에 합격한다.
‖ 탈렌트 시험에 응시한 꿈은
새로운 계획이나 사업을 구상한다.
‖ 탈렌트 시험에 합격한 꿈은
모든 시험에 합격하고 승진도 따른다.
‖ 탈렌트 시험에 떨어진 꿈은
헛소문 때문에 명예와 인기가 떨어진다.

결혼

 결혼에 대한 꿈은 그대로 현실로 나타나는 경우도 있
으나 방문, 만남, 계약, 결사, 집회, 새로운 사업 등을
나타낸다.

‖ 결혼한 꿈은
모든 일이 원만하게 이루어진다.

‖ 합동결혼을 한 꿈은

중요한 회의에 참석하거나 단체에 가입한다.

‖ 여러 번 결혼한 꿈은

직장이나 사업에 많은 변화가 생긴다.

‖ 몰래 결혼한 꿈은

애인과 사랑이 식어간다는 암시다.

‖ 결혼식을 하는데 상대가 바뀐 꿈은

착오나 착각으로 실수한다.

‖ 남편이 아닌 사람과 결혼한 꿈은

소원하는 일이 이루어진다.

‖ 결혼선물을 주고받은 꿈은

계약이 성립되거나 거래처와의 약속이 더욱더 견고해진다.

‖ 결혼식장으로 걸어 들어간 꿈은

단체나 모임에 참석한다.

‖ 드레스를 입고 결혼식장에 입장한 꿈은

직장이나 사업에 변화가 생긴다.

‖ 웨딩드레스를 입고 예식장에 들어간 꿈은

신분이 새로워지거나 입학, 취직, 면담, 신규사업 등이 이루어진다.

‖ 결혼식장에 아무도 없었던 꿈은

직장을 구하거나 새로운 일을 시작한다.

‖ 결혼식장에 들어갔는데 아무도 없었던 꿈은

청탁한 일은 연기되나 입학, 취직, 면담 등은 성사된다.

‖ **결혼예복이 피로 물든 꿈은**

고귀한 사람에게서 혼담이 들어온다.

‖ **결혼예복이 더러웠던 꿈은**

현재의 직장이나 일이 마음에 들지 않는다는 뜻이다.

‖ **신랑 신부가 입장하다가 넘어진 꿈은**

하는 일이나 사업이 모두 중단될 징조다.

‖ **신랑 신부가 맞절한 꿈은**

마음먹은 일은 이루어지나 이성문제로 다툰다.

‖ **신랑과 나란히 서 있었던 꿈은**

계약할 상대와 일이 순조롭게 진행된다.

‖ **결혼식에 신랑 신부가 없었던 꿈은**

사업이 어려워져 부탁하려고 해도 들어줄 사람이 없다.

‖ **결혼식을 하는데 식장에 불이 난 꿈은**

원하는 일이 모두 이루어지고 큰 행운이 찾아온다.

‖ **결혼식장에 하객이 없었던 꿈은**

모든 것을 스스로 해야 된다는 암시다.

‖ **결혼식을 하는데 주례가 없었던 꿈은**

단체나 모임에서 리드하는 사람이 없어 우왕좌왕한다.

‖ **결혼식을 하는데 천정의 샹드리에가 떨어진 꿈은**

뜻밖의 일로 만사가 수포로 돌아갈 징조다.

‖ **결혼반지를 받아 손가락에 낀 꿈은**

청혼을 받고 그 사람과 결혼한다.

‖ **결혼식장에 쌀을 뿌린 꿈은**

좋은 소식이 온다.

‖ 신랑의 들러리가 되었던 꿈은

머지않아 결혼한다는 암시다.

‖ 남자는 미녀와 여자는 미남과 결혼한 꿈은

좋은 일이 생긴다.

‖ 이혼한 꿈은

뜻밖에 반가운 사람을 만난다.

‖ 파혼한 꿈은

재취업이나 재계약이 성사되지 않는다.

‖ 중매한 꿈은

다른 사람의 일로 욕을 먹는다.

법원

 법에 대한 꿈은 기관, 단체, 권력, 정신적인 등을 나타
낸다.

‖ 법원을 본 꿈은

경제적으로 매우 어렵다는 것을 나타내는 꿈이다.

‖ 재판을 받은 꿈은

절대로 경험하지 않은 일은 손대지 말라는 경고다.

‖ 증언한 꿈은

다른 사람에게 부탁을 받는다.

‖ **변호한 꿈은**

친구나 주위 사람들에게 신뢰를 잃는다.

‖ **알리바이를 증명한 꿈은**

가까운 사람과 사소한 일로 다툰다.

‖ **판사에게 유죄판결을 받은 꿈은**

만사가 계획대로 되지 않는다.

‖ **판사에게 무죄판결을 받은 꿈은**

길몽으로 근심 걱정이 모두 사라진다.

‖ **보석금에 대한 꿈은**

탐탁지 않은 사람과 손을 잡는다.

연설 · 대중

연설이나 대중에 대한 꿈은 주장, 의견, 능력 등을 나타낸다.

‖ **축사를 하거나 들은 꿈은**

연설을 하거나 듣게 된다.

‖ **대중 앞에서 열심히 연설한 꿈은**

실력을 공개하고 열심히 일한다.

‖ **연설을 하는데 사람들이 모여든 꿈은**

사업을 크게 벌리나 잘 되지 않아 빚만 늘어난다.

‖ 연설을 하는데 아무도 없었던 꿈은

실력을 과시하고 싶지만 기회가 오지 않는다.

‖ 연설을 하는데 사람들이 흩어진 꿈은

많은 사람들이 자신의 생각이나 주장에 동조하여 무난
하게 일을 처리한다.

‖ 산꼭대기에서 혼자 연설한 꿈은

아무도 생각하지 못한 일로 사람들을 놀라게 한다.

‖ 연설하는데 군중이 야유를 보낸 꿈은

시비와 구설로 고통을 겪는 등 만사가 막혀 답답하다.

‖ 연설하면서 자신이 무슨 말을 하는지 모른 꿈은

자신의 의견을 발표할 기회가 오지만 모르고 지나간다.

‖ 많은 사람들이 몰려온 꿈은

사업자금이나 능력이 부족하다는 암시다.

‖ 많은 사람들이 몰려간 꿈은

어려운 일이 서서히 풀리기 시작한다.

‖ 군중이 많이 모여 복잡했던 꿈은

사업을 크게 확장할 기회가 왔다는 암시다.

‖ 관중 속에 파묻혀 있었던 꿈은

인기인이 되거나 신임이 두터워진다.

‖ 관중이 야유하며 시비한 꿈은

많은 사람들에게 외면당하거나 시비를 받는다.

‖ 관중이 비명을 지른 꿈은

자신이 한 일이 많은 사람에게 좋은 평가를 받는다.

‖ 관중들이 광란한 꿈은
추진하는 일이 많은 사람들의 방해로 벽에 부딪힌다.
‖ 군중과 시위한 꿈은
사회나 국가 또는 회사 등에 불만이 많다는 뜻이다.

도박

 도박에 대한 꿈은 무모한 일과 계획, 도전, 투기, 재물
등을 나타낸다.

‖ 도박장으로 간 꿈은
투기에 손을 댄다는 암시다.
‖ 도박하는 것을 구경한 꿈은
쓸데없는 일에 관심을 갖는다.
‖ 도박으로 돈을 딴 꿈은
뜻하지 않은 일로 재물을 잃는다.
‖ 도박으로 돈을 잃은 꿈은
뜻하지 않은 일로 큰 이익을 본다.
‖ 게임으로 돈을 잃거나 딴 꿈은
일생일대의 흥방성쇠를 결정할 일이 생긴다.
‖ 여러 사람과 둘러앉아 도박을 한 꿈은
가까운 사람에게 배신이나 사기를 당한다.

‖ **경마를 구경한 꿈은**

강한 승부욕으로 추진한 일이 잘 된다.

‖ **경마에서 우승한 꿈은**

자신의 업계에서 최고가 되어 만인의 존경과 부러움을
받는다.

‖ **경마에서 일등을 알아맞힌 꿈은**

승부에서 이긴다.

‖ **자신이 경마 기수가 되어 달린 꿈은**

길몽으로 만사가 막힘없이 순조롭게 진행된다.

‖ **자신이 경마 기수가 되어 달리다가 떨어진 꿈은**

순조롭던 일이 한순간에 몰락한다는 암시다.

‖ **경마장에서 마권으로 돈을 많이 딴 꿈은**

뭉돈이 들어온다.

‖ **경마장에서 마권으로 돈을 많이 잃은 꿈은**

머지않아 자금난으로 고생한다.

‖ **마권을 산 말이 잘 달리다가 넘어진 꿈은**

번창하던 일이 갑자기 장애가 생겨 어려움에 처한다.

‖ **경마장에서 힘차게 달리는 말을 본 꿈은**

모든 일이 순조롭게 풀린다.

‖ **복권을 산 꿈은**

다른 사람의 도움으로 순조롭게 사업이 이루어져 뭉돈
이 들어온다.

‖ **복권을 선물받은 꿈은**

횡재수로 재물이 많이 들어온다.

‖ **복권을 선물한 꿈은**

자선단체나 불우이웃돕기 기금을 낸다.

‖ **복권에 일등으로 당첨된 꿈은**

행운의 꿈으로 복권이나 상품권에 당첨될 확률이 높다.

‖ **복권을 샀는데 모두 떨어진 꿈은**

기대했던 일이 무산될 징조다.

‖ **화투패를 떼어본 꿈은**

계획을 다시 검토하라는 경고다.

‖ **화투가 널려져 있었던 꿈은**

일을 마무리짓지 못하고 헤멘다.

‖ **화투를 치려다 그만둔 꿈은**

자금결재나 서류결재를 뒤로 미루게 된다.

‖ **다른 사람과 화투를 친 꿈은**

주위 사람과 사소한 일로 다툰다.

‖ **애인과 화투를 친 꿈은**

이성문제가 발생한다.

‖ **고스톱을 하다가 쓰리고에 피박을 쓴 꿈은**

재물이 들어오는 등 큰 행운이 찾아온다.

‖ **고스톱으로 돈을 딴 꿈은**

재물을 잃게 된다.

‖ **고스톱으로 돈을 잃은 꿈은**

막혔던 일이 서서히 풀리기 시작한다.

‖ **고스톱을 치다가 싸운 꿈은**

재물로 인하여 시비와 다툼이 벌어진다.

‖ **노인들과 화투를 친 꿈은**

청탁한 일이 순조롭게 성사된다.

‖ **화투를 치는데 갑자기 비가 온 꿈은**

시비와 다투던 문제가 해결된다.

‖ **트럼프를 하거나 본 꿈은**

정보나 계획, 재산 등을 노리는 사람이 있다는 암시다.

‖ **트럼프를 돌린 꿈은**

불길한 일이 생기거나 나쁜 소식을 듣는다.

‖ **트럼프에서 에이스를 본 꿈은**

과욕을 부리다 실패한다는 경고다.

‖ **트럼프에서 클로버를 본 꿈은**

시행착오를 몇 번 되풀이 하다 목적을 이룬다.

‖ **트럼프에서 다이아몬드를 본 꿈은**

길몽으로 재물이 들어온다.

‖ **트럼프에서 스페이드를 본 꿈은**

최선을 다하나 결과는 신통치 않다.

‖ **트럼프에서 하트를 본 꿈은**

애인과는 애정이 더욱 깊어지고 원하는 일을 이룬다.

‖ **트럼프에서 로얄스트레이트나 포카드를 잡은 꿈은**

최고의 길몽으로 복권이나 상품권 등에 당첨될 확률이 높다.

‖ **주사위로 도박을 한 꿈은**

투기나 도박 등을 조심하라는 경고다.

‖ **슬롯머신을 한 꿈은**

크게 실망할 일이 생긴다.

‖ **카지노칩을 본 꿈은**

큰 돈을 만질 수 있는 기회가 온다.

‖ **경품 게임장에 간 꿈은**

요행심을 갖고 있다는 뜻이다.

‖ **경품 게임장에서 경품을 받은 꿈은**

작은 선물을 받는다.

‖ **경품 게임장에서 돈만 날린 꿈은**

재물손실이 따를 징조다.

27장. 복권에 일등으로 당첨된 꿈

　이것은 주택은행의 자료를 토대로 복권에 당첨된 사람들의 꿈을 분석한 것이다. 평생을 매 회마다 복권을 구입해도 5~6등 정도에도 당첨되지 않는 사람이 있는가 하면, 신기한 꿈을 꾸고나서 혹시나 하는 마음으로 난생처음 복권을 사서 수천만 원에서 수억 원을 거머쥐는 어마어마한 행운을 잡는 사람도 있다. 이것은 결코 우연이라고만 할 수는 없다. 어쩌면 전생에 베푼 은덕이 현세의 행운으로 돌아온 것이 아닐까 하는 생각이 들기도 한다.

　이것은 행운이 오는 사람은 정해져 있고 그 시기를 꿈이 알려주는 것이다. 만일 절호의 행운을 잡을 수 있는 꿈을 꾸고도 그 기회를 놓친다면 그 또한 어리석은 일이 아닐까. 설사 복권당첨을 기대하는 사람이 아니더라

도 이런 꿈을 꾸고나서 복권을 한 번 사보는 것도 괜찮
을 것이다. 행운의 여신이 손짓할 때 당신에게도 기회
가 주어질 수 있기 때문이다.

 이 책에서는 당첨된 사람들에게 본의 아니게 피해를
줄 수도 있기 때문에 꿈의 주인공은 가명으로 하고 당
첨된 횟수는 밝히지 않으니 이해하기 바란다.

자기집이 불에 활활 탄 꿈

 자신의 집에 불이 나 활활타고 있는 꿈을 꾼 서정길 씨
는, 아침에 잠에서 깨어 생각해보니 불이 난 꿈은 좋은
꿈이라는 생각이 들어, 혹시나 하는 마음으로 복권을
다섯 장 샀는데 그 중에서 한 장이 일등으로 당첨되었
다고 한다.

 불이 활활 타오르는 것은 번창한다는 뜻이고, 자기집
이었으니 자기 집안의 번창을 의미한 것이다.

자기집 돼지우리에서 많은 돼지들이
놀고 있는 꿈

 자기집 돼지우리에서 많은 돼지들이 꿀꿀대며 놀고 있
는 꿈을 꾼 김인덕 씨는, 이 꿈을 꾸고나서 기분이 매우

좋았다고 한다. 그래서 바로 시내로 나가 복권을 샀는데 그 중에서 한 장이 일등에 당첨된 것이다.

예로부터 돼지꿈은 최고의 길몽으로 반드시 행운이 찾아온다고 했다. 물론 돼지꿈을 꾸었다고 해서 반드시 복권에 당첨되는 것은 아니지만 한 번 사보는 것도 괜찮지 않을까.

시체를 본 꿈

이것은 서울 마포에서 인쇄소를 운영하는 김성철 씨의 꿈이다. 그는 그날도 평상시와 다름없이 잠자리에 들었는데 꿈에서 몇 구의 시체를 보았다고 한다. 이상한 꿈도 다 있구나 생각하면서 복권을 샀는데 그 중에서 한 장이 일등에 당첨된 것이다.

여러 구의 시체가 즐비하게 있는 것은 단체나 기관에서 성사시키는 일이나 사건, 진상 등을 암시한다. 이것은 바로 기관에서 행하는 일에 자신이 관련된다는 것이다. 현실에서 복권당첨이라는 행운으로 실현된 것이다.

자신이 죽어서 온 가족이 통곡한 꿈

자신의 시신을 가운데 두고 가족이 통곡하고 있는 꿈

을 꾼 정수길 씨는, 꿈은 반대라는 말이 있으니 오히려 자기 때문에 온 가족이 기뻐할 일이 생기지 않을까 생각하고 복권을 샀다고 한다.

자신이 죽은 꿈은 자기집에 사람들이 많이 모인다는 것을 암시한다. 이것은 많은 사람들에게 축하받을 일이 생기거나, 다른 사람을 돕는다는 뜻으로 풀이한다.

정수길 씨는 복권이 당첨되어 많은 사람들에게 축하를 받았고, 당첨금의 일부를 불우이웃돕기 성금으로 기탁했다. 두 가지 일이 모두 현실에서 나타난 것이다.

자신이 죽거나 다른 사람이 죽거나, 죽음과 관계있는 꿈은 어떤 방법으로든지 좋은 일이 생기기 마련이다. 주택은행 자료에 의하면 지금까지 죽음과 관계된 꿈을 꾸고나서 복권에 당첨된 경우가 많았다고 한다.

여러 마리의 돼지가 길을 막은 꿈

이깃은 운진기사로 일하고 있는 권익새 씨의 꿈이다. 그는 꿈 속에서 택시를 몰고 가는데 돼지우리 안에 있던 돼지들이 모두 밖으로 나와 택시를 가로막았다고 한나. 신기한 꿈이라고 생삭하면서 복권을 다섯 장 샀는데 그 숭에서 한 장이 일등에 당첨된 것이다. 그후 그는 회사택시를 그만두고 개인택시를 하고 있다. 이 꿈 역시 행운을 잡을 기회와 시기를 알려준 것이다.

온 몸에 대변을 뒤집어 쓴 꿈

 이 꿈의 주인인 정미영 씨는, 꿈 속에서 온 몸에 대변을 뒤집어 쓴 꿈을 꾼 후, 남편 김윤혁 씨가 구입한 복권이 일등과 이등에 당첨되었다.
 대변은 누런색이니 황금으로도 풀이하고, 많은 대변은 많은 사람들이 투자하는 복권을 나타내고, 뒤집어 쓴 것은 많은 재물을 뜻하고, 대변 냄새는 사방으로 퍼지는 것이니 복권당첨으로 많은 재물이 들어오고, 매스컴을 타게 된 것이다.

그릇에 가득있던 모래가 금으로 변한 꿈

 이 꿈은 광주에서 회사에 다니고 있는 김성현 씨의 꿈이다. 그는 꿈 속에서 머리를 감는데 갑자기 머리 속에서 모래가 쏟아져 세면기에 가득찼는데 다시 보니 그 모래가 전부 금으로 변했다고 한다.
 많은 모래는 많은 재물로 해석할 수 있는데 그 모래가 금으로 변했으니 많은 재물이 들어오는 꿈이 되어 복권에 일등으로 당첨된 것이다.

돼지가 새끼를 낳은 꿈

이것은 경기도 파주에서 식당일을 하면서 어렵게 살던 서영희 씨의 꿈이다. 그녀는 꿈 속에서 동네를 지나가다, 어느 집 돼지우리 안에서 돼지가 여러 마리의 새끼를 낳는 것을 보았다고 한다. 그 다음 날 복권 석 장을 샀는데 그 중에서 한 장이 일등에 당첨된 것이다.

돼지가 새끼를 여러 마리 낳은 것은, 재산이 많이 불어난다는 것을 암시하는 꿈으로 복권이 당첨된 것이다.

소를 몰고와 자기집 쇠말뚝에 매놓은 꿈

이것은 전남 광양에 살고 있는 남용덕 씨의 꿈이다. 그는 소를 몰고와서 자기집 쇠말뚝에 매놓은 꿈을 꾸고나서, 복권을 샀는데 그 중에서 한 장이 일등에 당첨된 것이다.

소는 인간에게 유익한 동물로 살아서는 농사를 돕고 죽어서는 고기와 가죽을 남긴다. 소를 몰고와 쇠말뚝에 매놓은 것은, 큰 재물을 집 안으로 갖고 와 금고같은 곳에 보관한다는 뜻이다. 또 소는 조상을 상징하니, 조상의 깊은 은덕으로 복권에 당첨된 것이라고 본다.

온 몸을 칼에 찔려 피루성이가 된 꿈

이것은 대구에 살고 있는 정근태 씨의 꿈이다. 그는 이 꿈을 꾸고 나서 복권 여섯 장을 샀는데 그 중에서 한 장이 일등에 당첨된 것이다.

피와 관계있는 꿈은 사상적 감화나 재물을 상징한다. 피가 조금 흐르면 재물을 잃게 되지만, 많이 흘러 온 몸을 적시면 재물을 뒤집어 쓰는 것으로 풀이한다.

가시에 찔렸는데 검붉은 피가 옷에 튄 꿈

이것은 서울 봉천동에 살고 있는 이선영 주부의 꿈이다. 그녀는 꿈 속에서 아들을 데리고 시골 친척집에 가는데 아들의 발이 가시에 찔려 옷에 검붉은 피가 튀었다고 한다.

꿈 속에서의 아들은 자신이 갖고 싶은 것을 상징하고, 친척의 집에 가는 것은 간절한 마음을 나타내는 것이고, 아들의 발이 가시에 찔려 피가 튄 것은 번호에 화살이 맞는 것을 암시하고, 피가 검붉은 것은 피의 양이 많다는 뜻이다. 따라서 복권당첨으로 많은 재물이 들어온 것이다.

많은 사람이 응시한 시험에서 자신의 이름이 일등으로 호명되는 바람에 놀라서 깬 꿈

백민우 씨는 이 꿈을 꾸고나서 복권을 사러갔다가, 지난 주에 산 복권이 당첨된 것을 알았다고 한다.

시험보는 꿈은 많은 사람들이 경쟁한다는 뜻으로 복권을 추첨하는 과정으로 해석할 수 있고, 일등을 했다는 것은 복권에 일등으로 당첨되는 것을 말하고, 이름을 부른 것은 복권에 당첨된 것을 모르고 있었으나 복권 발행기관에서 당첨자를 찾고 있었다는 것을 의미하고, 이 꿈 때문에 나중에야 당첨된 것을 알게 된다는 것을 암시하고, 놀라서 깬 것은 크게 흥분하고 감격한다는 뜻이다. 이 꿈에도 알 수 있듯이 일단 꾼 꿈은 어떤 방법으로든 실현된다.

세 쌍둥이를 낳은 꿈

대구 남산동에서 공원으로 일하고 있는 정덕용 씨는, 꿈에 아내가 세 쌍둥이를 낳았다고 한다.

꿈 속에서의 산모는 복권을 나타내고, 세 쌍둥이는 당첨번호의 숫자나 세 가지의 큰 재물이나 이권을 암시하니, 복권당첨으로 세 가지 이득을 얻을 수 있다는 암시이기도 하다.

초상집에서 친구에게 거지취급을 당한 꿈

이것은 경북 경산에 살고 있는 정일규 씨의 꿈이다. 그는 꿈 속에서 친구가 부친상을 당해 조문을 갔는데 그곳에 모인 친구들이 자신을 거지취급하며 돈을 주었다고 한다. 잠에서 깨어나 불쾌했지만 이상한 꿈이라는 생각에, 친구 숫자대로 복권을 샀는데 그 중에서 한 장이 일등에 당첨된 것이다.

초상집은 사람들이 모이는 장소로 복권을 추첨하는 장소로 풀이할 수 있고, 그 곳에 모인 친구들은 복권을 추첨하는 관계자로 풀이할 수 있다. 그런데 그 사람들이 돈을 주었으니 일등에 당첨된 것이다.

많은 물고기들 중에서 가장 큰 물고기를 잡은 꿈

이것은 서울 번동에서 일용직으로 생활하던 정태용 씨의 꿈이다. 그는 꿈 속에서 가파른 언덕을 올라가다 아래를 내려다보니, 파란 강물이 흐르고 물 밖에서는 수많은 물고기가 뛰어놀고 있었는데 그 중에서 가장 큰 물고기를 한 마리 잡았다고 한다.

물고기는 재물이나 작품을 상징하고, 많은 물고기는 경쟁을 상징하고, 가장 큰 물고기는 일등을 상징한다.

바다에 소가 많이 죽어 있었는데 그 중에서 약 70마리를 건진 꿈

　서울 시흥동에서 미용실을 경영하는 김미애 씨의 꿈이다. 그녀는 결혼 3일 전에 이 꿈을 꾸고 복권을 일곱 장 구입했는데 그 중 한 장이 일등에 당첨되었다.

　소는 조상이며 재물을 상징하고, 많은 소가 죽어 있는 것은 많은 사람들의 돈이 한 곳에 모여 사용할 사람을 기다린다는 뜻이다. 소를 70마리 구한다는 것은, 돈을 사용할 수 있는 권리를 취득하는 것이다. 70마리의 7은 행운의 숫자이고, 행운의 숫자인 7이 10개나 더 있으니 최고의 행운인 복권에 당첨된 것으로 풀이한다. 특히 소는 조상이니 조상의 보살핌이 있지 않았을까.

호랑이가 집을 지켜준 꿈

　서울 신림동에서 양화점을 경영하는 이진성 씨는, 꿈 속에서 호랑이가 지켜주었다는 아내의 꿈 이야기를 듣고 복권을 샀다고 한다.

　호랑이는 산을 지키고 보호하는 신성한 동물인데 그 신성한 호랑이가 보호해 주었으니 신의 가호와 평소에 이웃에게 베풀었던 마음이 복권당첨이라는 행운으로 찾아왔다고 본다.

돼지가 잡아먹으려고 달려드는 것을
싸워서 이긴 꿈

경기도 송탄시에 살고 있는 권성만 씨는, 초등학교에
다니는 장남의 꿈 이야기를 듣고, 평소에도 복권을 다
섯 장씩 구입하던 터에 그날도 복권을 샀다고 한다.

돼지는 재물을 상징하며 행운을 가져오는 동물인데 싸
워서 이겼으니 그 돼지는 내것이 된다. 따라서 복권에
당첨된 것이다.

예수님께 소나무 분재를 받은 꿈

서울 방배동에서 회사에 다니고 있는 이원철 씨는 독
실한 기독교 신자다. 부인이 새벽기도를 하던 중, 환각
상태에서 예수님이 "주 하나님의 은혜가 너에게 이르렀
노라" 하시면서 소나무 분재를 주셔서 받았다고 한다.
이 얘기를 듣고 복권 다섯 장을 샀는데 그 중에서 한장
이 일등에 당첨되었다.

기독교 신자가 예수님이 다듬고 가꾸던 소나무 분재를
받았으니 더한 영광이 없을텐데 그것이 현실로 연결되
어 복권에 당첨되었다. 어쩌면 간절한 기도에 예수님이
감동한 것은 아닌지.

1자와 7자가 어른거렸던 꿈

경남 양산에 살고 있는 정미영 주부는 잠에서 깬 뒤, 1
자와 7자가 어른거려 복권을 일곱 장 샀는데 그 중에서
한 장이 일등에 당첨되었다.

꿈 속에서의 숫자는 현실에서도 거의 그대로 나타난
다. 더구나 최고의 숫자인 1과 행운의 숫자인 7을 보았
으니, 정미영 주부는 꿈을 최대한 활용한 사람이라고
볼 수 있다.

금화를 한 웅큼 주운 꿈

군대에서 갓 제대한 민경철 씨는 직장을 구하던 중이
었는데 금화를 한 웅큼 주운 꿈을 꾸고나서 복권을 여
섯 장 샀는데 그 중에서 한 장이 일등에 당첨되었다.

금화는 최고의 재물이다. 비록 꿈 속이지만 기분은 최
고였을 것이고, 그 최고의 기분이 현실에서도 나타나
그대로 적중한 것이다.

돌아가신 할머니를 본 꿈

건설현장에서 일용직으로 일하는 곽일봉 씨는, 자기는

집이 없는데 남의 집만 짓는다며 한탄하다가 복권을 두 장 샀다고 한다. 그런데 그 날밤 꿈에 돌아가신 할머니가 생전의 모습 그대로 나타났다고 한다. 그래서 신기하다는 생각에 복권을 네 장 더 샀는데 그 중에서 한 장이 일등에 당첨되었다.

가난을 벗어나고자 하는 간절한 마음이 돌아가신 할머니의 영혼까지 닿아 할머니가 복권에 당첨되는 것을 암시해준 것이다.

절에 갔다 오다가 네 명이 죽고 자기가 죽을 차례에서 잠에서 깬 꿈

이것은 부산 안락동에 살고 있는 홍준연 씨의 꿈이다. 그는 다섯 명이 절에 갔다 오다가, 네 명이 죽고 자신이 죽을 차례에서 잠에서 깨었다고 한다. 복권을 다섯 장 샀는데 그 중에서 한 장이 일등에 당첨되었다.

다섯 명이라는 숫자는 많은 것으로 해석하여 복권을 구입한 사람이 많다는 것을 나타낸다. 자신만 죽지 않은 상태에서 잠에서 깨었으니, 복권을 구입한 다른 많은 사람들은 떨어지고 자신이 당첨된다는 것을 암시한 꿈이다.

소달구지에 소금과 쌀을 싣고
친정에 갔다 온 꿈

  부산 문현동에서 세탁소를 운영하는 송은석 씨는, 부인이 꿈 속에서 소달구지에 소금과 쌀을 싣고 친정에 갔다왔다는 말을 듣고, 부인의 꿈이 너무 신기해서 복권을 샀는데 그 중에서 한 장이 일등에 당첨되었다.
  소는 조상을 상징하는데 소가 재물인 소금과 쌀을 실어다 주니 조상의 음덕으로 복권에 당첨되었다고 해석할 수 있다.

이마 한가운데 총알을 맞은 꿈

  이것은 대구 삼덕동에서 기능공으로 일하던 민정욱 씨의 꿈이다. 꿈 속에서 누군지는 알 수 없으나 군중 속에서 권총을 높이 쳐들고 여기 단 한 발의 총알이 있는데 누구를 쏠까 하면서 총을 마구 휘둘러대는 바람에 무서워서 모두들 숨었다고 한다. 민정욱 씨도 총뿌리를 피해서 간신히 땅바닥에 머리고 쳐박고 있다가 잠시 조용하여 주위를 살피려고 고개를 들었는데 그 순간 이마 한가운데에 총알을 맞았다. 그 순간 깜짝 놀라 잠에서 깨었다고 한다.
  꿈 속에서의 군중은 많은 복권 구입자를 말하고, 이마

에 총알을 맞은 것은 자기가 갖고 있는 복권의 숫자가
총에 맞았다는 뜻이다.

부처님을 만나 격려와 위로를 받은 꿈

 인천 연수동에 사는 이명환 씨는, 투병 중에 부처님이
꿈 속에 나타나 자신을 위로하며 걱정하지 말라고 했다
는 것이다. 그 다음날 부인에게 돈을 달라고 해서 복권
을 샀는데 그 중에서 한 장이 일등에 당첨되었다.
 비록 꿈이지만 부처님을 만났다는 것은 영광이 아닐
수 없고, 꿈에서 성인을 만나면 큰 행운이 온다했으니
복권에 당첨된 것이다.

길에서 수표 석 장을 주운 꿈

 이것은 서울 한남동에 살고 있는 박성진 씨의 꿈이다.
그는 꿈 속에서 어두운 밤길을 가다가 수표를 석 장 주
웠는데 동그라미가 너무 많아 액수를 알 수 없었다고
한다. 매우 좋은 꿈이라는 생각이 들어 복권을 열 장 샀
다. 그런데 복권추첨 4일 전에 일등에 당첨되는 꿈을
꾸었고, 그 다음 날도 똑같은 꿈을 꾸었다고 한다.
 수표를 주운 것은 행운이 찾아온다는 것을 암시한다.

수표와 복권은 모두 금융기관에서 발행하는 것이니 같
은 개념으로 볼 수 있고, 동그라미가 많아 금액을 확인
할 수 없었던 것은 당첨금의 액수를 정확하게 알수 없
다는 뜻이고, 계속해서 일등에 당첨된 꿈은 현실 그대
로 재현된 것이다.

사장님이 논밭을 사주겠다고 한 꿈

 이것은 부산 구포에서 자가용 운전기사로 일하고 있는
현순철 씨의 꿈이다. 그는 꿈 속에서 자신의 회사 사장
님이 논밭을 사준다고 하기에 극구사양하다가 잠에서
깼다고 한다. 어쩐지 좋은 일이 생길 것 같은 예감에 복
권을 다섯 장 샀는데 그 중에서 한 장이 일등에 당첨된
것이다.
 사장이란 회사의 최고 책임자로 최고의 신분으로 볼
수도 있다. 최고의 자리에 있는 사람이 재물의 근본인
논밭을 사준다고 했으니 많은 재물이 들어온다는 것을
암시한 꿈이다.

황금색 가루약을 먹은 꿈

이것은 서울 먼목동에 살고 있는 정싱호 씨의 꿈이다.

그는 꿈 속에 백발노인이 나타나 1억 6천만 원짜리 보약을 사먹으라고 하길래, 노란 가루약을 받아쥐고는 이게 무슨 1억 6천만원이냐고 하면서 그냥 입 안에 털어넣었다고 한다.

백발노인은 산신령으로 풀이할 수 있고, 노란 가루약은 황금색이니 돈을 뜻하고, 1억 6천만 원은 당첨금액을 말한다. 만약에 약값으로 돈을 지불했다면 행운의 꿈은 물거품이 되었을 것이다.

용에게 잡아먹힌 꿈

이것은 부산 전포동에 살고 있는 전정현 학생의 꿈이다. 꿈 속에서 두 마리의 용을 보았는데 그 중에서 한마리가 자신을 통째로 삼켜버렸다고 한다. 몸부림과 안간힘을 쓰다보니 용이 자신을 토해내는데 온 몸이 용의 피로 범벅이 되었다고 한다. 그후 복권을 샀는데 그 중에서 한 장이 일등에 당첨되었다.

피는 재물을 나타내고, 신성한 동물인 용의 몸 속에 들어갔다 나온 것만도 행운이 찾아오는데 용의 피로 온몸이 범벅이 되었으니 돈벼락을 맞은 거나 다름없다.

황금덩어리를 주운 꿈

　인천 제물포에서 상업을 하고 있는 변정섭 씨는, 복권을 다섯 장 사놓고 추첨하는 날 친구들과 술을 마시고 잤다고 한다. 그런데 꿈 속에서 친구들과 길을 가는데 황금덩어리가 있길래, 누구든 먼저 줍는 사람이 임자라는 생각에 얼른 뛰어가서 주웠는데 다른 사람들이 보이지 않더라는 것이다. 그리고 다음날 신문에서 복권에 일등으로 당첨되었다는 것을 알았다.

　황금덩어리는 큰 돈의 창고다. 남보다 빨리 주웠으니 내가 행운을 차지하는 것이고, 그 후에 사람이 보이지 않은 것은 자신만이 은행에 가서 돈을 찾게 된다는 것을 암시한 것이다.

28장. 태몽에 관한 꿈

태몽은 좋다 나쁘다를 판단하기 전에 사물의 모습이나 행위에 따라서 분석한다. 한편 태몽으로 자녀의 성별을 예지하기도 한다.

‖ 해나 달을 짊어진 태몽

영부인이 될 딸이 태어난다.

‖ 태양이 이글거린 태몽

큰 인물이 될 자식이 태어난다.

‖ 태양을 손으로 만지거나 딴 태몽

권력을 크게 휘두를 아들이 태어난다.

‖ 무지개를 향하여 달려간 태몽

인기인이 되어 매스컴을 탈 자식이 태어난다.

‖ **파도가 세차게 몰아친 태몽**

장군이 될 자식이 태어난다.

‖ **샘물을 마신 태몽**

작가나 예술가로 명성을 떨칠 자식이 태어난다.

‖ **우물 물이 넘쳐흐른 태몽**

훌륭한 아들이 태어난다.

‖ **산신령이 동자를 데려다 준 태몽**

학자로 크게 성공할 자식이 태어난다.

‖ **선녀가 아기를 데려다 준 태몽**

관직으로 출세할 자식이 태어난다.

‖ **금불상을 얻은 태몽**

정신적 지도자나 종교가로 명성을 떨칠 자식을 낳는다.

‖ **법회에 들어가 경을 읽은 태몽**

훌륭한 지도자가 될 자식이 태어난다.

‖ **탁발스님께 시주한 태몽**

관직으로 크게 명성을 얻을 자식이 태어난다.

‖ **조상과 소를 함께 본 태몽**

사업가로 크게 성공할 자식이 태어난다.

‖ **갓난아기가 책을 읽은 태몽**

교수나 연구직으로 명성을 떨칠 자식이 태어난다.

‖ **아내가 남편의 옷을 입은 태몽**

남편을 닮은 아들을 낳는다.

‖ **우물에서 용이 승천한 태몽**

큰 인물이 될 아들이 태어난다.

‖ 용이 손가락을 문 태몽

용기있는 아들이 태어난다.

‖ 호랑이가 안개에 쌓여있는 태몽

인기인이 될 자식이 태어난다.

‖ 돼지우리에 돼지가 많이 있는 태몽

작가나 교육자가 될 자식이 태어난다.

‖ 나무 밑에 큰 동물이 있는 태몽

사업가로 성공할 자식이 태어난다.

‖ 달리는 말을 본 태몽

정치가나 재벌이 될 자식이 태어난다.

‖ 잔디밭에서 한가로이 풀을 뜯고 있는 말을 본 태몽

교육자로 명성을 떨칠 아들이 태어난다.

‖ 동자가 학을 타고 내려온 태몽

유명한 학자가 될 자식이 태어난다.

‖ 품 안으로 학이 날아든 태몽

학자로 명성을 떨칠 딸을 낳는다.

‖ 봉황새 한 쌍을 본 태몽

유명인사가 될 자식이 태어난다.

‖ 방 안으로 참새 한 마리가 날아든 태몽

예쁘고 귀여운 딸을 낳는다.

‖ 가슴으로 제비가 날아든 태몽

총명하고 재주가 많은 자식이 태어난다.

‖ 날아가는 비둘기를 본 태몽

예쁘고 귀여운 딸을 낳는다.

‖ 까치가 운 태몽

학자나 교육자가 될 자식이 태어난다.

‖ 방 안으로 큰 새가 날아든 태몽

지도자적인 자식이 태어난다.

‖ 많은 새가 날아간 태몽

정치가나 종교가로 명성을 떨칠 자식이 태어난다.

‖ 구렁이가 지붕 위로 올라간 태몽

고위관직에 오를 자식이 태어난다.

‖ 구렁이가 쥐구멍으로 들어간 태몽

유산될 염려가 있으니 조심하도록.

‖ 청색구렁이를 본 태몽

큰 인물이 될 자식이 태어난다.

‖ 우물가에서 뱀과 지네가 논 태몽

사업가나 정치가로 크게 성공할 자식이 태어난다.

‖ 큰 뱀 두 마리가 온 몸을 감은 태몽

아들 쌍둥이를 낳는다.

‖ 안개 속에서 잉어나 뱀이 나타난 태몽

학자로 성공할 자식이 태어난다.

‖ 월척 고기를 두 팔로 안은 태몽

명예와 재물을 겸비한 자식이 태어난다.

‖ 연못에 있는 큰 잉어가 갑자기 사라진 태몽

유산될 염려가 있으니 조심하도록.

‖ 집 안에서 물고기가 논 태몽

인기인이 될 자식이 태어난다.

‖ **그물로 상어를 잡은 태몽**

관직으로 크게 성공할 자식이 태어난다.

‖ **거북이를 본 태몽**

재벌이 될 자식이 태어난다.

‖ **게를 잡은 태몽**

교수나 연구직 등으로 출세할 자식이 태어난다.

‖ **별이 떨어진 자리에 나비가 날아든 태몽**

유명인사가 될 자식이 태어난다.

‖ **빨간나비가 계곡을 날아다닌 태몽**

고위관직에 오를 자식이 태어난다.

‖ **날아다니는 곤충을 본 태몽**

인기인으로 크게 성공할 자식이 태어난다.

‖ **꽃을 꺾어든 태몽**

예쁜 딸을 낳는다.

‖ **아카시아꽃이 만발한 길을 걸은 태몽**

가문을 빛낼 자식이 태어난다.

‖ **벚꽃이 만발한 태몽**

효성심이 깊은 예쁜 딸을 낳는다.

‖ **속이 빈 나무나 짚을 본 태몽**

예쁜 딸을 낳는다.

‖ **나뭇가지를 만지작거린 태몽**

지조있는 아들이 태어난다.

‖ **과일을 딴 태몽**

훌륭한 아들이 태어난다.

‖ 떨어지는 포도송이를 손에 받아들고 바라본 태몽

교육자로 크게 성공할 자식이 태어난다.

‖ 대추를 따서 먹은 태몽

건강하고 총명한 자식이 태어난다.

‖ 창고에 밤이 가득찬 태몽

재벌이 될 자식이 태어난다.

‖ 앙상한 나무를 흔들어 과일을 딴 태몽

난산이 우려되니 조심하도록.

‖ 떡시루의 떡을 모두 먹어치운 태몽

정신적인 지도자로 명성을 떨칠 자식이 태어난다.

‖ 고구마를 산더미처럼 쌓아놓은 태몽

큰 인물이 될 자식이 태어난다.

‖ 먹은 음식을 토한 태몽

유산될 염려가 있으니 각별히 조심하도록

‖ 반지를 많이 선물받은 태몽

재능이 뛰어난 자식이 태어난다.

‖ 금반지를 선물받은 태몽

예쁘고 귀여운 딸이 태어난다.

‖ 금비녀를 본 태몽

가문을 일으킬 자식이 태어난다.

‖ 은수저를 선물받은 태몽

잘생긴 아들이 태어난다.

‖ 거울을 얻은 태몽

효심이 깊은 자식이 태어난다.

‖ **강가에서 멋진 수석을 주운 태몽**

학자로 크게 성공할 자식이 태어난다.

‖ **조약돌을 만지작거린 태몽**

자식을 많이 둔다.

‖ **여러 개의 장독이 뒤집혀 있는 태몽**

유산이 염려되니 주의하도록.

‖ **창문으로 안을 들여다 본 태몽**

난산이 예상되니 조심하도록.

‖ **새 집에 문패를 단 태몽**

훌륭한 자식이 태어난다.

아들낳는 꿈

‖ 고추 · 오이 · 죽순 · 고구마 · 거북이 · 용 · 황소 · 독수리 · 산돼지 · 태양 · 배 · 큰 구렁이 · 황금들판 · 대마무숲 · 나비 · 벌 · 불상 · 십자가 · 비행기 · 버섯 · 금촛대 · 학 등을 본 꿈.

‖ 황금덩어리를 주운 꿈

‖ 고목나무에 꽃이 핀 꿈

‖ 과일의 꼭지를 딴 꿈

‖ 사과가 주렁주렁 달려있는 것을 본 꿈

‖ 집 안에 있는 나무에 과일이 주렁주렁 달려있는 꿈

‖ 강가에서 멋있는 수석을 주운 꿈

‖ 난초를 기른 꿈

‖ 과일나무를 심은 꿈

‖ 대추를 선물 받은 꿈

‖ 월척을 낚은 꿈

‖ 큰 동물이 집 안으로 들어온 꿈

‖ 굵은 감자를 캔 꿈

‖ 한 줄기 빛이 침실 안으로 들어온 꿈

‖ 멋진 말을 타고 멋진 집으로 들어간 꿈

‖ 검은 고양이가 자신을 졸졸 따라다닌 꿈

‖ 참새 한 마리가 집 안으로 들어온 꿈

‖ 굵은 마늘을 캔 꿈

‖ 제비가 집 안으로 날아들어온 꿈

‖ 집 안의 대들보나 마당에 심은 나무를 본 꿈

‖ 크고 긴 지렁이를 본 꿈

‖ 인삼 한 뿌리를 얻은 꿈

‖ 은수저 한 벌을 얻은 꿈

‖ 큰 붕어를 잡거나 안은 꿈

‖ 잉어를 보거나 잡은 꿈

‖ 높은 산봉우리에 올라간 꿈.

‖ 강에서 태양이 떠오른 꿈

딸 낳는 꿈

∥ 가구, 꽃, 복숭아, 공작새, 감, 홍시, 코끼리를 본 꿈

∥ 예쁜 강아지를 보거나 안은 꿈

∥ 여러 마리의 뱀이 우글거린 꿈

∥ 실뱀에게 물리거나 잡은 꿈

∥ 구렁이가 아이를 낳거나 토해낸 꿈

∥ 개구리가 치마 속으로 뛰어든 꿈

∥ 치마폭으로 달빛을 가득 안은 꿈

∥ 달빛이나 별빛을 보고 감탄한 꿈

∥ 밤을 많이 따거나 주운 꿈

∥ 달이나 별을 가슴에 안거나 치마 속으로 들어온 꿈

∥ 채소를 묶은 꿈

∥ 놋수저 한 벌을 얻거나 주운 꿈

∥ 속옷을 사거나 선물받은 꿈

∥ 금비녀를 얻거나 주운 꿈

∥ 어항에서 여러 가지 물고기가 놀고 있는 것을 본 꿈

∥ 물고기와 함께 논 꿈

∥ 텅빈 교회에서 기도를 한 꿈

∥ 잘 익은 포도를 따먹은 꿈

∥ 원앙새 한 쌍을 선물받은 꿈

∥ 빗자루를 만들거나 빗자루로 청소를 한 꿈

∥ 덜익은 호박을 딴 꿈

∥ 금반지를 받거나 주운 꿈

음파메세지(氣) 성명학

신비한 동양철학 51

새로운 시대에 맞는 새로운 성명학

지금까지의 모든 성명학은 모순의 극치를 이루고 있다. 이제 새로운 시대에 맞는 음파메세지(氣) 성명학이 탄생했으니 차근차근 읽어보고 복을 계속 부르는 이름을 지어 사랑하는 자녀가 행복하고 아름다운 삶을 살아갈 수 있도록 하는데 도움이 되었으면 한다.

· 청암 박재현 저

정법사주

신비한 동양철학 49

독학과 강의용 겸용의 책

이 책은 사주추명학을 연구하고자 하는 분들에게 심오한 주역의 이해를 돕고자 하는 의도에서 시작되었다. 음양오행의 상생상극에서부터 육친법과 신살법을 기초로 하여 격국과 용신 그리고 유년판단법을 활용하여 운명판단에 첩경이 될 수 있도록 했고, 추리응용과 운명감정의 실례를 하나 하나 들어가면시 독학과 강의용 겸용으로 엮었다.

· 원각 김구현 저

찾기 쉬운 명당

신비한 동양철학 44

풍수지리의 모든 것!

이 책은 가능하면 쉽게 풀려고 노력했고, 실전에 도움이 되도록 했다. 특히 풍수지리에서 방향측정에 필수인 패철(佩鐵)사용과 나경(羅經) 9층을 각 층별로 간추려 설명했다. 그리고 이 책에 수록된 도설, 즉 오성도, 명산도, 명당 형세도 내거수 명당도, 지각(枝脚)형세도, 용의 과협출맥도, 사대혈형(穴形) 와겸유돌(窩鉗乳突) 형세도 등은 국립중앙도서관에 소장된 문헌자료인 만산도단, 만산영도, 이석당 은민산도의 원본을 참조했다.

· 호산 윤재우 저

명리입문

신비한 동양철학 41

명리학의 필독서!

이 책은 자연의 기후변화에 의한 운명법 외에 명리학도들이 궁금해 했던 인생의 제반사들에 대해서도 상세하게 기술했다. 따라서 초보자부터 심도있게 공부한 사람들까지 세심히 읽고 숙독해야 하는 책이다. 특히 격국이나 용신뿐 아니라 십신에 대한 자세한 설명, 조후 용신에 대한 보충설명, 인간의 제반사에 대해서는 독보적인 해설이 들어 있다. 초보자들에게는 더할 수 없이 훌륭한 길잡이가 될 것이다.

· 동하 정지호 편역

사주대성

신비한 동양철학 33

초보에서 완성까지

이 책은 과거 현재 미래를 모두 알 수 있는 비결을 실었다. 그러나 모두 터득한다는 것은 어려울 것이다.역학은 수천 년간 동방의 석학들에 의해 갈고 닦은 철학이요 학문이며, 정신문화로서 영과학적인 상수문화로서 자랑할만한 위대한 학문이다.

· 도관 박흥식 저

해몽정본

신비한 동양철학 36

꿈의 모든 것 !

막상 꿈해몽을 하려고 하면 내가 꾼 꿈을 어디다 대입시켜야 할지 모를 경우가 많았을 것이다. 그러나 이 책은 찾기 쉽고, 명료하며, 최대한으로 많은 갖가지 예를 들었으니 꿈해몽을 하는데 어려움이 없을 것이다.

청암 박제현 저

기문둔갑옥경

신비한 동양철학 32

가장 권위있고 우수한 학문 !

우리나라의 기문역사는 장구하지만 상세한 문헌은 전무한 상태라 이 책을 발간하기로 했다. 기문둔갑은 천문지리는 물론 인사명리 등 제반사에 관한 길흉을 판단함에 있어서 가장 우수한 학문이며 병법과 법술방면으로도 특징과 장점이 있다. 초학자는 포국편을 열심히 익혀 설국을 자유자재로 할 수 있도록 하고 개인의 이익보다는 보국안민에 일조하기 바란다.

· 도관 박흥식 저

정본·관상과 손금

신비한 동양철학 42

바로 알고 사람을 사귑시다

이 책은 관상과 손금은 인생을 행복으로 이끌기 위해 있다는 관점에서 다루었다. 그야말로 관상과 손금의 혁명이라고 할 수 있을 것이다. 여러분도 관상과 손금을 통한 예지력으로 인생의 참주인이 되기 바란다. 용기를 불어넣어 주고 행복을 찾게 하는 것이 참다운 관상과 손금술이다. 이 책으로 미래의 좋은 예지력을 한번쯤 발휘해 보기 바란다. 이 책이 일상사에 고민하는 분들에게 해결방법을 제시해 줄 것이다.

· 지창룡 감수

조화원약 평주

신비한 동양철학 35

명리학의 정통교본!

이 책은 자평진전, 난강망, 명리정종, 적천수 등과 함께 명리학의 교본에 해당하는 것으로 중국 청나라 때 나온 난강망이라는 책을 서낙오 선생께서 설명을 붙인 것이다. 기존의 많은 책들이 격국과 용신으로 감정하는 것과는 달리 십간십이지와 음양오행을 각각 자연의 이치와 춘하추동의 사계질의 흐름에 대입하여 인간의 길흉화복을 알 수 있게 했다.

· 동하 정지호 편역

龍의 穴·풍수지리 실기 100선

신비한 동양철학 30

실전에서 실감나게 적용하는 풍수지리의 길잡이!

이 책은 풍수지리 문헌인 조선조 고무엽(古務葉) 태구승(泰九升) 부집필(父輯筆)로 된 만두산법(巒頭山法), 채성우의 명산론(明山論), 금랑경(錦囊經) 등을 알기 쉬운 주제로 간추려 풍수지리의 길집이가 되고자 했다. 그리고 인간의 뿌리와 한 사람의 고유한 이름의 중요성을 풍수지리와 연관하여 살펴보아야 하기 때문에 씨족의 시조와 본관, 작명론(作名論)을 같이 편집했다.

· 호산 윤재우 저

천직·사주팔자로 찾은 나의 직업

신비한 동양철학 34

역경없이 탄탄하게 성공할 수 있는 방법!

잘 되겠지 하는 막연한 생각으로 의욕만 갖고 도전하는 것과 나에게 맞는 직종은 무엇이고 때는 언제인가를 알고 도전하는 것은 근본적으로 다르고, 결과 또한 다르다. 더구나 요즈음은 I.M.F.시대라 하여 모든 사람들이 정신까지 위축되어 생기를 잃어가고 있다. 이런 때 의욕만으로 팔자에도 없는 사업을 시작했다고 하자, 결과는 불을 보듯 뻔하다. 그러므로 이런 때일수록 침착과 냉정을 찾아 내 그릇부터 알고, 생활에 대처하는 지혜로움을 발휘해야 한다.

· 백우 김봉준 저

통변술해법

신비한 동양철학 ㉑

가닥가닥 풀어내는 역학의 비법!

이 책은 역학에 대해 다 알면서도 밖으로 표출되지 않아 어려움을 겪는 사람들을 위한 실습서다. 특히 틀에 박힌 교과서적인 역술의 고정관념에서 벗어나, 한차원 높게 공부할 수 있도록 원리통달을 설명하는데 중점을 두었다. 실명감정과 이론강의라는 두 단락으로 나누어 역학의 진리를 설명했기 때문에 누구나 쉽게 이해할 수 있다. 역학계의 대가 김봉준 선생의 역서 「알기쉬운 해설·말하는 역학」의 후편이다.

· 백우 김봉준 저

주역육효 해설방법 上·下

신비한 동양철학 38

한 번만 읽으면 주역을 활용할 수 있는 책!

이 책은 주역을 해설한 것으로, 될 수 있는 한 여러 가지 사설을 덧붙이지 않고 주역을 공부하고 활용하는데 필요한 요건만을 기록했다. 따라서 주역의 근원이나 하도낙서, 음양오행에 대해서도 많은 설명을 자제했다. 다만 누구나 이 책을 한 번 읽어서 주역을 이해하고 활용할 수 있도록 하는데 중점을 두었다.

· 원공선사 저

사주명리학의 핵심

신비한 동양철학 ⑲

맥을 잡아야 모든 것이 보인다!

이 책은 잡다한 설명을 배제하고 명리학자들에게 도움이 될 비법만을 모아 엮었기 때문에 초심자가 이해하기에는 다소 어려운 부분도 있겠지만 기초를 튼튼히 한 다음 정독한다면 충분히 이해할 것이다. 신살민 늘어놓으며 감정하는 사이비가 되지말기를 바란다.

· 도관 박홍식 저

술술 읽다보면 통달하는 사주학

신비한 동양철학 ㉗

술술 읽다보면 나도 어느새 도사!

당신은 당신 마음대로 모든 일이 이루어지던가. 지금까지 누구의 명령을 받지 않고 내 맘대로 살아왔다고, 운명 따위는 믿지도 않고 매달리지 않는다고, 이렇게 말하는 사람들이 많다. 그러나 그것은 우주법칙을 모르기 때문에 하는 소리다.

· 조철현 저

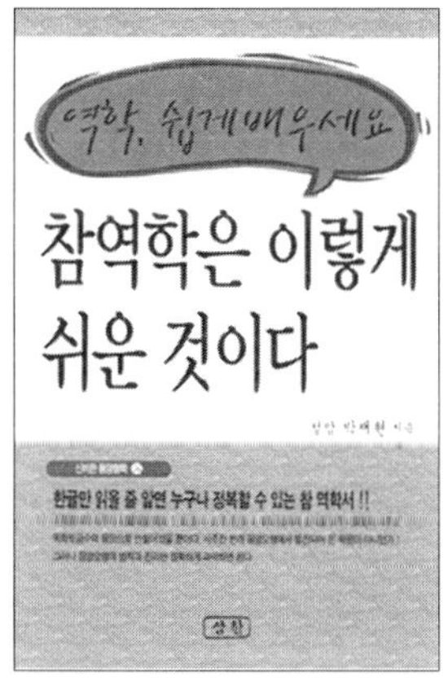

참역학은 이렇게 쉬운 것이다

신비한 동양철학 ㉔

음양오행의 이론으로 이루어진 참역학서!

수학공식이 아무리 어렵다고 해도 1, 2, 3, 4, 5, 6, 7, 8, 9, 0의 10개의 숫자로 이루어졌듯이, 사주도 음양과 목, 화, 토, 금, 수의 오행으로 이루어졌을 뿐이다. 그러니 용신과 격국이라는 무거운 짐을 빗어버리고 음양오행의 법칙과 진리만 정확하게 파악하면 된다. 사주는 단지 음양오행의 변화일 뿐이고, 용신과 격국은 사주를 감정하는 한가지 방법에 지나지 않는다.

· 청암 박재현 저

나의 천운 운세찾기

신비한 동양철학 ⑫

놀랍다는 몽골정통 토정비결 !

이 책은 역학계의 대가 김봉준 선생이 놀랍다는 몽공토정비결을 연구·분석하여 우리의 인습 및 체질에 맞게 엮은 것이다. 운의 흐름을 알리고자 호운과 쇠운을 강조했으며, 현재의 나를 조명해보고 판단할 수 있도록 했다. 모쪼록 생활서나 안내서로 활용하기 바란다.

· 백우 김봉준 저

개정판 | 쉽게푼 역학

신비한 동양철학 71

쉽게 배워서 적용할 수 있는 생활역학서 !

이 책에서는 좀더 많은 사람들이 역학의 근본인 우주의 오묘한 진리와 법칙을 깨달아 보다 나은 삶을 영위하는데 도움이 될 수 있도록 가장 쉬운 언어와 가장 쉬운 방법으로 풀이했다. 역학계의 대가 김봉준 선생의 역작이다.

· 백우 김봉준 저

역산성명학

신비한 동양철학 ㉕

이름은 제2의 자신이다 !

이름에는 각각 고유의 뜻과 기운이 있어서 그 기운이 성격을 만들고 그 성격이 운명을 만든다. 나쁜 이름은 부르면 부를수록 불행을 부르고 좋은 이름은 부르면 부를수록 행복을 부른다. 만일 이름이 거지 같다면 아무리 운세를 잘 만나도 밥을 좀더 많이 얻어 먹을 수 있을 뿐이다. 이 책의 저자는 신학대학을 졸업하고 역학계에 입문했나는 특별한 이력을 갖고 있기 때문에 더 많은 화제가 되고 있다.

· 역산 김찬동 저

작명해명

신비한 동양철학 ㉖

누구나 쉽게 배워서 활용할 수 있는 체계적인 작명법 !

일반적인 성명학으로는 알 수 없는 한자이름, 한글이름, 영문이름, 예명, 회사명, 상호, 상품명 등의 작명방법을 여러 사례를 들어 체계적으로 분석하여 누구나 쉽게 배워서 활용할 수 있노록 서술했나.

도긴 박흥식 저

운세십진법 · 本大路

신비한 동양철학 ❶

운명을 알고 대처하는 것은 현대인의 지혜다 !

타고난 운명은 분명히 있다. 그러니 자신의 운명을 알고 대처한다면 비록 운명을 바꿀 수는 없지만 충분히 향상시킬 수 있다. 이것이 사주학을 알아야 하는 이유다. 이 책에서는 자신이 타고난 숙명과 앞으로 펼쳐질 운명행로를 찾을 수 있도록 운명의 기초를 초연하게 실명하고 있다.

· 백우 심봉준 서

국운 · 나라의 운세

신비한 동양철학 ㉒

역으로 풀어본 우리나라의 운명과 방향 !

아무리 서구사상의 파고가 높다하기로 오천년을 한결같이 가꾸며 살아온 백두의 혼이 와르르 무너지는 지경에 왔어도 누구하나 입을 열어 말하는 사람이 없으니 답답하다. IMF라는 득이한 상황에서 불확실한 내일에 대한 해답을 이 책은 명쾌하게 제시하고 있다.

· 백우 김봉준

명인재

신비한 동양철학 43

신기한 사주판단 비법 !

살(殺)의 활용방법을 완벽하게 제시하는 책!

이 책은 오행보다는 주로 살을 이용하는 비법이다. 시중에 나온 책들을 보면 살에 대해 설명은 많이 하면서도 실제 응용에서는 무시하고 있다. 이것은 살을 알면서도 응용할 줄 모르기 때문이다. 그러나 이 책에서는 살의 활용방법을 완전히 터득해, 어떤 살과 어떤 살이 합하면 어떻게 작용하는지를 자세하게 설명하고 있다.

· 원공선사 지음

사주학의 방정식

신비한 동양철학 18

가장 간편하고 실질적인 역서 !

이 책은 종전의 어려웠던 사주풀이의 응용과 한문을 쉬운 방법으로 터득할 수 있게 하는데 목적을 두었고, 역학의 내용이 어떤 것이며 무엇이 어디에 속하는지를 알고자 하는데 있다.

· 김용오 저

원토정비결

신비한 동양철학 53

반쪽으로만 전해오는 토정비결의 완전한 해설판

지금 시중에 나와 있는 토정비결에 대한 책들을 보면 옛날부터 내려오는 완전한 비결이 아니라 반쪽의 책이다. 그러나 반쪽이라고 말하는 사람이 없다. 그것은 주역의 원리를 모르기 때문이다. 따라서 늦은 감이 없지 않으나 앞으로의 수많은 세월을 생각하면서 완전한 해설본을 내놓기로 한 것이다.

· 원공선사 지

내가 보고 내가 바꾸는 DIY사주

신비한 동양철학 40

내가 보고 내가 바꾸는 사주비결 !

이 책은 기존의 책들과는 달리 한 사람의 사주를 체계적으로 도표화시켜 한 눈에 파악할 수 있고 DIY라는 책 제목에서 말하듯이 개운하는 방법을 제시하고 있다. 소심자는 물론 전문가도 자신의 이론을 새롭게 재조명해 볼 수 있는 케이스 스터디 북이다.

· 석오 전 광 지음

남사고의 마지막 예언

신비한 동양철학 29

이 책으로 격암유록에 대한 논란이 끝나기 바란다

감히 이 책을 21세기의 성경이라고 말한다. 〈격암유록〉은 섭리가 우리민족에게 준 위대한 복음서이며, 선물이며, 꿈이며, 인류의 희망이다. 이 책에서는 〈격암유록〉이 전하고자 하는 바를 주제별로 정리하여 문답식으로 풀어갔다. 이 책으로 〈격암유록〉에 대한 논란은 끝나기 바란다.

· 석정 박순용 저

진짜부적 가짜부적

신비한 동양철학 7

부적의 실체와 정확한 제작방법

인쇄부적에서 가짜부적에 이르기까지 많게는 몇백만원에 팔리고 있다는 보도를 종종 듣는다. 그러나 부적은 정확한 제작방법에 따라 자신의 용도에 맞게 스스로 만들어 사용하면 훨씬 더 좋은 효과를 얻을 수 있다. 이 책은 중국에서 정통부적을 연구한 국내유일의 동양오술학자가 밝힌 부적의 실체와 정확한 제작방법을 소개하고 있다.

· 오상익 저

한눈에 보는 손금

신비한 동양철학 52

논리정연하며 바로미터적인 지침서

이 책은 수상학의 연원을 초월해서 동서합일의 이론으로 집필했다. 그야말로 완벽하리만치 논리정연한 수상학을 정리한 것이다. 그래서 운명적, 철학적, 동양적, 심리학적인 면을 예증과 방편에 이르기까지 아주 상세하게 기술했다. 이 책은 수상학이라기 보다 한 인간의 바로미터적인 지침서 역할을 해줄 것이다. 독자 여러분의 꾸준한 연구와 더불어 인생성공의 지침서가 될 수 있을 것이다.

· 정도명 저

만세력 | 사륙배판 · 신국판 사륙판 · 포켓판

신비한 동양철학 45

찾기 쉬운 만세력

이 책은 완벽한 만세력으로 만세력 보는 방법을 자세하게 설명했다. 그리고 역학에 대한 기본적인 내용과 결혼하기 좋은 나이 · 좋은 날 · 좋은 시간, 아들 · 딸 태아감별법, 이사하기 좋은 날 · 좋은 방향 등을 부록으로 실었다.

· 백우 김봉준 저

수명비결

신비한 동양철학 14

주민등록번호 13자로 숙명의 정체를 밝힌다

우리는 지금 무수히 많은 숫자의 거미줄에 매달려 허우적거리며 살아가고 있다. 1분·1초가 생사를 가름하고, 1등·2등이 인생을 좌우하며, 1급·2급이 신분을 구분하는 세상이다. 이 책은 수명리학으로 13자의 주민등록번호로 명예, 재산, 건강, 수명, 애정, 자녀운 등을 미리 읽어본다.

· 장충한 저

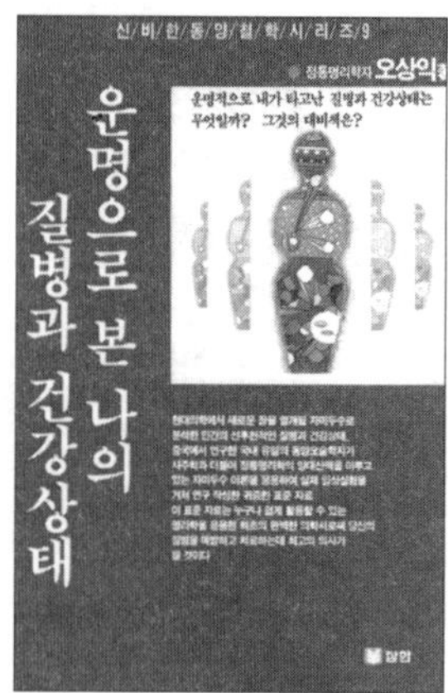

운명으로 본 나의 질병과 건강상태

신비한 동양철학 9

타고난 건강상태와 질병에 대한 대비책

이 책은 국내 유일의 동양오술학자가 사주학과 더불어 정통명리학의 양대산맥을 이루는 자미두수 이론으로 임상실험을 거쳐 작성한 표준자료다. 따라서 명리학을 응용한 최초의 완벽한 의학서로 질병을 예방하고 치료하는데 활용한다면 최고의 의사가 될 것이다. 또한 예방의학적인 차원에서 건강을 유지하는데 훌륭한 지침서로 현대의학의 새로운 장을 여는 계기가 될 것이다.

· 오상익 저

오행상극설과 진화론

신비한 동양철학 5

인간과 인생을 떠난 천리란 있을 수 없다

과학이 현대를 설정하여 설명하고 있으나 원리는 동양철학에도 있기에 그 양면을 밝히고자 노력했다. 우주에서 일어나는 모든 일을 과학으로 설명될 수는 없다. 비과학적이라고 하기보다는 과학이 따라오지 못한다고 설명하는 것이 더 솔직하고 옳은 표현일 것이다. 특히 과학분야에 종사하는 신의사가 저술했나는데 너 큰 화제기 되고 있디.

· 김태진 저

사주학의 활용법

신비한 동양철학 17

가장 실질적인 역학서

우리가 생소한 지방을 여행할 때 제대로 된 지도가 있다면 편리하고 큰 도움이 되듯이 역학이란 이와같은 인생의 길잡이다. 예측불허의 인생을 살아가는데 올바른 인내자나 그 무잇이 있다면 그 이싱 마음 든든하고 큰 재산은 없을 것이다.

· 학선 류래웅 저

쉽게 푼 주역

신비한 동양철학 10

귀신도 탄복한다는 주역을 쉽고 재미있게 풀어놓은 책

주역이라는 말 한마디면 귀신도 기겁을 하고 놀라 자빠진다는데, 운수와 일진이 문제가 될까. 8×8=64괘라는 주역을 한 괘에 23개씩의 회답으로 해설하여 1472괘의 신비한 해답을 수록했다. 당신이 당면한 문제라면 무엇이든 해결할 수 있는 열쇠가 이 한 권의 책 속에 있다.

· 정도명 저

핵심 관상과 손금

신비한 동양철학 54

사람을 볼 줄 아는 안목과 지혜를 알려주는 책

오늘과 내일을 예측할 수 없을만큼 복잡하게 펼쳐지는 현실에서 살아남기 위해서는 사람을 볼줄 아는 안목과 지혜가 필요하다. 시중에 관상학에 대한 책들이 많이 나와있지만 너무 형이상학적이라 전문가도 이해하기 어렵다. 이 책에서는 누구라도 쉽게 보고 이해할 수 있도록 핵심만을 파악해서 설명했다.

· 백우 김봉준 저

진짜궁합 가짜궁합

신비한 동양철학 8

남녀궁합의 새로운 충격

중국에서 연구한 국내유일의 동양오술학자가 우리나라 역술가들의 궁합법이 잘못되었다는 것을 학술적으로 분석·비평하고, 전적과 사례연구를 통하여 궁합의 실체와 타당성을 분석했다. 합리적인 「자미두수궁합법」과 「남녀궁합」 및 출생시간을 몰라 궁합을 못보는 사람들을 위하여 「지문으로 보는 궁합법」 등을 공개한다.

· 오상익 저

좋은꿈 나쁜꿈

신비한 동양철학 15

그날과 앞날의 모든 답이 여기 있다

개꿈이란 없다. 꿈은 반드시 미래를 예언한다. 이 책은 프로이드의 정신분석학적인 입장이 아닌 미래판단의 근거에 입각한 예언적인 해몽학이다. 여러 형태의 꿈을 체계적으로 정리했으니 올바른 해몽법으로 앞날을 지혜롭게 대처해 보자. 모쪼록 각 가정에서 한 권씩 두고 이용하면 생활하는데 많은 도움이 될 것이다.

· 학선 류래웅 저

완벽 만세력

신비한 동양철학 58

착각하기 쉬운 썸머타임 2도 인쇄

시중에 많은 종류의 만세력이 나와있지만 이 책은 단순한 만세력이 아니라 완벽한 만세경전으로 만세력 보는 법 등을 실었기 때문에 처음 대하는 사람이라도 쉽게 볼 수 있도록 편집되었다. 또한 부록편에는 사주명리학, 신살종합해설, 결혼과 이사택일 및 이사방향, 길흉보는 법, 우주천기와 한국의 역사 등을 수록했다.

· 백우 김봉준 저

周易·토정비결

신비한 동양철학 40

토정비결의 놀라운 비결

지금 시중에 나와 있는 토정비결에 대한 책들을 보면 옛날부터 내려오는 완전한 비결이 아니라 반쪽의 책이다. 그러나 반쪽이라고 말하는 사람이 없다. 그것은 주역의 원리를 모르기 때문이다. 따라서 늦은 감이 없지 않으나 앞으로의 수많은 세월을 생각하면서 완전한 해설본을 내놓기로 했다.

· 원공선사 저

현장 지리풍수

신비한 동양철학 48

현장감을 살린 지리풍수법

풍수를 업으로 삼는 사람들이 진(眞)과 가(假)를 분별할 줄 모르면서 24산의 포태사묘의 법을 익히고는 많은 법을 알았다고 자부하며 뽐내고 있다. 그리고는 재물에 눈이 어두워 불길한 산을 길하다 하고, 선하지 못한 물(水)을 선하다 하면서 죄를 범하고 있다. 이는 분수 밖의 것을 망녕되게 바라기 때문이다. 마음 가짐을 바로하고 고대 원전에 공력을 바치면서 산간을 실사하며 적공을 쌓으면 정교롭고 세밀한 검지를 얻을 수 있을 것이다.

· 전항수 · 주관장 편저

완벽 사주와 관상

신비한 동양철학 55

사주와 관상의 핵심을 한 권에

자연과 인간, 음양(陰陽)오행과 인간, 사계와 절후, 인상(人相)과 자연, 신(神)들의 이야기 등등 우리들의 삶과 관계되는 사실적 관계로만 역(易)을 설명해 누구나 쉽게 이해힐 수 있도록 썼으미 득히 역(易)에 디힌 긴심과 흥미를 갖게 하고자 인상학(人相學)을 추록했다. 여기에 추록된 인상학(人相學)은 시중에서 흔하게 볼 수 있는 상법(相法)이 아니라 생활상법(生活相法) 즉 삶의 지식과 상식을 드리고자 했으니 생활에 유익함이 있기를 비란디.

· 김봉준 · 유오준 공저

명리학연구

신비한 동양철학 59

체계적인 명확한 이론

이 책은 명리학 연구에 핵심적인 내용만을 모아 하나의 독립된 장을 만들었다. 명리학은 분야가 넓어 공부를 하다보면 주변에 머무르는 경우가 많아, 주요 내용을 잃고 헤매는 경우가 많다. 그러므로 뼈대를 잡는 것이 중요한데, 여기서는 「17장. 명리대요」에 핵심 내용만을 모아 학문의 체계를 잡는데 용이하게 하였다.

· 권중주 저

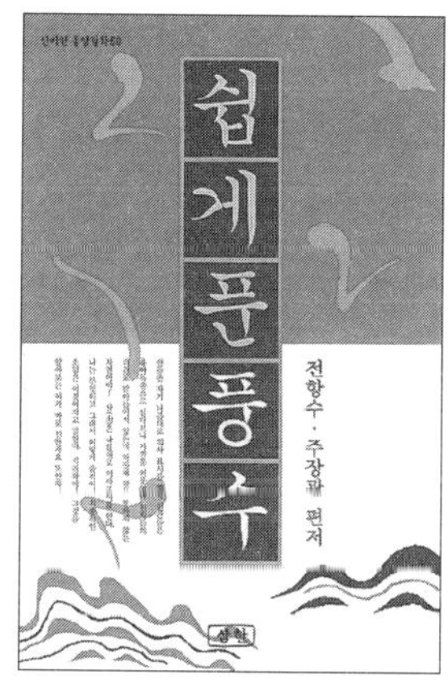

쉽게 푼 풍수

신비한 동양철학 60

현장에서 활용하는 풍수지리법

산도는 매우 광범위하고, 현장에서 알아보기 힘들다. 더구나 지금은 수목이 울창해 소조산 정상에 올라가도 나무에 가려 국세를 파악하는데 애를 먹는다. 그러므로 사진을 첨부하니 많은 도움이 되길 바란다. 물론 결록에 있고 산도가 눈에 익은 것은 혈 사진과 함께 소개하니 참고하기 바란다. 이 책을 열심히 정독하면서 답산하면 혈을 알아보고 용산도 할 수 있을 것이다.

· 전항수 · 주장관 편저

올바른 작명법

신비한 동양철학 61

세상의 부모들에게 가장 소중한 것이 무엇이냐고 물으면 누구든 자녀라고 할 것이다. 그런데 왜 평생을 좌우할 이름을 함부로 짓는가. 이름이 얼마나 소중한지를. 이름의 오행작용이 사람의 일생을 어떻게 좌우하는지를 모르기 때문이다. 세상만물은 음양오행의 영향을 받지 않는 것이 없다. 봄이 가면 여름이 오고, 여름이 가면 가을이 오고, 가을이 가면 겨울이 오고, 겨울이 가면 봄이 오는 것 또한 음양오행의 원리다.

· 이정재 저

신수대전

신비한 동양철학 62

흉함을 피하고 길함을 부르는 방법

신수를 보는 방법은 여러 가지가 있는데 대부분이 주역과 사주추명학에 근거를 둔다. 수많은 학설 중에서 몇 가지를 보면 사주명리, 자미두수, 관상, 점성학, 구성학, 육효, 토정비결, 매화역수, 대정수, 초씨역림, 황극책수, 하락리수, 범위수, 월영도, 현무발서, 철판신수, 육임신과, 기문둔갑, 태을신수 등이다. 역학에 정통한 고사가 아니면 제대로 추단하기 어려운데 엉터리 술사들이 넘쳐난다. 그래서 누구나 자신의 신수를 볼 수 있도록 몇 가지를 정리했다.

· 도관 박흥식

음택양택

신비한 동양철학 63

현세의 운·내세의 운

이 책에서는 음양택명당의 조건이나 기타 여러 가지를 설명하여 산 자와 죽은 자의 행복한 집을 만들 수 있도록 했다. 특히 죽은 자의 집인 음택명당은 자리를 옳게 잡으면 꾸준히 생기를 발하여 흥하나, 그렇지 않으면 큰 피해를 당하니 돈보다도 행·불행의 근원인 음양택명당에 관심을 기울여야 한다.

· 전항수 · 주장관 지음

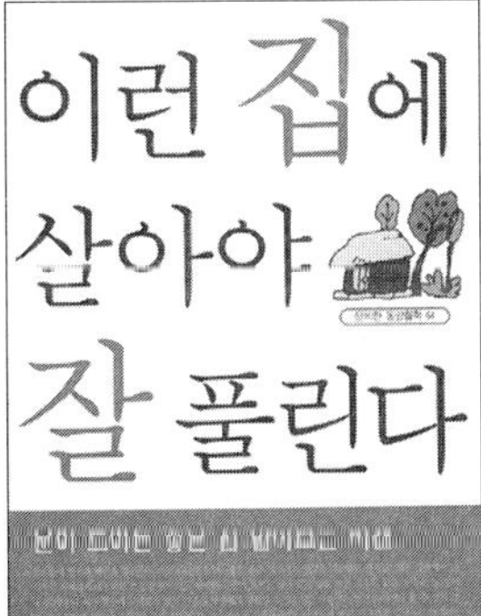

이런 집에 살아야 잘 풀린다

신비한 동양철학 64

운이 트이는 좋은 집 알아보는 비결

힘든 상황에서 내 가족이 지혜롭게 대처하고 건강을 지켜주는, 한마디로 운이 트이는 집은 모두의 꿈일 것이다. 가족이 평온하게 생활할 수 있는 집, 나가서는 발전을 가져다 줄 수 있는 그런 집이 있다면 얼마나 좋을까? 그런 소망에 한 걸음이라도 가까워지려면 막연하게 운만 기대해서는 안 된다. '호랑이를 잡으려면 호랑이 굴로 들어가라'는 속담이 있듯이 좋은 집을 가지려면 그만한 노력이 있어야 한다.

· 강현술 · 박흥식 감수

주역 기본원리

신비한 동양철학 67

주역의 기본원리를 통달할 수 있는 책

이 책에서는 기본괘와 변화와 기본괘가 어떤 괘로 변했을 경우 일어날 수 있는 내용들을 설명하여 주역의 변화에 대한 이해를 돕는데 주력하였다. 그러나 그런 내용을 구분할 수 있는 방법을 전부 다 설명할 수는 없기에 뒷장에 간단하게설명하였고, 다른 책들과 설명의 차이점도 기록하였으니 참자하여 본다면 조금이나마 도움이 될 것이다.

· 원공선사 편저

사주특강

신비한 동양철학 68

자평진전과 적천수의 재해석

이 책은 『자평진전(子平眞詮)』과 『적천수(滴天髓)』를 근간으로 명리학(命理學)의 폭넓은 가치를 인식하고, 실전에서 유용한 기반을 다지는데 중점을 두고 썼다. 일찍이 『자평진전(子平眞詮)』을 교과서로 삼고, 『적천수(滴天髓)』로 보완하라는 서낙오(徐樂吾)의 말에 깊이 공감한다.

청월 박상의 편저

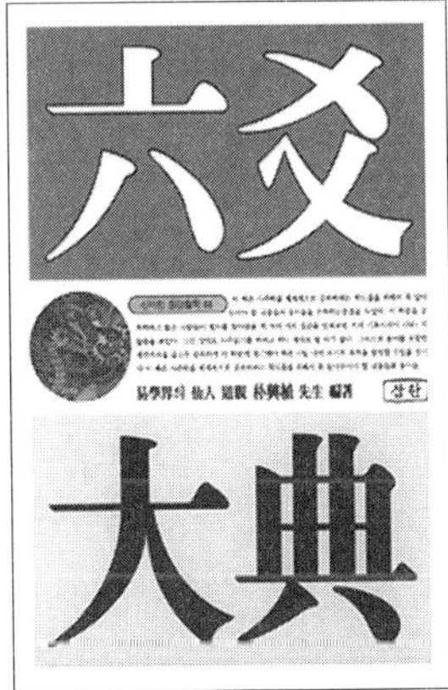

육효대전

신비한 동양철학 37

정확한 해설과 다양한 활용법

동양의 고전 중에서도 가장 대표적인 것이 주역이다. 주역은 옛사람들이 자연의 법칙을 거울삼아 인간이 생활을 영위해 나가는 처세에 관한 지혜를 무한히 내포하고, 피흉추길하는 얼과 슬기가 함축된 점서)인 동시에 수양·과학서요 철학·종교서라고 할 수 있다.

· 도관 박흥식 편저

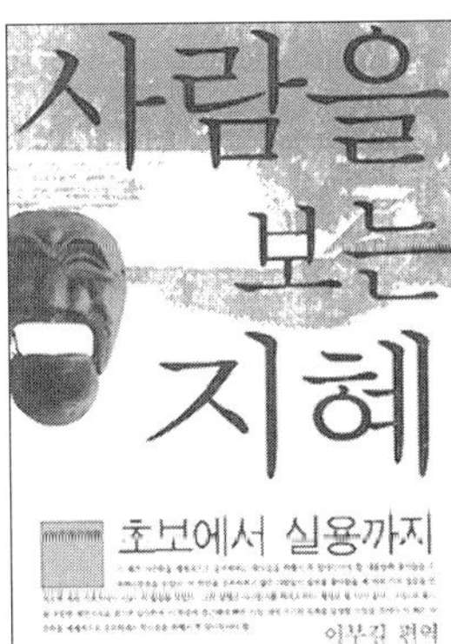

사람을 보는 지혜

신비한 동양철학 73

관상학의 초보에서 완성까지

현자는 하늘이 준 명을 알고 있기에 부귀에 연연하지 않는다. 사람은 마음을 다스리는 심명이 있다. 마음의 명은 자신만이 소통하는 유일한 우주의 무형의 에너지이기 때문에 잘시도 잃으면 안된디 관상학은 사람외 상으로 이런 마음을 살피는 학문이니 잘 이해하여 보다 나은 삶을 삶을 영위할 수 있노록 노력해야 한나.

· 이부길 편저

清岩 박재현

경북 영천에서 태어나 1983년 역학계 입문
신의 계시로 입산수도 7년 만에 명리학 득도
사주를 자연의 법칙인 기(氣)과학으로 정립
격국과 용신을 새롭게 해석
음파메시지성명학 창시
PSB방송 출연상담
울산 매일신문 오늘의 운세 연재
(주)청오건설 상임고문
(주)황토건설 인력관리부 이사
NEW WAYS 울산지사 자문위원
한울경제연구소 자문위원
사회단체 민족정신계승회 전임연구위원
한국연예이벤트(울산) 상임고문
여성문화대학 생활역학 강사
학술단체 국제성명철학학회 회장
박재현 성명철학원 운영
저서 : 참역학은 이렇게 쉬운 것이다
　　　해몽정본
　　　음파메시지(氣) 성명학

울산사무실 : (052) 245-3817
평 생 번 호 : (0502) 234-4984
이 동 전 화 : 011-566-0344

해 몽 정 본

초판 1쇄 발행일 | 2000년 8월 16일
중판 6쇄 발행일 | 2006년 7월 16일

발행처·삼한출판사 | 발행인·김충호 | 지은이·박재현
서울·동대문구 신설동 103-6호 아세아빌딩 201호
대표전화 (02) 2231-4460·팩시밀리 (02) 2231-4461

등록일/1975년 10월 18일·등록번호/제13-47호

값 19,000원
ISBN 89-7460-068-4　　03180